高职高专土建类专业“十三五”规划教材

建设法规

JIANSHE FAGUEI

主编 卢 扬 谢颖川

郑州大学出版社
郑州

图书在版编目(CIP)数据

建设法规/卢扬,谢颖川主编. —郑州:郑州大学出版社,2018.8(2019.7 重印)
ISBN 978-7-5645-5492-7

Ⅰ.①建… Ⅱ.①卢…②谢… Ⅲ.①建筑法-中国
Ⅳ.①D922.297

中国版本图书馆 CIP 数据核字(2018)第 194548 号

郑州大学出版社出版发行
郑州市大学路 40 号　　邮政编码:450052
出版人:张功员　　发行电话:0371-66966070
全国新华书店经销
河南承创印务有限公司印制
开本:787 mm×1 092 mm　1/16
印张:21.75
字数:515 千字
版次:2018 年 8 月第 1 版　　印次:2019 年 7 月第 2 次印刷

书号:ISBN 978-7-5645-5492-7　　定价:45.00 元

编写指导委员会

顾　　问　赵　研

主　　任　王付全

委　　员　（以姓氏笔画为序）

丁纯刚　王为林　王付全
王仲英　史　华　包永刚
冯桂云　刘玉清　刘青宜
刘和平　许国武　李　勇
李文霞　李海涛　李整建
杨连水　张　帆　张　虎
张占伟　张思忠　张献梅
范国辉　周会强　赵冬梅
姚艳红　崔青峰　银利军
韩应军　谭建领

秘　　书　祁小冬

本书作者

主　　编　卢　扬　谢颖川

副 主 编　霍　军　钟宏伟　杨文玲

编　　委　（以姓氏笔画为序）

卢　扬　刘义晴　刘　莎　杨文玲

吴胜先　陈燕黎　钟宏伟　韩菊香

谢颖川　霍　军

前言

建设法规是高等院校建筑类专业的一门重要课程。本教材严格遵循教学大纲,以《中华人民共和国建筑法》《中华人民共和国合同法》《中华人民共和国物权法》《中华人民共和国土地管理法》《中华人民共和国安全生产法》《中华人民共和国招标投标法》《中华人民共和国城乡规划法》《建设工程质量管理条例》《建设工程安全生产管理条例》等法律法规为依据,系统地介绍了建筑类专业必备的工程法律知识。同时,为了结合施工实际,本教材还列举了大量的建筑工程法律案例,以提高学生理论联系实际的能力。

近几年来,我国工程建设领域法制建设不断加强,工程建设实践经验不断丰富,新法规、新规范、新经验层出不穷,从而加快了建设法规理论研究工作的步伐,取得了一些新的研究成果。本教材根据高职高专建筑类专业人才培养方案和建设法规课程的教学基本要求,按照工程建设活动的一般程序进行编写,突出反映了法律法规在实际工程中的应用性及在建造师等执业资格考试中的适用性。

全书由卢扬、谢颖川担任主编并统稿,由霍军、钟宏伟、杨文玲担任副主编。具体编写分工如下:河南工业职业技术学院卢扬编写绪论、项目七;信阳职业技术学院陈燕黎编写项目一、项目五、项目八;河南工业职业技术学院谢颖川编写项目二、项目四;河南质量工程职业学院杨文玲编写项目三;河南质量工程职业学院韩菊香编写项目六;商丘职业技术学院霍军编写项目九、项目十一、项目十四;郑州铁路职业学院钟宏伟编写项目十、项目十二;河南质量工程职业学院刘义晴编写项目十三;河南工业职业技术学院刘莎、河南天冠企业集团有限公司吴胜先共同编写附录。

由于编者水平有限,书中可能尚有不足之处,衷心希望广大读者提出宝贵意见。

编者

2018 年 5 月

目录

绪　论

任务一　建设法规的概念、调整对象和作用

一、建设法规的概念

建设法规是指有立法权的国家机关或其授权的行政机关制定的，旨在调整政府部门、企事业单位、社会团体、其他经济组织及公民个人在建设活动中相互之间所发生的各种社会关系的法律规范的总称。

建设法规是分散于各个法律部门各级行政法规和规章中的有关建设活动的法律规范的总和。它不是一个独立的法律部门，但它是国家法律体系的重要组成部分。

二、建设法规的调整对象

由于建筑产品的公共性，致使建设法规具有非常重要的作用；也由于建筑产品的特殊性，致使建设法规也呈现出一些独有的特征。

建设法规的调整对象就是建设法律关系。在建设活动中，形成了错综复杂的社会关系，法律对其中具有重要意义的社会关系加以调整和规范，形成建设法律关系。

建设法规的调整对象分为三类。

（一）建设活动中的行政管理关系

建设活动中的行政管理关系包括两个相互关联的方面：一方面是规划、指导、协调与服务；另一方面是检查、监督、控制与调节。建设活动中的行政管理关系是国家机关及其授权的机构对工程建设活动的组织、监督、协调、管理等行政性职能活动。建设活动与国家、人民的生命财产安全休戚相关，国家必须对此进行全面严格的管理。在管理过程中，国家与建设单位、设计单位、施工单位、建筑材料和设备的生产供应单位以及各种中介服务单位产生管理与被管理的关系，这种关系由建设法规调整和规范。例如，《建设工程质量管理条例》就规定了建设单位、勘察设计单位、施工单位以及监理单位的质量责任和义

务，并规定由国务院建设行政主管部门和县级以上地方人民政府对上述单位的建设工程质量行为进行监督和管理。

（二）建设活动中的经济协作关系

建设活动中的经济协作关系是一种平等自愿、互利互助的横向协作关系，一般应以经济合同的形式确定，是从事工程建设活动的平等主体之间发生的经济交易关系，如建设单位与施工单位之间的建设工程合同关系，建设单位与监理单位之间的监理合同关系等，这种关系也由建设法规来调整和规范。例如，《中华人民共和国合同法》和《中华人民共和国建筑法》规定了发包单位和承包单位双方在构建和履行建设工程合同关系中应有的权利和义务。

（三）建设活动中的民事关系

建设活动中的民事关系是指因从事建设活动而产生的国家、单位法人、公民之间的民事权利、义务关系。主要包括：在建设活动中发生的有关自然人的损害、侵权、赔偿关系，建设领域从业人员的人身和经济权利保护关系，房地产交易中买卖、租赁、产权关系，土地征用、房屋拆迁导致的拆迁安置关系等。这些关系也需要由建设法规以及相关的其他法律部门来共同调整，例如，《城市房地产管理法》中就有关于城市房屋拆迁补偿的规定，《中华人民共和国建筑法》中就有关于建筑施工企业必须为从事危险作业的职工办理意外伤害保险并支付保险费的规定。

三、建设法规的作用

基本建设活动是一个国家最基本的经济活动之一。它为各行各业提供最基本的物质环境。完善合理的建设法规体系可以规范工程建设活动，使建筑市场有序运转，使建筑业健康发展，为国家经济发展做出贡献，使人民安居乐业。建设法规的作用就是保护、巩固和发展社会主义的经济基础，最大限度地满足人们日益增长的物质和文化生活的需要。建设法规的作用主要有以下几点。

（一）规范指导建设行为

人们所进行的各种具体行为必须遵循一定的准则。只有在法律规定的范围内进行的行为才能得到国家的承认与保护，也才能实现行为人预期的目的。从事各种具体的建设活动所应遵循的行为规范即建设法律规范。

（二）保护合法建设行为

建设法规的作用不仅在于对建设主体的行为加以规范和指导，还应对一切符合法规的建设行为给予确认和保护。这种确认和保护一般是通过建设法规的原则规定反映的。例如，《中华人民共和国建筑法》规定："国家扶持建筑业的发展，支持建设科学技术研究，提高房屋建设设计水平，鼓励节约能源和保护环境，提倡采用先进技术、先进设备、先进工艺、新型建筑材料和现代管理方式"，同时又规定："任何单位和个人都不得妨碍和阻挠依法进行的建筑活动"。

（三）处罚违法建设行为

建设法规要实现对建设行为的规范和指导作用，必须对违法建设行为给予应有的处罚。否则,建设法规所确定的法律制度由于得不到实施过程中强制手段的法律保障,就会变成无实际意义的规范。因此,建设法规都有对违法建设行为的处罚规定。例如,《中华人民共和国建筑法》规定:“建筑施工企业在施工中偷工减料的,使用不合格的建筑材料、建筑构配件和设备的,或者有其他不按照工程设计图纸或者施工技术标准施工的行为的,责令改正,处以罚款;情节严重的,责令停业整顿,降低资质等级或者吊销资质证书;造成建筑工程质量不符合规定的质量标准的,负责返工、修理,并赔偿因此造成的损失;构成犯罪的,依法追究刑事责任。”

(四)建设法规的特征

建设法规具备行政性、经济性、政策性和技术性特征,这是建筑产品的特殊性所决定的。

行政性指建设法规大量使用行政手段作为调整工具,如授权、禁止、许可、免除、确认、计划、撤销等国家必须通过大量使用行政手段以达到对建设活动进行有效控制的目的,因为工程建设活动关系到人民生命财产的安全。

工程建设活动的重要目的之一就要实现经济效益,能直接为社会创造财富,建筑业是可以为国家增加积累的一个重要产业部门。因此调整工程建设活动的建设法规的经济性是十分明显的。

建设法规必须具有很强的政策性。这是由于工程建设活动深刻地影响着社会当前的和长远的经济发展,所以工程建设活动一方面取决于工程投资者和建设者的意愿,另一方面必须依据国家的宏观经济政策。

工程建设产品的质量与人民的生命财产安全紧密相连,因此强制性遵守的标准,规范非常重要,大量建设法规是以规范标准形式出现的,其技术性特征十分明显。

任务二　建设法规体系

一、建设法规的构成

(一)建设法规的表现形式

1. 法律

其效力仅次于宪法,在全国范围内具有普遍约束力。由全国人民代表大会及其常务委员会颁发的属于国务院建设行政主管部门主管业务范围的各项法律,例如,《中华人民共和国城乡规划法》《中华人民共和国城市房地产管理法》《中华人民共和国土地管理法》《中华人民共和国安全生产法》《中华人民共和国建筑法》《中华人民共和国合同法》《中华人民共和国招标投标法》等。

2. 行政法规

仅次于法律的重要立法层次。由国务院制定颁布实施的、属于建设行政主管部门主管业务范围的各项法规,例如,《国有土地上房屋征收与补偿条例》《建设工程勘察设计管理条例》《建设工程质量管理条例》《建设工程安全生产管理条例》《城市房地产开发经营管理条例》《物业管理条例》等。

3. 部门规章

部门规章是指建设行政主管部门根据法律和行政法规在本部门的权限范围内所制定的规范性文件，其表现形式有规定、办法、实施办法、规则等，例如，2006 年 12 月 11 日建设部令第 153 号《注册建造师管理规定》、2006 年 12 月 30 日建设部令第 159 号《建筑业企业资质管理规定》、2010 年 8 月 1 日住房和城乡建设部令第 5 号《房屋建筑和市政基础设施工程质量监督管理规定》等。

4. 地方性法规

地方性法规是指地方国家权力机关在不与宪法、法律和行政法规相抵触的前提下制定的在本行政区域范围内实施的规范性文件。例如，《河南省建设工程招标投标管理条例》《陕西省建设工程质量管理条例》等。

5. 地方政府规章

地方政府规章是指由省、自治区、直辖市人民政府根据法律和行政法规制定的普遍适用于本地区的规定、办法、规则等规范性文件。例如，《河南省建筑市场管理规定》《山西省建设工程监理合同备案管理办法》等。

6. 技术规范

技术规范是指由国家制定或认可的在全国范围内有效的技术规程、规范、标准、定额、方法等技术文件。例如《建设工程施工技术标准》《建设工程施工现场消防安全技术规范》等。

（二）建设法规的内容体系

建设法规体系是指构成建设法规的各部分形成的有机联系的整体，是国家法律体系的组成部分，但又相对独立、自成体系，相互协调配套，不得出现与其他法规重复、矛盾和抵触的现象，并能够覆盖建设活动的各个行业、各个领域，使建设活动的各个方面都有法可依。

建设法规对工程建设活动所有环节的各个主体的行为进行规范，必须围绕工程建设的程序。工程建设活动是一种周期长、参与者众多的复杂活动。以房地产项目为例，其一般程序包括策划、立项、取得土地使用权、取得规划许可证、拆迁安置、勘察设计、施工、竣工验收、交易、物业管理等；参与者包括开发商或建设单位、勘察设计单位、承包商、监理机构及其他咨询机构、政府各行政管理部门等。

在策划、立项阶段，有关法规规定了建设项目可否立项审批的条件、标准和程序；在取得土地使用权阶段，有《中华人民共和国土地管理法》以及各省、直辖市、自治区的城镇国有土地使用权出让和转让实施办法等。在规划阶段，有《中华人民共和国城乡规划法》以及各省、直辖市、自治区的城乡规划条例等；在拆迁安置阶段，有《国有土地上房屋征收与补偿条例》以及各省、直辖市、自治区的《国有土地上房屋征收与补偿办法》等；在勘察设计阶段，有《建设工程勘察设计管理条例》以及各省、直辖市、自治区各行业的《建设工程勘察设计管理办法》等；在施工阶段，有《中华人民共和国建筑法》《中华人民共和国招标投标法》《中华人民共和国合同法》《建筑业企业资质管理规定》《工程监理企业资质管理规定》以及各省、直辖市、自治区的《建设项目管理办法》《建设监理管理办法》等；在竣工验收阶段，有《建设工程质量管理条例》以及各省、直辖市、自治区的《建设工程质量监督、检测、竣工验收管理办法》等；在交易阶段，有《城市房地产开发经营管理条例》《城市商品房预售管理办法》以及各省、直辖市、自治区的《城市房地产交易管理条例》等；在物业管理阶段，有《物业管理条例》以及各省、直辖市、自治区的《物业管理条例》等。

上述法规的总和形成广义上的建设法规，可以说建设法规的内容体系是工程项目建设活动各阶段对不同参与主体的行为规范的总和。建设法规以此能实现对工程建设活动全过程、全方位的控制。

(三)建设法规的基本原则

工程建设活动的产成品是建筑工程，其特点是投资大、周期长、涉及面广，关系到人民生命财产的安全。为保证建设活动顺利进行和建筑产品安全可靠，建设法规立法时遵循的基本原则有以下三方面。

1. 确保建设工程质量与安全原则

对于国家规定和合同约定的对工程建设的安全、经济、适用、美观等一系列指标的要求称为建设工程质量要求。建设法规通过一系列规定对建设工程提出了强制性质量要求，是建设工程必须达到的最低标准，并赋予有关政府部门监督和检查的权力。

多年以来，我国建筑业都是伤亡率非常高的行业。工程建设安全标准是对工程建设的设计、施工方法和安全所做的统一要求。建设法规通过一系列规定对工程建设活动的安全提出了强制性要求，并同时赋予有关政府部门监督和检查的权力。

2. 遵守国家法律法规原则

建设活动是对国家经济和人民生活影响最为巨大的社会经济活动之一。由于频繁而且涉及面广泛，建设法规对于建设活动的规定要与国家有关法律法规相统一。建设活动参与单位和人员不仅应遵守建设法规的规定，还要遵守其他相关法规的规定。

3. 不得损害社会公共利益和他人合法权益原则

社会公共利益是全体社会成员的整体利益；他人合法权益是法律确认并保护的公民、法人和其他组织所享有的社会权力和利益。维护社会公共利益和他人合法权益是法律的出发点和根本目的，当然也是建设法规应遵循的基本原则。

任务三　建设法律关系

一、建设法律关系的概念

根据法律规范建立起来的社会关系称为法律关系，法律关系产生的前提是法律规范；法律关系是社会关系中的一种，是受到法律约束的社会关系；法律关系是人与人之间的合法关系。法律关系由主体、客体和内容这三个要素构成。主体是权利和义务的承担者，即为法律关系的参与者，客体是主体的权利和义务共同指向的对象，内容是法律关系主体所享有的权利和承担的义务。

在建设管理和协作过程中产生的由建设法规所确认和调整的权利义务关系称为建设法律关系，是法律关系的一种。

建设法律关系分成三大类：发生在国家行政管理机关和建设市场主体之间的行政管理关系、发生在建设市场主体之间的经济关系和其他民事关系。

二、建设法律关系的构成要素

建设法律关系由三要素构成：主体、客体和内容。

（一）建设法律关系主体

参与建设活动，受到建设法规调整，在法律上享有权利并承担义务的自然人、法人和其他组织称为建设法律关系主体，包括政府相关部门、业主方、承包方、相关中介组织及金融机构等。例如，从事工程勘察设计施工的企业、工程建设项目投资单位（建设单位）、工程建设各行业从业人员、代表国家行使工程建设管理职能的建设行政管理机关等。由于建设活动参与者众多，因此建设法律关系的主体种类众多，这也是建设法律关系的重要特征之一。

（二）建设法律关系客体

建设法律关系主体的权利义务所共同指向的对象称为建设法律关系客体。在通常情况下，建设法律关系主体都是为了某一客体，彼此才设立一定的权利、义务，从而产生建设法律关系，这里的权利、义务所指向的对象便是建设法律关系的客体。它既包括有形的产品——建筑物或构筑物，也包括无形的产品——各种服务。客体凝聚着承包方的劳动，业主方则以投入资金的方式来取得它的使用价值。在不同的生产交易阶段，建设产品又表现为不同的形态，它可以是中介服务组织提供的咨询报告、咨询意见或其他服务；可以是勘察设计单位提供的设计方案、设计图纸和勘察报告；也可以是由施工企业提供的各种各样的建筑物、构筑物等。

客体的表现形式一般有四种：财、物、行为和非物质财富。例如，建设资金、为工程建设取得的贷款等就是财；建筑材料、建筑机械设备等就是物；勘察设计、施工安装、检查验收等就是行为；建筑设计、装潢设计方案等就是非物质财富。

（三）建设法律关系内容

建设法律关系主体享有的权利和承担的义务称为建设法律关系的内容。例如，在一个建设工程合同所确立的法律关系中，发包方的权利是获得符合法律规定和合同约定的完工的工程，其义务是按照约定的时间和数量支付承包方工程款；承包方的权利是按照规定的时间和数量得到工程款，其义务是按照法律的规定和合同的约定完成工程的施工任务。

根据建设法律关系主体地位不同，其权利义务关系表现为两种不同情况：一是基于主体双方地位平等基础上的对等的权利义务关系，即民事权利义务；二是主体双方地位不平等基础上产生的不对等的权利义务关系，即基于政府监督管理职能而形成的行政监督管理关系，如政府有关部门对建设单位和施工企业依法进行的监督和管理活动所形成的法律关系。

三、建设法律关系的产生、变更与消灭

建设法律关系是由于一定的法律事实发生后而产生的，并且它也可以由于一定的法律事实的发生而改变或消灭。

建设法律关系的主体之间形成的一定的权利义务关系，就产生了建设法律关系，例如，发包方和承包方签订了建设工程合同，这一法律事实导致双方具有了相应的权利义务，建设法律关系由此产生。

建设法律关系的主体、客体发生改变，必然导致其内容发生改变，此时建设法律关系就发生了变更。例如，在一个建设工程合同履行过程中，由于业主意图的改变，从而设计方案变更，施工也随之变更，原来的建设法律关系的内容就发生了变化。

建设法律关系主体之间的权利义务不复存在，建设法律关系即告消灭。消灭的原因可以是自然消灭、协议消灭或违约消灭。例如，一个建设工程合同履行完毕，发包方和承包方之间的建设法律关系就自然消灭；建设工程合同双方协商一致取消已经订立的合同，双方的建设法律关系就因协议这一法律事实而取消。再如，建设工程合同的承包方可以因发包方不按合同支付工程款的违约行为而停止履行合同，该建设法律关系就因一方的违约事实而消灭。

项目一 工程建设从业资格制度

知识目标 1. 了解专业技术人员执业资格的分类。
2. 熟悉工程建设从业资格制度及其意义。
3. 掌握从业单位的资质和条件。

任务一 从业资格制度概述

一、建立从业资格制度的意义

建筑工程种类很多,不同的建筑工程,其建设规模和技术要求的复杂程度可能有很大的差别。而从事建筑活动的施工企业、勘察单位、设计单位和工程监理单位的情况也各有不同,有的资本雄厚,专业技术人员较多,有的技术装备齐全,有较强的经济和技术实力,而有的经济和技术实力则比较薄弱。为此,我国在对建筑活动的监督管理中,将从事建筑活动的单位按其具有的不同经济、技术条件,划分为不同的资质等级,并对不同的资质等级的单位所能从事的建筑活动范围做出了明确的规定。《中华人民共和国建筑法》第13条明确规定:"从事建筑活动的建筑施工企业、勘察单位、设计单位和工程监理单位,按照其拥有的注册资本、专业技术人员、技术装备和已完成的建筑工程业绩等资质条件,划分不同的资质等级,经资质审查合格,取得相应等级资质证书后,方可在其资质等级许可证的范围内从事建筑活动。"这在法律上确定了我国从业资格许可制度。实践证明,从业资格制度是建立和维护建筑市场的正常秩序、保证建筑工程质量的一项有效措施。

国家按照有利于经济发展、社会公认、国际可比、事关公共利益的原则,在涉及国家、人民生命财产安全的专业技术工作领域,实行专业技术人员职业资格制度。它包括注册建筑师、注册结构师、注册监理师、注册造价师、注册估价师和注册建造师等。

开展职业技能鉴定,推行职业资格证书制度,是落实党中央、国务院提出的"科教兴国"战略方针的重要举措,也是我国人力资源开发的一项战略措施。这对于提高劳动者素质,促进劳动力市场的建设以及深化国有企业改革,促进经济发展都具有重要意义。

对从事某一职业所必备的学识、技术和能力的基本要求叫作专业技术人员职业资格,职业资格包括从业资格和执业资格。

政府规定专业技术人员从事某种专业技术性工作的学识、技术和能力的起点标准叫作从业资格；政府对某些责任较大、社会通用性强、关系公共利益的专业技术工作实行的准入控制叫作职业资格，是专业技术人员依法独立开业或独立从事某种专业技术工作学识、技术和能力的必备标准。

二、职业资格证书制度

（一）职业资格证书制度概述

职业资格证书制度是一种特殊形式的国家考试制度。按照国家制定的职业技能标准或任职资格条件，通过政府认定的考核鉴定机构，对劳动者的技能水平或职业资格进行客观公正、科学规范的评价和鉴定，对合格者授予相应的国家职业资格证书。它也是劳动就业制度的一项重要内容。

（二）职业资格证书的作用

职业资格证书是表明劳动者具有从事某一职业所必备的学识和技能的证明。它是劳动者求职、任职、开业的资格凭证，是用人单位招聘、录用劳动者的主要依据，也是境外就业、对外劳务合作人员办理技能水平公证的有效证件。

（三）实施职业资格证书制度的法律依据

根据《中华人民共和国劳动法》第69条规定：“国家确定职业分类，对规定的职业制定职业技能标准，实行职业资格证书制度，由经过政府批准的考核鉴定机构负责对劳动者实施职业技能考核鉴定”。而《职业教育法》第8条明确指出：“实施职业教育应当根据实际需要，同国家制定的职业分类和职业等级标准相适应，实行学历文凭、培训证书和职业资格证书制度。”这些法规确定了国家推行职业资格证书制度和开展职业技能鉴定的法律依据。

（四）职业资格证书的办理

根据国家有关规定，办理职业资格证书的程序为：考核合格人员名单被职业技能鉴定所（站）报经当地职业技能鉴定指导中心审核，再报经同级劳动保障行政部门或行业部门劳动保障工作机构批准后，由职业技能鉴定指导中心按照国家规定的证书编码方案和填写格式要求统一办理证书，加盖职业技能鉴定机构专用印章，经同级劳动保障行政部门或行业部门劳动保障工作机构验印后，由职业技能鉴定所（站）送交本人。

任务二　从业单位资质管理

一、从业单位的条件

（一）有符合国家规定的注册资本

注册资本是判断企业经济实力的依据之一，反映企业法人的财产权，从事经营活动的企业组织，都必须具备基本的责任能力，能够承担与其经营活动相适应的财产义务。

这既是法律权利与义务相一致、利益与风险相一致的反映，也是保证债权人利益的需要。因此，建筑施工企业、勘察单位、设计单位和工程监理单位的注册资本必须适应从事建筑活动的需要，不得低于一定限额。注册资本由国家规定，既可以由全国人大及其常委会通过制定法律来规定，也可以由国务院或国务院建设行政主管部门来规定。

（二）有与其从事的建筑活动相适应的具有法定执业资格的专业技术人员

由于建筑活动是一种专业性、技术性很强的活动，所以从事建筑活动的建筑施工企业、勘察单位、设计单位和工程监理单位必须有足够的专业技术人员。如设计单位不仅要有建筑师，还需要有结构、水、暖、电等方面的工程师。建筑活动是一种涉及公民生命和财产安全的一种特殊活动，因而从事建筑活动的专业技术人员还必须有法定执业资格。这种法定执业资格必须依法通过考试和注册才能取得。建筑工程的规模和复杂程度各不相同，因此，建筑活动所要求的专业技术人员的级别和数量也不同，建筑施工企业、勘察单位、设计单位和工程监理单位必须有与其从事的建筑活动相适应的专业技术人员。

（三）有从事相关建筑活动所应有的技术装备

建筑活动具有专业性强、技术性强的特点，没有相应的技术装备无法进行。如从事建筑活动，必须有相应的施工机械设备与质量检验测试手段；从事勘察设计活动的建筑施工企业、勘察单位、设计单位和工程监理单位，必须有从事相关建筑活动所应有的技术装备。没有相应技术装备的单位，不得从事建筑活动。

（四）法律、行政法规的其他条件

除了应具备的建筑施工企业、勘察单位、设计单位和工程监理单位外，还必须具备从事经营活动所应具备的其他条件。如按照《民法通则》第 37 条规定，法人应当有自己的名称、组织机构和场所。按照《公司法》规定设立从事建筑活动的有限责任公司和股份有限公司，股东或发起人必须符合法定人数；股东或发起人共同制定公司章程；有公司名称，建立符合要求的组织机构；有固定的生产经营场所和必要的生产条件等。

二、从业单位资质

（一）建筑业企业资质审查

获得施工总承包资质的企业，可以对工程实行施工总承包或者对主体工程实行施工承包。承担施工总承包的企业可以对所承接的工程全部自行施工，也可以将非主体工程或者劳务作业分包给具有相应专业承包资质或者劳务分包资质的其他建筑业企业。

获得专业承包资质的企业，可以承接施工总承包企业分包的专业工程或者建设单位按照规定发包的专业工程。专业承包企业可以对所承接的工程全部自行施工，也可以将劳务作业分包给具有相应劳务分包资质的劳务分包企业。

获得劳务分包资质的企业，可以承接施工总承包企业或者专业承包企业分包的劳务作业。

施工总承包资质、专业承包资质、劳务分包资质序列按照工程性质和技术特点分别划分为若干资质类别。各资质类别按照规定的条件划分为若干等级。建筑业企业资质等级

标准由国务院建设行政主管部门会同国务院有关部门制定。

1. 房屋建筑工程施工总承包企业资质等级标准

房屋建筑工程施工总承包企业资质分为特级、一级、二级、三级。

2. 建筑业企业的资质管理

建筑业企业可以申请一项或多项建筑业企业资质;选择等级最高的一项资质作为企业主项资质。

下述建筑业企业资质的许可,由国务院建设主管部门实施:①施工总承包序列特级资质、一级资质;②国务院国有资产管理部门直接监管的企业及其下属一层级的企业的施工总承包二级资质、三级资质;③水利、交通、信息产业方面的专业承包序列一级资质;④铁路、民航方面的专业承包序列一级资质、二级资质;⑤公路交通工程专业承包不分等级资质,城市轨道交通专业承包不分等级资质。申请前款所列资质的,应当向企业工商注册所在地省、自治区、直辖市人民政府建设主管部门提出申请。其中,国务院国有资产管理部门直接监管的企业及其下属一层级的企业,应当由国务院国有资产管理部门直接监管的企业向国务院建设主管部门提出申请。

省、自治区、直辖市人民政府建设主管部门应当自受理申请之日起 20 日内初审完毕并将初审意见和申请材料报国务院建设主管部门。国务院建设主管部门应当自省、自治区、直辖市人民政府建设主管部门受理申请材料之日起 60 日内完成审查,公示审查意见,公示时间为 10 日。其中,涉及铁路、交通、水利、信息产业、民航等方面的建筑业企业资质,由国务院建设主管部门送国务院有关部门审核,国务院有关部门在 20 日内审核完毕,并将审核意见送国务院建设主管部门。

下列建筑业企业资质许可,由企业工商注册所在地省、自治区、直辖市人民政府建设主管部门实施:①施工总承包序列二级资质(不含国务院国有资产管理部门直接监管的企业及其下属层级的企业的施工总承包序列二级资质);②专业承包序列一级资质(不含铁路、交通、水利、信息产业、民航方面的专业承包序列一级资质);③专业承包序列二级资质(不含民航、铁路方面的专业承包序列二级资质);④专业承包序列不分等级资质(不含公路交通工程专业承包序列和城市轨道交通专业承包序列的不分等级资质)。

下列建筑业企业资质许可,由企业工商注册所在地设区的市人民政府建设主管部门实施:①施工总承包序列三级资质(不含国务院国有资产管理部门直接监管的企业及其下属一个层级的企业的施工总承包三级资质);②专业承包序列三级资质;③劳务分包序列资质;④燃气燃烧器具安装、维修企业资质。

(二)建筑业企业资质管理

企业首次申请、增项申请建筑业企业资质时,资质等级按照最低资质等级核定。不考核其工程业绩。

已取得工程设计资质的企业首次申请同类别或相近类别的建筑业企业资质的,可以将相应规模的工程总承包业绩作为工程业绩予以申报,但申请资质等级最高不超过其现有工程设计资质等级。企业申请资质升级不受年限限制。

企业资质有效期为 5 年,需要延续资质证书有效期的,应当在资质证书有效期届满 60 日前,申请办理资质延期手续。

企业合并的,合并后存续或者新设立的建筑业企业可以承继合并前各方中较高的资质等级,但应当符合相应的资质等级条件。企业分立的,分立后企业的资质等级,根据实际达到的资质条件,按照本规定的审批程序核定。企业改制的,改制后不再符合资质标准的,应按其实际达到的资质标准及本规定申请重新核定。

三、工程勘察和工程设计单位资质审查

我国建设部对工程勘察和工程设计单位资质等级、申请、审批,住建部令第160号令《建设工程勘察设计资质管理规定》进行了规定。

(一)勘察设计单位资质等级

工程勘察资质分为工程勘察综合资质、工程勘察专业资质、工程勘察劳务资质。工程勘察综合资质只设甲级;工程勘察专业资质设甲级、乙级,根据工程性质和技术特点,部分专业可以设丙级;工程勘察劳务资质不分等级。

取得工程勘察综合资质的企业,可以承接各专业(海洋工程勘察除外)、各等级工程勘察业务;取得工程勘察专业资质的企业,可以承接相应等级相应专业的工程勘察业务;取得工程勘察劳务资质的企业,可以承接岩土工程治理、工程钻探、凿井等工程勘察劳务业务。

工程设计资质分为工程设计综合资质、工程设计行业资质、工程设计专业资质和工程设计专项资质。工程设计综合资质只设甲级;工程设计行业资质、工程设计专业资质、工程设计专项资质设甲级、乙级。

根据工程性质和技术特点,个别行业、专业、专项资质可以设丙级,建筑工程专业资质可以设丁级。取得工程设计综合资质的企业,可以承接各行业、各等级的建设工程设计业务;取得工程设计行业资质的企业,可以承接相应行业相应等级的工程设计业务及本行业范围内同级别的相应专业、专项(设计施工一体化资质除外)工程设计业务;取得工程设计专业资质的企业,可以承接本专业相应等级的专业工程设计业务及同级别的相应专项工程设计业务(设计施工一体化资质除外);取得工程设计专项资质的企业,可以承接本专项相应等级的专项工程设计业务。

(二)工程勘察设计单位资质申请和审批

工程勘察甲级资质、工程设计甲级资质,以及涉及铁路、交通、水利、信息产业、民航等方面的工程设计乙级资质,应当向企业工商注册所在地的省、自治区、直辖市人民政府建设主管部门提出申请。其中,国务院国有资产监督管理委员会管理的企业应当向国务院建设主管部门提出申请;国务院国有资产监督管理委员会管理的企业下属一个层级的企业申请资质,应当由国务院国有资产监督管理委员会管理的企业向国务院建设主管部门提出申请。工程勘察乙级及以下资质、劳务资质、工程设计乙级(涉及铁路、交通、水利、信息产业、民航等方面的工程设计乙级资质除外)及以下资质许可由省、自治区、直辖市人民政府建设主管部门实施。

四、工程监理企业资质审查

《建设工程质量管理条例》第34条第1款规定:"工程监理单位应当依法取得相应等

级的资质证书，并在其资质等级许可的范围内承担工程监理业务。”同时，该条还规定：“禁止工程监理单位超越本单位资质等级许可范围或者以其他工程监理单位的名义承担工程监理业务。禁止工程监理单位允许其他单位或者个人以本单位的名义承担工程监理业务。工程监理单位不得转让工程监理业务。”这与对勘察、设计、施工单位的规定是一致的。

根据《中华人民共和国建筑法》《建设工程质量管理条例》，住建部于2007年6月26日颁布了部令第158号《工程监理企业资质管理规定》，规定工程监理企业应当按照其所拥有的注册资本、专业技术人员和工程监理业绩等资质条件申请资质，经审查合格，取得相应等级的资质证书后，方可在其资质等级许可的范围内从事工程监理活动。

(一)工程监理单位资质等级

工程监理企业资质分为综合资质、专业资质和事务所资质。其中，专业资质按照工程性质和技术特点划分为若干工程类别。综合资质、事务所资质不分级别。专业资质分为甲级、乙级；其中，房屋建筑、水利水电、公路和市政公用专业资质可设立丙级。

(二)工程监理单位资质的申请和审批

申请综合资质、专业甲级资质的，应当向企业工商注册所在地的省、自治区、直辖市人民政府建设主管部门提出申请。申请综合资质、专业甲级资质的工程监理单位由企业工商注册所在地的省、自治区、直辖市人民政府建设主管部门初审完毕(自受理申请之日起20日内)，并将初审意见和申请材料报国务院建设主管部门。由国务院建设主管部门根据初审意见审批。

专业乙级、丙级资质和事务所资质由企业所在地省、自治区、直辖市人民政府建设主管部门审批。省、自治区、直辖市人民政府建设主管部门应当自做出决定之日起10日内，将准予资质许可的决定报国务院建设主管部门备案。

(三)工程监理单位资质管理

有下列情形之一的，资质许可机关或者其上级机关，根据利害关系人的请求或者依据职权，撤销工程监理企业资质：

(1)资质许可机关工作人员滥用职权、玩忽职守做出准予工程监理企业资质许可的。

(2)超越法定职权做出准予工程监理企业资质许可的。

(3)违反资质审批程序做出准予工程监理企业资质许可的。

(4)对不符合许可条件的申请人做出准予工程监理企业资质许可的。

(5)依法可以撤销资质证书的其他情形。

此外，以欺骗、贿赂等不正当手段取得工程监理企业资质证书的，应当予以撤销。

任务三　专业人员执业资格管理

从事建筑活动的专业技术人员，应当依法取得相应的执业资格证书，并在执业资格证书许可的范围内从事建筑活动。

一、执业资格制度的含义

对具备一定专业学历、资历的从事建筑活动的专业技术人员，通过考试和注册确定其执业的技术资格，获得相应建筑工程文件签字级的这种制度叫作执业资格制度。

当前，对从事建筑活动的专业技术人员实行执业资格制度非常必要，其作用主要体现于以下几个方面。

（一）推进深化我国建筑工程管理体制改革

我国较早就对从事建筑活动的单位实行资质审查制度。这种管理制度虽然从整体上束缚了单位的资格，但对专业技术人员的个人技术资格缺乏定量的评定，专业技术人员的责、权、利不明确，常常出现高资质单位承接的任务，由低水平的专业技术人员来完成的现象，影响了建筑工程质量和投资效益的提高。实行专业技术人员执业资格制度有利于解决上述种种问题，保证建筑工程由具有相应资格的专业技术人员主持完成设计、施工、监理任务。

（二）促使我国工程建设领域与国际惯例接轨，适应对外开放环境

当前，世界大多数发达国家对从事涉及公众生命和财产安全的建筑活动的专业技术人员都制定了严格的执业资格制度，如美国、英国、日本、加拿大等国。随着我国对外开放的不断扩大，我国的专业技术人员走向世界，其他国家和地区的专业技术人员希望进入中国建筑市场，建筑专业技术人员执业资格制度有利于对等互相承认和管理。

（三）加速人才培养，提高专业技术人员业务水平和队伍素质

执业资格制度有一套严格的考试、注册办法和继续教育的要求，这种激励机制有利于促进建筑工程质量、专业技术人员水平和从业能力的不断提高。

二、专业人员执业资格

（一）注册建筑师

1995 年 9 月国务院发布的《中华人民共和国注册建筑师条例》和 2008 年建设部发布的《中华人民共和国注册建筑师条例实施细则》，对注册建筑师执业资格做了具体规定。

1. 注册建筑师概念

依法取得注册建筑师证书并从事房屋建筑设计及相关业务的人员叫作注册建筑师，我国注册建筑师分为两级，即一级注册建筑师和二级注册建筑师。

2. 注册建筑师考试

考试的级别、时间和方式：注册建筑师考试分为一级注册建筑师考试和二级注册建筑师考试两级。两个级别的考试在标准、内容、参加考试的条件等方面均有所不同。

注册建造师考试一般每年举行一次。在特别情况下，也可以每半年或每两年举行一次。注册建筑师的考试实行全国统一考试制度。由全国注册建筑师管理委员会统一组织、统一命题，在同一时间内在全国同时进行。

考试的条件：申请参加注册建筑师考试者，必须符合国家规定的教育标准和职业实践要求。

考试合格证书的颁发：一级注册建筑师考试合格者，由全国注册建筑师管理委员会核发“一级注册建筑师考试合格证书”。二级注册建筑师考试合格者，由省、自治区、直辖市注册建筑师管理委员会核发“二级注册建筑师考试合格证书”。“注册建筑师考试合格证书”式样由国务院建设行政主管部门统一制定。

3. 注册建筑师注册

注册建筑师的申请注册采取个人注册与单位统一办理手续相结合的程序。

按照《注册建筑师条例》规定，经注册建筑师考试合格，取得注册建筑师资格。即申请注册建筑师注册，由申请注册者向注册建筑师管理委员会提出申请，由聘用的设计单位统一办理注册手续。申请者能否注册取决于其是否具备注册的条件，设计单位无权决定。经注册建筑师管理委员会审查合格后，予以注册，并发给相应等级的注册建筑师注册证明。

一级注册建筑师的注册机构是全国注册建筑师管理委员会。二级注册建筑师的注册机构是省、自治区、直辖市注册建筑师管理委员会。

4. 注册建筑师执业

注册建筑师的执业范围包括建筑设计、建筑设计技术咨询、建筑物调查与鉴定、对本人主持设计的项目进行施工指导和监督，以及国务院建设行政主管部门规定的其他业务。

一级注册建筑师的业务范围与二级注册建筑师的业务范围有所不同。一级注册建筑师业务范围不受建筑规模和工程复杂程度的限制，二级注册建筑师的业务范围限定在国家规定的建筑规模和工程复杂程度范围内。

执业的机构、业务的承担及收费：注册建筑师执行业务，应当加入建筑设计单位。注册建筑师执行业务应由设计单位统一接受委托并指派和收费，注册建筑师不得私自承接业务和收费。

注册建筑师的权利如下：

(1)专有名称权。注册建筑师有权以注册建筑师的名义执行注册建筑师业务。非注册建筑师不得以注册建筑师的名义执行注册建筑师业务。二级注册建筑师不得以一级注册建筑师的名义执行业务，也不得超越国家规定的二级注册建筑师的执业范围执行业务。

(2)设计文件签字权。国家规定的一定跨度和高度以上的房屋建筑，应当由注册建筑师主持设计并在设计文件上签字。

(3)独立设计权。任何单位和个人修改注册建筑师的设计图，应当征得该注册建筑师的同意，因特殊情况不能征得该注册建筑师同意的除外。

注册建筑师的义务如下：①遵守法律、法规和职业道德，维护社会公共利益；②保证建筑设计的质量，并在其负责的设计图上签字；③保守在执业中知悉的单位和个人的秘密；④不得同时受聘于两个以上建筑设计单位执行业务；⑤不能准许他人以本人名义执行业务。

5. 注册建筑师责任

因设计质量造成的经济损失，首先由设计单位承担赔偿责任，再由设计单位对签字的注册建筑师根据其承担的责任大小进行追偿。

(二)注册结构工程师

对注册结构工程师的管理做出的规定,根据来自原建设部、人事部联合发布的《注册结构工程师执业资格制度暂行规定》。

1. 注册结构工程师概念

注册结构工程师是指取得中华人民共和国注册结构工程师执业资格证书和注册证书,从事房屋结构、桥梁结构及塔架结构等工程设计及相关业务的专业技术人员。注册结构工程师分为一级注册结构工程师和二级注册结构工程师。

2. 注册结构工程师考试

注册结构工程师考试实行全国统一大纲、统一命题、统一组织的办法,原则上每年举行一次。一级注册结构工程师资格考试由基础考试和专业考试两部分组成。通过基础考试的人员,从事结构工程设计或相关业务满规定年限,方可申请参加专业考试。注册结构工程师资格考试合格者,颁发注册结构工程师执业资格证书。

3. 注册结构工程师注册

有下列情形之一的,不予注册:

(1)不具备完全民事行为能力的。

(2)因受刑事处罚,自处罚完毕之日起至申请注册之日止不满 5 年的。

(3)因在结构工程设计或相关业务中犯有错误受到行政处罚或者撤职以上行政处分,自处罚、处分决定之日起至申请注册之日止不满 2 年的。

(4)受吊销注册结构工程师注册证书处罚,自处罚决定之日起至申请注册之日止不满 5 年的。

(5)住建部和国务院有关部门规定不予注册的其他情形的。

注册结构工程师的注册证书分别由全国注册结构工程师管理委员会和省、自治区、直辖市注册结构工程师管理委员会核发给准予注册的申请人。

4. 注册结构工程师执业

(1)注册结构工程师的执业范围。注册结构工程师的执业范围包括结构工程设计;结构工程设计技术咨询;建筑物、构筑物、工程设施等调查和鉴定;对本人主持设计的项目进行施工指导和监督;住建部和国务院有关部门规定的其他业务。

一级注册结构工程师的执业范围不受工程规模及工程复杂程度的限制;二级注册结构工程师执业范围另行规定。

(2)执业的机构、业务的承担及收费。注册结构工程师执行业务,应当加入一个勘察设计单位,由勘察设计单位统一接受业务并统一收费。

(3)注册结构工程师的权利和义务

1)注册结构工程师的权利

①名称专有权。注册结构工程师有权以注册结构工程师的名义执行注册结构工程师业务。非注册结构工程师不得以注册结构工程师的名义执行注册结构工程师业务。

②结构工程设计主持权。国家规定的一定跨度、高度以上的结构工程设计,应当由注册结构工程师主持设计。

③独立设计权。任何单位和个人修改注册结构工程师的设计图,应当征得该注册结

构工程师的同意，但是因特殊情况不能征得该注册结构工程师同意的除外。

2）注册结构工程师的义务

①遵守法律、法规和职业道德，维护社会公众利益。

②保证工程设计的质量，并在其负责的设计图上签字或盖章。

③保守在执业中知悉的单位和个人的秘密。

④不得同时受聘于两个以上勘察设计单位执行业务。

⑤不得准许他人以本人名义执行业务。

⑥按规定接受必要的继续教育，定期进行业务和法规培训。

5. 注册结构工程师责任

因结构设计质量造成的经济损失，由勘察设计单位承担赔偿责任；勘察设计单位有权向签字的注册结构工程师追偿。

（三）注册监理工程师

对注册监理工程师的管理做出的规定，依据来自《注册监理工程师管理规定》（原建设部以部令第 147 号发布）。

1. 注册监理工程师概念

注册监理工程师是岗位职务，是指经全国统一考试合格并经注册取得监理工程师岗位证书的工程建设监理人员。经全国统一考试合格只是成为监理工程师的一个前提条件；同时，还应在建设监理岗位上工作，才能申请注册；经过注册取得监理工程师岗位证书，就成为注册监理工程师。不从事监理工作，就不再具有监理工程师岗位职务。

注册监理工程师按专业设置岗位，一般设置建筑、土建结构、工程测量、工程地质、给水排水、采暖通风、电气、通信、城市燃气、工程机械及设备安装、焊接工艺、建筑经济等岗位。目前，我国还没有设计监理工程师，国际上很多发达国家已设立了设计监理工程师。

监理工程师一经政府注册确认，就意味着具有相当于岗位责任的签字权，监理单位任命的工程项目总监理工程师具有对外签字权。

2. 注册监理工程师资格考试

注册监理工程师资格考试在全国监理工程师资格考试委员会的统一组织指导下进行，原则上每年进行一次。

经监理工程师资格考试合格者，由监理工程师注册机关核发监理工程师执业资格证书。

3. 监理工程师注册

注册监理工程师实行注册执业管理制度。取得资格证书的人员，经过注册方能以注册监理工程师的名义执业。注册监理工程师依据其所学专业、工作经历、工程业绩，按照《工程监理企业资质管理规定》划分的工程类别，按专业注册。每人最多可以申请两个专业注册。取得资格证书的人员申请注册，由省、自治区、直辖市人民政府建设主管部门初审，国务院建设主管部门审批。

自资格证书签发之日起 3 年内初始注册者可提出申请注册监理工程师。逾期未申请者，须符合继续教育的要求后方可申请初始注册。

申请初始注册，应当具备以下条件：

(1)经全国注册监理工程师执业资格统一考试合格,取得资格证书。

(2)受聘于一个相关单位。

(3)达到继续教育要求。

(4)没有《注册监理工程师管理规定》第十三条所列情形。

初始注册需要提交下列材料:

(1)申请人的注册申请表。

(2)申请人的资格证书和身份证复印件。

(3)申请人与聘用单位签订的聘用劳动合同复印件。

(4)所学专业、工作经历、工程业绩、工程类中级及中级以上职称证书等有关证明材料。

(5)逾期初始注册的,应当提供达到继续教育要求的证明材料。

注册监理工程师每一注册有效期为3年,注册有效期满需继续执业的,应当在注册有效期满30日前,按《注册监理工程师管理规定》中规定的程序申请延续注册。

4. 注册监理工程师执业取得

注册监理工程师资格证书的人员,应当受聘于一个具有建设工程勘察、设计、施工、监理、招标代理、造价咨询等一项或者多项资质的单位,经注册后方可从事相应的执业活动。从事工程监理执业活动的,应当受聘并注册于一个具有工程监理资质的单位。工程监理活动中形成的监理文件由注册监理工程师按照规定签字或盖章后方可生效。

5. 注册监理工程师继续教育

注册监理工程师在每一注册有效期内应当达到国务院建设主管部门规定的继续教育要求。继续教育作为注册监理工程师逾期初始注册、延续注册和重新申请注册的条件之一。

(四)注册造价工程师

1. 注册造价工程师概念

经全国统一考试合格,取得造价工程师执业资格证书,并经注册从事工程建设造价业务活动的专业技术人员称为注册造价工程师。

凡从事工程建设活动的建设、设计、施工、工程造价咨询、工程造价管理等单位和部门,必须在计价、评估、审查(核)、控制及管理等岗位配备有造价工程师执业资格的专业技术人员。

2. 注册造价工程师考试

造价工程师执业资格考试实行全国统一大纲、统一命题、统一组织的办法。原则上每年举行一次。

3. 注册造价工程师注册

(1)注册管理机关。住建部及各省、自治区、直辖市建设行政主管部门和国务院有关部门为造价工程师的注册管理机构。

(2)注册的条件。申请注册的人员必须同时具备下列条件:遵纪守法,恪守造价工程师职业道德;取得造价工程师执业资格证书;身体健康,能坚持在造价工程师岗位工作;所在单位考核同意。

再次注册者，应经单位考核合格并有继续教育、参加业务培训的证明。

(3)注册程序。考试合格人员在取得证书3个月内到当地省级或部级造价工程师注册管理机构办理注册登记手续。

注册机关经审查符合注册条件的，批准注册，由其单位所在省、自治区、直辖市或国务院有关部门，造价工程师注册管理机构核发住建部印制的造价工程师注册证，并在执业资格证书的注册登记栏内加盖注册专用印章。各注册管理机构应将注册汇总名单报住建部备案。

(4)注册有效期。造价工程师注册有效期为2年，有效期满前2个月，持证者应当到原注册机构重新办理注册手续。对不符合注册条件的，不予重新注册。

4. 注册造价工程师权利与义务

(1)注册造价工程师的权利

1)有独立依法执行造价工程师岗位业务并参与工程项目经济管理的权利。

2)有在所经办的工程造价成果文件上签字的权利；凡经造价工程师签字的工程造价文件需修改时应经本人同意。

3)有使用造价工程师名称的权利。

4)有依法申请开办工程造价咨询单位的权利。

5)造价工程师对违反国家有关法律法规的意见和决定有权提出劝告，拒绝执行并有向上级或有关部门报告的权利。

(2)注册造价工程师的义务

1)必须熟悉并严格执行国家有关工程造价的法律法规和规定。

2)恪守职业道德和行为规范，遵纪守法，秉公办事。对经办的工程造价文件质量负有经济和法律责任。

3)及时掌握国内外新技术、新材料、新工艺的发展应用，为工程造价管理部门制订、修订工程定额提供依据。

4)自觉接受继续教育，更新知识，积极参加职业培训，不断提高业务技术水平。

5)不得参与经办工程有关的其他单位事关本项工程的经营活动。

6)严格保守执业中知悉的技术和经济秘密。

(五)注册建造师

1. 注册建造师概念

通过考核认定或考试合格取得中华人民共和国建造师资格证书(以下简称资格证书)，并按照本规定注册，取得中华人民共和国注册建造师注册执业证书(以下简称注册证书)和执业印章，担任施工单位项目负责人及从事相关活动的专业技术人员称为注册建造师。

未取得注册证书和执业印章的，不得担任大中型建设工程项目的施工单位项目负责人，不得以注册建造师的名义从事相关活动。

建造师分为一级建造师和二级建造师。本书主要介绍关于一级建造师的注册、管理、执业的有关规定。其涉及的规章主要包括2002年12月5日由人事部、原建设部联合发布的《建造师执业资格制度暂行规定》和2007年3月1日起施行的《注册建造师管理规定》。

2. 注册建造师执业考试

注册建造师考试实行全国统一大纲、统一命题、统一组织的办法，原则上每年举行一次。

建造师考试合格，由各省、自治区、直辖市人事部门颁发人事部统一印制，人保部、住建部用印的建造师执业资格考试合格证书，一级建造师执业资格证书在全国范围内有效，二级建造师执业资格证书在所在行政区域内有效。

3. 注册建造师的注册

(1)注册程序

1)一级建造师执业资格的注册，由本人提出申请，由各省、自治区、直辖市建设行政主管部门或其授权的机构初审合格后，报住建部或其授权的机构注册。住建部统一印制的中华人民共和国一级建造师注册证书由住建部或其授权的注册管理机构发放准予注册的申请人。

2)二级建造师执业资格的注册办法由省、自治区、直辖市建设行政主管部门制定，颁发辖区内有效的中华人民共和国二级建造师注册证书，并报住建部或其授权的注册管理机构备案。

(2)注册管理

1)注册效力。取得建造师执业资格证书的人员，必须经过注册登记，方可以建造师的名义执业。

2)注册的监督检查。人事部和各级地方人事部门对建造师执业资格注册和使用情况有检查、监督的责任。

3)注册期限。建造师执业资格注册有效期一般为 3 年，再次注册手续可以在有效期满前 3 个月，由持证者到原注册管理机构办理再次注册手续。在注册有效期内，变更执业单位者，应当及时办理变更手续。

4)再注册。再次注册者须提供接受继续教育的证明，每年要接受不少于 30 学时的建造师执业继续教育。

5)注销注册。经注册的建造师有规定的执业违规情况的，由原注册管理机构注销注册。

6)注册公示。住建部和省、自治区、直辖市建设行政主管部门应当定期公布建造师执业资格的注册和注销情况。

4. 注册建造师执业要求

(1)建造师执业前提。建造师经注册后，方有权以建造师的名义担任建设工程项目施工的项目经理及从事其他施工活动的管理。取得建造师执业资格，未经注册的，不得以建造师名义从事建设工程施工项目的管理工作。

(2)建造师执业基本要求。建造师在工作中必须严格遵守法律、法规和行业管理的各项规定，恪守职业道德。

5. 注册建造师主要执业范围

(1)注册建造师的执业范围。注册建造师有权以建造师的名义担任建设工程项目施工的项目经理;从事其他施工活动的管理;从事法律法规或国务院行政主管部门规定的其他业务。

(2)注册建造师担任项目经理。注册建造师执业资格制度建立以后,承担建设工程项目施工的项目经理仍是施工企业所承包某一具体工程的主要负责人,他的职责是根据企业法定代表人的授权,对工程项目自开工准备至竣工验收,实施全面的组织管理。而大中型工程项目的项目经理必须由取得建造师执业资格的建造师担任,即建造师在所承担的具体工程项目中行使项目经理职权。注册建造师资格是担任大中型工程项目项目经理的必要条件。建造师须按人发[2002]111 号文件的规定,经统一考试和注册后才能从事担任项目经理等相关活动,是国家的强制性要求,而项目经理的聘任则是企业行为。

(3)鼓励和提倡注册建造师"一师多岗"。近期,注册建造师以建设工程项目施工的项目经理为主要岗位。但是,同时鼓励和提倡注册建造师"一师多岗",从事国家规定的其他业务,例如担任质量监督工程师等。

任务四 典型案例分析

背景:

2012 年 4 月 16 日,被告河南甲市建设行政主管部门收到河南乙房地产开发公司举报,称其正在进行施工的建筑图存在严重质量问题,希望被告对该图的设计单位进行查处。

河南甲市建设行政主管部门经调查后发现,该项目施工图是由李某组织无证设计人员私自安排编制,并使用本应当由甲市建委统一管理发放的施工图出图专用章,且以某建筑设计院的名义设计。

据此,河南甲市建设行政主管部门于 2012 年 12 月 18 日对李某做出了"责令停止建筑活动并处 5 万元罚款"的行政处罚。同时,上述项目的开发单位、河南乙房地产开发公司在未验明设计单位的资质情况下,将工程设计发包给事实上是个人的李某,并将无证人员设计的施工图交给施工单位使用,被告河南甲市建设行政主管部门因此对原告河南乙房地产开发公司也做出了"责令改正,并处罚款 3 万元"等的行政处罚。

处罚决定书下达后,李某和河南乙房地产开发公司均不服上述行政处罚,于 2013 年 2 月 7 日向法院提起行政诉讼,要求撤销被告河南甲市建设行政主管部门的上述行政处罚。

李某认为其在设计活动中的一切行为均代表某建筑设计院,施工图出图专用章是由该设计院的管理机关领取,是有证从事建筑设计活动,不应由其承担无证设计的法律后果;同时,委托设计是在 2010 年上半年签订的,被告河南甲市建设行政主管部门援引地方性法规和《市建筑市场管理规定》对其进行处罚,在法律适用上也是错误的。

原告河南乙房地产开发公司则认为其委托的设计单位是有设计资质的某建筑设计院,从未委托过李某个人;工程设计发包行为发生在 2010 年,2011 年经河南甲市建设工程招投标办公室同意,补办了招标手续。被告河南甲市建设行政主管部门援引 2012 年颁布实施的法规对其进行处罚,显然是适用法律不当。

而被告河南甲市建设行政主管部门则以大量证据材料证明：

(1)李某与河南乙房地产开发公司签订委托设计合同时使用的“合同章”,某建筑设计院并不认可,该院从未有此合同章,更不可能同意李某使用。

(2)李某及其雇用的在施工设计图上签字的人员均不具备国家规定的相应从业资格。

(3)李某私自安排刻制了应由河南甲市建委颁发的“工程建设施工图出图专用章”,并在其组织无证人员设计的图上使用了该出图专用章,没有证据证明某建筑设计院在此事上有授权或共同行为。

(4)河南乙房地产开发公司在与李某签订合同时没有验证设计单位有效的证明文件。

(5)河南乙房地产开发公司签订委托设计合同时,看了李某显示的无效的营业执照后,仍与李某签订合同,且在施工过程中委托李某担任项目经理,将工程全权委托给其管理。因此,李某代表河南乙房地产开发公司接受无证人员设计的施工图所引起的法律后果应追责至河南乙房地产开发公司。

(6)李某的无证设计活动自2009年至河南甲市建设行政主管部门对其进行查处的过程中,一直处于持续状态;而河南乙房地产开发公司委托李某设计的行为,自双方委托设计合同签订之日至河南乙房地产开发公司重新委托设计之日止从未间断;且该工程一直没有竣工。因此,河南甲市建设行政主管部门援引违法行为继续期间颁布实施的法律、法规对其予以处罚,在法律适用上是正确的。

法庭对被告方提供的证据和法律依据逐项进行了审查,认为这些证据内容真实、与被诉行政处罚决定认定的事实相关且合法,具有证明效力,法院全部予以采信,并据此确认:

(1)李某在进行工程项目设计时,组织没有本市建筑设计从业资格的设计人员进行设计,并在设计图上加盖了自行刻制的施工图出图章和施工图发图负责人章,其主观上违法的故意十分明显。被告认定其无证从事建筑设计活动的事实清楚,证据充分。

(2)河南乙房地产开发公司在将设计这一工程重要环节发包给设计单位时,理应验明设计单位的资质证书和勘察设计临时许可证。以河南乙房地产开发公司的行为能力,应当能够验明李某提供的注册税务登记证、企业法人代码证书、企业法人营业执照、进场许可证已全部无效。

(3)李某与河南乙房地产开发公司于2009年5月19日签订设计合同,委托设计行为自此开始,并一直持续到2012年10月2日河南乙房地产开发公司将工程重新委托给其他设计所设计时止。期间,双方并未发生终止、解除合同的情形。故对违法行为的追责,应当自行为终了之日起计算。因此,被告使用法律正确。

2013年5月14日,受理案件的河南甲市某区人民法院做出了一审判决,依法确认了被告的行为合法。

李某和河南乙房地产开发公司不服一审判决,于2013年5月21日向河南甲市第一中级人民法院提起上诉。经开庭审理,二审法院于2013年12月18日做出了终审判决:“驳回上诉,维持原判”。

问题：

1. 李某的违法行为主要有哪些？

2. 河南乙房地产开发公司应该承担的责任有哪些？

分析：

在本案中，第一原告李某未经注册，以注册执业人员的名义从事建设工程勘察设计活动，且私刻图章，以其他单位的名义从事建设工程勘察设计任务。第二原告河南乙房地产开发公司违反有关法律法规的规定，将建设工程勘察设计任务发包给不具有相应资质等级的勘察设计单位。

第一原告和第二原告均违反了有关法律法规的强制规定，本案被告建设行政主管部门依据法律规定对上述被告进行行政处罚，是正确的。

基础练习题

一、单选题

1. 建造师初始注册者，自资格证书签发之日起提出注册申请的最长期限为(　　)，逾期未申请者，须符合本专业继续教育的要求后方可申请初始注册。

A. 3 年　　B. 6 个月

C. 1 年　　D. 2 年

2. 根据《建设工程质量管理条例》，注册建造师因过错造成重大质量事故，情节特别恶劣的，其将受到的行政处罚为(　　)。

A. 终身不予注册　　B. 吊销执业资格证书，5 年内不予注册

C. 责令停止执业 3 年　　D. 责令停止执业 1 年

3. 注册建造师依法享有的权利不包括(　　)。

A. 获得相应劳动报酬

B. 保管和使用本人注册证书、执业印章

C. 接受继续教育

D. 保守在执业中知悉的国家秘密和他人的商业、技术等秘密

E. 在本人执业活动中形成的文件上签字并加盖执业印章

4. 下列关于一级建造师注册的说法，正确的是(　　)。

A. 取得一级建造师执业资格证书后即可申请注册

B. 取得资格证书的人员，经过注册才能以注册建造师的名义执业

C. 初始注册者，可自资格证书签发之日起三年内提出申请；未按期申请的，不予注册

D. 注册申请应当向省、自治区、直辖市人民政府的人事部门提出

5. 根据《建筑工程施工转包违法分包等违法行为认定查处管理办法(试行)》，关于对个人挂靠行为处罚的说法，正确的是(　　)。

A. 有执业资格证书的，吊销其执业资格证书，5 年内不予执业资格注册

B. 处以一定比例的罚款

C. 不得再担任项目负责人

D. 造成重大质量安全事故的，吊销其执业资格证书，5 年后可以重新注册

二、多选题

1. 新建施工企业，在首次向建设行政主管部门申请资质时，(　　)不是必备的条件。

A. 有保证本单位安全生产条件所需资金的投入

B. 有符合规定的净资产、专业技术人员和技术装备

C. 有职业危害防治措施和生产安全事故应急救援预案

D. 依法参加工伤保险和意外伤害保险，并交纳保险费

2. 建筑业企业申请资质升级、资质增项。在申请之日起的前一年内出现下列情形，资质许可机关对其申请不予批准的有(　　)。

A. 与建设单位或者企业之间相互串通投标的

B. 未取得施工许可证擅自施工的

C. 将承包的工程转包或者违法分包的

D. 发生过安全事故的

E. 恶意拖欠分包企业工程款或者农民工工资的

3. 注册建造师王某有机电和市政两个专业，其中机电专业注册期满仍需以该专业继续执业的，应及时办理(　　)。

A. 变更注册　　B. 延续注册

C. 增项注册　　D. 重新注册

E. 初始注册

4. 根据《注册建造师管理规定》，下列情形中，不应予批准注册的是(　　)。

A. 赵某因工伤丧失了民事行为能力

B. 孙某有两个执业专业，参加继续教育达到 150 学时，申请延续注册

C. 周某申请在两个单位分别注册

D. 李某已年满 60 周岁但仍担任施工单位咨询顾问

E. 张某通过考核认定

5. 根据《注册建造师管理规定》，注册建造师享有的权利包括(　　)。

A. 参加继续教育　　B. 对本人执业行为进行辩解

C. 旁站、巡视、平行检验　　D. 签发工程开工、停工、复工令

E. 在执业文件上签章

三、简答题

1. 什么是从业资格制度？我国从业资格制度包括哪几方面？

2. 我国对从事工程建设活动的单位是如何划分的？它们的资质又是怎么划分的？

3. 各级勘察设计机构的业务范围是如何规定的？

4. 我国在建筑行业将实行哪几种执业人员的职业资格制度？现已实行的有哪些？

5. 注册结构工程师的注册条件有哪些？

项目二 工程建设承发包法律法规

知识目标
1. 了解工程建设程序的概念、划分。
2. 熟悉工程建设前期的阶段及准备阶段的内容。
3. 掌握工程建设承发包的法律规定。

任务一 工程建设程序法规

一、工程建设程序的概念

工程建设程序是指工程建设全过程中各项工作都必须遵守的先后次序。工程建设是社会化生产，它有着产品体积庞大、建造场所固定、建设周期长，占用资源多的特点。在建设过程中，工作量极大，牵涉面很广，内外协作关系复杂且存在着活动空间有限和后续工作无法提前进行的矛盾。因此，工程建设就必然存在着一个分阶段、按步骤，各项工作按序进行的客观规律。这种规律是不可违反的，如人为将工程建设的顺序颠倒，就会造成严重的资源浪费和经济损失。此外，工程建设投资大，建成后的建筑物将长期存在，其质量好坏与人们的生命财产息息相关。因此，工程建设活动是与社会公共利益密切相关的活动。为维护社会公共利益，政府也必须在工程建设过程中，设置一些审批环节来对各方主体工程建设行为进行监督管理，这些就需要通过工程建设程序的相关法规来实现。因此，国家颁布了有关法规，将工程建设程序以法律的形式固定下来。强迫人们从事工程建设活动时遵守。当然，随着社会的发展和科学技术的进步，加上人们对工程建设认识的不断加深，工程建设程序也会在现有基础上更加趋于合理、科学。

工程建设程序是在认识工程建设客观规律基础上总结提出的，工程建设全过程中各项工作都必须遵守的先后次序。它也是工程建设各个环节相互衔接的顺序。

二、我国工程建设程序的立法现状

我国尚无一部专门的工程建设程序法规，涉及工程建设程序方面的法规主要是部门的规章和规范性文件，在如下法律中涉及有关工程建设程序的一些规定：《中华人民共和国土地法》《中华人民共和国城市规划法》《中华人民共和国建筑法》。

主要规定：由国家计划委员会、建设委员会、财政部联合颁发的《关于基本建设程序的若干规定》(1978 年)，以及随着经济体制的改革和决策科学化、管理规范化要求的提出，由各主管部门先后发布的《关于简化基本建设项目审批手续的通知》(1982 年)，《关于颁发建设项目进行可行性研究的试行管理办法的通知》(1983 年)，《关于编制建设前期工作计划的通知》(1984 年)，《关于建设项目经济评价工作的暂行规定》(1987 年)，《关于大型和限额以上固定资产投资项目建设书审批问题的通知》(1988 年)，《工程建设项目实施阶段程序管理暂行规定》等规范性文件。

三、工程建设程序的划分

根据我国现行工程建设程序法规的规定，我国工程建设程序如表 2.1 所示。

表 2.1　我国工程建设程序

工程建设程序的阶段划分	各阶段的环节划分
工程建设的前期阶段(决策分析阶段)	投资意向
	投资机会分析
	项目建议书
	可行性研究
	审批立项
工程建设准备阶段	规划
	获取土地使用权
	拆迁
	报建
	工程发包与承包
工程建设实施阶段	工程勘察设计
	设计文件审批
	施工准备
	工程施工
	生产准备
工程竣工验收与保修阶段	竣工验收
	工程保修
终结阶段	生产运营
	投资后评价

从表 2.1 中可知，我国工程建设程序共分五个阶段，每个阶段又各包含若干环节。各

阶段、各环节的工作应按规定顺序进行。当然，工程项目的性质不同，规模不一，同一阶段各环节的工作会有一些交叉，有些环节还可省略，在具体执行时，可根据本行业、本项目的特点，在遵守工程建设程序的大前提下，灵活地开展各项工作。

四、工程建设前期阶段及准备阶段的内容

(一)工程建设前期阶段的内容

工程建设前期阶段称为决策分析阶段，对投资者来讲，这是十分重要的阶段，因为要进行战略决策，它将从根本上决定其投资效益。这一阶段主要是对工程项目投资的合理性进行考察和对工程项目进行选择。这个阶段包含投资意向、投资机会分析、项目建议书、可行性研究、审批立项五个环节。

1. 投资意向

投资意向是投资主体发现社会存在合适的投资机会所产生的投资愿望。它是工程建设活动的起点，也是工程建设得以进行的必备条件。

2. 投资机会分析

投资机会分析是投资主体对投资机会所进行的初步考察和分析，在认为机会合适、有良好的预期效益时，则可进行下一步行动。

3. 项目建议书

项目建议书是投资机会分析结果文字化后形成的书面文件，以方便投资决策者分析、抉择。项目建议书应对拟建工程的必要性、客观可行性和获利的可能性逐一进行论述。

大中型和限额以上项目的投资项目建设书，由行业归口主管部门初审后，再由国家发展与改革委员会审批。小型项目的项目建议书，按隶属关系由主管部门或地方发展与改革委员会审批。

4. 可行性研究

可行性研究是指项目建议书被批准后，对报建项目在技术上是否可行、经济上是否合理等内容所进行的分析论证。广义的可行性研究还包括投资机会分析。

可行性研究应对项目所涉及的社会、经济、技术问题进行深入的调查研究，对各种各样的建设方案和技术方案进行发掘并加以比较、优化，对项目建成后的经济效益、社会效益进行科学的预测及评价，提出该项目建设是否可行的结论性意见。对可行性研究的具体内容和所应达到的深度，有关法规都有明确的规定。

可行性研究报告必须经有资格的咨询机构评估确认后，才能作为投资决策的依据。

5. 审批立项

审批立项是有关部门对可行性研究报告的审查批准程序，审查通过后即予以立项，正式进入工程项目的建设准备阶段。

《关于建设项目进行可行性研究的试行管理办法》对审批权限做了具体规定。

大中型建设项目的可行性研究报告由各主管部，各省、市、自治区或全国性工业公司负责预审，报国务院审批。小型项目的可行性研究报告，按隶属关系由各主管部，各省、市、自治区或全国性专业公司审批。

（二）工程建设准备阶段的内容

工程建设准备是为勘察、设计、施工创造条件所做的建设现场、建设队伍、建设设备等方面的准备工作，这一阶段包括规划、获取土地使用权、拆迁、报建、工程发包与承包等主要环节。

1. 规划

在规划区内建设的工程，必须符合城市规划或村庄、乡镇规划的要求。其工程选址和布局，必须取得城市规划行政主管部门或村、镇规划主管部门的同意，批准；在城市规划区内进行工程建设的，要依法先后领取城市规划行政主管部门核发的“选址意见书”“建设用地规划许可证”“建设工程规划许可证”，方能进行获取土地使用权、设计、施工等相关建设活动。

2. 获取土地使用权

必须通过国家对土地使用权的出让或划拨才能取得工程建设用地，我国的《土地管理法》规定：农村和城市郊区的土地除法律规定属国家所有者外属于农民集体所有，其余的土地都归国家所有。在农民集体所有的土地上进行工程建设的，也必须先由国家征用农民土地，然后将土地使用权出让或划拨给建设单位或个人。

通过国家出让而取得土地使用权的，应向国家支付出让金，并与市、县人民政府土地管理部门签订书面出让合同，然后按合同规定的年限与要求进行工程建设。通过出让取得国有土地使用权的，是交纳土地出让金以货币等形式有偿使用土地的，主要是经营性用地，房地产、住宅、商业、工业等。

划拨土地使用权是指土地使用者通过各种方式依法无偿取得的土地使用权。国有划拨土地是指国家无偿或以成本价向用地单位供应的土地，主要是公益事业，学校、医院、军事用地，国家机关办公用地、公路，国家重点建设工程、国有企业等。

3. 拆迁

在城市进行工程建设，一般都要对建设用地上的原有房屋和附属物进行拆迁。国务院颁发的《城市房屋拆迁管理条例》规定拆迁房屋的单位取得房屋拆迁许可证后，方可实施拆迁。拆迁人和被拆迁人应签订书面协议，被拆迁人必须服从城市建设的需要，在规定的搬迁期限内完成搬迁，拆迁人对被拆迁人依法给予补偿，并对被拆迁房屋的使用人进行安置。对违章建筑、超过批准期限的临时建筑的被拆迁人和使用人，则不予补偿和安置。

4. 报建

建设项目被批准立项后，建设单位或其代理机构必须持工程项目立项批准文件、银行出具的资信证、建设用地的批准文件等资料，向当地建设行政主管部门或其授权机构进行报建。

凡未报建的工程项目，不得办理招标手续和发放施工许可证，设计、施工单位不得承接该项目的设计、施工任务。

5. 工程发包与承包

建设单位或其代理机构在上述准备工作完成后，须对拟建工程进行发包，以择优选定工程勘察设计单位、施工单位或总承包单位。工程发包与承包有招标投标和直接发包两种方式，为鼓励公平竞争，建立公正的竞争秩序，国家提倡招标投标方式，并对许多工程实施强制招标投标。

五、工程建设实施阶段及保修阶段的内容

(一)工程建设实施阶段的内容

1. 工程勘察设计

在工程建设过程中,勘察设计是工程建设的关键环节,勘察是设计的基础依据,设计必须在进行工程勘察,取得足够的地质、水文等基础资料之后才能进行。工程勘察设计对实现投资者的意愿起关键作用,设计文件是制订建设计划、组织工程施工和控制建设投资的依据。

另外,勘察工作服务于工程建设的全过程,在工程选址、可行性研究、工程施工等各阶段,也必须进行必要的勘察。

工程设计包括的阶段及各阶段的内容和要求,有关法规都有具体的规定。

2. 施工准备

施工准备包括施工单位在技术、物资方面的准备和建设单位申领施工许可证两方面内容。

(1)施工单位技术、物资方面的准备工程施工涉及的因素很多,过程也十分复杂,施工单位在接到施工图后,应熟悉、审查设计施工图,编制施工组织设计,制定质量、安全、计划、技术、文明施工的各项保证措施,做好施工现场的“三通一平”工作,并下达施工任务书,准备工程施工所需的设备、材料等活动。

(2)建设单位取得施工许可证具备以下条件:①已经办好该工程用地批准手续;②在城市规划区的工程,已取得规划许可证;③需要拆迁的,拆迁进度满足施工要求;④施工企业已确定;⑤有满足施工需要的施工图和技术资料;⑥有保证工程质量和安全的具体措施;⑦建设资金已落实并满足有关法律、法规规定的其他条件,方可按国家有关规定向工程所在地县级以上人民政府建设行政主管部门申领施工许可证。未取得施工许可证的建设单位不得擅自组织开工。已取得施工许可证的,应自批准之日起三个月内组织开工,因故不能按期开工的,可向发证机关申请延期,延期以两次为限,每次不超过三个月。既不按期开工,又不申请延期或超过延期时限的,已批准的施工许可证自行作废。

3. 工程施工

根据设计图纸和有关文件,施工队伍具体地配置各种施工要素,将工程设计物化为建筑产品的过程叫作工程施工,其管理水平的高低、工作质量的好坏对建设项目的质量和所产生的效益起着十分重要的作用。这也是投入劳动量最大,所费时间较长的工作。

工程施工管理具体包括施工调度、施工安全、文明施工、环境保护等几方面的内容。

施工调度是进行施工管理,掌握施工情况,及时处理施工中存在的问题,严格控制工程的施工质量、进度和成本的重要环节。施工单位的各级管理机构均应配备专职调度人员,建立和健全各级调度机构。

施工安全是指在施工活动中,对职工身体健康与安全、机械设备使用的安全及物资的安全等应有保障制度和所采取的措施。根据有关规定,施工单位必须执行国家有关安全生产和劳动保护的法规,建立安全生产责任制,加强规范化管理,进行安全交底、安全教育

和安全宣传，严格执行安全技术方案，定期检修、维修各种安全设施，做好施工现场的安全保卫工作，建立和执行防火管理制度，切实保障工程施工的安全。

文明施工是指在施工单位应推行现代管理方法，科学组织施工，保证施工活动整洁、有序、合理地进行。具体内容包括：按施工总平面布置图设置各项临时设施，施工现场设置明显标牌，主要管理人员要佩戴身份标志。机械操作人员要持证上岗，施工现场的用电线路、用电设施的安装使用和现场水源、道路的设置要符合规范要求等。

环境保护是施工单位必须遵守国家有关环境保护的法律、法规，采取措施控制各种粉尘、废气、噪声等对环境的污染和危害。如不能控制在规定的范围内，则应事先报请有关部门批准。

4. 生产准备

生产准备是指工程施工临近结束时，为保证建设项目能及时投产使用所进行的准备活动。如招收和培训必要的生产人员，组织人员参加设备安装调试和工程验收，组建生产管理机构，制定规章制度，收集生产技术资料和样品，落实原材料、外协产品、燃料、水、电的来源及其他配合条件等。建设单位要根据建设项目或主要单项工程的生产技术特点，及时组成专门班子或机构，有计划地做好这一工作。

（二）工程竣工验收与保修阶段的内容

1. 工程竣工验收

工程竣工验收是指建设工程依照国家有关法律、法规及工程建设规范、标准的规定完成工程设计文件要求和合同约定的各项内容，建设单位已取得政府有关主管部门（或其委托机构）出具的工程施工质量、消防、规划、环保、城建等验收文件或准许使用文件后，组织工程竣工验收并编制完成建设工程竣工验收报告。国家计委颁发的《建设项目（工程）竣工验收办法》规定，凡新建、扩建、改建的基本建设项目（工程）和技术改造项目，按批准的设计文件所规定的内容建成，符合验收标准的必须及时组织验收，办理固定资产移交手续。

根据《中华人民共和国建筑法》及相关法规规定，交付竣工验收的工程，必须具备下列条件：①完成建设工程设计和合同约定的各项内容；②有完整的技术档案和施工管理资料；③有工程使用的主要建筑材料、建筑构配件和设备的进场试验报告；④有勘察、设计、施工、工程监理等单位分别签署的质量合格文件；⑤有施工单位签署的工程保证书。

竣工验收的依据是已批准的可行性研究报告、初步设计或扩大初步设计，施工图和设备技术说明书以及现行施工技术验收的规范和主管部门（公司）有关审批、修改、调整的文件等。

工程验收合格后，方可交付使用。此时承发包双方应尽快办理固定资产移交手续和工程结算，将所有工程款项结算清楚。

2. 工程保修

根据《中华人民共和国建筑法》及相关法规的规定，工程竣工验收交付使用后，在保修期限内，承包单位要对工程中出现的质量缺陷承担保修义务，并对造成的损失承担赔偿责任。国家法律有明确规定，当事人在合同中也可以协商约定保修期限和范围，但不得低于法律规定的最低标准。

3. 投资后评价

投资后评价是指在项目已经完成并运行一段时间后，对项目立项决策、设计施工、竣工投产、生产运营等全过程进行系统的、客观的分析和总结的一种技术经济活动。它是工程建设管理的一项重要内容，也是工程建设程序的最后一个环节。它具有透明性和公开性，能客观、公正地评价项目活动成绩和失误的主客观原因，比较公正地、客观地确定项目决策者、管理者和建设者的工作业绩和存在的问题，从而进一步提高他们的责任心和工作水平。目前我国的投资后评价一般分建设单位的自我评价、项目所属行业（地区）主管部门的评价及各级计划部门（或主要投资主体）的评价三个层次进行。

任务二　工程发包与承包法规

自1982年起，我国建设领域开始改变工程建设任务由行政主管部门分配的方式，逐步确立了建设工程发包与承包制度。实践证明，建设工程发包与承包制度，对鼓励竞争、防止垄断、提高工程质量、控制工程造价和工期的市场经济建设起到了良好的促进作用。

建设工程发包与承包是指建设单位（或总承包单位）委托具有从事建筑活动的法定从业资格的单位为其完成某一建筑工程任务的全部或部分的交易行为。

建筑工程发包是指建设单位（或总承包单位）将建筑工程任务（勘察、设计、施工等）的全部或一部分通过招标或其他方式，交付给具有从事建筑活动的法定从业资格的单位完成，并按约定支付报酬的行为。

建筑工程承包是指具有从事建筑活动的法定从业资格的单位，通过投标或其他方式，承揽建筑工程任务，并按约定取得报酬的行为。

发包方与承包方的权利、义务都由双方签订的承包合同来加以规定。

一、工程发包和承包的基本规定

（一）建设工程发包的基本规定

1. 建设工程发包方式

依据《中华人民共和国建筑法》的规定，建设工程发包与承包有两种方式：直接发包和招标发包。

（1）直接发包　直接发包是指对特殊建设工程或法律规定应招标发包范围以外的工程，发包方直接与承包方签订承包合同，委托承包方承建的一种交易行为。《中华人民共和国招标投标法》规定，只有涉及国家安全、国家秘密、抢险救灾或者属于利用扶贫资金实行以工代赈、需要使用农民工等特殊情况及规模太小的工程，才可不进行招投标而采用直接发包的方式。直接发包是局限于特殊情况难以展开公开竞争的一种补充发包方式。

（2）招标发包　它是指发包方根据招标法的规定事先制定招标文件，明确其承包工程的性质、内容、工期、质量等情况和要求，吸引投标人参与承包竞争，按照法定程序择优选定投标人达成交易并订立承包合同，确定双方权利义务关系的交易方式。目前国际上通常采用公开招标、邀请招标和议标三种方式。

显而易见，建设工程招标发包比直接发包要更有利于公平竞争，更符合市场经济规律的要求。所以我国相关法规都提倡招标发包方式，对直接发包则加以限制。而对使用国际组织或者外国政府贷款、援助资金的项目，全部或部分使用国有资金投资或国家融资的项目，以及所有大型基础设施、公用事业等关系社会公共利益和公众安全的项目，则实行强制招投标制，这些项目必须采用招标投标方式来发包工程，否则将不批准其开工建设，违反上述规定的有关单位和直接责任人还将受到法律的惩罚。

2. 工程发包的相关规定

《中华人民共和国建筑法》（以下简称《建筑法》）规定，建筑工程实行招标发包的，发包单位应当将建筑工程发包给依法中标的承包单位。建筑工程实行直接发包的，发包单位应当将建筑工程发包给具有相应资质条件的承包单位。按照合同约定，建筑材料、建筑构配件和设备由工程承包单位采购的，发包单位不得指定承包单位购入用于工程的建筑材料、建筑构配件和设备或者指定生产厂、供应商。

2014 年 8 月住房和城乡建设部发布的《建筑工程施工转包违法分包等违法行为认定查处管理办法（试行）》进一步规定，存在下列情形之一的，属于违法发包：①建设单位将工程发包给个人的；②建设单位将工程发包给不具有相应资质或安全生产许可的施工单位的；③未履行法定发包程序，包括应当依法进行招标未招标，应当申请直接发包未申请或申请未核准的；④建设单位设置不合理的招投标条件，限制、排斥潜在投标人或者投标人的；⑤建设单位将一个单位工程的施工分解成若干部分发包给不同的施工总承包或专业承包单位的；⑥建设单位将施工合同范围内的单位工程或分部分项工程又另行发包的；⑦建设单位违反施工合同约定，通过各种形式要求承包单位选择其指定分包单位的；⑧法律法规规定的其他违法发包行为。

（二）建设工程承包的分类及相关规定

1. 建设工程承包分类

建设工程承包方式根据不同分类原则可以分为以下类别。

（1）按承包的范围和内容分类

1）建设全过程总承包　全过程总承包是指从工程项目立项的可行性研究开始，包括可行性研究、勘察设计、设备材料采购、工程施工、生产准备投料试车，直至投产交付使用为止等工程建设的全部任务，一并发包给一个具备相应的总承包资质条件的承包单位，由总承包单位对工程建设的全过程向建设单位负责，直至投产交付使用，经建设单位验收合格，符合发包要求的承包方式。这种承包方式要求承发包双方密切配合，涉及决策性质的重大问题仍应由建设单位或其上级主管部门做最后的决定。这种承包方式主要适用于各种大中型建设项目。它的优点是可以积累建设经验和充分利用已有的经验，节约投资，缩短建设周期并保证建设的质量，提高经济效益。当然，也要求承包单位必须具有雄厚的技术经济实力和丰富的组织管理经验。

2）阶段承包　阶段承包的内容是建设过程中某一阶段或某些阶段的工作。如可行性研究、勘察设计、建筑安装施工等。

3）专项承包　专项承包的内容是某建设阶段中的某专门项目，因为专业性较强，多由有关的专业承包单位承包，故称专业承包。

4）平行承发包　平行承发包又称为分别承发包，指的是建设单位将设计任务分别委托多个设计单位，把施工任务分别发包给多个施工单位，各设计单位、施工单位都是平行或并列关系。这对建设单位来说，不仅招标工作量大，而且合同关系复杂，业主的组织协调工作量相当大，不同设计单位之间的矛盾，施工单位之间的矛盾以及施工单位与设计单位之间的矛盾，都得由业主协调。由于业主一般缺乏建筑生产方面的技术以及管理知识和经验，很难保证协调工作的及时性和合理性，从投资控制的角度来看，平行承发包方式对业主不利。

(2)按照承包对象的组织形式来分类

1)总承包　一个建设项目建设全过程或其中某个阶段(例如施工阶段)的全部工作，由一个承包单位负责组织实施。总承包单位可以依法将若干专业性工作交给不同的专业承包单位去完成，总承包单位与分包单位对分包工程的质量承担连带责任。

2)分承包　分承包简称分包，是相对总承包而言的，即承包者不与建设单位发生直接关系，而是从总承包单位分包某一分项工程(例如土方、模板、钢筋等)或某种专业工程(例如钢结构制作和安装、卫生设备安装、电梯安装等)，在现场上由总包统筹安排其活动，并对总包负责。分包单位通常为专业工程公司。

3)独立承包　独立承包是指承包单位依靠自身的力量完成承包任务，而不实行分包的承包方式。通常仅适用于规模较小、技术要求比较简单的工程以及修缮工程。

4)共同承包　共同承包是指由两个以上的具备承包资格的施工单位共同组成了非法人的联合体，以共同的名义对工程进行承包的行为。不同资质等级的单位应当按资质等级低单位的业务许可范围承揽工程。

共同承包各方应签订联合承包协议，明确约定各方的权利、义务以及相互合作、违约责任承担等条款。各承包方就承包合同的履行对建设单位承担连带责任，如果出现赔偿责任，建设单位有权向共同承包的任何一方请求赔偿，被请求方不得拒绝，在其支付赔偿后可依据联合承包协议及有关各方过错大小，有权对超过自己应赔偿的那部分份额向其他方进行追偿。联合体承担的法律义务则要到保修期结束才能终止。

这种承包方式由于多家联合，资金雄厚，技术和管理上可以取长补短，发挥各自的优势，有能力承包大规模的工程任务。同时由于多家共同协作，在报价及投标策略上互相交流经验，也有助于提高竞争力，较易得标。在国际工程承包中，外国承包企业与工程所在国承包企业联合经营，也有利于对当地国情民俗、法规条例的了解和适应，便于工作的开展。

5)直接承包　直接承包就是在同一工程项目上，不同的承包单位分别与建设单位签订承包合同，各自直接对建设单位负责。各承包商之间不存在总分包关系，现场上的协调工作可由建设单位自己去做，或委托一个承包商牵头去做，也可聘请专门的项目经理来管理。

(3)按合同类型和计价方法分类

1)固定总价合同　固定总价合同就是按商定的总价承包工程。它的特点是以图纸和工程说明书为依据，明确承包内容和计算包价，并一笔包死。在合同执行过程中，除非建设单位要求变更原定的承包内容，承包单位一般不得要求变更包价。这种方式对建设单位比较简便，因此为一般建设单位所欢迎。对承包商来说，如果设计图纸和说明书相当详细,能据以比较精确地估算造价,签订合同时考虑得也比较周全,不致有太大的风险,也是一种比较简便的承包方式。如果图纸和说明书不够详细,未知数比较多,或者遇到材料突然涨价以及恶劣的气候等意外情况,承包单位须承担应变的风险;为此,往往加大不可预见费用,因而不利于降低造价,最终是对承包单位不利。这种承包方式通常仅适用于规模较小、技术不太复杂的工程。

2)按量计价合同 按量计价合同以工程量清单和单价表为计算包价的依据。通常由建设单位委托设计单位或专业估算师(造价工程师或测量师)提出工程量清单,列出分部分项工程量,例如挖土若干立方米,填土夯实若干立方米,混凝土若干立方米,墙面抹灰若干平方米,等等,由承包商填报单价,再算出总造价。因为工程量是统一计算出来的,承包商只要经过复核并填上适当的单价就能得出总造价,承担风险较小;发包单位也只要审核单价是否合理即可,对双方都方便。目前国际上采用这种承包方式的较多。在我国,作为工程造价计算方法的改革方向,已开始推行。

3)单价合同 在没有施工详图就需开工,或虽有施工图而对工程的某些条件尚不完全清楚的情况下,既不能比较精确地计算工程量,又要避免凭运气而使建设单位和承包单位任何一方承担过大的风险,采用单价合同是比较适宜的。

4)成本加酬金合同 这种承包方式的基本特点是按工程实际发生的成本(包括人工费、材料费、施工机械使用费、其他直接费和施工管理费以及各项独立费,但不包括承包企业的总管理费和应缴税金),加上商定的总管理费和利润来确定工程总造价。这种承包方式主要适用于开工前对工程内容尚不十分清楚的情况,例如边设计边施工的紧急工程,或遭受地震、战火等灾害破坏后需修复的工程。

2. 建设工程承包的相关规定

《建筑法》规定,承包建筑工程的单位应当持有依法取得的资质证书,并在其资质等级许可的业务范围内承揽工程。禁止建筑施工企业超越本企业资质等级许可的业务范围或者以任何形式用其他建筑施工企业的名义承揽工程。禁止建筑施工企业以任何形式允许其他单位或者个人使用本企业的资质证书、营业执照,以本企业的名义承揽工程。

(三)建设工程发包与承包的相关注意事项

1. 建设工程发包与承包合同必须采用书面形式

经济合同有两种形式即书面合同的形式口头合同的形式,但根据我国法律规定或双方当事人另有约定的除外。建设工程承发包合同一般都有涉及的金额大、合同履行期长、社会影响面广、合同的成果十分重要的特点,从促使当事人慎重行事和避免对社会产生不良后果的主旨出发,《建筑法》及其他有关法规都规定:建设工程承发包合同必须采用书面形式。也就是说,以口头约定方式所订立的建设工程承发包合同,在法律上不仅是无效的,而且是违法的。

2. 建设工程承发包中,禁止行贿受贿

通过行贿以获取工程承包权是扰乱建设市场的正常秩序、违背公平竞争原则的一种不正当竞争手段,是危害社会的犯罪行为。《建筑法》规定,发包单位及其工作人员在建筑工程发包中不得收受贿赂、回扣或者索取其他好处。承包单位及其工作人员不得利用向发包单位及其工作人员行贿、提供回扣或者给予其他好处等不正当手段承揽工程。以单位名义所行使的行贿受贿，其实质是集体共同犯罪，已构成单位犯罪。我国 1997 年修订颁布的新《刑法》对此已有明确规定，对单位犯罪采取双罚制，即除对单位判处罚金外，还要对直接负责的主管人员和其他直接责任人员判处相应的刑罚。

3. 承包单位必须具有相应资格

建设活动是一种专业技术要求高、对社会影响大的经济活动。世界上大多数国家对工程建设活动都实行执业资格制度，我国现在也正在实行这一制度。即承包工程的勘察、设计、施工、监理等单位，都必须是持有营业执照和相应资质等级证书的相关单位。而建筑构配件和非标准设备的加工、生产单位，也必须是具有生产许可证或是经有关主管部门依法批准生产的单位。

4. 提倡总承包，禁止肢解分包

《建筑法》规定，建筑工程的发包单位可以将建筑工程的勘察、设计、施工、设备采购一并发包给一个工程总承包单位，也可以将建筑工程勘察、设计、施工、设备采购的一项或者多项发包给一个工程总承包单位。将一个工程的各个部位发包给不同的施工（或设计）单位，由各个单位分别完成工程的不同部分，即我们所称的“肢解发包”。由于我国当前建设行为很不规范，市场竞争机制也不完善，肢解发包往往造成相互扯皮，严重影响建设工程的质量和进度，还给贪污犯罪提供了方便。因此，我国现行的建设法规做出了禁止将建设工程肢解发包的明确规定。

任务三 违反工程建设程序与发承包法规的法律责任

一、违反工程建设程序法规的法律责任

（一）建设单位的违法责任

《建筑法》规定，发包单位将工程发包给不具有相应资质条件的承包单位的责令改正，处以 50 万元以上 100 万元以下的罚款。

《建设工程质量管理条例》规定，建设单位将建设工程肢解发包的，责令改正，处工程合同价款 0.5% 以上 1% 以下的罚款；对全部或者部分使用国有资金的项目，并可以暂停项目执行或者暂停资金拨付。

（二）勘察、设计单位的违法责任

1. 非法承揽业务的责任

工程建设勘察、设计单位未取得资质证书承揽工程的，予以取缔，以欺骗手段取得资质证书承揽工程的，吊销其资质证书；对于超越资质等级许可的范围，或以其他勘察、设计单位的名义承揽勘察、设计业务或者允许其他单位或个人以本单位的名义承揽工程建设勘察、设计业务的工程建设勘察、设计单位，可责令其停业整顿，降低资质等级，情节严重的，吊销其资质证书。

对于有上述各种行为的勘察设计单位，还应处合同约定的勘察费、设计费 2 倍以上 5 倍以下的罚款，并没收其违法所得。

2. 非法转包的责任

工程建设勘察设计单位将所承揽的工程进行转包的，责令改正，没收违法所得，处合同约定的勘察费、设计费25%以上50%以下的罚款，还可责令其停业整顿、降低其资质等级，情节严重的，吊销其资质证书。

3. 不按规定进行设计的责任

对于不按工程建设强制性标准进行勘察、设计的勘察、设计单位；不按勘察成果文件进行设计或指定建筑材料、建筑构配件生产厂、供应商的设计单位，责令其改正，并处10万元以上30万元以下的罚款。因上述行为造成工程事故的，责令停业整顿，降低资质等级。情节严重的，吊销资质证书；造成损失的，依法承担赔偿损失。

（三）勘察、设计执业人员的违法责任

未受聘于一个工程建设勘察设计单位或同时受聘于两个以上工程建设勘察设计单位的已经注册的执业人员和其他专业技术人员，从事有关业务活动的，可责令停止执行业务或吊销资格证书；未经注册，擅自以注册工程建设勘察、设计人员的名义从事工程建设勘察、设计活动的，责令停止违法行为。对于上述人员，还要没收其违法所得，处违法所得2倍以上5倍以下的罚款，给他人造成损失的，依法承担赔偿责任。

（四）国家机关工作人员的违法责任

国家机关工作人员在工程建设勘察、设计活动的监督管理工作中玩忽职守、滥用职权、徇私舞弊，构成犯罪的，依法追究刑事责任；尚不构成犯罪的，依法给予行政处分。

（五）施工单位的法律责任

施工单位违反工程建设强制性标准的，责令改正，处工程合同价款2%以上4%以下的罚款；造成建设工程质量不符合规定质量标准的，负责返工、修理，并赔偿因此造成的损失；情节严重的，责令停业整顿，降低资质等级或者吊销资质证书。

（六）工程监理单位的法律责任

工程监理单位违反强制性标准规定，将不合格的建设工程以及建筑材料、建筑构配件和设备按照合格签字的，责令改正，处50万元以上100万元以下的罚款，降低资质等级或者吊销资质证书；有违法所得的，予以没收；造成损失的，承担连带赔偿责任。

（七）处罚规定

违反工程建设强制性标准造成工程质量不合格、安全隐患或者工程事故的，按照《建设工程质量管理条例》有关规定，对事故责任单位和责任人进行处罚。

有关责令停业整顿、降低资质等级和吊销资质证书的行政处罚，由颁发资质证书的机关决定；其他行政处罚，由建设行政主管部门或者有关部门依照法定职权决定。

二、违反发承包法规的法律责任

（一）发包单位法律责任

《中华人民共和国建筑法》规定，发包单位将工程发包给不具有相应资质条件的承包单位的，或者违反本法规定将建筑工程肢解发包的，责令改正，处以罚款。

《建设工程质量管理条例》规定，建设单位将建设工程发包给不具有相应资质等级的勘察、设计、施工单位或者委托给不具有相应资质等级的工程监理单位的，责令改正，处50万元以上100万元以下的罚款。

建设单位将建设工程肢解发包的，责令改正，处工程合同价款0.5%以上1%以下的罚款；对全部或者部分使用国有资金的项目，并可以暂停项目执行或者暂停资金拨付。

《建筑工程施工转包违法分包等违法行为认定查处管理办法（试行）》进一步规定，建设单位违法发包，拒不整改或者整改仍达不到要求的，致使施工合同无效的，不予办理质量监督、施工许可等手续。对全部或部分使用国有资金的项目，同时将建设单位违法发包的行为告知其上级主管部门及纪检监察部门，并建议对建设单位直接负责的主管人员和其他直接责任人员给予相应的行政处分。

（二）承包单位法律责任

《中华人民共和国建筑法》规定，超越本单位资质等级承揽工程的，责令停止违法行为，处以罚款，可以责令停业整顿，降低资质等级；情节严重的，吊销资质证书；有违法所得的，予以没收。未取得资质证书承揽工程的，予以取缔，并处罚款；有违法所得的，予以没收。

建筑施工企业转让、出借资质证书或者以其他方式允许他人以本企业的名义承揽工程的，责令改正，没收违法所得，并处罚款，可以责令停业整顿，降低资质等级；情节严重的，吊销资质证书。对因该项承揽工程不符合规定的质量标准造成的损失，建筑施工企业与使用本企业名义的单位或者个人承担连带赔偿责任。

承包单位将承包的工程转包的，或者违反本法规定进行分包的，责令改正，没收违法所得，并处罚款，可以责令停业整顿，降低资质等级；情节严重的，吊销资质证书。承包单位有以上规定的违法行为的，对因转包工程或者违法分包的工程不符合规定的质量标准造成的损失，与接受转包或者分包的单位承担连带赔偿责任。

《建设工程质量管理条例》规定，勘察、设计、施工、工程监理单位超越本单位资质等级承揽工程的，责令停止违法行为，对勘察、设计单位或者工程监理单位处合同约定的勘察费、设计费或者监理酬金1倍以上2倍以下的罚款；对施工单位处工程合同价款2%以上4%以下的罚款，可以责令停业整顿，降低资质等级；情节严重的，吊销资质证书；有违法所得的，予以没收。未取得资质证书承揽工程的，予以取缔，依照以上规定处以罚款；有违法所得的，予以没收。

勘察、设计、施工、工程监理单位允许其他单位或者个人以本单位名义承揽工程的，责令改正，没收违法所得，对勘察、设计单位和工程监理单位处合同约定的勘察费、设计费和监理酬金1倍以上2倍以下的罚款；对施工单位处工程合同价款2%以上4%以下的罚款；可以责令停业整顿，降低资质等级；情节严重的，吊销资质证书。

承包单位将承包的工程转包或者违法分包的，责令改正，没收违法所得，对勘察、设计单位处合同约定的勘察费、设计费25%以上50%以下的罚款；对施工单位处工程合同价款0.5%以上1%以下的罚款；可以责令停业整顿，降低资质等级；情节严重的，吊销资质证书。

《建筑工程施工转包违法分包等违法行为认定查处管理办法（试行）》进一步规定，对认定有转包、违法分包、挂靠、转让出借资质证书或者以其他方式允许他人以本单位的名义承揽工程等违法行为的施工单位，可依法限制其在3个月内不得参加违法行为发生地的招标投标活动、承揽新的工程项目，并对其企业资质是否满足资质标准条件进行核查，对达不到资质标准要求的限期整改，整改仍达不到要求的，资质审批机关撤回其资质证书。

对2年内发生2次转包、违法分包、挂靠、转让出借资质证书或者以其他方式允许他人以本单位的名义承揽工程的施工单位，责令其停业整顿6个月以上，停业整顿期间，不得承揽新的工程项目。

对2年内发生3次以上转包、违法分包、挂靠、转让出借资质证书或者以其他方式允许他人以本单位的名义承揽工程的施工单位，资质审批机关降低其资质等级。

（三）其他法律责任

《建筑法》规定，在工程发包与承包中索贿、受贿、行贿，构成犯罪的，依法追究刑事责任；不构成犯罪的，分别处以罚款，没收贿赂的财物，对直接负责的主管人员和其他直接责任人员给予处分。对在工程承包中行贿的承包单位，除依照以上规定处罚外，可以责令停业整顿，降低资质等级或者吊销资质证书。

任务四　典型案例分析

案例一

背景：

某建筑工程公司法定代表人李某与个体经营者张某是老乡。张某要求能以该公司的名义承接一些工程施工业务，双方便签订了一份承包合同，约定张某可使用该公司的资质证书、营业执照等承接工程，每年上交承包费20万元，如不能按时如数上交承包费，该公司有权解除合同。合同签订后，张某利用该公司的资质证书、营业执照等多次承揽工程施工业务，但年底只向该公司上交了5万元的承包费。为此，该公司与张某发生激烈争执，并诉至法院。

问题：

1. 建筑工程公司与张某是否存在着违法行为？

2. 建筑工程公司的违法行为应当受到什么处罚？

分析：

本案中建筑工程公司将资质证书、营业执照等出借给张某，允许以其名义对外承揽工程，属于违法行为。《建筑法》明确规定："禁止建筑施工企业以任何形式允许其他单位或者个人使用本企业的资质证书、营业执照，以本企业的名义承揽工程。"

《建筑法》规定："建筑施工企业转让、出借资质证书或者以其他方式允许他人以本企业的名义承揽工程的，责令改正，没收违法所得，并处罚款。"《建设工程质量管理条例》进一步规定："违反本条例规定，勘察、设计、施工、工程监理单位允许其他单位或者个人以本单位名义承揽工程的，责令改正，没收违法所得；对施工单位处工程合同价款2%以上

4%以下的罚款;可以责令停业整顿,降低资质等级;情节严重的,吊销资质证书。”据此,建筑工程公司将被责令改正,没收违法所得,处工程合同价款2%以上4%以下的罚款;根据情节,还可能被责令停业整顿,降低资质等级,甚至吊销资质证书。

案例二

背景:

某A建筑公司中标了某大型建设项目的桩基工程施工任务,但该公司拿到桩基工程后,由于施工力量不足,就将该工程全部转交给了具有桩基施工资质的B公司。双方还签订了《桩基工程施工合同》,就合同单价、暂定总价、工期、质量、付款方式、结算方式以及违约责任等做了约定。在合同签订后,B公司组织实施并完成了该桩基工程施工任务。建设单位在组织竣工验收时,发现有部分桩基工程质量不符合规定的质量标准,便要求A公司负责返工、修理,并赔偿因此造成的损失。但A公司以该桩基工程已交由B公司施工为由,拒不承担任何的赔偿责任。

问题:

1. A公司在该桩基工程的承包活动中有何违法行为?
2. A公司是否应对该桩基工程的质量问题承担赔偿责任?

分析:

本案中A公司存在着严重违法的转包行为。《建筑法》规定:“禁止承包单位将其承包的全部建筑工程转包给他人,禁止承包单位将其承包的全部建筑工程肢解以后以分包的名义分别转包给他人。”《建设工程质量管理条例》进一步明确规定:“转包,是指承包单位承包建设工程后,不履行合同约定的责任和义务,将其承包的全部建设工程转给他人或者将其承包的全部建设工程肢解以后以分包的名义分别转给其他单位承包的行为。”

A公司不仅应对该桩基工程的质量问题依法承担连带赔偿责任,还应当接受相应的行政处罚。《建筑法》规定:“承包单位将承包的工程转包的……责令改正,没收违法所得,并处罚款,可以责令停业整顿,降低资质等级;情节严重的,吊销资质证书。承包单位有以上规定的违法行为的,对因转包工程或者违法分包的工程不符合规定的质量标准造成的损失,与接受转包或者分包的单位承担连带赔偿责任。”《建设工程质量管理条例》进一步规定:“违反本条例规定,承包单位将承包的工程转包或者违法分包的,责令改正,没收违法所得……对施工单位处工程合同价款0.5%以上1%以下的罚款;可以责令停业整顿,降低资质等级;情节严重的,吊销资质证书。”

基础练习题

一、单选题

1. 在建设单位的下列行为中,违反法律规定的是(　　)。
   A. 将建筑工程肢解后发包给单个承包商
   B. 自行采购工程所需的建筑材料及设备
   C. 要求承包商负责工程所需的建筑材料的采购任务

D. 将工程的设计和施工任务发包给一个工程总承包单位

2. 建设工程总承包单位依法分包的，总承包单位和分包单位就分包工程对(　　)承担连带责任。

A. 分包单位　　B. 施工单位

C. 建设单位　　D. 承包单位

3. 下列关于建设工程分包的说法，正确的是(　　)。

A. 劳务作业的分包可以不经建设单位认可

B. 承包单位可将其承包的全部工程进行分包

C. 建设工程的主体结构的施工可以分包

D. 建设单位有权直接指定分包工程的承包人

4. 施工总承包的建筑工程(　　)的施工必须由总承包单位自行完成。

A. 基础　　B. 关键部位

C. 主体结构　　D. 地基

二、多选题

1. 根据《建设工程质量管理条例》，属于违法分包的情形有(　　)。

A. 总承包单位将建设工程违法分包给不具备相应资质条作的单位的

B. 主体结构的劳务作业分包给具有相应资质的劳务分包企业的

C. 建设工程总承包合同中未有约定，又未经建设单位认可，承包单位将其承包的部分工程交由其他单位完成

D. 施工总承包单位将建设工程的主体结构的施工分包给其他单位的

E. 分包单位将承包的建设工程再分包的

2. 按照《招标投标法》及相关法规的规定，中标人按合同约定或经招标人同意，可以将中标项目中的施工任务进行分包的有(　　)。

A. 建筑工程的主体结构　　B. 专业工程

C. 缺乏施工经验的分部工程　　D. 劳务作业任务

E. 需要专有技术的分项工程

3. 根据《建设工程质量管理条例》，下列分包情形中，属于违法分包的(　　)。

A. 施工总承包单位将建设工程的土方工程分包给其他单位

B. 总承包单位将建设工程分包给不具备相应资质条件的单位

C. 未经建设单位许可，承包单位将其承包的部分建设工程交由其他单位完成

D. 施工总承包单位将建设工程主体结构的施工分包给其他单位

E. 分包单位将其承包的建设工程再分包

4. 以下说法中，正确的是(　　)。

A. 禁止发包　　B. 禁止分包

C. 禁止转包　　D. 禁止再分包

E. 禁止肢解发包

5. 根据《全国建筑市场各主体不良行为记录认定标准》，属于工程质量不良行为的是(　　)。

A. 允许其他单位或个人以本单位名义承揽工程

B. 将承揽的工程转包或违法分包

C. 施工前未对有关安全施工的技术要求做出详细说明的

D. 未按照节能设计进行施工

E. 合同纠纷处理不良行为

三、简答题

1. 什么叫工程建设程序？工程建设程序分为几个阶段？

2. 工程建设准备阶段分为几个环节？哪些环节是必需的？

3. 工程建设实施阶段的主要内容是什么？

4. 交付竣工验收的工程必须具备哪些条件？

5. 申领建设工程许可证的申领有哪些规定？

项目三 工程招标与投标法规

知识目标 1. 了解招标投标的相关概念。
2. 熟悉招标投标的范围和规模标准。
3. 掌握招标、投标、开标、评标的法律规定，熟悉违反《中华人民共和国招标投标法》等法律法规的法律责任。

任务一 招标投标概述

一、建设工程招标投标与招标投标法的概念及立法现状

招标是招标人通过招标文件将委托的工作内容告之有意向参加竞争的投标人的活动。投标是有意参与竞争的投标人，根据招标文件的要求编制投标文件，争取获得中标资格的活动。

招标投标法是调整在招标投标活动中产生的社会关系的法规规范的总称。

建设工程招标投标是业主或项目法人通过招标的方式，将工程建设项目的勘察、设计、施工、监理、物资设备供应等业务，一次或分部发包给具有相应资质的承包单位，承包单位通过投标竞争的方式承接工程项目的活动。建设工程招标投标的目的是在工程建设中引进竞争机制，择优选定勘察、设计、设备安装、施工、监理等单位，以保证缩短工期、提高工程质量和节约建设资金。

狭义的招标投标法指《中华人民共和国招标投标法》（以下简称《招标投标法》），由第九届全国人大常委会第十一次会议于 1999 年 8 月 30 日通过，自 2000 年 1 月 1 日起施行。广义的招标投标法包括所有调整招标投标活动的法律规范。招标投标法的立法目的是规范招标投标活动，保护国家利益、社会公共利益和招标投标活动当事人的合法权益，提高经济效益，保证项目质量。

涉及招标投标内容的法律主要有《中华人民共和国招标投标法》《中华人民共和国反垄断法》《中华人民共和国政府采购法》（以下简称《政府采购法》）《中华人民共和国合同法》（以下简称《合同法》）《中华人民共和国建筑法》《中华人民共和国公证法》。

涉及招标投标内容的行政法规主要有《建设工程勘察设计管理条例》《必须招标的工程项目规定》《中华人民共和国招标投标法实施条例》《建设工程质量管理条例》《国家重点建设项目管理规定》等。

涉及招标投标内容的部门规章主要有《工程建设项目施工招标投标办法》《工程建设项目勘察设计招标投标管理办法》《建设工程设计招标投标管理办法》《评标专家和评标专家库管理暂行办法》等。

另外,还有各地方法规和规章,对招标投标的具体活动细节进行了规定。

二、建设工程招标投标的立法原则

《招标投标法》第 5 条规定,招标投标法应当遵循公开、公平、公正和诚实信用的原则。这是招标投标法应该遵循的基本原则。从《招标投标法》中还可以提炼出合法原则。

(一)公开原则

(1)信息公开　公开招标的公告应通过国家指定的媒体、报刊、信息网络或其他公共媒介进行发布。

(2)要求公开　既要有对参加投标单位的资质要求,又要有对招标组织者的资质要求。

(3)程序公开　招标投标活动的法律程序包括招标、投标、开标、评标和中标,整个过程要求招标方公开进行。

注意:为保证招标投标活动的公正性,标底和评标委员会专家的名单在中标结果未确定之前不得公开。

(4)结果公开　中标人确定后,招标人应当向中标人发出通知,同时将中标结果通知所有未中标的投标人。

(二)公平原则

公平原则,就是要求在招投标活动中,双方当事人的权利和义务对等,合情合理。给予所有投标人平等竞争的机会,使其享有同等的权利,履行同等的义务,不得有意排斥、歧视任何一方。此外,投标人也不能通过不正当竞争的手段参与竞争。

(三)公正原则

公正是指按招标文件中规定的统一标准进行评标和决标,不偏袒任何一方。对投标文件截止日期以后送达的投标文件应拒收,与投标人有利害关系的人员不得成为评标人。

(四)诚实信用原则

招标人或招标代理机构、投标人等均应以诚实、善意、守信的态度参与招标投标活动,不得弄虚作假、欺骗他人,牟取不正当利益,不得损害对方、第三方或者社会的利益,应严格按照法律规定及当事人之间的约定行使自己的权利并履行自己的义务。

(五)合法原则

合法原则是指凡是在中国境内进行的招标投标活动,不论招标主题的性质、招标项目的性质如何,都适用《招标投标法》的有关规定。具体而言,从主体上说,包括政府机构、国有企事业单位、集体企业、私人企业、外商投资企业,以及其他非法人组织等的招标。

从项目资金来源上说,包括利用国有资金、国际组织或外国政府贷款及援助资金、企业自有资金、商业性或政策性贷款、政府机关或事业单位列入财政预算的消费性资金进行的招标;从采购对象上说,包括工程、货物、服务的招标采购,且不论采购金额或投资额的大小。也就是说,只要是在我国境内进行的招标投标活动,都必须遵守《招标投标法》中规定的程序。

对于使用国际组织或外国政府贷款及援助资金项目,《招标投标法》同时规定,使用国际组织或者外国政府贷款、援助的资金项目进行招标,贷款方、资金提供方对招标投标的具体条件和程序有不同规定的,可以使用其规定,但违背中华人民共和国的社会公共利益的除外。这是《招标投标法》为了解决因国际金融组织、外国政府招标程序与国内招标程序而产生的问题,所做的特殊规定。

三、建设工程招标投标的分类和特点

(一)建设工程招标投标的分类

(1)按照工程承包的具体范围　建设工程总承包招投标,建设工程分承包招投标,建设工程专项承包招投标。

(2)按照建设项目的组成　建设项目招投标,单项工程招投标,单位工程招投标,分部分项工程招投标。

(3)按照工程建设各阶段的先后顺序　可行性研究报告招投标,工程勘察设计阶段招投标,工程施工阶段招投标,设备与材料的采购招投标。

(4)按照行业专业不同　工程勘察设计招投标,工程施工招投标,工程监理招投标,设备安装招投标等。

(二)建设工程招标投标的特点

(1)引入市场竞争机制,实行交易活动全过程公开。

(2)采取择优竞争的方式,达到投资效益的最大化。

(3)规范管理、科学运作,确保交易活动公平公正进行。

(4)强制推行公开招标,更有利于优选承包商。

四、建设工程招标投标的意义

(1)形成由市场定价的价格机制,使工程价格更加趋于合理,有利于控制工程投资。

(2)有利于鼓励施工企业公平竞争,不断降低社会平均劳动消耗水平。

(3)有利于供求双方更好地相互选择,保证工程质量。

五、建设工程施工招标的程序

建设工程施工招标的程序一般可分为招标准备阶段、工程招标阶段和决标中标阶段。

(1)招标准备阶段　主要内容:工程项目报建、招标人资质审查、向建设行政主管部门申请招标、编制工程标底、编制资格预审文件和招标文件。

(2)招标阶段 主要内容:发布资格预审公告和招标公告,预审投标人资格,发售招标文件,组织现场踏勘并召开投标预备会。

(3)决标中标阶段 主要内容:接受投标书,开标,评标,确定中标人,发出中标通知书,签订合同。

任务二 建设工程招标

一、建设工程项目招标的概念

建设工程项目招标,是指招标人(或发包人)事前公布工程、货物或服务等发包业务的相关条件和要求,通过发布广告或发出邀请函等形式,召集自愿参加的竞争者投标,并根据事前评定的评选办法选定承包商的市场交易活动。

二、建设工程项目招标的规定

(一)必须招标的建设项目

(1)大型基础设施、公用事业等关系社会公共利益、公众安全的项目。

(2)全部或者部分使用国有资金投资或者国家融资项目。具体包括:①使用预算资金200万元人民币以上,并且该资金占投资额10%以上的项目;②使用国有企业事业单位资金,并且该资金占控股或者主导地位的项目。

(3)使用国际组织或者外国政府贷款、援助资金的项目。具体包括:①使用世界银行、亚洲开发银行等国际组织贷款、援助资金的项目;②使用外国政府及其机构贷款、援助资金的项目。

不属于本规定第(2)条、第(3)条规定情形的大型基础设施、公用事业等关系社会公共利益、公众安全的项目,必须招标的具体范围由国务院发展改革部门会同国务院有关部门按照确有必要、严格限定的原则制定,报国务院批准。

本规定范围内的项目,其勘察、设计、施工、监理以及与工程建设有关的重要设备、材料等的采购达到下列标准之一的,必须招标:①施工单项合同估算价在400万元人民币以上;②重要设备、材料等货物的采购,单项合同估算价在200万元人民币以上;③勘察、设计、监理等服务的采购,单项合同估算价在100万元人民币以上。

(二)可以不进行招标的项目

(1)涉及国家安全、国家秘密或者抢险救灾的工程。

(2)利用扶贫资金实行以工代赈需要使用农民工的。

(3)施工主要技术采用特定的专利或者专有技术的。

(4)施工企业自建自用的工程,且该施工企业资质等级符合工程要求的。

(5)在建工程追加的附属小型工程或者主体加层工程,原中标人仍具有承包能力的。

(6)经项目主管部门批准建设造型有特殊要求的设计。

(7)停建或缓建后又恢复建设,承包单位未发生变更的。

三、建设工程招标类型

(一)自行招标

《招标投标法》第12条第2款规定:“招标人具有编制招标文件和组织评标能力的,可以自行办理招标事宜。任何单位和个人不得强制其委托招标代理机构办理招标事宜。”

(1)具有项目法人资格。

(2)具有与招标项目规模和复杂程度相适应的工程技术、预算、财务和工程管理等方面专业技术力量。

(3)有从事同类工程建设项目招标的经验。

(4)设有专门的招标机构或者拥有3名以上专职招标业务员。

(5)熟悉和掌握招投标法及有关法规规章。

(二)建设工程招标代理

建设工程招标代理:建设工程招标人将建设工程招标事物委托给具有相应资质的社会中介服务机构,由该中介机构在招标人委托授权的范围内以招标人的名义同他人独立进行建设工程招标投标活动,由此产生的法律由招标人承担的一种委托代理制度。

《招标投标法》第12条规定:“招标人有权自行选择招标代理机构,委托其办理招标事宜。任何单位和个人不得以任何方式为招标人指定招标代理机构。”招标代理机构是依法设立,从事招标代理业务并提供相关服务的社会中介组织。

(1)有从事招标代理业务的营业场所和相应资金。

(2)有能够编制招标文件和组织评标的相应专业力量。

(3)具有可以作为评标委员会成员人选的技术、经济等方面的专家库(工作满8年,高级职称)。

(4)有健全的组织机构和内部管理制度。

四、建设工程招标应具备的条件

(1)按照国家有关规定需要履行项目审批手续的,已经履行审批手续。

(2)工程资金或者资金来源已经落实。

(3)有满足施工招标需要的设计文件及其他技术资料。

(4)法律、法规、规章规定的其他条件。

对未取得国家相关部门批准擅自招标的,必须立即停止招标投标工作并补办审批手续,对由此造成的第三人的损失承担相应的赔偿责任。

五、建设工程招标方式

(一)公开招标

公开招标又称无限竞争性投标,是指招标人以招标公告的方式邀请不特定的法人或其他组织投标。这是一种由招标人按照法定程序,在规定的国内外公开的媒体上刊登广告或发布招标公告，邀请不特定的法人或其他经济组织参加投标，从中择优选定中标人的一种招标方式。公开招标可以有效防止腐败，给潜在投标人提供平等竞争的机会；参与竞争的投标人多，选择承包商的余地大，有利于降低工程造价、提高工程质量和缩短工期。但是公开招标增加资格预审和评标工作量，招标费用支出增加和招标周期较长。

（二）邀请招标

邀请招标又称有限竞争性招标，是指招标人以招标邀请书的方式邀请特定的法人或者其他组织投标。具体由招标人或委托的招标代理机构根据自己掌握的情况，向预先选择的若干家具有相应资质、符合招标条件的法人或其他组织发出投标邀请书，邀请其参加开发项目建设投标的一种发包方式。

《招标投标法》第17条规定："招标人采用邀请招标方式的，应当向三个以上具备承担招标项目能力、资信良好特定法人或其他组织发出投标邀请书。邀请招标投标人数量少，中标率提高，节省招标费用。"

应当公开招标的，有下列情形之一，经批准可采用邀请招标：

（1）项目技术复杂或有特殊要求或者受自然环境限制，只有少量潜在投标人可供选择。

（2）采用公开招标方式的费用占项目合同金额的比例过大。

（3）法律、法规规定不适宜公开招标的。

六、建设工程施工招标的程序

（一）选择招标方式

公开招标一般有两种：公开招标和邀请招标。一般采取公开招标，对一些特殊的项目采取邀请招标。上文已有论述。

（二）办理招标备案

建设工程招标前，招标人要向建设行政主管部门办理申请招标手续，获得认可后才可以开始招标工作。

（三）编制招标文件和标底

招标文件应当包括招标项目的技术要求、对投标人资格审查的标准和评标标准等所有实质性要求和条件以及拟签订合同的主要条款。招标文件应当包括下列内容：①招标公告（或招标邀请书）；②投标人须知；③评标办法；④合同条款及格式；⑤工程量清单；⑥图纸；⑦技术标准和要求；⑧投标文件格式；⑨投标人须知前附表规定的其他材料。

标底是依据国家统一的工作量计算规则，统一的预算定额和计价办法计算出来的工程的造价，是招标人对建设工程预算的期望值。

（四）发布招标公告或投标邀请书

实行公开招标的，招标人通过国家指定的报刊、信息网络或者其他媒介发布工程《招标公告》。

符合招标公告要求的施工单位都可以报名并索取资格审查文件，招标人不应以任何借口拒绝符合条件的投标人报名。

采取邀请招标的，招标人应当向 3 个及以上具备承担招标工程的能力、资信、规模、地点、质量要求、开竣工日期、对投标人的要求、投标报名时间和报名截止时间，以及获取资格预审文件、招标文件的办法等事项。

(五)对投标人进行资格审查

《招标投标法》第 18 条规定："招标人可以根据项目本身的要求，在招标公告或投标邀请书中，要求潜在投标人提供有关资质证明文件和业绩情况并对潜在投标人进行资格审查。"

(1)资格审查的类型　按照招标进行的时间分为资格预审和资格后审。

资格预审指在投标前对潜在投标人进行的资格审查，是招标人对投标人的财务状况、技术能力、施工经验、社会信誉等方面事先进行的审查，通过预审程序确保参加投标的投标人均为有投标能力的投标人。资格后审指在开标后对投标人进行的资格审查。

(2)资格审查的目的　在招标过程中筛除资格条件不适合承担或履行合同的投标人。

(3)资格审查的内容　独立订立合同的能力；投标人的企业资质与招标文件的要求是否相符；是否处于被责令停业状态；是否具备投标资格；是否存在财产被接管、被冻结或破产状态；近三年是否有骗取中标或严重违约行为；近三年是否出现过重大工程质量问题；法律法规规定的其他资格条件。

(六)发售招标文件

《工程建设项目施工招标投标管理办法》第 15 条规定，招标人应当按照招标公告或投标邀请书规定的时间、地点出售招标文件。自招标文件出售之日起至停止出售之日止，最短不得少于 5 个工作日。出售招标文件收费要合理，不得以赢利为目的。招标人在发布招标公告、发出投标邀请书后以及出售了招标文件或资格预审文件后不得擅自终止招标。

(七)踏勘现场和标前会议

招标人在招标须知规定的时间应组织投标人自费踏勘项目现场，向投标人介绍工程场地和相关环境的有关情况。使投标人对拟建工程项目周边环境和现场施工条件有个直观了解，由此确定投标的原则和策略，避免合同履行过程中投标人以不了解现场为由推卸应承担的责任。

投标人在研究招标文件并进行了现场踏勘后，会向招标人提出某些疑问，招标人可以书面形式或召开投标预备会的方式解答。并应同时将解答以书面方式通知所有购买招标文件的潜在投标人。《招标投标法》第 23 条规定："招标人对已发出的招标文件进行必要的澄清或者修改的，应当在招标文件要求提交的投标文件截止时间至少 15 日前，以书面形式通知所有招标文件收受人。该澄清或者修改的内容为招标文件的组成部分。"

《招标投标法》第 24 条规定："招标人应当确定投标人编制投标文件所需要的合理时间，自招标文件开始发出之日起至投标人提交投标文件截止之日止，最短不得少于 20 日。"

任务三 建设工程投标

一、建设工程投标的要求和程序

投标又称报价，是指投标人根据招标文件的要求，向招标人提交的根据招标文件要求所编制的投标文件，以期获得承包招标项目的行为。

《招标投标法》明确规定将投标人的范围界定为法人或其他组织，自然人不能成为建设工程招标的投标人。

(一)投标的要求

1. 投标人的资质要求

投标人应当具备与投标项目相适应的技术力量、机械设备、人员、资金等方面的能力。参加投标项目应是投标人的营业执照中的经营范围所允许的，并且投标人要具备相应的资质等级。承包建设项目的单位应当持有依法取得的资质证书，并在其资质等级许可的业务范围内承揽工程，严禁超越本企业资质等级许可的业务范围或者以任何形式用其他企业的名义承揽工程。

2. 投标人的条件要求

(1)具有招标文件要求的资质证书，并为独立的法人实体。

(2)承担过类似建设项目工作，并有良好的工作业绩和履约记录。

(3)财务状况良好，没有处于财产被接管、破产或其他关、停、并、转状态。

(4)最近三年没有与骗取合同有关以及其他经济方面的严重违法行为。

(5)近几年有较好的安全记录，投标当年没有发生重大质量和特大安全事故。

(6)上述投标人的条件要求也是招标人进行资格预审的主要内容。

3. 投标的范围和内容要求

《招标投标法》第25条规定将投标人的范围界定为："响应招标、参加投标竞争的法人或者其他组织。"

《招标投标法》第27条规定，投标人应当按照招标文件的要求编制投标文件。(投标文件应当对招标文件提出的实质性要求和条件做出响应。)招标项目属于建设施工的，投标文件的内容应当包括拟派出的项目负责人与主要技术人员的简历、业绩和拟用于完成招标项目的机械设备等。投标人拟在中标后将中标项目的部分非主体、非关键性工作进行分包的，应当在投标文件中载明。

4. 投标的时间与行为要求

《招标投标法》第28条规定："投标人应当在招标文件要求提交投标文件的截止时间前，将投标文件送达投标地点。在招标文件要求提交投标文件的截止时间后送达的投标文件，招标人应当拒收。"

投标人参与招标活动不得以非法手段谋取中标；不得以他人名义投标；不得以低于成本的价格中标；不得与投标人、招标人相互串通，损害国家利益、社会利益和他人的合法利益。

5. 投标人的数量要求

《招标投标法》第 28 条规定:“投标人少于 3 个的,招标人应当依照本法重新招标。”

(二)投标程序

(1)获取招标信息,购买并领取招标文件。

(2)成立投标机构,研究招标文件,进行现场踏勘,确定投标策略。

(3)编制投标文件。

招标文件正本、副本并加盖企业印章和法人代表印章,按照招标文件要求的份数装入投标袋内,密封后,加盖企业公章和法人代表印章,于指定的时间内送达招标单位所指定的地点。

投标人在投标截止日期前可以修改、补充已经递送的投标文件,更改的内容须以正式函件的方式通知招标人,变更内容将视为已经递交的投标文件的组成部分。投标人的投标文件在投标截止日期以后送达的,将被招标人拒收。

二、联合体投标

大型或结构较为复杂的建设工程项目,往往依靠一个投标人的力量难以完成。所以我国建设法规允许可以由两个或两个以上的投标人组成一个联合体,共同参与投标。

(一)联合体投标的概念

《招标投标法》第 31 条规定:“联合体投标是指两个以上法人或者其他组织可以组成一个联合体,以一个投标人的身份共同投标”。

联合体各方需签订明确参与各方权利义务的共同投标协议,任何一方不得以自己名义单独投标,也不得组成新的联合体或参加其他联合体在同一工程项目中投标。

(二)联合体的资格要求

《招标投标法》第 31 条规定:“联合体各方均应当具备承担招标项目的相应能力。国家有关规定或者招标文件对投标人资格条件有规定的,联合体各方均应当具备规定的相应资格条件。由同一专业的单位组成的联合体,按照资质等级较低的单位确定资质等级。”

联合体参加资格预审并获通过的,其组成成员间的任何变动必须在提交投标文件截止之日前征得招标人的同意。

(三)联合体各方的权利和义务

《招标投标法》第 31 条第 3 款规定:“联合体各方应当签订共同投标协议,明确约定各方应承担的工作和责任,并将共同投标协议连同投标文件一并提交招标人。联合体中标的,联合体各方应当共同与招标人签订合同,就中标项目向招标人承担连带责任。”

联合体各方必须明确牵头人,由该牵头人代表所有联合体成员负责投标和合同实施阶段的协调工作,并应向招标人提交由所有联合体成员法人签署的授权书。

组成联合体投标的,应当以联合体各方或者其牵头人的名义提交投标保证金。以联合体牵头人名义提交的投标保证金,对联合体各成员具有同等约束力。

三、建设工程投标文件

（一）编制投标文件

《招标投标法》第 27 条规定："投标人应当按照招标文件的要求编制投标文件。投标文件应当对招标文件提出的实质性要求和条件做出响应。"

投标文件是投标人编制的提供给招标人的一系列文件。通常包括投标书及投标书附录、投标担保、法定代表人资格证明、授权书、投标书附表、标价的工程量清单与报价表、施工组织设计建议书、资格审查表等。

（二）递交投标文件

《工程建设项目施工招标投标办法》第 28 条规定："投标人应当在招标文件要求提交投标文件的截止时间前，将投标文件密封送达投标地点。招标人收到投标文件后，应当向投标人出具标明签收人和签收时间的凭证，并妥善保存投标文件。在开标前，任何单位和个人均不得开启投标文件。在招标文件要求提交投标文件的截止时间后送达的投标文件，为无效的投标文件，招标人应当拒收。"

（三）投标文件的修改、补充、撤回与撤销

《招标投标法》第 29 条规定："投标人在招标文件要求提交投标文件的截止时间前，可以补充、修改或者撤回已提交的投标文件，并书面通知招标人，补充、修改的内容成为投标文件的组成部分。"

自招标人规定的投标截止时间至确定中标人之时，投标文件不可撤销，这期间如果投标人撤销其投标，其投标保证金将被招标人按规定扣留。

四、建设工程担保

（一）投标担保的概念

在投标时要求投标人提交一定数额的保证金，以防止投标人在投标有效期内随意撤回投标文件，或中标后不能按照规定提交履约保证金和签署合同。

投标有效期：为保证招标人有足够的时间在开标后完成评标、定标、合同签订等工作而要求投标人提交的投标文件在一定时间内保持有效的期限，该期限由招标人在招标文件中载明，从提交投标文件的截止之日起算。

（二）投标担保的形式

《工程建设项目施工招标投标办法》第 36 条规定："招标人可以在招标文件中要求投标人提交投标担保。投标担保可以采用投标保函或者投标保证金的方式。投标保证金可以使用支票、银行汇票等，一般不得超过投标总价的 2%，最高不得超过 80 万元。投标人应当按照招标文件要求的方式和金额，将投标保函或者投标保证金随投标文件提交招标人。"

（三）投标担保的有效期

投标保证金应在招标人确定中标人并与中标人签订合同后 5 个工作日内，向中标人

和未中标的投标人退还保证金。

如中标通知书发出后中标单位拒签合同的,投标保证金不退。如果因此造成的损失超过保证金数额的,还应赔偿。

五、建设工程投标的禁止行为

(1)禁止串通招标投标。

(2)投标人不得以低于成本的报价竞标。

(3)投标人不得以非法手段骗取中标。

(4)投标人不得以行贿的手段牟取中标。

任务四　建设工程开标、评标与中标

一、建设工程开标

(一)开标的概念

开标是招标人按照招标文件或投标邀请书中规定的时间和地点,当众开启投标人提交的投标文件,宣布投标人的名称、投标价格及投标文件中的其他主要内容的活动。

《招标投标法》第 34 条规定:"开标应当在招标文件确定的提交投标文件截止时间的同一时间公开进行,开标地点应当为招标文件中预先确定的地点。"

《招标投标法》第 35 条规定:"开标主持人可以是招标人,也可以是招标人委托的招标代理机构。开标时,除了邀请所有投标人参加外,还可邀请招标监督部门、公证部门的有关人员参加。"

(二)开标程序

(1)主持人宣布开标会议开始,依次介绍参加开标会的单位、人员名单及工程项目的相关情况。

(2)由投标人或其推选的代表、公证人员检查投标文件的密封性。《招标投标法》第 36 条规定:"开标时,由投标人或者其推选的代表检查投标文件的密封情况,也可以由招标人委托的公证机构检查并公证;经确认无误后,由工作人员当众拆封,宣读投标人名称、投标价格和投标文件的其他主要内容。"

(3)宣布公证人员、唱标人员、记录人员名单,宣读招标文件规定的评标原则、定标办法。

(4)宣读投标单位的名称、投标报价、工期、质量目标等情况,并当场记录。

(5)投标单位法定代表人或者其委托的代理人在记录上签字确认后,存档备案。

(6)宣布开标会议结束。

(三)无效投标文件

(1)逾期送达的或者未送达指定地点的。

(2)未按招标文件要求密封的。

(3)无单位盖章并无法定代表人签字或盖章的。

(4)未按规定格式填写,内容不全或关键字迹模糊、无法辨认的。

(5)投标人递交两份或多份内容不同的投标文件,或在一份投标文件中对同一招标项目报有两个或多个报价,且未声明哪一个有效(按招标文件规定提交备选投标方案的除外)。

(6)投标人名称或组织机构与资格预审时不一致的。

(7)未按招标文件要求提交投标保证金的。

(8)联合体投标未附联合体各方共同投标协议的。

二、建设工程评标

(一)评标的概念

评标是评标委员会受招标人委托,由评标委员会成员依法运用其知识和技能,根据法律规定和招标文件的要求,独立对所有投标文件进行评审和比较,以评标委员会的名义出具评标报告,推荐中标候选人的活动。

(二)评标的原则

1. 公平、公正、科学、择优原则

《评标委员会和评标方法暂行规定》第十七条规定,招标文件中规定的评标标准和评标方法应当合理,不得含有倾向或者排斥潜在投标人的内容,不得妨碍或者限制投标人之间的竞争。

2. 严格保密原则

评标地点保密;评标委员会成员的名单在中标结果确定之前保密;评标委员会成员在封闭状态下开展评标工作,评标期间不得与外界有任何接触,对评标情况承担保密义务;招标人、招标代理机构或相关主管部门等参与评标现场工作的人员,均应承担保密义务。

3. 独立评审原则

评标委员会由招标人组建并受其委托评标。

不论是招标人,还是有关主管部门,均不得非法干预、影响或改变评标过程和结果。

4. 严格遵守评标方法原则

《评标委员会和评标方法暂行规定》第十七条规定,评标委员会应当根据招标文件规定的评标标准和方法,对投标文件进行系统的评审和比较。招标文件中没有规定的标准和方法不得作为评标的依据。

(三)评标机构

依法必须进行招标的项目,其评标工作必须由招标人依法组建的评标委员会负责,其他任何人都不得负责评标。

评标委员会又叫评标专家委员会,它是由招标人在专家库中随机抽取的技术、经济等方面的专家组成,评标委员会是具有独立实施评标职能的组织。与招标项目或投标人有利害关系的评标委员会成员应当回避。

1. 评标委员会的组成

评标委员会成员人数规定为 5 人以上单数，其中技术、经济等方面专家不得少于成员总数的 2/3。

委员会负责人可通过招标人指定或由评标委员会成员推选确定。

2. 评标委员会权利

独立评审权；要求投标人对投标文件中含义不明确的内容作必要的澄清和说明的权利；评标委员会有推荐中标候选人的权利或根据招标人的授权直接确定中标人；经评审，认为所有投标文件都不符合招标文件的要求的，可以否决所有投标。

3. 评标委员会义务

向招标人提出书面评标报告；严格按照招标文件确定的评标标准和方法评标；对评审意见承担个人责任；评标委员会成员不得私下接触投标人，不得收受投标人的财物或其他好处；不得透露与评标有关的其他情况。

（四）评标方法

1. 经评审的最低投标价法

是能够满足招标文件的实质性要求，并且经评审的最低投标价的投标。最低投标价法一般情况下适用于具有通用技术、性能标准，或者招标人对其技术、性能没有特殊要求的招标项目。

2. 综合评估法

采用综合评估法进行评审的招标项目，应当针对投标人提出的工程质量、工程报价、施工工期、投标人业绩、投标人技术人员的力量等内容能否最大限度地满足招标文件中规定的要求和评标标准进行评审和比较，以评分的方式加以评估。

（五）应作为废标处理的情况

（1）弄虚作假，以虚假方式谋取中标。

（2）以低于成本报价竞标。

（3）资格条件等不符。

（4）未能在实质上对招标文件进行响应的投标。响应性投标是指投标文件的内容与招标文件所规定的要求、条件、合同条款和规范等相符，无显著差别或保留，并按照招标文件的规定提交了投标担保的投标。

（5）其他情况。未密封、逾期送达、无单位法人或法人代表签字盖章、未按照规定格式填写、投标人未参加开标会等情况。

（六）投标评审

投标文件中的大写金额和小写金额不一致的，以大写金额为准；总价金额和单价金额不一致的，以单价金额为准；对不同文字文本的解释发生争议的，以中文文本为准。

评标委员会根据规定否决不合格投标或者界定为废标后，因有效投标不足三个，使得投标明显缺乏竞争的，评标委员会可以否决全部投标并应当依法重新招标。

（七）评标无效的情况

没有按照招标文件中确定的评标标准和方法评标的；评标标准和方法含有倾向性或

有排斥潜在投标人的条款，妨碍或者限制投标人之间公平竞争，且影响评标结果的；与投标人有利害关系的评标成员参与评标的；评标委员会的组建及成员组成不符合法定要求的；评标委员会及成员在评标过程中有违法行为，且影响评标结果的。

（八）评标报告

评标委员会在完成评标后，应撰写出反映评标过程和投标人情况的评标报告，经评标委员会全体成员签字后，报送招标人，并抄送建设行政监督部门。

三、建设工程中标

（一）推荐中标候选人

1. 中标条件

能够最大限度地满足招标文件中规定的各项综合评价标准；能够满足招标文件的实质性要求，并且经评审的投标价格最低（投标价格低于成本的除外）。

2. 中标候选人的推荐原则

评标委员会推荐的中标候选人应限定在 1 ~3 人，并标明排列顺序。招标人应接受评标委员会推荐的中标候选人，不得在评标委员会推荐的中标候选人之外确定中标人。在确定中标人之前，招标人不得就投标价格、投标方案等实质性内容进行谈判。

招标人在评标委员会提交了书面评标报告后，应在 15 日内确定出中标人，并应及时向中标人发出中标通知书。

使用国有资金投资或者国家融资的建设项目，招标人应确定排名第一的中标候选人为中标人。

（二）中标通知书的发放

中标通知书是指招标人在确定中标人后向中标人发出的通知其中标的书面凭证。

《招标投标法》第 45 条第 1 款规定，中标人确定后，招标人应当向中标人发出中标通知书，同时通知未中标人。

中标通知书发出后即产生法律效力，招标人不得改变中标结果，否则将承担法律责任；中标人也不得放弃中标项目，否则其投标保证金将被招标人没收。

（三）招标人与中标人订立合同

《招标投标法》第 46 条规定，招标人和中标人应当自中标通知书发出之日起 30 日内，按照招标文件和中标人的投标文件订立书面合同。招标人和中标人不得再行订立背离合同实质性内容的其他协议。招标文件要求中标人提交履约保证金的，中标人应当提交。

履约保证金是履约担保的一种形式。履约担保是指招标人在招标文件中规定的要求中标人提交的保证履约合同义务的担保。履约担保通常为建设工程合同金额的 10% 左右。中标人不提交履约担保或不按照规定提交履约担保的，将失去与招标人订立合同的资格，已提交的投标保证金不予退还。

（四）中标无效的情况

（1）招标代理机构违反法律规定导致的中标无效。

(2)招标人违法泄露招标情况和标底的中标无效。

(3)恶意串通招投标的中标无效。

(4)弄虚作假骗取中标的中标无效。

(5)招、投标人事前进行实质性谈判的中标无效。

(6)招标人违法确定中标人的中标无效。

(五)重新招标

评标委员会按招标文件中规定的评标标准,对每一份投标文件进行评审后,如果认为所有的投标都不符合招标文件要求,或者投标人少于3个时,招标人不能再从落选的投标中进行挑选,也不能找他人进行一对一的谈判而自己确定中标人,而应按(招标投标法)规定的招标程序,重新进行招标。需要强调的是,如果所有投标成为废标是因为招标条件规定不当所致,招标人还应重新修改招标文件,然后再进行新的招标。

任务五 违反招标投标法规的法律责任

一、招标投标中的法律责任及承担方式

在我国,法律责任包括违宪责任、民事责任、刑事责任、行政责任和国家赔偿责任。通常情况下,主要是指民事责任、刑事责任及行政责任。民事责任是平等主体之间违反民事法律规范应当承担的法律责任,我国《民法通则》中有详细规定;刑事责任是指行为人因其犯罪行为所必须承受的,由司法机关代表国家所确定的否定性法律后果;行政责任指违反有关行政管理的法律、法规的规定,但尚未构成犯罪的行为依法应当承担的法律后果。而这三种法律责任的承担方式也是有区别的:民事责任的承担方式包括停止侵害;排除妨碍;消除危险;返还财产;恢复原状;修理、重作、更换;赔偿损失;支付违约金;消除影响、恢复名誉;赔礼道歉。刑事责任的承担方式主要是刑罚,包括主刑和附加刑:主刑有管制、拘役、有期徒刑、无期徒刑和死刑;附加刑有罚金、剥夺政治权利和没收财产。行政责任是指因违反行政法规定或因行政法规定而应承担的法律责任。行政责任的承担方式又分为行政处分、行政处罚两种。其中行政处分包括警告、记过、记大过、降级、撤职、开除;行政处罚包括警告、罚款、没收违法所得、没收非法财物、责令停产停业、暂扣或吊销许可证、暂扣或者吊销执照、行政拘留;法律、行政法规规定的其他行政处罚。在招投标过程中,招标人与投标人是不同的权利主体,因此承担的法律责任也是不同的。

(一)招标人的法律责任

招标人的法律责任,是指招标人在招标过程中对其所实施的行为应当承担的法律后果。招标人的法律责任也分为民事法律责任、行政法律责任和刑事法律责任。

招标人的民事法律责任在我国相关的法律、法规及部门规章中,对招标人的违法违规行为及其应当承担的法律责任主要体现在《民法通则》《合同法》《反不正当竞争法》《招标投标法》《招标投标法实施条例》等法律规范中。

1. 招标人须承担民事法律责任的违法行为

根据《招标投标法》《招标投标法实施条例》及相关法律规定，招标人需要承担民事法律责任的违法行为，主要可以分为责令改正、中标无效和其他违法行为。

其中，招标人的下列违法行为会被责令改正：

(1)必须进行招标的项目而不招标的，将必须进行招标的项目化整为零或者以其他任何方式规避招标的。

(2)以不合理的条件限制或者排斥潜在投标人的，对潜在投标人实行歧视待遇的，强制要求投标人组成联合体共同投标的，或者限制投标人之间竞争的。

(3)招标人与中标人不按照招标文件和中标人的投标文件订立合同的，或者招标人、中标人订立背离合同实质性内容的协议的。

(4)依法必须进行招标的项目的招标人不按照规定组建评标委员会，或者确定、更换评标委员会成员违反规定的。

(5)依法应当公开招标而采用邀请招标。

(6)招标文件、资格预审文件的发售、澄清、修改的时限，或者确定的提交资格预审申请文件、投标文件的时限不符合规定的。

(7)接受未通过资格预审的单位或者个人参加投标。

(8)接受应当拒收的投标文件。

招标人的下列违法行为将导致中标无效：

(1)泄露应当保密的与招标投标活动有关的情况和资料的，或者与招标人、投标人串通损害国家利益、社会公共利益或者他人合法权益的，且前述行为影响中标结果的；

(2)依法必须进行招标的项目的招标人向他人透露已获取招标文件的潜在投标人的名称、数量或者可能影响公平竞争的有关招标投标的其他情况的，或者泄露标底的，且前述行为影响中标结果的。

(3)依法必须进行招标的项目，招标人违反本法规定，与投标人就投标价格、投标方案等实质性内容进行谈判，且前述行为影响中标结果的。

(4)招标人在评标委员会依法推荐的中标候选人以外确定中标人的，依法必须进行招标的项目在所有投标被评标委员会否决后自行确定中标人的。此外，招标人应承担民事责任的其他违法行为还包括招标人超过规定的比例收取投标保证金、履约保证金或者不按照规定退还投标保证金及银行同期存款利息。

2. 招标人承担民事责任的方式

根据《招标投标法》《招标投标法实施条例》及相关规定，招标人承担民事责任的方式主要包括以下几种。

(1)采取补救措施　补救方式主要有招标人重新组织评标、招标人重新招标、招标人与中标人重新订立合同、招标人有权在其余投标人中重新确定中标人等。

(2)恢复原状、赔偿损失　中标无效的招标人已与中标人签订书面合同的，合同无效，应当恢复原状，因该合同取得的财产，应当予以返还或者没有必要返还的应当折价补偿。有过错的一方应赔偿对方因此所遭受的损失，双方都有过错的，应当承担各自相应的责任。

(二)招标人的刑事法律责任

招标人的刑事法律责任是招标人承担的最严重的一种法律后果。在招投标活动中,招标人比较容易因泄露标底并造成重大损失,而构成侵犯商业秘密罪。

(三)招标人的行政法律责任

招标人的行政法律责任是指招标人因违反行政法律规范,而依法应当承担的一种法律责任。

1. 招标人需承担行政法律责任的违法行为

根据《招标投标法》及《招标投标法实施条例》的规定,招标人承担行政法律责任的违法行为,主要可以分为导致招标无效、中标无效和其他违法行为。其中,招标人的下列违法行为将导致中标无效。

(1)依法必须进行招标的项目的招标人向他人透露已获取招标文件的潜在投标人的名称、数量或者可能影响公平竞争的有关招标投标的其他情况的,或者泄露标底的,且前述行为影响中标结果的。

(2)依法必须进行招标的项目,招标人违反《招标投标法》规定,与投标人就投标价格、投标方案等实质性内容进行谈判的,且前述行为影响中标结果的。

(3)招标人在评标委员会依法推荐的中标候选人以外确定中标人的。

(4)依法必须进行招标的项目在所有投标被评标委员会否决后自行确定中标人的。

2. 招标人承担行政法律责任方式

对招标人在招标投标过程中的违法行为承担行政法律责任的方式主要有以下几种。

(1)暂停项目执行或者暂停资金拨付。《招标投标法》第 49 条中规定,必须进行招标的项目而不招标的,将必须进行招标的项目化整为零或者以其他任何方式规避招标的,对全部或者部分使用国有资金的项目,可以暂停项目执行或者暂停资金拨付。

(2)警告、责令限期改正。招标人有情节轻微的违法行为,行政部门有权对招标人发出警告,并有权责令其限期改正。如《招标投标法》第 51 条中规定,招标人以不合理的条件限制或者排斥潜在投标人的,对潜在投标人实行歧视待遇的,强制要求投标人组成联合体共同投标的,或者限制投标人之间竞争的,责令改正。

(3)罚款。招标人有违法行为的,行政监督部门有权对招标人依据不同规定处以不同数额的罚款,并同时可并处没收违法所得。如《招标投标法实施条例》第六十四条中规定,招标人如有规定的四种情形之一的,可以处 10 万元以下的罚款。

(4)行政处分。行政处分的对象是招标人单位的直接负责的主管人员和其他直接责任人员。如《招标投标法》第 57 条中规定,招标人在评标委员会依法推荐的中标候选人以外确定中标人的,依法必须进行招标的项目在所有投标被评标委员会否决后自行确定中标人的,对单位直接负责的主管人员和其他直接责任人员依法给予处分。

二、投标人的法律责任

投标人的法律责任,是指投标人在投标过程中对其所实施的行为应当承担的法律后果。投标人的法律责任也分为民事法律责任、刑事法律责任和行政法律责任。

(一)投标人的民事法律责任

投标人的民事责任,是指投标人因不履行法定义务或违反合同而依法应当承担的民事法律后果。投标人承担民事责任的主要方式表现为中标无效、承担赔偿责任、履约保证金不予退还等。

1. 中标无效的民事责任

《招标投标法》第53条中规定,投标人相互串通投标或者与招标人串通投标的,投标人以向招标人或者评标委员会成员行贿的手段谋取中标的,中标无效。

《招标投标法》第54条中规定,投标人以他人名义投标或者以其他方式弄虚作假,骗取中标的,中标无效。

投标人以他人名义投标一般出于以下几种原因:投标人没有承担招标项目的能力;投标人不具备国家要求的或招标文件要求的从事该招标项目的资质;投标人曾因违法行为而被工商机关吊销营业执照;因违法行为而被有关行政监督部门在一定期限内取消其从事相关业务的资格等。

《反不正当竞争法》第二十七条中规定,投标者串通投标、抬高标价或者压低标价;投标者互相勾结,以排挤竞争对手的公平竞争的,其中标无效。

2. 承担赔偿损失的民事法律责任

投标人弄虚作假的行为给招标人造成损失的,依法应承担赔偿责任。投标人的赔偿范围既包括直接损失也包括间接损失。

《招标投标法》第53条中规定,投标人相互串通投标或者与招标人串通投标的,投标人以向招标人或者评标委员会成员行贿的手段谋取中标的,给他人造成损失的,依法承担赔偿责任。在《招标投标法》第54条规定,投标人以他人名义投标或者以其他方式弄虚作假,骗取中标的,给招标人造成损失的,依法承担赔偿责任。

《招标投标法实施条例》第七十七条规定,投标人捏造事实、伪造材料或者以非法手段取得证明材料进行投诉,给他人造成损失的,依法承担赔偿责任。

3. 履约保证金不予退还的民事法律责任

依据《招标投标法》第60条的规定,中标人不履行与招标人订立的合同的,履约保证金不予退还,给招标人造成的损失超过履约保证金数额的,还应当对超过部分予以赔偿;没有提交履约保证金的,应当对招标人的损失承担赔偿责任。

(二)投标人的刑事法律责任

投标人的刑事责任是指投标人因实施《刑法》规定的犯罪行为所应承担刑事法律后果。

在招投标过程中,A企业伙同其他企业串通投标,造成国家损失巨大,情节严重。依据我国《刑法》第二百二十三条的规定,A企业构成串通投标罪,可处三年以下有期徒刑或者拘役,并处或者单处罚金。

此外,投标人以非法占有为目的,在签订、履行合同过程中实施骗取对方当事人财物,数额较大的,依据我国《刑法》第二百二十四条的规定构成合同诈骗罪,可处3年以下有期徒刑或者拘役,并处或者单处罚金;数额巨大或者有其他严重情节的,处3年以上10年以下有期徒刑，并处罚金；数额特别巨大或者有其他特别严重情节的，处 10 年以上有期徒刑或者无期徒刑，并处罚金或者没收财产。

投标人向招标人或者评标委员会成员行贿，依据我国《刑法》第三百九十一条的规定构成行贿罪，可处 3 年以下有期徒刑或者拘役。单位犯行贿罪的，对单位判处罚金，并对其直接负责的主管人员和其他直接责任人员，依照相关规定处罚。

（三）投标人的行政法律责任

投标人的行政责任是指投标人因违反行政法律规范，而依法应当承担的法律后果。投标人承担行政责任的主要方式有警告、罚款、没收违法所得、责令停业、没收投标保证金、取消投标资格及吊销营业执照。

1.《招标投标法》中关于投标人承担行政法律责任方式的规定

（1）《招标投标法》第 53 条规定，投标人相互串通投标或者与招标人串通投标的，投标人以向招标人或者评标委员会成员行贿的手段谋取中标的，处中标项目金额千分之五以上千分之十以下的罚款，对单位直接负责的主管人员和其他直接责任人员处单位罚款数额百分之五以上百分之十以下的罚款；有违法所得的，并处没收违法所得；情节严重的，取消其 1 年至 2 年内参加依法必须进行招标的项目的投标资格并予以公告，直至由工商行政管理机关吊销营业执照。

（2）《招标投标法》第 54 条规定，依法必须进行招标的项目的投标人以他人名义投标或者以其他方式弄虚作假，骗取中标的，行为尚未构成犯罪的，处中标项目金额千分之五以上千分之十以下的罚款，对单位直接负责的主管人员和其他直接责任人员处单位罚款数额百分之五以上至百分之十以下的罚款；有违法所得的，并处没收违法所得；情节严重的，取消其一年至三年内参加依法必须进行招标的项目的投标资格并予以公告，直至由工商行政管理机关吊销营业执照。

2.《招标投标法实施条例》中关于投标人承担行政法律责任方式的规定

（1）《招标投标法实施条例》第六十七条中规定，投标人有下列行为之一的，属于招标投标法第五十三条规定的情节严重行为，由有关行政监督部门取消其 1 年至 2 年内参加依法必须进行招标的项目的投标资格：以行贿谋取中标；3 年内 2 次以上串通投标；串通投标行为损害招标人、其他投标人或者国家、集体、公民的合法利益，造成直接经济损失 30 万元以上；其他串通投标情节严重的行为。投标人自本条第二款规定的处罚执行期限届满之日起 3 年内又有该款所列违法行为之一的，或者串通投标、以行贿谋取中标情节特别严重的，由工商行政管理机关吊销营业执照。

（2）《招标投标法实施条例》第六十八条规定，投标人有下列行为之一的，属于招标投标法第五十四条规定的情节严重行为，由有关行政监督部门取消其 1 年至 3 年内参加依法必须进行招标的项目的投标资格：伪造、变造资格、资质证书或者其他许可证件骗取中标；3 年内 2 次以上使用他人名义投标；弄虚作假骗取中标给招标人造成直接经济损失 30 万元以上；其他弄虚作假骗取中标情节严重的行为。投标人自本条第二款规定的处罚执行期限届满之日起 3 年内又有该款所列违法行为之一的，或者弄虚作假骗取中标情节特别严重的，由工商行政管理机关吊销营业执照。

此外，在《机电产品国际招标投标实施办法》《工程建设项目施工招标投标办法》等部门规章中关于投标人承担行政法律责任的行为和方式也做出了相关具体的规定。

三、招标投标中的法律责任承担顺序

针对招投标中承担法律责任的问题,产生的一个争议就是承担法律责任顺序的问题,即是先承担行政责任还是先承担刑事责任。

其实在通常情况下,民事责任、行政责任和刑事责任独立存在,但是在一些特殊情况下,如一责任主体的财产不足以同时满足承担民事赔偿责任和承担罚款、罚金及没收财产等行政或刑事责任时,三种责任就发生了冲突,难以同时适用,必然会产生哪一种责任优先适用的问题,这就触及到了在经济方面我国的民事责任优先原则。在《公司法》中对此原则就有体现,《公司法》第二百二十八条规定,公司违反本法规定,应当承担民事赔偿责任和缴纳罚款、罚金的,其财产不足以支付时,先承担民事赔偿责任。依据这一原则,在民事责任与行政责任之间,应当首先承担民事责任,其次承担行政责任。

关于行政责任与刑事责任的关系,就必不可免的要提及实践中存在的"以罚代刑"问题,"以罚代刑"的问题出现已久,是行政机关腐败表现之一,严重影响了社会稳定,影响了对法律正确地贯彻执行,而究其原因,也是多方面的,既有因为行政执法人员业务素质能力差缺乏判断罪与非罪的能力,造成"以罚代刑";也有行政执法机关出于本部门利益的考虑,为图省事,对该移送的刑事案件不移送,以罚款了之。根据《行政处罚法》中的规定,可以看出行政处罚与刑事处罚是有联系但也是有区别的,虽然两者所针对的行为都是违法行为,但其中是有程度之分的:对于尚不够刑事处罚的违法行为,依照法律、法规或者规章的规定,应当给予行政处罚的,由行政机关给予行政处罚;当违法行为已经构成犯罪时,不能以行政处罚代替刑事处罚,应当依法追究刑事责任(已经给予行政处罚的,在做出刑事处罚时,在罚金和刑期方面可折抵)。

法律责任是法律义务履行的保障机制和法律义务违反的矫正机制,在整个法律体系中占有十分重要的地位。党的十八届四中全会以来,我国全面依法治国的步伐明显加快,在此背景下,招投标业内人士掌握法律责任方面的知识,不但能提高自身业务能力,也在一定程度上切实关系到依法治国、建立社会主义法治国家目标的实现。

任务六 典型案例分析

背景:

某省重点工程项目计划于2008年12月28日开工,由于工程复杂、技术难度高,一般施工队伍难以胜任。业主自行决定采取邀请招标方式,于2008年9月8日向通过资格预审的五家施工承包企业发出了投标邀请书。该五家企业均接受了邀请,并于9月20~22日购买了招标文件。招标文件中规定10月18日下午3时是招标文件规定的投标截止时间,11月10日发出中标通知书。在投标截止时间之前,A、B、C、D四家企业提交了投标文件,但C企业于10月18日下午4时才送达,原因是中途堵车。10月21日由当地招投标监督管理办公室主持进行了公开开标。评标委员会成员共有7人组成,其中当地招投标监督管理办公室1人,公证处1人,招标人1人,技术经济方面专家4人。评标时

发现E企业投标文件虽无法定代表人签字和委托人授权书,但投标文件均已有项目经理签字并加盖了公章。评标委员会于10月28日提出了评标报告。B、A企业综合得分分别为第一、第二名。由于B企业投标报价高于A企业,11月10日招标人向A企业发出了中标通知书并于12月12日签订了书面合同。

问题:

1. 建设项目施工招标是否符合邀请招标的规定?企业自行决定采取邀请招标方式的做法是否妥当?请分别说明理由。

2. C企业和E企业投标文件是否有效?请分别说明理由。

3. 请指出开标工作的不妥之处,并说明理由。

4. 请指出评标委员会组成的不妥之处,并说明理由。

5. 招标人确定A企业为中标人是否违规?请说明理由。

6. 合同签订的日期是否违规?请说明理由。

分析:

1. 根据我国招投标法规定,省级政府确定的地方重点项目中不适宜公开招标的项目,要经过省级人民政府批准,方可进行邀请招标。因此,本案例业主自行对省重点工程项目决定采取邀请招标的做法是不妥的。

2. C企业投标文件无效。理由:投标文件递交截止时间之后提交的投标文件为无效投标,招标人应拒收。E企业投标文件无效。理由:投标文件无法定代表人或其授权人签字,且未加盖投标人公章,项目经理也未获得委托人授权书,无权代表本企业投标签字,应按废标处理。

3. 开标存在如下不妥之处:①开标时间不妥。理由:开标应在招标文件确定的提交投标文件的截止时间公开进行。②招标投标管理办公室工作人员主持开标不妥。理由:开标应有招标人或其委托的招标代理机构主持。

4. 评标委员会成员组成不合适。理由:技术经济方面专家人数不得少于总人数的2/3,而本案仅为4/7,低于规定的比例要求,且公证处人员和招标办的工作人员担任评标委员会成员是不合适的。

5. 招标人确定A企业中标不妥。理由:招标人应确定评标委员会推荐排名第一的投标人为中标人,投标价格高低不是招标人确定中标人的依据。

6. 合同签订时间违规。理由:招标人和中标人应自中标通知书发出之日起30日内签订合同。本案11月10日发出中标通知书迟至12月12日才签订书面合同,间隔已过30天,违反了《招标投标法》的相关规定。

基础练习题

一、单选题

1. 在招标活动的基本原则中,依法必须进行招标的项目的招标公告,必须通过国家指定的报刊、信息网络或者其他公共媒介发布,体现了(　　)。
   A. 公开原则　　　　B. 公平原则

C. 公正原则　　　　　　　　　　　　　D. 诚实信用原则

2. 甲、乙、丙、丁四家公司组成联合体进行投标，则下列联合体成员的行为中正确的是(　　)。

A. 该联合体成员甲公司又以自己单位的名义单独对该项目进行投标

B. 该联合体成员签订共同投标协议

C. 该联合体成员乙公司和丙公司组成一个新联合体对该项目进行投标

D. 甲、乙、丙、丁四家公司设立一个新公司作为联合体投标的牵头人

3. 下列关于投标保证金的说法，正确的是(　　)。

A. 投标保证金有效期应当与投标有效期一致

B. 投标保证金不得超过招标项目估算价的10%

C. 实行两阶段招标的，招标人要求投标人提交投标保证金的，应当在第一阶段提出

D. 投标截止后，投标人撤销投标文件的，招标人应该退还投标保证金，但无须支付银行同期存款利息

4. 下列关于开标的说法，错误的是(　　)

A. 投标人不参加开标的，并不影响投标文件的有效性

B. 投标人不参加开标的，事后不得对开标结果提出异议

C. 应按招标文件规定的时间、地点开标

D. 投标文件截止时间与开标时间不能混为同一时间

5. 施工总承包单位承包建设工程后的下列行为中，除(　　)以外均是法律所禁止的。

A. 将承包的工程全部转让给他人完成的

B. 将非主体工程发包给了具备相应资质的分包人

C. 将承包的工程肢解后以分包的名义全部转让给他人完成的

D. 将分包的工程发包后未设立项目管理机构进行组织管理的

二、多选题

1. 下列施工项目中，属于经批准可以采用邀请招标方式发包的有(　　)工程项目。

A. 涉及国家安全、国家秘密的项目而不适宜招标的

B. 受自然地域环境限制的，只有少量潜在投标人

C. 技术复杂，仅有几家投标人满足条件的

D. 公开招标费用与项目的价值相比不值得的

E. 施工主要技术需要使用某项特定专利的

2. 某政府投资的工程项目向社会公开招标，并成立了评标委员会，该项目技术特别复杂、专业性要求特别高。则下列说法正确的有(　　)。

A. 评标委员会由该市的建设行政主管部门负责组建

B. 评标委员会成员的名单在开标时予以公布

C. 评标委员会由9人组成，其中技术、经济等方面的专家为6人

D. 评标委员会的专家成员可以由招标人直接确定

E. 招标人可以直接授权评标委员会确定中标人

3. 根据《招标投标法》和《招标投标法实施条例》，下列关于招标项目的说法，正确的有(　　)。

A. 招标人不可以直接授权评标委员会直接确定中标人

B. 评标委员会成员对其评审意见承担个人责任

C. 履约保证金不得超过中标合同金额的10%

D. 国有资金控股的依法必须招标的项目，排名第一的中标候选人为中标人

E. 招标人可以与投标人就投标价格、投标方案等实质性内容进行谈判

4. 下列建设工程招标投标行为中，属于投标人不正当竞争行为的有(　　)。

A. 投标人相互串通投标

B. 投标人与招标人串通投标

C. 招标人操纵中标

D. 投标人以他人名义投标

E. 投标人以高于市场定价的报价竞标

5. 依照《建设工程质量管理条例》的规定，下列情形中属于违法分包的有(　　)。

A. 总承包单位将部分工程分包给了不具有相应资质的单位

B. 未经建设单位认可，承包单位将部分工程交由他人完成

C. 分包单位将其承包的工程再分包

D. 未经建设单位的认可，施工总承包人将劳务作业任务分包给了有相应资质的劳务分包企业

E. 施工总承包人将承包工程的关键性工作分包给了具有先进技术的其他单位

三、案例分析题

某依法必须进行招标的工程施工项目采用资格后审组织公开招标，在投标截止时间前，招标人共受理了7份投标文件，随后组织有关人员对投标人的资格进行审查，查对有关证明、证件的原件。有一个投标人没有派人参加开标会议，还有一个投标人少携带了一个证件的原件，没能通过招标人组织的资格审查。招标人对通过资格审查的投标人A、B、C、D、E组织了开标。

投标人A没有递交投标保证金，招标人当场宣布A的投标文件为无效投标文件，不进入唱标程序。

唱标过程中：投标人B的投标函上有两个投标报价，招标人要求其确认了其中一个报价进行唱标。投标人C在投标函上填写的报价，大写与小写不一致，招标人查对了其投标文件中工程报价汇总表，发现投标函上报价的小写数值与投标报价汇总表一致，于是按照其投标函上小写数值进行了唱标；投标人D的投标函没有盖投标人单位印章，同时又没有法定代表人或其委托代理人签字，招标人唱标后，当场宣布D的投标为废标。

试分析：

1. 招标人确定进入开标或唱标投标人的做法是否正确？为什么？

2. 招标人在唱标过程中针对一些特殊情况的处理是否正确？为什么？

项目四 城乡建设规划法规

知识目标 1. 了解城乡规划建设的相关概念。
2. 熟悉城乡规划的相关要求。
3. 掌握城乡规划的法律规定。

任务一 城乡建设规划概述

城乡的发展和建设必须进行科学的规划管理，从而协调城乡空间布局，加强城乡规划管理，改善人居环境，促进城乡经济社会全面协调可持续发展。

我国城乡规划管理所依据的法律法规包括全国人大制定的法律、国务院制定的有关城乡规划的行政法规、国家建设行政主管部门制定的一系列部门规章、地方人大制定的地方性法规及同级政府制定的规章。相关的法律法规主要有《中华人民共和国城乡规划法》《城市规划编制办法》《城市国有土地使用权出转让规划管理办法》(城镇体系规划编制审批办法)《村庄和集镇规划建设管理条例》等。

其中《中华人民共和国城乡规划法》由中华人民共和国第十届全国人民代表大会常务委员会第十三次会议于2007年10月28日通过，并自2008年1月1日起施行。《中华人民共和国城乡规划法》是制定和实施城乡规划，在规划区进行建设活动的主要法律依据。

一、城乡规划的作用与意义

城乡规划是政府调控城乡空间资源、指导城乡发展与建设、维护社会公平，保障公共安全和公共利益的重要公共政策之一。城乡规划是建设城乡市和管理城乡的基本依据，是保证城乡土地和空间资源得以合理利用和城乡各项建设得以合理进行的前提和基础。城乡规划要预见并合理确定城乡的发展方向，规模和布局、做好环境的预断和评价，协调各方面在发展中的矛盾，统筹安排各项建设，使城乡的建设和发展能够达到技术先进、经济合理、“骨肉”协调、环境优美的综合效果，为城乡居民的社会生活创造良好的条件。

国内外的实践经验证明，要把城市和乡镇建设好、管理好，首先必须规划好，以城乡规则为依据指导建设和管理,要使城市和乡镇得以合理发展,首先必须通过科学的预测和规划、明确城市和乡镇的发展方向和发展格局,在规划的引导和控制下,逐步实现发展目标。在城乡建设和发展过程中,城乡规划处于重要的“龙头”地位。

二、城乡规划管理的作用与意义

城乡规划管理是指城乡规划行政主管部门依法编制、审批城乡规划,并依据经法定程序批准的城乡规划和相关法律规范,通过行政的、法制的、经济的和社会的管理手段,对城乡土地的使用和各项建设活动进行控制、引导和监督,使之纳入城乡规划的轨道,促进经济、社会和环境在城市、乡镇空间上协调、有序、可持续的发展。

城乡规划管理的作用在于保证经济、社会和环境在城乡空间上协调、可持续发展;为城市和村镇的建设与管理提供基本依据;促进和保障城乡规划及相关法律法规和方针政策的贯彻执行。

城乡规划管理的意义在于它是各级城乡规划行政主管部门制定审批城乡规划并贯彻实施经批准的城乡规划的重要职能活动,通过完善、科学、合理的城乡规划管理活动,使各级政府可以依靠法律的权威,运用法律的、经济的、行政的手段,保证科学合理地制定城乡规划,稳定地、连续地、有效地实施城乡规划,从而推动城乡经济和社会的协调发展。

三、城乡规划的基本概念

(一)城乡规划与规划区

城乡规划包括城镇体系规划、城市规划总体规划、分区规划和详细规划。详细规划分为控制性详细规划和修建性详细规划。

本法所称规划区,是指城市、镇和村庄的建成区以及因城乡建设和发展需要,必须实行规划控制的区域。规划区的具体范围由有关人民政府在组织编制的城市总体规划、镇总体规划、乡规划和村庄规划中,根据城乡经济社会发展水平和统筹城乡发展的需要划定。

(二)城市总体规划

城市总体规划是指对一定时期内城市性质、发展目标、发展规模、土地利用、空间布局以及各项建设的综合部署和实施措施。它是城市与乡镇建设管理的基本依据。

(三)城市详细规划

城市详细规划是指以城市总体规划或分区规划为依据,对一定时期内城市局部地区的土地利用、空间环境和各项建设用地所作的具体安排。它包括规划地段各项建设的具体用地范围、建筑密度和高度等控制指标,总平面布置、工程管线综合规划和竖向规划。城市规划行政管理的重点是控制性详细规划。

四、城乡规划的种类

城乡规划是指对一定时期内城乡土地利用和空间布局以及各项建设的综合部署,包括城镇体系规划、城市规划、镇规划、乡规划、村庄规划。城市规划、镇规划分为总体规划和详细规划。详细规划分为控制性详细规划和修建性详细规划。

1. 城镇体系规划

城镇体系规划是指一定地域范围内,以区域生产力合理布局和城镇职能分工为依据,确定不同人口规模等级和职能分工的城镇的分布和发展规划。

2. 城市规划、镇规划

城市规划是指对一定时期内城市的经济和社会发展、土地利用、空间布局以及各项建设的综合部署、具体安排和实施管理。

3. 乡规划

乡规划是指对一定时期内乡的经济和社会发展、土地利用、空间布局以及各项建设的综合部署、具体安排和实施管理。

4. 村庄规划

村庄规划是指在其所在乡(镇)域规划所确定的村庄规划建设原则基础上,对一定时期内村庄的经济发展进行综合布局,进一步确定村庄建设规模、用地范围和界线,安排村民住宅建设、村庄公共服务设施和基础设施建设,为村民提供适合其特点并与社会经济发展水平相适应的人居环境。

任务二　城乡规划的编制与审批

一、城乡规划的编制

(一)城乡规划的编制含义

《中华人民共和国城乡规划法》第二十四条规定:城乡规划组织编制机关应当委托具有相应资质等级的单位承担城乡规划的具体编制工作。

从事城乡规划编制工作应当具备下列条件,并经国务院城乡规划主管部门或者省、自治区、直辖市人民政府城乡规划主管部门依法审查合格,取得相应等级的资质证书后,方可在资质等级许可的范围内从事城乡规划编制工作:①有法人资格;②有规定数量的经国务院城乡规划主管部门注册的规划师;③有规定数量的相关专业技术人员;④有相应的技术装备;⑤有健全的技术、质量、财务管理制度。

(二)城乡规划的编制原则

城乡规划的编制关系重大,其规划的科学性、合理性将直接影响规划的实施效果,城乡空间布局的合理性与舒适度,和居民的生活环境与质量,城乡规划的编制在城乡规划管理工作中具有重要地位。

《城乡规划法》第四条明确规定:“制定和实施城乡规划,应当遵循城乡统筹、合理布局、节约土地、集约发展和先规划后建设的原则,改善生态环境,促进资源、能源节约和综合利用,保护耕地等自然资源和历史文化遗产,保持地方特色、民族特色和传统风貌,防止污染和其他公害,并符合区域人口发展、国防建设、防灾减灾和公共卫生、公共安全的需要。在规划区内进行建设活动,应当遵守土地管理、自然资源和环境保护等法律、法规的规定。

县级以上地方人民政府应当根据当地经济社会发展的实际,在城市总体规划、镇总体规划中合理确定城市、镇的发展规模、步骤和建设标准。”

《城乡规划法》第五条进一步规定:“城市总体规划、镇总体规划以及乡规划和村庄规划的编制,应当依据国民经济和社会发展规划,并与土地利用总体规划相衔接。”

(三)城乡规划的编制内容

1. 城镇体系规划

城镇体系规划是指在全国或一定地区内,确定城市的数量、性质、规模和布局的综合部署,是社会经济发展的空间表现形式,是政府对全国或一定地区经济社会发展实行宏观调控的重要手段。主要内容如下:

(1)确定全国或一定地区经济社会发展战略,对产业结构的变化及城市化水平进行预测与规划。

(2)根据生产力和区域交通运输网的发展,对城镇的规模及其分布进行预测与规划。

(3)分析全国或一定区域各级中心城市的影响范围,并确定各级中心城市的职能及其发展方向。

(4)在分析各个城镇历史发展条件的基础上,规划新设置市镇的数量。

(5)提出近期宜重点发展的城市,明确其发展方向以及人口和用地规模。

(6)提出完善的城镇体系所必需的重要基础设施建设目标和布局。

(7)提出实施规划的政策和措施。

2. 城市总体规划

(1)对市和县辖行政区范围内的城镇体系、交通系统、基础设施、生态环境、风景旅游资源开发进行合理布置和综合安排。

分析区域发展条件和制约因素,提出区域城镇发展战略,确定资源开发、产业配置和保护生态环境、历史文化遗产的综合目标。

预测区域城镇化水平,调整现有城镇体系的规模结构、职能分工和空间布局确定重点发展的城镇。

确定区域交通、通信、能源、供水、排水、防洪等设施的布局。

提出实施规划的措施和有关技术经济政策的建议。

(2)确定规划区内城市人口及用地规模,划定城市规划区范围。

提出规划区域内城市人口及用地发展规模。

确定城市建设与发展用地的空间布局、功能分区及市中心、区中心位置。

确定城市对外交通系统的布局及车站、铁路、港口、机场等主要交通设施的规模位置。

确定城市主、次干道系统的走向、断面、主要交叉口形式。

确定主要广场、停车场的位置容量。

(3)确定市域交通、通信、能源、供水、排水、防洪、垃圾处理等重大基础设施,重要社会服务设施,危险品生产储存设施的布局。

(4)确定历史文化保护及地方传统特色保护的内容和要求,划定历史文化街区、历史建筑保护范围(紫线),确定各级文物保护单位的范围,研究确定特色风貌保护重点区域及保护措施。

(5)研究住房需求,确定住房政策、建设标准和居住用地布局重点确定经济适用房、普通商品住房等满足中低收入人群住房需求的居住用地布局及标准。

(6)划定旧区范围,确定旧区有机更新的原则和方法,提出改善旧区生产,生活环境的标准和要求。

(7)确定市域内应当控制开发的地域。包括基本农田保护区,风景名胜区,湿地水源保护区等生态敏感区,地下矿产资源分布地区。

(8)编制环境保护、医疗卫生、绿地系统、河湖水系、历史文化名城保护、地下空间等各类专项规划,应当依据城市总体规划。

(9)总体规划纲要成果包括纲要文本、说明、相应的图纸和研究报告。

城市总体规划的成果应当包括规划文本、图纸及附件(说明、研究报告和基础资料等)。在规划文本中应当明确表述规划的强制性内容。

3. 分区规划

大、中城市可以在总体规划的基础上编制分区规划,对城市土地利用、人口分布以及公共设施、城市基础设施的配置做出进一步安排,对控制性详细规划的编制提出指导性要求,其规划期限应当与总体规划相一致。

(1)原则规定分区内人口现状土地使用性质、道路交通现状、主要工程设施及管网等控制指标。

(2)确定主、次干道道路规划红线位置及控制点坐标、标高,主要广场、停车场位置和用地范围。

(3)确定绿地、河湖水面、高压走廊、文物古迹、历史地段的用地界线和保护范围及重要地名、街道名称,并提出保护要求。

(4)确定工程管网及主要市政公用设施的规划要求。

(5)分区规划的文件及图纸。文件包括规划文本和附件,规划说明及基础资料收入附件,图纸包括规划分区位置图,分区现状图、分区土地利用规划图,分区建筑容量规划图及各项工程管网规划图。图纸比例为1/5000。

4. 详细规划

详细规划是以总体规则和分区规则为依据,详细规定建设用地的各项控制指标和规划管理要求,或直接对建设项目做出具体的安排和规划设计。详细规划又分为控制性详细规划和建设性详细规划。

(1)控制性详细规划的内容

1)规定各类用地的使用性质、建筑间距、建筑物后退道路红线距离等的适建要求,不适建或有条件地允许建设的建设类型。

2)规定各地块建筑密度(建筑基底总面积/地块面积)、建筑控制高度、容积率(建筑总面积/地块面积)、绿地率、容积率等控制指标。

3)规定交通出入口方位、停车泊位及其他需要配置的公共设施要求。

4)提出建筑形式、体量、风格、色彩及其他环境要求。

5)确定土地经济分析资料,包括地价等级、土地级差效益、有偿使用状况、开发方式等。

6)制定相应的土地使用与管理规定。

7)控制性详细规划的文件和图纸。文件包括规划文本和附件、规划说明及基础资料收入附件。文本中应当包括规划范围内土地使用及建筑管理规定;图纸包括位置图、用地现状图、土地使用规划图、地块划分编号图、各地块控制性详细规划图及各项工程管线规划图。

(2)建设性详细规划的内容　在正当开发或修建的地区,一般应编制修建性详细规划,它是对具体的开发项目进行规划管理和指导的依据。

1)建设条件分析及综合技术经济论证。

2)做出建筑物、道路和绿地等的空间布局和景观规划设计,布置总平面图。

3)对住宅、医院、学校和托幼等建筑进行日照分析。

4)根据交通影响分析,提出交通组织方案和设计。

5)市政工程管线规划设计和管线综合。

6)竖向规划设计。

7)估算工程量、拆迁量和总造价,分析投资效益。

8)修建性详细规划成果应当包括规划说明书、图纸。图纸包括规划地段位置图、规划地段现状图、规划总平面图、道路交通规划图、竖向规划图、单项或综合工程管网规划图及表达规划设计意图的模型或鸟瞰图。

5. 乡规划、村庄规划

《城乡规划法》第十八条规定,乡规划、村庄规划应当从农村实际出发,尊重村民意愿,体现地方和农村特色。乡规划、村庄规划的内容应当包括:规划区范围,住宅、道路、供水、排水、供电、垃圾收集、畜禽养殖场所等农村生产、公共生活服务设施、公益事业等各项建设的用地范围、布局、建设要求,以及对耕地等自然资源和历史文化和自然风貌保护、防灾减灾等的具体安排。

二、城乡规划的审批

根据《中华人民共和国城乡规划法》规定,城乡规划审批实行分级审批制度。

(一)审批内容

(1)城市规划中涉及安全事项时,必须依法严格审查,不符合标准的不得审批。

(2)城市总体规划中的防火、防爆、抗震、防洪及人防建设等应严格依照程序组织专家及有关部门进行审查。

(3)审查城市规划是否有利于保护城市生态环境,是否有利于防止污染等。

(4)审查城市规划是否有利于保护历史文化遗产,是否有利于保持民族特色。

(5)审查城市规划是否有利于节约利用土地资源、水资源及其他自然资源。

(二)城乡规划审批分类

1. 城镇体系规划的审批

全国城镇体系规划由国务院城乡规划主管部门会同国务院有关部门组织编制,并由国务院城乡规划主管部门报国务院审批。由省、自治区人民政府组织编制省域城镇体系规划，经本级人民代表大会常务委员会审议后附审议意见及修改情况一并报送国务院审批。

2. 城镇总体规划的审批

直辖市城市总体规划由直辖市人民政府组织编制，经本级人民大会常务委员会审议后附审议意见及修改情况一并报送国务院审批。

省、自治区人民政府所在地的城市以及国务院确定的城市的总体规划，由城市人民政府组织编制，经本级人民代表大会常务委员会审议后附审议意见及修改的情况，并由省、自治区人民政府审查同意后，报送国务院审批。其他城市的总体规划，由城市人民政府组织编制，经本级人民代表大会常务委员会审议后附审议意见及修改情况一并报送省、自治区人民政府审批。

县人民政府所在地镇的总体规划，由县人民政府组织编制，经本级人民代表大会常务委员会审议后附审议意见及修改情况一并报送上一级人民政府审批。其他镇的总体规划，由镇人民政府组织编制，经镇人民代表大会审议后附审议意见及修改情况一并报送上一级人民政府审批。

3. 城镇控制性详细规划的审批

城市控制性详细规划由城市人民政府城乡规划主管部门组织编制，经本级人民政府批准后，报本级人民代表大会常务委员会和上一级人民政府备案。县人民政府所在地镇的控制性详细规划，由县人民政府城乡规划主管部门组织编制，经县人民政府批准后，报本级人民代表大会常务委员会和上一级人民政府备案。其他镇的控制性详细规划，由镇人民政府组织编制，报上一级人民政府审批。

4. 城镇修建性详细规划的审批

城市、镇重要地块的修建性详细规划，由城市、县人民政府城乡规划主管部门和镇人民政府组织编制。

5. 乡规划、村庄规划的审批

乡规划、村庄规划审批由乡、镇人民政府组织编制，报上一级人民政府审批。村庄规划应经村民会议或者村民代表会议同意后报上一级人民政府审批。

任务三 城乡规划的实施

城乡规划经审批后，即具有法规效力，《中华人民共和国城乡规划法》第七条规定，经依法批准的城乡规划，是城乡建设和规划管理的依据，未经法定程序不得修改。

一、选址意见书

选址意见书是指城市规划行政主管部门依法核发的有关建设项目的选址和布局的法律凭证。依据《中华人民共和国城乡规划法》的规定，按照国家规定需要有关部门批准或者核准的建设项目，以划拨方式提供国有土地使用权的，建设单位在上报设计任务书前，其项目的拟建地址必须先经城市规划行政主管部门审查，并取得其合法的选址意见书，然后方可连同设计任务书一起上报，否则，有关部门对设计任务书将不予审批。

（一）项目选址意见书的内容

项目选址意见书的内容包括建设项目基本情况和建设项目选址意见两部分。

1. 建设项目基本情况

建设项目基本情况包括：建设项目的名称、性质、依据，建设规模，建设单位名称，建设单位拟选位置、市场需求预测、水源及其他能源的需求量、原材料及产品的运输方式运输量、生产配套设施以及废水、废气、废渣的排放和处理方案等。

2. 建设项目选址意见

建设项目选址意见包括：建设项目与城市规划布局是否协调；与城市交通、通信、能源、市政、防灾规划等是否衔接与协调，建设项目对城市环境是否造成污染，与城市生活居住及公共设施规划，城市环境保护规划和风景名胜、文物古迹保护规划是否协调；环保、卫生、交通、国防等有关部门对建设项目的意见等。

（二）建设项目选址意见书的审批权限

建设项目选址意见书实行分级审批管理。

国家审批的大中型和限额以上的建设项目，由项目所在地县、市人民政府城市规划行政主管部门提出审查意见，报省、自治区、直辖市、计划单列市人民政府城市规划行政主管部门核发选址意见书，并报国务院城市规划行政主管部门备案。

中央各部门、公司审批的小型和限额以下的建设项目，其选址意见书由项目所在地县、市人民政府城市规划行政主管部门核发选址意见书。

省、自治区建设项目由项目所在地县、市人民政府城市规划行政主管部门提出审查意见，报省、自治区人民政府城市规划行政主管部门核发选址意见书。

须经人民政府计划行政主管部门审批的其他建设项目，其选址意见书就同级人民政府城乡规划行政主管部门核发选址意见书。

（三）建设项目选址的核发程序

1. 提交申请和资料

申请项目选址的必需资料包括：①政府计划部门批准项目立项的批文：②建设单位或其上级主管部门申请用地的函件；③项目建议书或可行性研究报告（附环境保护评估证明）；④建设工程情况的简要说明、选址要求及其项目用地平面布置图（1/500～1/12 000）；

2. 政府部门审查

城市规划行政主管部门根据全市经济社会发展策略、城市总体规划、分区规划、控制性详细规划等各级规划，按照《中华人民共和国城乡规划法》《建设项目选址规划管理办法》等，考虑建设项目的要求，在规定期限内提出规划方面的初审意见和选址意见。

3. 核发选择意见书

城市规划行政主管部门会同土地管理部门，征求项目所涉及的有关部门的意见，对初审意见及其选址提出复审意见，对于同意的项目报政府审批后，在规定的审批期限内核发项目选址意见书。

二、建设用地规划许可证制度

(一)建设用地规划许可证相关规定

建设用地规划许可证是指经城市规划行政主管部门依法确认其建设项目位置和用地范围的法律凭证。核发建设用地规划许可证的目的,在于确保土地利用符合城市规划,维护建设单位按照规划使用土地的合法权益,为土地管理部门在规划区内行使权属管理职能提供必要的法律依据。

《中华人民共和国城乡规划法》第三十七条规定:在城市、镇规划区内以划拨方式提供国有土地使用权的建设项目,经有关部门批准、核准、备案后,建设单位应当向城市、县人民政府城乡规划主管部门提出建设用地规划许可申请,由城市、县人民政府城乡规划主管部门依据控制性详细规划核定建设用地的位置、面积、允许建设的范围,核发建设用地规划许可证。建设单位在取得建设用地规划许可证后,方可向县级以上地方人民政府土地主管部门申请用地,经县级以上人民政府审批后,由土地主管部门划拨土地。

《中华人民共和国城乡规划法》第三十八条规定:在城市、镇规划区内以出让方式提供国有土地使用权的,在国有土地使用权出让前,城市、县人民政府城乡规划主管部门应当依据控制性详细规划,提出出让地块的位置、使用性质、开发强度等规划条件,作为国有土地使用权出让合同的组成部分。未确定规划条件的地块,不得出让国有土地使用权。

(二)建设用地规划许可证的一般审批程序

建设用地规划许可证是建设单位在向土地管理主管部门申请征收、划拨前,经城市规划主管部门确认建设项目位置和范围的法律凭证。核发建设用地规划许可证的目的在于确保土地利用符合城市规划,维护建设单位按照规划使用工地的合法权益,同时也为土地管理部门在城市规划区内行使权属管理职能提供必要的法律依据。其一般审批程序如下:

(1)现场踏勘　城乡规划主管部门受理了建设单位用地申请后,应与建设单位会同有关部门到选址地点进行现场调查和踏勘。这是一项直观的感性的审查工作,可以及时发现问题,避免纸上谈兵可能带来的弊端。

(2)征求意见　在城市规划区安排建设项目,占用土地一般会涉及许多单位和部门。城乡规划主管部门在审批建设用地前,应征求占用土地单位和部门以及环境保护、消防安全、文物保护、土地管理等部门的意见。

(3)提供设计条件　城乡规划主管部门初审通过后,应向建设单位提供建设用地地址与范围的红线图,红线图上应当标明现状和规划道路,并提出用地规划设计条件和要求。建设单位可以依据城乡规划主管部门下达的红线图委托项目规划方案设计。

(4)审查总平面图及用地面积　建设单位根据城乡规划主管部门提供的设计条件完成项目规划设计后,应将总平面图及其相关文件报送城市规划主管部门进行审查批准,并根据城市规划设计用地定额指标和该地块具体情况,审核用地面积。

(5)核发建设用地规划许可证　经审查合格后,城乡规划行政主管部门即向建设单位或个人核发建设用地规划许可证。土地管理部门在办理征收、划拨土地过程中,若确需改变建设用地规划许可证核定的位置和界限,必须与城乡规划主管部门协商并取得一致意见,以保证修改后的位置和范围符合相应规划的要求。

同时要加强对建设工程的事后规划监督,落实规划条件到具体工程中去,对未经核实或者核实不符合规划条件的建筑工程,建设单位不得组织竣工验收,也就无法投入使用。

三、建设工程规划许可证制度

建设工程规划许可证是指建设单位和个人申请城市规划行政主管部门审查、确认其拟建的建设工程符合城市规划,并准予办理开工手续的法律凭证。

《城乡规划法》第四十条规定:在城市、镇规划区内进行建筑物、构筑物、道路、管线和其他工程建设的,建设单位或者个人应当向城市、县人民政府城乡规划主管部门或者省、自治区、直辖市人民政府确定的镇人民政府申请办理建设工程规划许可证。

建设工程规划许可证是城市规划行政主管部门向建设单位或个人核发的、确认其建设工程符合城市规划要求的证书,它也是申请工程开工的必备材料。申请办理建设工程规划许可证,应当提交使用土地的有关证明文件、建设工程设计方案等材料。需要建设单位编制修建性详细规划的建设项目,还应当提交修建性详细规划。对符合控制性详细规划和规划条件的,由城市、县人民政府城乡规划主管部门或者省、自治区、直辖市人民政府确定的镇人民政府核发建设工程规划许可证。

城市、县人民政府城乡规划主管部门或者省、自治区、直辖市人民政府确定的镇人民政府应当依法将经审定的修建性详细规划、建设工程设计方案的总平面图予以公布。

(一)建设工程规划许可证作用

《城市规划法》第32条规定:"在城市规划区内新建、扩建和改建建筑物、构筑物、道路、管线和其他工程设施,必须持有关批准文件向城市规划行政主管部门提出申请,由城市规划行政主管部门根据城市规划提出的规划设计要求,核发建筑工程规划许可证件。建设单位或者个人在取得建设工程规划许可证件和其他有关批准文件后,方可申请办理开工手续。"这一规定是保证城市各项建设活动严格按照城市规划的要求进行,防止违法建设活动发生的重要法律措施。

建设工程规划许可证制度的作用主要表现在以下三个方面:

一是确认有关建设活动的合法性,保护有关建设单位和个人的合法权益。

二是城市规划行政主管部门及其管理工作人员监督建设活动的法定依据。城市规划管理工作人员要根据建设工程规划许可证规定的内容和要求进行监督检查,并将其作为纠正和处罚违法建设活动的法律依据。

三是建设工程规划许可证是城市规划行政主管部门有关城市建设活动的重要历史资料和城市建设档案的主要内容。

(二)建设工程规划许可证的审批程序

1. 建设单位和个人申请

建设单位和个人申请建设工程规划许可证,须报送下列文件:①建设工程规划许可证申请;②地形图或航测图;③当年基本建设计划投资批文;④有关行业主管部门对工程设计方案的意见;⑤建设用地规划许可证、批准的规划设计的总图;⑥用地权属证明;相关房产的权属证明(如拆除或接建的);⑦结构、基础鉴定报告(接层或改建的);⑧设计方案图纸;⑨初步设计方案图纸;⑩施工图纸。

2. 核发程序

(1)建设申请审查　城市规划行政主管部门对建设申请进行审查。审查的主要依据是建设单位提供的经批准的计划投资文件,上级主管部门批准建设的批件和建设用地规划许可证。以确定建设工程的性质、规模等是否符合城市规划的布局和发展要求,并对建设工程涉及相关主管部门的,根据情况和需要征求有关行政主管部门的意见,进行综合协调。

(2)初步审查　确定建设工程规划设计要求。城市规划行政主管部门对建设申请审查后,根据建设工程所在地段详细规划的要求,提出规划设计要求,核发规划设计要点通知书。建设单位按规划设计要点通知书的要求,委托设计部门进行方案设计工作。

(3)进行设计方案审查　设计方案审查是在建设单位提出设计方案、文件和图纸后,城市规划行政主管部门对各个方案的总平面布置、交通组织情况、工程周围环境关系和个体设计体质量、层次、造型等进行审查比较,确定规划设计方案,核发设计方案通知书。建设单位据此委托设计单位进行施工图设计。最后,核发建设工程规划许可证。

(4)核发建设工程规划许可证　建设单位持注明勘察设计证书的总平面图、单体建筑设计的平、立、剖面图,基础图,地下室平、剖面图等施工图纸,交城市规划行政主管部门进行审查,经审查核准后,发给建设工程规划许可证。

3. 建设工程审批后的管理

建设工程审批后的管理,是城市规划行政主管部门依法进行事后监督检查的重要环节。其管理的内容主要包括验线、现场检查和竣工验收。

(1)验线　建设单位应当按照建设工程规划许可证的要求放线,并经城市规划行政主管部门验线后方可施工。

(2)现场检查　即城市规划管理工作人员依其职责深入有关单位和施工现场,核查建设工程的位置、施工等情况是否符合规划设计条件。

(3)竣工验收　竣工验收是基本建设程序的最后一个阶段。竣工验收通常由城市建设行政主管部门委托符合资质条件的建筑工程质量监督单位进行,规划部门参加竣工验收,对建设工程是否符合规划设计条件的要求进行最后把关,以保证城市规划区内各项建设符合城市规划。城市规划区内的建设工程竣工验收后,建设单位应当在6个月内将竣工资料报送城市规划行政主管部门。

(三)建设工程的核实竣工验收

规划核实内容主要是对建设工程是否按照建设工程规划许可证及其附件、附图确定的内容进行建设,予以现场审核,是核实建设工程是否符合规划条件。建设工程从开工到竣工是一个连续的生产过程,在这个过程中,对建设单位是否严格按照规划法及规划许可要求进行建设,规划管理部门都有权进行监督检查,并且应当是贯穿整个建设过程。它又可以分为规划核实和竣工验收两个阶段。

在规划核实过程中,对符合规划许可内容要求的,及时提出有关核实意见,对不符合规划许可的,及时提出修改意见,并且提醒建设单位,不得继续施工。在建设过程中出现不符合规划许可要求并且拒不修改的项目,完工后不得参加竣工验收。

建设工程完工后,必须向城乡规划管理部门提请竣工验收,并在竣工验收后六个月内向规划管理部门报送有关竣工验收资料。

建设工程竣工验收是事后规划核实的重要环节,竣工验收是政府各个管理部门对建设工程进行的综合审校,一般包括规划部门、公安消防部门、环保部门、质量监督部门以及勘探单位、设计单位、图纸审查单位、监理单位等多个涉及该项目的单位,一起共同检查在建设工程的各个方面和环节,得到认可后,共同签发竣工验收报告。

四、城乡规划实施中应注意的其他事项

(一)新区建设中的注意事项

随着城市经济与社会的发展,按照城市总体规划的部署,在城市现有建成区以外的地段,进行集中成片、综合配套的开发建设活动,称为城市新区的开发和建设。

在新区建设中,应当根据土地、水等资源承载能力,量力而行,妥善处理近期建设与长远发展的关系,合理确定开发规模、强度和时序,坚持集约用地和节约用地的原则;充分利用现有基础设施和公共服务设施,合理确定各项交通设施的布局;在开发建设中,应当特别注意保护好大气环境、河湖水系、绿化植被等生态环境和自然资源,避开地下文物藏区,保护好历史文化资源;坚持统一规划和管理,必须先规划后实施,强调规划的严肃性,防止随意开发。

在城市总体规划和镇总体规划确定的建设用地范围以外,严禁各类开发区和城市新区。开发城市新区,各级政府管理部门必须在思路上严格控制,科学决策,稳妥开发。

(二)旧城改造中的注意事项

城市中的旧城区是在长期的历史发展过程中逐步形成的,是各历史时期的政治、经济、社会和文化的缩影,历史文化遗迹一般比较丰富。同时存在城市格局尺度比较小、人口密度高、居住人群收入比较低、基础设施比较陈旧、道路交通比较密集等问题,迫切需要进行更新和完善,这些问题阻碍了城市经济社会的发展,不适应现代化社会对城市化越来越高的要求,这就需要我们按照统一的规划,在保护好优秀的历史文化遗产和传统风貌的同时,根据各城市的实际情况和存在的矛盾,对旧城进行有计划、有步骤、有重点的改造、充实和更新。

在旧城更新中,注意产业结构调整,将污染严重和干扰较大的二、三类工业用地,仓储用地等逐步搬迁,增加交通、居住、公共绿地、各类基础设施和公共服务设施用地,促使城市旧区功能结构逐步完善。

在旧城改造中,特别要注意公众参与的重要性,对低收入人群,必须注意他们的后续生活来源和实际困难;在历史文化名城的老城区,保存着大量历史文化遗存,是无法替代的极其珍贵的文化财富,要高度关注历史格局、传统风貌,历史文化街区和各级文物的保护,采取渐进式有机更新,防止大拆大建,在没有找到合适的办法,保证可持续发展的情况下,尽量保持现状,保证民生,不可盲目拆除。

（三）临时建筑中的注意事项

临时建筑是城镇建设中，因临时需要搭建的结构简易，依法必须在规定期限内拆除的建筑物，构筑物或者其他设施。临时建筑必须建在城市、镇规划区内。获得临时建筑规划许可的审批条件是：不得对城市、镇的近期建设的实施产生影响；不得对控制性详细规划的实施产生影响，不得对城市、镇的交通，市容安全等造成干扰。

临时建筑在使用后或者期限过后，必须自行拆除，不得超过期限后还存在和使用。

临时建设和临时用地规划管理办法，由各地政府根据各地实际情况和实际需要，做出针对性和可操作性的具体办法。

（四）地下空间建设中的注意事项

我国土地资源紧缺，能源和土地需求巨大，开发城镇地下空间具有节约土地和能源的特征，是国家提供的发展方向。地下空间的开发利用是一项涉及众多因素的的系统工程，必须坚持规划先行的原则，综合考虑地面土地的利用性质和建筑功能，做到地上地下相互协调，互成体系。在城市和镇的总体规划中，合理确定地下空间开发利用的原则、目标、功能、布局和规模，对开发地下空间做出综合部署和全面安排；在详细规划中，注意地上地下空间的衔接要求，对各项建设进行具体安排和设计，并注意符合城市规划，履行规划审批手续。

随着城市化发展，我国大城市中出现用地紧张、停车紧张等城市问题，必须开发地下空间来解决这些问题，特别是对 20 世纪 70 年代后建设的地区，当时很少考虑地下空间的利用，但建设密度高，居住强度大，建筑可持续使用时间很长，而再改造难度和成本都很大，对这类地区的开发利用地下空间，要重点扶持。

地下空间的开发利用，建造成本和维护成本是远高于地面建筑的，因此必须坚持量力而行的原则，要根据当地的经济发展状况，制订规划实施的步骤和措施，合理确定地下设施的建设时序和规模，防止盲目攀比，追求不恰当的大规模，高档次。

地下空间存在相对封闭的特点，在开发利用中，要坚持安全第一的原则，注意防火、防意外事故措施的预先确定并严格监督执行，做好各项防护措施。

地下空间的开发利用，必须优先满足防灾减灾、人民防空、通信和市政基础设施的需要，不可因为开发影响社会公共服务设施的建设和使用。

我国《物权法》规定，建设用地使用权可以在土地的地表，地上或者地下分别设立，这要求我们统筹考虑空间使用权，特别防止城市基础设施建设或城市安全措施建设与开发地下空间之间的冲突问题。

（五）近期建设规划中的注意事项

落实城市和镇的总体规划的重要步骤之一就是近期建设规划是城市总体规划、镇总体规划的分阶段实施的安排和行动计划。其基本任务是：根据总体规划、土地利用规划和年度计划、国民经济和社会发展规划，结合自身规划条件、自然环境、历史情况、现状特点，明确建设时序、发展方向和空间布局，提出重点基础设施建设，公共服务设施建设的时序和选址等重要项目的安排等，解决城乡规划实施的时序性问题，确定建设的先后顺序。近期规划是总体规划的具体实施步骤安排，不能和总体规划相违背，不能以近期规划为名突破总体规划的建设范围和指标，特别要注意近期规划和土地规划、土地年度计划相吻合，不可提前使用未来的土地资源。

（六）保证基础建设公共服务用地中的注意事项

基础设施、水系、绿地和公共服务设施是城乡建设和发展重要的物质基础和资源，也是保障城乡居民生产、生活所必须的条件；在规划法中，明确一旦经过规划确定的这类用地，禁止擅自更改；特别是绿地，是保证城市环境的重要因素，往往有此建设单位“借用”“占用”规划中明确的公共绿地，使得城市环境得不到保护，看似侵占的是“没有主人”的利益，其实是侵占了全体居民的利益，有些建设单位侵占城市绿地，在上面建设学校、停车场等号称“公共服务”项目，实质还是侵占了公共利益，也是要严格禁止的。

城乡规划法规定，基础设施、公共服务设施建设用地和生态环境用地一经批准不得擅自改变用途，表明规划的编制和管理的重点要转向注重保护和合理利用各种资源，更加注重保障和落实城乡关键基础设施的布局。

任务四　风景名胜区、历史文化名城规划管理

我国颁布了《风景名胜区管理暂行条例》及相应的部门规章和地方性法规，对风景名胜区和历史文化名城的规划与保护及对村镇建设行为进行严格管理。

一、风景名胜区的规划管理

《风景名胜区条例》第三条明确规定，国家对风景名胜区实行科学规划、统一管理。严格保护、永续利用的原则。

《风景名胜区条例》中规定，风景名胜区所在地、县级以上地方人民政府设置的风景名胜区管理机构负责风景名胜区的保护、利用和统一管理工作。国务院建设主管部门负责全国风景名胜区的监督管理工作。国务院其他有关部门按照国务院规定的职责分工负责风景名胜区的有关监督管理工作。省、自治区人民政府建设主管部门和直辖市人民政府风景名胜区主管部门，负责本行政区域内风景名胜区的监督管理工作。省自治区、直辖市人民政府其他有关部门按照规定的职责分工，负责风景景名胜区的有关监督管理工作。

（一）风景名胜区的概念

依法审定的具有观赏、文化或科学价值，自然景物、人文景物比较集中，环境优美，具有一定规模和范围，可供人们游览、休息或进行科学、文化活动的地区称为风景名胜区。我国的风景名胜区分为国家重点、省、市（县）三级，分别由同级人民政府审定公布。

（二）风景名胜区的规划和审批

风景名胜区的规划分为总体规划和详细规划。风景名胜区总体规划的编制，应当体现人与自然和谐相处、区域协调发展和经济社会全面进步的要求，坚持保护优先、开发服从于保护的原则，突出风景名胜资源的自然特性、文化内涵和地方特色。风景名胜区应当自设立之日起 2 年内编制完成总体规划。总体规划的规划期一般为 20 年。

1. 规划的原则

(1)认真贯彻国家有关保护和开发利用风景名胜资源的方针政策,保护自然文化遗产,维护生态平衡,充分发挥风景名胜区的环境、社会和经济上的效益,协调各项事业之间关系。

(2)充分认识资源的特点和价值,突出本风景名胜区特性和自然环境的主导作用。风景名胜区要区别于城市公园,切忌大搞"人工化"造景。

(3)深入地调查研究,搞清风景名胜资源的历史和现状,坚持因地制宜、实事求是地解决规划问题的工作方法。

2. 规划的内容

风景名胜区总体规划应当包括下列内容。

(1)风景资源评价。

(2)生态资源保护措施、重大建设项目布局、开发利用强度。

(3)风景名胜区的功能结构和空间布局。

(4)禁止开发和限制开发的范围。

(5)风景名胜区的游客容量。

(6)有关专项规划。

风景名胜区详细规划应当根据核心景区和其他景区的不同要求编制,确定基础设施、旅游设施、文化设施等建设项目的选址、布局与规模,并明确建设用地道围和规划设计条件。

风景名胜区详细规划应当符合风景名胜区总体规划。

国家级风景名胜区规划由省自治区人民政府建设主管部门或者直辖市人民政府风景名胜区主管部门组织编制。省级风景名胜区规划由县级人民政府组织编制。

3. 审批

国家级风景名胜区的总体观划,由省、自治区、直辖市人民政府审查后,报国务院审批。国家级风景名胜区的详细规则由省自治区人民政府建设主管部门或者直辖市人民政府风景名胜区主管部门报国务院建设主管部门审批。

省级风景名胜区的总体规划。由省、自治区、直辖市人民政府审批,报国务院建设主管部门备案。省级风景名胜区的详细规划由省自治区人民政府建设主管部门或者直辖市人民政府风景名胜区主管部门审批,风景名胜区规划经批准后应当向社会公布,任何组织和个人有权查阅。

风景名胜区内的单位和个人应当遵守经批准的风景名胜区规划,服从规划管理。风景名胜区规划未经批准的,不得在风景名胜区内进行各类建设活动。

(三)风景名胜区的保护

风景名胜区内的景观和自然环境应当服从可持续发展的原则,严格保护,不得破坏或者随意改变。

风景名胜区的土地,任何单位和个人都不得侵占。

风景名胜区内的一切景物和自然环境,必须严格保护,不得破坏或随意改变。

在风景名胜区及其外围保护地带内的各项建设,都应当与景观相协调,不得建设破坏景观、污染环境、妨碍游览的设施。

在游人集中的游览区内，不得建设宾馆、招待所以及休养、疗养机构。在珍贵景物周围和重要景点上，除必需的保护和附属设施外，不得增建其他工程设施。

风景名胜区应当做好封山育林、植树绿化、护林防火和防治病虫害工作，切实保护好林木植被和动、植物种的生长、栖息条件。

风景名胜区及其外围保护地带内的林木，不分权属都应当按照规划进行抚育管理，不得砍伐，确需进行更新、抚育性采伐的，须经地方主管部门批准。古树名木，严禁砍伐。

在风景名胜区内采集标本、野生药材和其他林副产品，必须经管理机构同意，并应限定数量，在指定的范围内进行。地区视实际情况规定。

二、历史文化名城的规划管理

历史文化名城是指经国务院批准公布的保存文物特别丰富并且具有重大历史价值或者革命纪念意义的城市。

文物是指人类在历史上创造的具有价值的不可移动的实物遗存，包括地面与地下的古遗址、古建筑、古墓葬、石窟寺、古碑石刻、近代代表性建筑、革命纪念建筑等。

历史文化名城反映了城市的特定性质，应当在城市规划中体现出来，使历史文化名城和文物的价值进一步得到开发和利用。历史文化名城和文物保护应当突出保护重点，即保护文物古迹、风景名胜及其环境；对于具有传统风貌的商业、手工业、居住以及其他性质的街区，需要保护整体环境的文物古迹、革命纪念建筑集中连片的地区，或在城市发展史上有历史、科学、艺术价值的近代建筑群等，要划定为“历史文化保护区”予以重点保护。特别要注意对面临破坏的历史实物遗存的抢救和保护，使其不再继续遭到破坏。

1. 历史文化名城的规划内容

(1)保护原则、保护内容和保护范围。

(2)保护措施，开发强度和建设控制要求。

(3)传统格局和历史风貌保护要求。

(4)历史文化街区、名镇、名村的核心保护范围和建设控制地带。

(5)保护规划分期实施方案。

2. 历史文化名城规划的审批

(1)单独编制的国家级历史文化名城保护规划，其中的总体规划是由国务院审批的，先由国务院城市规划主管部门审查通过后，再报国务院审批；其他的则由其所在地的省、自治区人民政府审批，并报国务院城市规划主管部门和文化保护行政主管部门备案。

(2)省级历史文化名城的保护规划，由其所在地的省、自治区、直辖市人民政府审批。

3. 历史文化名城保护规划的相关要求

(1)建立历史文化名城、历史文化街区与文物保护单位三个层次的保护体系。

(2)确定名城保护目标和保护原则，确定名城保护内容和保护重点，提出名城保护措施。

(3)分析城市的历史、社会、经济背景和现状，体现名城的历史价值、科学价值、艺术价值和文化内涵。

(4)包括城市格局及传统风貌的保持与延续,历史地段和历史建筑群的维修改善与整治,文物古迹的确认。

(5)应划定历史地段、历史建筑群、文物古迹和地下埋藏区的保护界线,并提出相应的规划控制和建设的要求。

(6)合理调整历史城区的职能,控制人口容量,疏解城区交通,改善市政设施,以及提出规划的分期实施及管理的建议。

(7)地下文物埋藏区保护界线范围内的道路交通建设、市政管线建设、房屋建设以及农业活动等,不得危及地下文物的安全。

(8)历史城区内除文物保护单位、历史文化街区和历史建筑群以外的其他地区,应考虑延续历史风貌的要求。

(9)历史文化名城保护规划必须控制历史城区内的建筑高度。在分别确定历史城区建筑高度分区、视线通廊内建筑高度、保护范围和保护区内建筑高度的基础上,应制定历史城区的建筑高度控制规定。对历史风貌保存完好的历史文化名城应确定更为严格的历史城区的整体建筑高度控制规定。视线通廊内的建筑应以观景点可视范围的视线分析为依据,规定高度控制要求。视线通廊应包括观景点与景观对象相互之间的通视空间及景观对象周围的环境。

(10)历史城区道路系统要保持或延续原有道路格局;对富有特色的街巷,应保持原有的空间尺度。历史城区道路规划的密度指标可在国家标准规定的上限范围内选取,道路宽度可在国家标准规定的下限范围内选取。有历史城区的城市在进行城市规划时,该城市的最高等级道路和机动车交通流量很大的道路不宜穿越历史城区。历史城区的交通组织应以疏解交通为主,宜将穿越交通、转换交通布局在历史城区外围。历史城区应鼓励采用公共交通,道路系统应能满足自行车和行人出行,并根据实际需要相应设置自行车和行人专用道及步行区。道路桥梁、轨道交通、公交客运枢纽、社会停车场、公交场站、机动车加油站等交通设施的形式应满足历史城区历史风貌要求;历史城区内不宜设置高架道路、大型立交桥、高架轨道、货运枢纽;历史城区内的社会停车场宜设置为地下停车场,也可在条件允许时采取路边停车方式。道路及路口的拓宽改造,其断面形式及拓宽尺度应充分考虑历史街道的原有空间特征。

(11)历史城区内应完善市政管线和设施。当市政管线和设施按常规设置与文物古迹、历史建筑及历史环境要素的保护发生矛盾时。应在满足保护要求的前提下采取工程技术措施加以解决。历史城区内不宜设量大型市政基础设施,市政管线宜采取地下敷设方式。市政管线和设施的设置应符合下列要求:①历史城区内不应新建水厂、污水处理厂、枢纽变电站,不宜设置取水构筑物;②排水体制在与城市排水系统相衔接的基础上,可采用分流制或截流式合流制;③历史城区内不得保留污水处理厂、固体废弃物处理厂;④历史城区内不宜保留枢纽变电站,变电站、开闭所、配电所应采用户内型;⑤历史城区内不应保留或新设置燃气输气、输油管线和贮气、贮油设施,不宜设置高压燃气管线和配气站。

(12)防灾和环境保护设施应满足历史城区保护历史风貌的要求。历史城区必须健全防灾安全体系,对火灾及其他灾害产生的次生灾害应采取防治和补救措施。历史城区内不得布置生产、贮存易燃易爆、有毒有害危险物品的工厂和仓库。历史城区内不得保留或设置二、三类工业建筑,不宜保留或设置一类工业建筑,并应对现有工业企业的调整或搬迁提出要求。当历史城区外的污染源对历史城区造成大气、水体、噪声等污染时,应进行治理、调整或搬迁。历史城区防洪堤坝工程设施应与自然环境和历史环境协调,保持滨水特色,重视历史上防洪构筑物、码头等的保护与利用。

任务五　违反城市规划法的行为表现与法律责任

一、违反城市规划法的行为表现

(1)在城市规划区内,未取得建设用地规划许可证而占用土地的。

(2)在城市规划区内,未取得建设工程规划许可证或违反建设工程规划许可证的规定进行建设,严重影响城市规划的。

(3)城市规划行政主管部门工作人员玩忽职守、滥用职权、徇私舞弊的。

二、违反城市规划法的法律责任

1. 在规划编制和审核过程中的违法责任和处理

城乡规划的编制、审批和修改是实施城乡规划的基础,组织编制机关在编制规划时,应当依照法定程序进行;规划审批是对编制的城乡规划进行监督的重要程序,相关部门应当严格遵守法定职权,依照法定的程序;规划修改也必须按照法定程序。以上这些行为,如果违反法定程序,都属于违法行为,应当追究相应的法律责任。相关政府机关及其负责人和其直接责任人员都是承担法律责任的主体,他们作为行政法律责任的承担者,应当受到行政处罚和行政处分两种处理,情节严重的,或者造成重大损失的必须接受刑事处罚。

2. 规划实施过程中的违法责任和处理

由于整个过程是一个长期的过程,建设工程实施可能违法的地方涉及很多方面。

(1)针对政府管理部门的,主要有以下几种:

1)超越职权或者对不符合法定条件的申请人,核发选址意见书、建设用地许可证、建设工程许可证、乡村建设规划许可证。

2)对符合法定条件的申请人未在法定期限内核发选址意见书、建设用地许可证、建设工程许可证、乡村建设规划许可证的。

3)未依法对经审定的修建性详细规划、建设工程设计方案的总平面进行公示的。

4)同意修改修建性详细规划、建设工程设计方案的总平面图前,未采取听证会等形式听取利害人的意见的。

5)发现未依法取得规划许可证或者违反规划许可证的建设行为,而不予以查处或者接到举报后不依法处理的。

6)对未依法取得选址意见书的建设项目,核发建设项目批准文件的。

7)未依法在国有土地使用权出让合同中确定规划条件或者事后改变规划条件的。

8）对未依法取得建设用地规划许可证的建设单位划拨国有土地的。

对政府部门和个人，违反上述规定的，由其上级主管机关给予行政处分；构成犯罪的，依法追究刑事责任。

（2）针对建设单位的，主要有以下几种：

1）未取得建设工程规划许可证的，或者未按照规划许可证的规定施工的。

2）未经批准进行临时施工的。

3）未按照批准内容施工的。

4）临时建筑物、构筑物超过批准期限不拆除的。

5）在建设工程竣工验收后六个月报送有关竣工验收资料的。

任何单位和个人的违法行为，达到我国刑法所规定的犯罪的构成要件的，就要依据刑法有关条款规定承担相应的刑事责任。对未取得建设用地规划许可证而占用土地的。占用的土地由县级以上人民政府责令退回。对未取得建设工程规划许可证件或违反建设工程规划许可证件的规定进行建设活动，严重影响城市规划的。由县级以上人民政府城市规划行政主管部门责令停止建设，限期拆除或没收违法建筑物、构筑物或其他设施；影响城市规划，但尚可采取改正措施的，由县级以上人民政府城市规划行政主管部门责令限期改正，并处以罚款。对未取得建设工程规划许可证件或违反建设工程规划许可证件的规定进行建设活动的有关责任人员，可由其所在单位或上级主管机关给予行政处分。

对建设单位或者个人违反相关规定和法律的，必须严格处理。除责令其按规划拆除违规建筑物外，可以处以一定金额的罚款；严禁采用“以罚代替没收或者拆除，使违规建筑物成为合法”的方式处理违规问题。

任务六　典型案例分析

背景：

2013 年 6 月，某市居民张某的邻居李某在未经市政规划部门批准的情况下采取分层施工的方法沿着张某家两层小楼前 18 m 处建房，损害了张家的采光、通风权益，为此张某多次要求规划局依法处理。2014 年 1 月，李某在原建筑基础上加盖二层时，张某出面阻止，并砸坏了一根新建水泥柱，李某诉至法院要求恢复原貌，赔偿损失，受诉法院经审理判定张某赔偿损失 1600 元，驳回李某要求恢复原状的诉讼请求。2014 年 2 月，张某再次前往规划局，反映李某非法加盖二层楼房问题并要求处理。规划局于 2 月 6 日做出处理并向李某送达了《关于李某违法建筑的处罚决定》，要求李某拆除第二层，但未向原告张某送达。李某收到该处罚决定后未自动履行，规划局也因未在法定期限 3 个月内申请人民法院强制执行，而使该行政决定对李某违法建筑的处罚落空。

张某于 2014 年 5 月 9 日以规划局不履行规划管理职责为由向该市人民法院提起行政诉讼，请求人民法院判决被告该市规划局未履行法定职责，做出具体行政行为，对李某违法建筑予以拆除，以保护原告的合法权利。规划局辩称：张某曾来规划局反映邻居李某非法加盖二层楼的问题，但已经于 2014 年 2 月 6 日下发了《关于李某违法建筑的处罚决定》，并于同日将该决定送达李某。后张某没有主动查问，规划局认为李某已经自动履行处罚决定，两家矛盾已经解决。

问题：

1. 张某要求市规划局对李某的处理是否正确？

2. 人民法院对此纠纷应如何判决？

分析：

规划局是地方人民政府城市规划行政主管部门，主管本行政区域内的城市规划管理工作，对本行政区域内的建筑行为依法负有管理职责，张某认为其邻居李某未经批准擅自建筑楼房而严重影响其采光、通风的合法权益，请求规划局依法处理是正确的，规划局对张某的请求不仅应当做出明确的答复和处理，而且在违法建筑责任人不自觉履行处罚决定的情况下也应依职权在法定期限内申请人民法院强制执行，以确保原告的合法权益不受侵害。

规划管理部门虽然对李某违法建筑的行为做出了行政处罚决定并责令其拆除违法加盖的楼，但规划部门既未认真督促李某自觉履行，也未在规定期限内申请人民法院强制执行，从而实际上使该处罚决定归于无效，《中华人民共和国城乡规划法》规定，“城乡规划主管部门做出责令停止建筑或者限期拆除的决定后，当事人不停止建筑或逾期不拆除的，建设工程所在地县级以上地方人民政府可以责成有关部门采取查封施工现场、强制拆除等措施”。据此，对李某违法建筑的行为做出具体行政行为以及依法申请人民法院强制执行均是规划管理部门的法定职责。人民法院责成规划局在判决生效后30日内对张某的请求做出具体行政行为的判决是正确的。

基础练习题

一、单选题

1. 根据《城市规划编制办法》的规定，(　　)组织编制分区规划。
   A. 特大城市和大城市必须　　B. 中等以上城市必须
   C. 省、自治区首府和直辖市必须　　D. 大、中城市根据需要可以

2. 按照《城市规划编制办法》的规定，在前期研究的基础上，组织编制直辖市、省会城市、国务院指定市的城市总体规划的，应当向(　　)提出进行编制工作的报告，经同意后方可组织编制。
   A. 国务院　　B. 国务院建设主管部门
   C. 国务院城乡规划行政主管部门　　D. 省级以上城乡规划行政主管部门

3. (　　)在批准临时使用的土地上建设永久性建筑物。
   A. 不宜　　B. 禁止
   C. 经批准可以　　D. 不应

4. 在城市规划区内，未取得建设用地规划许可证而取得建设用地批准文件、占用土地的，批准文件无效，占用的土地由(　　)责令退回。
   A. 县级以上人民政府　　B. 县级以上人民政府城市规划主管部门
   C. 城市人民政府　　D. 城市人民政府城市规划主管部门

5. 地方性法规不可以设定下列(　　)行政处罚。

A. 警告、罚款　　B. 没收违法所得、没收非法财物

C. 责令停产停业　　D. 吊销企业营业执照

二、多选题

1. 某开发公司因计划拆迁某旧城区,向市政府房屋拆迁管理部门申请领取房屋拆迁许可证,下列属于甲公司应当提交的资料的是(　　)。

A. 建设项目批准文件　　B. 建设用地规划许可证

C. 国有土地使用证书　　D. 拆迁计划和拆迁方案

E. 办理存款业务的金融机构出具的拆迁补偿安置资金证明

2. 张某的住房在旧城改造中被拆迁人某房地产开发公司拆除,则张某的下列主张符合我国拆迁法律规范的是(　　)。

A. 只能要求拆迁人予以货币补偿　　B. 只能要求拆迁人予以产权调换

C. 可以要求拆迁人予以货币补偿　　D. 可以要求拆迁人予以产权调换

E. 要求货币补偿和产权调换相结合

3. 建设用地管理的主要内容有(　　)。

A. 审核建设工程总平面　　B. 提供规划建设条件

C. 建设用地的定位和范围　　D. 建设项目预算

E. 建设项目概算

4. 建设工程规划需要(　　)。

A. 建筑工程　　B. 地下设施工程

C. 市政管线工程　　D. 市政交通工程

E. 建筑面积

5. 历史文化遗产保护的规划管理主要在哪两个层面进行(　　)。

A. 城市规划制定　　B. 城市规划宣传

C. 城市规划研究　　D. 城市规划实施

E. 城市规划计划

三、简答题

1. 我国城市规划法规体系的构成包括哪些内容?
2. 城市规划的特点是什么?
3. 编制城市规划的依据是什么?
4. 建设用地规划许可证审核有什么内容?
5. 对违法占地和违法建设有哪几种城市规划行政处罚措施?
6. 城市规划行政处罚有哪些原则?

项目五 工程勘察设计法规

知识目标

1. 了解工程建设标准的种类、设计质量的判定和施工图审查目的。
2. 熟悉阶段性设计文件的内容、中外合作项目的设计质量和管理。
3. 掌握工程建设标准的制定、编制设计文件的原则、设计文件的编制和审批。

任务一 工程勘察设计法规概述

一、建设工程勘察设计的概念

为满足工程建设的规划、设计、施工、运营及综合治理等方面的需要，对地形、地质及水文等状况进行测绘、勘探测试，并提供相应成果和资料的活动称为工程勘察；岩土工程中的勘测、设计、处理、监测活动也属工程勘察范畴。

工程设计是指运用工程技术理论及技术经济方法，按照现行技术标准，对新建、扩建、改建项目的工艺、土建、公用设施、环境保护等进行综合性设计及技术经济分析，并提供作为建设依据的设计文件和图样的活动。

二、建设工程勘察、设计合同的法律规范

目前，我国工程勘察设计方面的立法层次还较低，主要由住房与建设部及相关部委的规章和规范性文件组成。与建设工程勘察、设计合同有关的法律规范包括《中华人民共和国建筑法》《中华人民共和国合同法》《中华人民共和国招标投标法》《建设工程质量管理条例》《建设工程勘察设计管理条例》《工程勘察设计收费管理规定》等。

三、建设工程勘察设计单位的资质管理

建设部于 2001 年 7 月发布了《建设工程勘察设计企业资质管理规定》。国家对从事

建设工程勘察设计活动的单位,实行资质管理制度。

建设工程勘察、设计资质分为工程勘察资质、工程设计资质。

工程勘察资质分为工程勘察综合资质、工程勘察专业资质、工程勘察劳务资质。工程勘察综合资质只设甲级,其承接工程勘察业务范围不受限制;工程勘察专业资质根据工程性质和技术特点设立类别和级别。各类别和级别的企业可承接同级别相应专业的工程勘察业务,工程勘察劳务资质不分级别,其可以承接岩土工程治理、工程钻探、凿井工程勘察劳务工作。

工程设计资质分为工程设计综合资质、工程设计行业资质、工程设计专项资质。工程设计综合资质只设甲级,其承接工程设计业务范围不受限制,工程设计行业资质和工程设计专项资质根据工程性质和技术特点设立类别和级别。取得工程设计行业资质的企业,可以承接同级别相应行业的工程设计业务。

建设行政主管部门,对持证单位的资质实行资质年检制度。

建设工程勘察、设计企业有下列行为之一的,依照有关法律、行政法规责令改正,没收违法所得,处以罚款,可以责令停业整顿,降低资质等级,情节严重的,吊销资质证书。

(1)超越资质级别或者范围承接勘察设计业务的。

(2)允许其他单位、个人以本单位名义承揽建设工程勘察、设计业务的。

(3)以其他建设工程勘察、设计企业的名义承揽建设工程勘察、设计业务的。

(4)将所承揽的建设工程勘察、设计业务转包或者违法分包的。

国家对从事建设工程勘察、设计活动的专业技术人员,实行执业资格注册管理制度。未经注册的建设工程勘察、设计人员,不得以注册执业人员的名义从事建设工程勘察、设计活动。

任务二　工程勘察设计标准

一、工程建设标准

(一)工程建设标准的概念

对工程建设活动中重复的事物和概念所做的统一规定称为工程建设标准,它以科学、技术和实践经验的综合成果为基础,经有关方面协商一致,由主管机构批准,以特定的形式发布,作为共同遵守的准则和依据。

工程建设标准主要包括十个专业三个层次。

(1)第一层次——基础标准　基础标准是某一专业范围内作为其他标准的基础,具有普遍指导意义的标准,如模数、公差、符号、图例、等级、分类等。

(2)第二层次——通用标准　通用标准是针对某一类事物制定的共性标准,如安全、卫生、环保标准等。

(3)第三层次——专用标准　专用标准是针对某一具体事物制定的个性标准,如某一范围的安全、卫生、环保标准。

(二)工程建设标准的种类

从不同的角度划分,工程建设标准有以下不同的种类。

(1)按标准的内容,工程建设标准可分为技术标准、经济标准和管理标准。

(2)按适用范围,工程建设标准可划分为国家标准、行业标准、地方标准和企业标准。工程建设国家标准是在全国范围内统一的或国家需要控制的技术要求所制定的标准,工程建设行业标准是在全国行业范围内统一的技术要求所制定的标准。工程建设地方标准是指在工程建设活动中,根据当地的气候、地质、资源、环境等条件,在省、自治区、直辖市范围内统一的技术要求,它不得低于相应的国家标准或行业标准。工程建设企业标准是指工程建设活动中企业内部统一的技术要求,它不得低于国家标准、行业标准和地方标准。

(3)按执行效力,工程建设标准可分为强制性标准和推荐性标准。强制性标准是指必须执行的标准,工程建设勘察、规划、设计、施工及验收等通用的综合标准和质量标准等;推荐性标准是指当事人自愿采用的标准,凡是强制性标准以外的标准皆为推荐性标准。

二、工程勘察设计标准

《建设工程勘察设计管理条例》规定工程勘察设计标准包括工程建设勘察设计规范和标准设计两种。

1. 工程建设勘察设计规范

工程建设勘察设计规范是强制性勘察设计标准,一经颁发,就是技术法规,在一切工程勘察、设计工作中都必须执行。勘察设计规范分为国家、部、省(自治区、直辖市)、设计单位四级。

2. 标准设计

标准设计是推荐性设计标准,一经颁发,建设单位和设计单位要因地制宜地积极采用,凡无特殊理由不得另行设计。标准设计分为国家、部、省(自治区、直辖市)三级。

三、工程建设标准的制定与实施

1. 编制建设工程勘察、设计文件的依据

(1)项目批准文件。

(2)城市规划。

(3)工程建设强制性标准。

(4)国家规定的建设工程勘察、设计深度要求。

铁路、交通、水利等专业建设工程,还应当以专业规划的要求为依据。

2. 编制建设工程勘察、设计文件的基本要求

真实、准确,满足建设工程规划、选址、设计、岩土治理和施工的需要是编制建设工程勘察文件的基本要求。编制方案设计文件,应当满足编制初步设计文件和控制概算的需要。编制初步设计文件,应当满足编制施工招标文件、主要设备材料订货和编制施工图设计文件的需要。编制施工图设计文件,应当满足设备材料采购、非标准设备制作和施工的

需要，并注明建设工程合理使用年限。

设计文件中选用的材料、构配件、设备，应当注明其规格、型号、性能等技术指标，其质量要求必须符合国家规定的标准。除有特殊要求的建筑材料、专用设备和工艺生产线等外，设计单位不得指定生产商、供应商。

建设工程勘察、设计文件中规定采用的新技术、新材料，可能影响建设工程质量和安全，又没有国家标准的，应当由国家认可的检测机构进行试验、论证，出具检测报告，并经国务院有关部门或者自治区、直辖市人民政府有关部门组织的建设工程技术专家委员会审定后，方可使用。

3. 编制建设工程勘察、设计文件的实施

建设工程勘察、设计单位应当在建设工程施工前，向施工单位和监理单位说明建设工程勘察、设计意图，解释建设工程勘察、设计文件。建设工程勘察、设计单位应当及时解决施工中出现的勘察、设计问题。

任务三 建设工程设计文件的编制要求

一、建设工程设计的原则

工程设计对工程建设的质量、投资效益起着决定性的作用，是工程建设的主导环节。为保证工程设计的质量、水平，相关法规规定，工程设计必须遵循以下主要原则。

1. 贯彻经济、社会发展规划、城乡规划和产业政策

经济、社会发展规划及产业政策，是国家某一时期的建设目标和指导方针，工程设计必须贯彻精神，城市规划、村庄和集镇规划一经批准公布，即成为工程建设必须遵守的规定，工程设计活动也必须符合其要求。

2. 综合利用资源，满足环境要求

工程设计中，要充分考虑矿产、能源、水、农、林、牧、渔等资源的综合利用。要因地制宜，提高土地利用率，尽量利用荒地、劣地，不占或少占耕地。工业项目中要选用耗能少的生产工艺和设备；民用项目中，要采取节约能源的措施，提倡区域集中供热，重视余热利用。城市的新建、扩建和改建项，应配套建设节约用水设施。在工程设计时，还应积极改进工艺，采取行之有效的技术措施，防止粉尘、毒物、废水、废气、废渣、噪声、放射性物质及其他有害因素对环境的污染，要进行综合治理和利用，使设计符合国家环保标准。

3. 遵守工程建设技术标准

工程建设中有关安全、卫生和环境保护等方面的标准都是强制性标准，工程设计时必须严格遵守。

4. 采用新技术、新工艺、新材料、新设备

工程设计应当广泛吸收国内外先进的科研和技术成果，结合我国的国情和工程实际情况，积极采用新技术、新工艺、新材料、新设备，以保证建设工程的先进性和可靠性。

5. 重视技术和经济效益的结合

采用先进的技术，可提高生产效率，增加产量，降低成本，但往往会增加建设成本和延

长建设工期。因此，要注意技术和经济效益的结合，从总体上全面考虑工程的经济效益、社会效益和环境效益。

6. 公共建筑和住宅要注意美观、适用和协调

建筑既要有实用功能，又要能美化城市，给人们提供精神享受。公共建筑和住宅设计应巧于构思，使其造型新颖、独具特色，但又与周围环境相协调，保护自然景观。同时还要满足功能使用、结构合理的要求。

二、建设工程设计阶段和内容

（一）设计阶段

设计阶段可根据建设项目的复杂程度而决定。

（1）一般建设项目　一般建设项目的设计可按初步设计和施工图设计两个阶段进行。

（2）技术复杂的建设项目　技术上复杂的建设项目，可增加技术设计阶段，即按初步设计、技术设计、施工图设计三个阶段进行。

（3）存在总体部署问题的建设项目　一些牵涉面广的项目，如大型矿区、油田、林区、垦区、联合企业等，存在总体开发部署等重大问题，在进行一般设计前还可进行总体规划设计或总体设计。

（二）各设计阶段的内容

（1）总体设计　一般由文字说明和图样两部分组成总体设计全部。其内容包括：建设规模、产品方案、原料来源、工艺流程概况、主要设备配备、主要建筑物及构筑物、公用和辅助工程、“三废”治理及环境保护方案、占地面积估计、总图布置及运输方案、生活区规划、生产组织和劳动定员估计、工程进度和配合要求、投资估算等。总体设计的深度应满足开展下述工作的要求：初步设计、主要大型设备、材料的预先安排、土地征用谈判。

（2）初步设计　初步设计一般应包括以下文字说明和图样：设计依据、设计指导思想、产品方案、各类资源的用量和来源、工艺流程、主要设备选型及配置、总图与运输、主要建筑物和构筑物、公用及辅助设施、新技术采用情况、主要材料用量、外部协作条件、占地面积和土地利用情况、综合利用和“三废”治理、生活区建设、抗震和人防措施、生产组织和劳动定员、各项技术经济指标、建设顺序和期限、总概算等。

初步设计的深度应满足以下要求：设计方案的比较选择和确定、主要设备和材料的订货、土地征用、基建投资的控制、施工图设计的编制、施工组织设计的编制、施工准备和生产准备等。

（3）技术设计　技术设计的内容由有关部门根据工程的特点和需要自行制定。其深度应能满足确定设计方案中重大技术问题和有关实验、设备制造等方面的要求。

（4）施工图设计　施工图设计应根据已获批准的初步设计进行。其深度应能满足以下要求：设备、材料的安排和非标准设备的制作、施工图预算的编制、施工要求等。

（三）工程设计文件的审批

在我国，建设项目设计文件的审批实行分级管理、分级审批的原则。

(1)大型建设项目的初步设计和总概算,按隶属关系,由国务院主管部门或省、直辖市、自治区组织审查,提出审批意见报国家有关行政主管机关批准;特大及特殊项目,由国务院批准。技术设计,按隶属关系,由国务院主管部门或省、市、自治区审批。

(2)中型建设项目的初步设计和总概算,在国务院主管部门备案,由省、市、自治区审查批准。

(3)小型建设项目初步设计的审批权限,由主管部门或省、市、自治区自行规定。

(4)总体规划设计的审批权限与初步设计的审批权限相同。

(5)各部委直接代管的下放项目的初步设计,以国务院主管部门为主,会同有关省、市、自治区审查批准。

(6)施工图设计实行审查制。应当报送主管部门并由其委托的审查机构审查,一般不再审批,设计单位要对施工图的质量负责,并向生产、施工单位进行技术交底,听取意见,审查合格的才可交付施工。

任务四　工程勘察设计质量管理

一、工程勘察设计活动质量管理的概念

工程勘探设计的质量管理十分重要,其质量直接关系到巨额资产和不可再生资源的投入和产出;合理的法律和程序、严格的标准和规范是保证设计活动质量的必要条件。

1. 工程勘察设计活动质量管理的含义

工程勘察设计活动质量管理分为两大部分:一是设计资质的管理;二是设计规范、标准的管理。这两个方面管理的好坏,直接决定了设计活动质量的好和坏。加强这两方面的管理,才能保证我们工程设计工作的正常进行。

2. 资质资格管理

设计单位和从业人员的资质是保证参与工程设计人员素质的根本,不同的设计资质单位必须严格遵守国家的相关规定。对于超越资质范围的设计,一旦发现,对其设计单位必须加以处罚,直至取消设计资质。对于从业人员的资质管理,主要在人员注册方面,保证从业人员注册的唯一性,不允许在注册单位以外进行设计活动,保证设计市场管理的透明和严格。

3. 工程勘察设计总承包与分包

随着科学技术的进步,复杂的工程建设越来越多,多学科、跨行业的项目使得建筑工程在设计时就必须考虑其他专业的技术问题。为了工程完成后设备安装、运行的顺利,许多工程必须多个专业合作才能完成。另一方面,工程设计单位不可能一家包揽全部的设计项目,有时需要与其他工程设计单位合作才能更有效率地完成设计,因此工程勘察设计中,设计总承包和分包是越来越普遍了。

例如,一个大跨度钢结构的加油站,就是建筑设计单位负责设计总平面、建筑基础、车行流线等,而钢结构专业公司(具有专业钢结构设计、施工资质)来配合设计钢结构的屋顶(包括钢屋顶的结构部分),一般建筑设计院是自己不设计钢结构的。类似的还有建筑

外装饰的玻璃幕墙设计，都需要设计承包方（设计院）与其他专业设计单位配合，因此设计总承包和单项分包就必不可少了。

在工程勘察设计的总承包和分包中，必须严格遵守国家相关的法律和法规，注意总承包单位和分包单位的设计资质是否满足国家的相关规定，是否有越级设计的地方，总承包和分包合同是否完备，而且必须到相关管理部门备案

二、施工图文件审查的概念

施工图设计文件审查是指国务院建设行政主管部门和省、自治区、直辖市人民政府建设行政主管部门依法认定的设计审查机构，根据国家的法律、法规、技术标准与规范，对施工图设计文件进行结构安全和强制性标准、规范执行情况等技术方面进行的独立审查。它是政府主管部门对建筑工程勘察设计质量监督管理的重要环节，是基本建设必不可少的程序，工程建设各方必须认真贯彻执行。

建设工程质量和效益与社会公共利益、广大公民生命财产安全紧密相连，因此，监管好工程质量是政府不可推卸的职责。而工程设计是整个工程建设的灵魂，对建设工程质量有着至关重要的作用。因此，世界上主要发达国家和地区都建立有工程设计施工图审查制度。这是保证工程质量的必要条件。

当前，工程建设项目投资主体因为我国正在走向市场经济而多元化，工程设计质量管理工作因为勘察、设计单位的企业化等一系列改革工程而面临着新情况，而工程设计质量也出现了一些新问题：一些业主及勘察设计单位片面追求利益的最大化，忽视社会公共利益和国家利益，使得工程设计质量下降；一些设计单位和业主片面理解和运用国家规范，使得工程项目侵占了其他项目或个人或社会的利益，造成整个社会资源的浪费。因此，在我国建立起施工图审查制度是十分必要的。

《建设工程质量管理条例》中规定，建设单位应当将施工图设计文件报县级以上人民政府建设行政主管部门或者其他有关部门审查，县级以上人民政府建设行政主管部门或者交通、水利等有关部门应对施工图设计文件中涉及公共利益、公众安全、工程建设强制性标准的内容进行审查。未经审查批准的施工图设计文件，不得使用。根据这些法律规定，建设部于 2000 年 2 月也下发了《建筑工程施工图设计文件审查暂行办法》，对具体事项做出了相关规定。

（一）施工图审查的范围和内容

《建设工程施工图设计文件审查暂行办法》规定，凡属建筑工程设计等级分级标准中的各类新建、改建、扩建的建设工程项目均须进行施工图审查。各地的具体审查范围，由各省、自治区、直辖市人民政府建设行政主管部门确定。

《建设工程施工图设计文件审查暂行办法》规定，施工图审查的主要内容为：①建筑物的稳定性与安全性，包括地基基础及结构主体的安全；②是否符合消防、节能、环保、抗震、卫生、人防等有关强制性标准、规范；③是否达到规定的施工图设计深度的要求；④是否损害公共利益。

施工图审查的目的是维护社会公共利益、保护社会公众的生命财产安全，因此，施工图审查主要涉及社会公众利益、公众安全方面的问题。至于设计方案在经济上是否合理、

技术上是否保守、设计方案是否可以改进等这些主要只涉及业主利益的问题，是属于设计咨询范畴的内容，不属施工图审查的范围。

（二）施工图审查机构

施工图审查机构必须由政府主管部门审定批准的审查机构来承担，因为施工图审查是一项专业性和技术性都非常强的工作，它是一般政府公务员难以完成的，它是具有独立法人资格的公益性中介组织。

《建设工程施工图设计文件审查暂行办法》规定，符合下列条件的机构方可承担施工图审查工作：①具有独立的法人资格；②具有符合设计审查条件的工程技术人员，不同级别的审查单位有不同的人员配备要求；③有固定的工作场所，注册资金不少于 20 万元；④有健全的技术管理和质量保证体系；⑤审查人员应熟练掌握国家和地方现行的强制性标准、规范。

设计审查人员必须具备的条件为：①具有 10 年以上相关设计工程的工作经历，独立完成过 5 项 2 级以上（含 2 级）项目工程设计；②获准国家注册的工程师，并具有高级工程师职称；③年满 35 周岁且不超过 65 周岁；④有独立工作能力，并有一定的语言文字表达能力；⑤有良好的职业道德。

凡符合上述条件的直辖市、计划单列市、省会城市的设计审查机构，由省、自治区、直辖市建设行政主管部门初审后，报国务院建设行政主管部门审批，并颁发施工图设计审查许可证；其他城市的设计审查机构由省级建设行政主管部门审批，并颁发施工图设计审查许可证。取得施工图设计审查许可证的机构，方可承担审查工作。

施工图审查单位是一个独立法人的单位，它必须承担相关的责任。随着市场化进程的加快，多个审查单位同时存在，共同竞争是发展趋势，国家行政管理和行业管理部门慢慢放弃指定审查单位的方法，采用市场竞争的方式来发展审查行业是一个必然的过程。同时，审查单位不是一个单纯的企业单位，它还肩负着对国家法规、规范、标准的修正和反馈的义务，因此对审查单位资质的管理有一定的复杂性，今后还需要我们认真对待和研究，使得我国的工程施工图审查制度越来越完善。

建设单位或设计单位对审查机构做出的审查报告有重大分歧意见时，可由建设单位或设计单位向所在省、自治区，直辖市人民政府建设行政主管部门提出复查申请，省、自治区、直辖市人民政府建设行政主管部门组织专家论证并做出复查结果。

（三）施工图审查的程序

设计单位在施工图完成后，建设单位应将施工图连同项目批准立项的文件或初步设计批准文件，及主要的初步设计文件一起报送建设行政主管部门，由建设行政主管部门委托有关审查机构进行审查。

施工图审查是建设程序的审批环节，而非业主的市场行为。所以，在现阶段，由业主向有审批权的政府主管部门报批，再由主管部门交由审查机构审查，而不能由业主自行委托审查机构审查。随着建筑市场的成熟和发展，最合理的做法应是政府认定了一批有资格、成熟可靠的审查机构后，由业主自主委托审查机构审查，政府依据审查结果再行审批。这样，可以减少政府权力寻租的机会。

为简化手续、提高办事效率，施工图审查项目中包括的消防、环保、抗震、卫生等内容，这涉及不同行政主管部门的业务范围可以根据《建设工程施工图设计文件审查暂行办法》规定，逐步做到有关专业审查与结构安全性审查统一报送、统一受理，通过有关专项审查后，由建设行政主管部门统一颁发设计审查批准书。

(四)施工图审查的要求

审查机构在审查结束后，应向建设行政主管部门提交书面的项目施工图审查报告，报告应有审查人员签字、审查机构盖章。

审查合格的项目，建设行政主管部门收到审查报告后，应及时向建设单位通报审查结果，并颁发施工图审查批准书；审查不合格的项目，由审查机构提出书面意见，并将施工图退回建设单位，交由原设计单位修改后，重新报送。

审查机构在收到审查材料后，应在一个期限范围内完成审查工作，并提出工作报告。目前规定的具体审查期限为一般项目20个工作日；特级、一级项目30个工作日；重大及技术复杂项目可适当延长。

施工图一经审查批准，不得擅自进行修改。如遇特殊情况需要进行涉及审查主要内容的修改时，必须重新报请原审批部门委托审查机构审查，并经批准后方能实施。

施工图审查所需经费，由施工图审查机构向建设单位收取。

(五)施工图审查各方的责任

设计文件如果出现设计质量问题，设计单位和设计人员应承担直接责任，设计审查单位和设计审查人员负间接的监督责任。如因设计质量存在问题而造成损失时，业主只能向设计单位和设计人员追责，审查机构和审查人员在法律上并不承担赔偿责任。

1. 设计单位与设计人员的责任

勘察设计单位及其设计人员必须对自己的勘察设计文件的质量负责，这是《建设工程质量管理条例》《建设工程勘察设计管理条例》等法规所明确的，也是国际上通行的规则，它并不因为通过了审查机构的审查就可免责。审查机构的审查只是一种监督行为，它只对工程设计质量承担间接的审查责任，其直接责任仍由完成设计的单位及个人负责。如若出现质量问题，设计单位及设计人员还必须依据实际情况和相关法律的规定，承担相应的经济责任、行政责任和刑事责任。

2. 审查机构及审查人员的责任

审查机构和审查人员在设计质量有问题时，审查机构和审查人员必须承担间接责任。自己审查没有发现，并不是说不要承担任何责任。这些责任可分为经济责任、行政责任和刑事责任，它将依据具体事实和相关情节依法认定。《建设工程施工图设计文件审查暂行办法》中规定，“施工图审查机构和审查人员应当依据法律、法规和国家与地方的技术标准认真履行审查职责”，“对玩忽职守、徇私舞弊、贪污受贿的审查人员和机构，由建设行政主管部门依法给予暂停或吊销其审查资格，并处以相应的经济处罚；构成犯罪的，依法追究其刑事责任”。

3. 政府主管部门的责任

依据相关法律规定，政府各级建设行政主管部门在施工图审查中享有行政审批权，主要负责行政监督管理和程序性审批工作。它对设计文件的质量不承担直接责任,但对其审批工作的质量,负有不可推卸的责任,这个责任具体表现为行政责任和刑事责任,对此,《建设工程勘察设计管理条例》明确规定:"国家机关工作人员在建设工程勘察设计活动的监督管理工作中玩忽职守、滥用职权、徇私舞弊,构成犯罪的,依法追究刑事责任;尚不构成犯罪的,依法给予行政处分。"

任务五 工程勘察设计质量监督

一、建设工程勘察设计监督管理

(一)监督管理机构

《建设工程勘察设计管理条例》规定,国务院建设行政主管部门对全国的建设工程勘察、设计活动实施统一监督管理。国务院铁路、交通、水利等有关部门按照国务院规定的职责分工,负责全国的有关专业建设工程勘察、设计活动的监督管理。也就是说,建设部是我国建设工程勘察设计活动的监管主管单位,其他行业的部委(如铁道部、交通部等)是在建设工程中相关专业的监管主管部门。

县级以上地方人民政府的建设行政主管部门对本行政区域内的建设工程勘察、设计活动实施监督管理,且交通、水利等有关部门在各自的职责范围内,负责本行政区域内有关专业建设工程勘察、设计活动的监督管理。

县级以上人民政府建设行政主管部门和其他有关部门应当加强对建设工程质量的监督管理,对其是否违反有关建设工程质量的法律、法规和强制性标准执行情况的监督检查。任何单位和个人对建设工程勘察、设计活动中的违法行为都有权检举、控告、投诉。

建设工程质量管理,可以由建设行政主管部门或其他有关部门委托的建设工程质量监督机构具体实施。从事建设工程质量监督的机构,必须按照国家有关规定经各对应级别的政府建设行政主管部门考核,考核通过后,方可实施质量监督的职能。

(二)监督管理内容

施工图设计文件中涉及公共利益、公共安全、工程建设强制性标准的内容应当经过县级以上人民政府建设行政主管部门或交通、水利等有关部门审查。未经审查批准的施工图设计文件,不得使用。

建设工程勘察、设计单位在其勘察、设计资质证书规定的业务范围内跨部门、跨地区承揽勘察设计任务的,有关地方人民政府及其所属部门不得设置障碍,不得违反国家规定收取任何费用。

二、建设工程勘察设计违法责任

违反《建设工程质量管理条例》的行为,必须受到相应的处罚,造成重大安全事故的,还要追究刑事责任。

(一)建设单位的违法责任

发包方将建设工程勘察、设计业务发包给不具有相应资质等级的建设工程勘察、设计单位的,责令改正,处以50万元以上100万元以下的罚款。

建设单位在施工图设计文件未经审查或审查不合格,却擅自施工的,将处20万元以上50万元以下的罚款。

(二)勘察、设计单位的违法责任

非法承揽业务的责任:建设工程勘察设计单位未取得资质证书承揽工程的,予以取缔。以欺骗手段取得资质证书承揽工程的,吊销其资质证书。对于超越资质等级许可的范围,或以其他勘察设计单位的名义承揽勘察、设计业务;或者允许其他单位或个人以本单位的名义承揽建设工程勘察、设计业务的建设工程勘察设计单位,可责令其停业整顿,降低资质等级;情节严重的,吊销其资质证书。

对于有上述各种行为的勘察设计单位,还应处以合同约定的勘察费、设计费1倍以上2倍以下的罚款,并没收其违法所得。

非法转包的责任:建设工程勘察设计单位将所承揽的工程进行转包的,责令改正,没收违法所得,处以合同约定的勘察费、设计费25%以上50%以下的罚款,还可责令其停业整顿、降低其资质等级;情节严重的,吊销其资质证书。

不按规定进行设计的责任:对于不按工程建设强制性标准进行勘察、设计的勘察设计单位,不按勘察成果文件进行设计,或指定建筑材料、建筑构配件生产厂、供应商的设计单位,责令其改正,并处10万元以上30万元以下的罚款。因上述行为造成工程事故的,责令停业整顿,降低资质等级;情节严重的,吊销资质证书;造成损失的,依法承担赔偿损失。

(三)勘察、设计执业人员的违法责任

个人未经注册,擅自以注册建造工程勘察、设计人员的名义从事建设工程勘察、设计活动的,责令停止违法行为;已经注册的执业人员和其他专业技术人员,但未受聘于一个建设工程勘察设计单位或同时受聘于两个以上建设工程勘察设计单位从事有关业务活动的,可责令停止执行业务或吊销资格证书。

对于上述人员,还要没收其违法所得,处违法所得2倍以上5倍以下的罚款,给他人造成损失的,依法承担赔偿责任。

(四)国家管理机关工作人员的违法责任

国家机关工作人员在建设工程勘察、设计的监督管理工作中玩忽职守、滥用职权、徇私舞弊,尚不构成犯罪的,依法给予行政处分。构成犯罪的,依法追究刑事责任。

任务六　中外合作设计

一、中外合作设计工程项目的范围

中国设计机构应当参加进行合作设计,中国投资或中外合资、外国贷款工程项目的设计,需要委托外国设计机构承担。

中国投资的工程项目,中国设计机构能够设计的,不得委托外国设计机构承担设计,但可以引进与工程有关的部分设计技术,或向外国设计机构进行技术经济咨询。

外国在中国境内投资的工程项目,原则上也应由中国设计机构承担设计;如果投资方要求由外国设计机构承担设计,应有中国设计机构参加,进行合作设计。

二、中外合作设计工程项目的审批

需要进行合作设计的工程项目(包括合作设计所需的外汇),按照项目管理权限,由主管部门或建设单位在上报项目建议书或设计任务书的同时提出申请,经批准后方可对外开展工作。小型项目,按隶属关系由主管部门或省、自治区、直辖市计划委员会批准。大中型项目,按隶属关系由主管部门或省、自治区、直辖市提出审查意见,报国家计委审批;其中特大型项目,由国家计委组织初审,提出审核意见,报国务院批准。

项目的主管部门或建设单位在择优选定外国设计机构的同时,应选定中国的合作设计机构。

三、外国设计机构的资格审查

外国设计机构的设计资格经审查合格者,方可承担中国工程项目的设计任务。外国设计机构的资格是否合格,由项目的主管部门进行审查。

审查设计资格是否合格的主要内容包括以下四条:①外国设计机构所在国或地区出具的设计资格注册证书;②技术水平、技术力量和技术装备状况;③承担工程设计的资历和经营管理状况;④社会信誉。

四、中外合作设计的合同管理

(1)合作设计双方必须签订合作设计合同,明确双方的权利和义务。合作设计合同应包括以下内容:①合作设计双方的名称、国籍、主营业场所和法定代表人的姓名、职务、国籍、住所;②合作的目的、范围和期限;③合作的形式,对设计内容、深度、质量和工作进度的要求;④合作设计双方对设计收费的货币构成、分配方法和分配比例;⑤合作设计双方工作联系的方法;⑥违反合同的责任;⑦对合同发生争议的解决方法;⑧合同生效的条件。在签订合作合同时,被选定为合作设计的主设计方与项目委托方签订设计承包合同。

(2)从工程项目的勘察到工程设计的全过程都包括在合作设计中,也可以选择其中一阶段进行合作。

(3)在合作设计的过程中,外国设计机构由项目委托方按类别向各主管部门办理审批手续,向外国设计机构有偿提供需要的地形、地质、水文、气象、环境调查等基础资料。使用资料者,不得向第三方转让。

(4)在合作设计的过程中,合作设计双方应按合同要求严格履行自己的义务,如未达到合同要求,应按合同规定承担责任。

(5)合作设计双方设计所得收入,应按中国有关税法规定纳税。

任务七 违反勘察设计法规的法律责任

一、建设单位的违法责任

发包方将工程建设勘察、设计业务发包给不具有相应资质等级的工程建设勘察、设计单位的，责令改正，处以 50 万元以上 100 万元以下的罚款。

二、勘察、设计单位的违法责任

（一）非法承揽业务的责任

工程建设勘察、设计单位未取得资质证书承揽工程的，予以取缔；以欺骗手段取得资质证书承揽工程的，吊销其资质证书；对于超越资质等级许可的范围，或以其他勘察、设计单位的名义承揽勘察、设计业务或者允许其他单位或个人以本单位的名义承揽工程建设勘察、设计业务的工程建设勘察、设计单位，可责令其停业整顿，降低资质等级，情节严重的，吊销其资质证书。

对于有上述各种行为的勘察设计单位，还应处合同约定的勘察费、设计费 2 倍以上 5 倍以下的罚款，并没收其违法所得。

（二）非法转包的责任

工程建设勘察设计单位将所承揽的工程进行转包的，责令改正，没收违法所得，处合同约定的勘察费、设计费 25% 以上 50% 以下的罚款，还可责令其停业整顿、降低其资质等级，情节严重的，吊销其资质证书。

（三）不按规定进行设计的责任

对于不按工程建设强制性标准进行勘察、设计的勘察、设计单位；不按勘察成果文件进行设计或指定建筑材料、建筑构配件生产厂、供应商的设计单位，责令其改正，并处 10 万元以上 30 万元以下的罚款。因上述行为造成工程事故的，责令停业整顿，降低资质等级。情节严重的，吊销资质证书；造成损失的，依法承担赔偿损失。

三、勘察、设计执业人员的违法责任

擅自以注册工程建设勘察、设计人员的名义从事工程建设勘察、设计活动的，责令停止违法行为；已经注册的执业人员和其他专业技术人员，但未受聘于一个工程建设勘察设计单位或同时受聘于两个以上工程建设勘察设计单位从事有关业务活动的，可责令停止执行业务或吊销资格证书。对于上述人员，还要没收其违法所得，处违法所得 2 倍以上 5 倍以下的罚款，给他人造成损失的，依法承担赔偿责任。

四、国家机关工作人员的违法责任

国家机关工作人员在工程建设勘察、设计活动的监督管理工作中玩忽职守、滥用职权、徇私舞弊，构成犯罪的，依法追究刑事责任；尚不构成犯罪的，依法给予行政处分。

五、施工单位的法律责任

施工单位违反工程建设强制性标准的，责令改正，处工程合同价款2%以上4%以下的罚款；造成建设工程质量不符合规定质量标准的，负责返工、修理，并赔偿因此造成的损失；情节严重的，责令停业整顿，降低资质等级或者吊销资质证书。

六、工程监理单位的法律责任

工程监理单位违反强制性标准规定，将不合格的建设工程以及建筑材料、建筑构配件和设备按照合格签字的，责令改正，处50万元以上100万元以下的罚款，降低资质等级或者吊销资质证书；有违法所得的，予以没收；造成损失的，承担连带赔偿责任。

七、规定

(1)违反工程建设强制性标准造成工程质量不合格、安全隐患或者工程事故的，按照《建设工程质量管理条例》有关规定，对事故责任单位和责任人进行处罚。

(2)有关责令停业整顿、降低资质等级和吊销资质证书的行政处罚，由颁发资质证书的机关决定；其他行政处罚，由建设行政主管部门或者有关部门依照法定职权决定。

任务八 典型案例分析

背景：

2010年11月，原告王某与被告设计公司订立一份聘用合同，进入设计公司从事装饰设计工作。2011年4月，设计公司与郑州市××投资发展有限公司(以下简称"投资公司")订立一份合同，约定由设计公司为投资公司装修某住宅小区的一套样板间提供设计和施工。合同成立后，投资公司向设计公司提供了样板间的建筑结构图，设计公司为履行合同义务，分配王某设计样板间。

2011年5月，王某为完成设计公司交给的任务，利用工作时间和设计公司提供的物质技术条件，完成了样板间的室内设计施工图，其中编号为M的有5张图，编号为N的有18张图，每一张图的设计一栏均有王某的署名，审核一栏设有设计公司赵某的署名。

施工图中具体标明了每个部分应当使用的原材料及其尺寸或者规格，以及部分家具和内饰的位置和材质。施工图完成后，设计公司遂依据施工图进行施工，在施工过程中，为配合施工图，未做设计的家具、灯饰、装饰品和装饰物由赵某设计、选购和配置。

样板间完成后，设计公司针对样板间的不同角度，摄制了许多照片。2011年，该省举行室内装修设计大赛。赵某和设计公司持样板间拍摄的效果图片参赛，获得优胜奖。奖杯上无获奖者或者设计者的署名，未发给获奖证书或者奖金。

2011年12月，设计公司持上述效果图片，参加市家居装饰设计作品展，获得一等奖，获奖证书上载明获奖单位为设计公司，设计师为赵某。2012年3月，设计公司在一系列媒体上通过报道和广告等形式，运用图片和文字方式，宣传样板间的设计者是赵某，而对于王某却只字未提，王某很气愤，以赵某和设计公司的上述行为构成著作权侵权为由向市中级人民法院提起诉讼。

市中级人民法院经审理认为，样板间有三种表现形式：一是设计施工图（平面），二是依据设计施工图施工而形成的实物（立体），三是对样板间实物拍照而形成的照片。样板间设计施工图属于《著作权法》第三条第6款所规定的工程设计图纸作品形式，是原告王某为完成设计公司的工作任务，利用设计公司的物质技术条件创作，并由法人承担责任的作品，著作权由法人所有。从样板间的设计施工图看，在设计一栏中有原告的署名，并且施工图完成时原告正受聘于设计公司，任设计师职务，应认定本案样板间设计施工图是原告的职务作品，原告对施工设计图享有署名权。

问题：

1. 建筑工程中常见的著作权作品有哪些？

2. 本案中，原告王某可以主张哪些权利？

分析：

建设工程活动中的著作权作品有三类：文字作品、建筑作品、图形作品。

三类作品的著作权：

（1）单位作品。由法人或其他组织主持，代表法人或者其他组织意志创作，并由法人或者其他组织承担责任的作品；单位作品法人或者其他组织视为作者，著作权完全归单位所有，如招标文件、投标文件。

（2）职务作品。公民为完成法人或者组织工作任务所创作的作品是职务作品；职务作品的著作权由作者享有，但法人或组织有权在其业务范围内优先使用。作品完成两年内，未经单位同意，作者不得许可第三人以与单位使用的相同方式使用该作品。

下列情形的职务作品作者享有署名权，著作权的其他权利由单位享有，单位可以给予作者奖励：主要是利用法人或者其他组织的物质技术条件创作，并由法人或者组织承担责任的设计图纸、地图、计算机软件等。法律、行政法规规定或者合同约定著作权由法人享有的职务作品。

（3）委托作品。委托作品著作权的归属由委托人和受托人通过合同约定。

合同未做明确约定或者没有订立合同的，著作权属于受托人，如勘察设计文件。

上述案例中，设计公司依据本案样板间的设计施工图（平面）进行施工，形成立体实物样板间，平面与实物之间确有本源与结果的关系，但是《著作权法》第52条规定，著作权法所称的复制是指以印刷、复印、临摹、拓印、录音、录像、翻录、翻拍等方式将作品制作一份或者多份的行为；按照工程设计、产品设计图及其说明进行施工、生产工业品，不属于复制。因此，被告依据样板间的设计施工图施工形成实物样板间不属于著作权法意义上的复制。

双方当事人虽然都主张实物样板间也属于作品，不过著作权法未规定类似本案实物样板间属于著作权法意义上的作品。被告将本案实物样板间拍成照片，就所拍的照片而言，应当认定以实物样板间为反映内容的照片又形成新的摄影作品，原告王某在本案中未主张其对摄影作品享有著作权，案件中也无证据证明原告是摄影作品的著作权人，法院不认定原告是上述摄影作品的著作权人。

原告主张其应当对本案实物样板间享有署名权，进而要求被告更换获奖的设计者名字，返还奖杯等，没有直接的法律支持和证据佐证，不予采纳。依据《中华人民共和国民事诉讼法》第64条、《中华人民共和国著作权法》第52条规定，判决驳回原告王某的诉讼请求。

基础练习题

一、单选题

1. 勘察资质分为工程勘察综合资质、工程勘察专业资质和(　　)。
   A. 工程勘察劳务资质　　B. 工程勘察甲级资质
   C. 工程勘察乙级资质　　D. 工程勘察丙级资质
2. 非法承揽业务的责任，以下说法正确的是(　　)。
   A. 以欺骗手段取得资质证书承揽工程的，可责令其停业整顿，降低资质等级
   B. 对于超越资质等级许可的范围，吊销其资质证书
   C. 对建设工程勘察、设计单位未取得资质证书承揽工程的，予以取缔
   D. 允许其他单位以本单位名义承揽工程的单位，情节严重的，予以取缔
3. 关于注册建造师的执业活动，下列说法中正确的是(　　)。
   A. 建设单位的注册建造师，最多只能同时担任两个项目施工的负责人
   B. 可以从事项目总承包管理、施工管理、建设工程项目管理服务、建设工程技术经济咨询
   C. 经受聘单位同意，临时出借注册证书和执业印章
   D. 在保证执业成果质量的前提下，以建造师名义从事第二职业

二、多选题

1. 根据《建设工程勘察设计企业资质管理规定》，下列选项中属于工程勘察资质分类的是(　　)。
   A. 工程勘察综合资质　　B. 工程勘察专业资质
   C. 工程勘察专项资质　　D. 工程勘察劳务资质
   E. 工程勘察行业资质
2. 关于国务院颁发的《建设工程勘察设计管理条例》规定，下列说法正确的是(　　)。
   A. 国务院建设行政主管部门对全国的建设工程勘察、设计活动实施监督管理
   B. 发包方可以将整个工程建设勘察设计发包给一个勘察、设计单位；也可以将工程建设的勘察、设计分别发包给几个勘察、设计单位
   C. 工程建设勘察、设计单位不得将所承揽的工程建设勘察、设计任务进行转包。但经发包方书面同意后，可将除工程建设主体部分外的其他部分的勘察、设计分包给具有相应资质等级的其他工程建设勘察、设计单位
   D. 县级以上人民政府建设行政主管部门或者交通、水利等有关部门应当对施工图设计文件中涉及公共利益、公众安全、工程建设强制性标准的内容进行审查
   E. 任何单位和个人对建设工程勘察、设计活动中的违法行为都有权检举、控告、

投诉

3. 有下列行为之一的，依照《建设工程质量管理条例》第 63 条的规定给予处罚：(　　)(10 万元以上 30 万元以下罚款)。

A. 勘察单位未按照工程建设强制性标准进行勘察的

B. 设计单位未根据勘察成果文件进行工程设计的

C. 设计单位指定建筑材料、建筑构配件的生产厂、供应商的

D. 设计单位未按照工程建设强制性标准进行设计的

E. 设计单位未取得资质证书承揽工程的

4. 建设工程勘察设计管理条例关于法律责任的规定，未经注册，(　　)。

A. 擅自以注册建设工程勘察人员的名义从事建设工程勘察活动的，责令停止违法行为

B. 没收违法所得，处违法所得 2 倍以上 5 倍以下罚款

C. 给他人造成损失的，依法承担赔偿责任

D. 处合同约定的勘察费、设计费 1 倍以上 2 倍以下的罚款

E. 没收违法所得，处勘察、设计费 25% 以上 50% 以下的罚款

5. 建设工程勘察设计管理条例的内容有(　　)。

A. 总则

B. 资质资格管理

C. 建设工程勘察设计发包与承包

D. 建设工程勘察设计文件的编制与实施

E. 监督管理、罚则、附则

三、简答题

1. 工程勘察设计法律有什么重要意义？

2. 工程建设设计标准有什么内容和实际意义？

3. 工程设计的依据和设计内容是什么？

4. 如何管理好工程设计的过程和保证设计成果的正确？

5. 工程设计行业中的外商参与有什么要求？进入行业的过程是怎样的？

项目六 工程建设监理法规

知识目标 1. 了解工程建设监理法规的意义、工程建设监理制度。

2. 熟悉工程建设监理的概念及违反工程建设监理法规的法律责任。

任务一 工程建设监理法规概述

一、工程建设监理的概念

建筑工程监理是指按照一定条件，经过政府土管部门的批准，取得资格证书的工程建筑咨询和监理的单位，并受建设单位委托，根据法律法规、工程建设标准、勘察设计文件及合同，在施工阶段对建设工程质量、进度、造价进行控制，对合同、信息进行管理，对工程建设相关方的关系进行协调，并履行建设工程安全生产管理法定职责的服务活动。

另一个定义是：工程建设监理是指监理单位受项目法人的委托，依据国家批准的工程项目建设文件，有关工程建设的法律、法规和工程建设监理合同及其他工程建设合同对工程建设实施的监督管理。

工程建设监理中，监理的对象不是工程本身，而是建设活动中有关单位的行为及其权利、义务的履行状况。工程建设监理只能由已依法取得监理资质证书，具有法人资格的监理公司、监理事务所或承担监理业务的工程设计、科学研究及工程建设咨询等专业化监理单位实施，没有依法取得相应监理资格的单位是无权实施监理的，至于具体由哪一个监理单位来实施监理，则由业主(甲方)根据自己的意愿和有关规定来进行选择，并与之签订“工程建设监理合同”进行委托授权。

为维护国家的利益及社会公共利益，建设行政主管部门及其授权机构也要对工程建设中的计划、规划、用地、环保、消防、安全、招投标、工程施工质量、验收、维修及建设活动主体资质认定和审查、成果质量检测和验证等整个过程和各个环节进行全面的监督管理。这些监督管理是以法律法规的形式予以规定的，它是政府的行政管理行为。属于纵向管理的范畴，不属于工程建设监理的范围。

二、我国工程建设监理的历史

我国推行工程监理制自1988年以来，经过了三个阶段，即工程监理试点阶段（1988—1993）、工程监理稳步推进阶段（1993—1995）、工程监理全面推进阶段（1996年至今）。

（一）工程监理试点阶段

1988年建设部提出建立专业化、社会化的工程建设监理制度。经过认真研究，积极筹划，建设部于1988年7月25日制定印发了《关于开展建设监理工作的通知》。该《通知》提出，要建立具有中国特色的建设监理制度，以提高投资效益和建设水平，并就监理试点工作进行了部署。其中对建设监理的范围和对象、政府建设监理的管理机构及其职能、社会建设监理组织和监理内容、制定建设监理法规和开展建设监理的步骤等都做了明确的规定。同年11月28日，建设部又印发了《关于开展建设监理试点工作的若干意见》，确定北京、上海、天津、南京、宁波、沈阳、哈尔滨、深圳八市和能源、交通两部的水电和公路系统作为全国开展建设监理工作的试点单位，并就试点的指导思想、目的、组织领导、建设监理单位的建立和管理、建设监理业务的取得和监理内容、监理收费方式等做了规定。1989年7月28日颁发了《建设监理试行规定》，这是我国开展建设监理工作以来第一个法规性文件，它比较全面系统地规范了建设监理各方面的行为。1995年正式颁发了《建设监理规定》。

经过几年的试点，我国的建设监理工作取得了很大的发展，实施建设监理的工程包括：公路、港口、铁路、桥梁、电站、水利枢纽、矿山工程以及其他工业与民用建筑。实行建设监理的范围也由沿海开放地区发展到内地。随着建设监理事业的发展，监理法规的建设也逐渐得到加强。1992年，建设部连续颁发了《工程建设监理单位资质管理试行办法》《监理工程师资格考试和注册试行办法》，1992年9月建设部、国家物价局联合印发了《关于发放工程建设监理费有关规定的通知》等5个有关监理的文件。

（二）工程监理稳步推进阶段

1993年5月，根据全国建设监理发展的需要，在天津召开了第五次全国建设监理工作会议。这是一次承前启后的重要会议。会议全面总结、交流了建设监理试点阶段取得的进展、成效以及做法和经验，研究分析了现阶段的监理形势，适时地做出了结束监理试点阶段，转向稳步发展阶段的工作部署，并提出了具体的工作要求。建设监理稳步发展阶段的主要任务是：建立健全监理法规和监理的管理机构，形成比较完善的监理法规体系和行政管理体系，新开工的大中型工程项目和重点工程项目都要实行监理，监理队伍的规模和监理水平基本上要能满足国内监理任务的需要等。这个时期，我国的监理事业发展得很快，队伍规模迅速扩大，实行监理的工程各方面效益显著，监理工作得到了中央领导的多次肯定和社会各界的普遍赞同。截止到1995年底，全国有29个省、自治区、直辖市和国务院39个工业部门，已经推行了建筑工程监理制度。其中，京、津、沪和河北、辽宁、山东、湖北、河南、江苏等省的地级以上城市全部开展了监理工作。全国大中型水电工程、铁路工程、高等级公路工程都实行了监理。建筑工程监理的立法工作也有很大进展。1991年10月建设部、国家工商行政管理局印发了《工程建设监理合同》示范文本，同年12月，建设部、国家计委印发了《工程建设监理规定》。

(三)工程监理全面推进阶段

根据1995年12月第六次全国建设监理工作会议的部署,从1996年起,我国的建设监理开始进入全面推进阶段。全面推进建设监理的基本标志是各地方、各部门的监理法规进一步健全完善,大中城市和新开工的大中型工程都逐步实行建设监理,监理工作逐步达到规范化,监理队伍的总量逐渐满足监理业务总量的需要,面且形成了一定规模的产业化队伍。

1997年11月1日颁布的《中华人民共和国建筑法》,还专门列出了“建筑工程监理”一章,从第三十条至三十五条,对建筑工程监理的性质、含义、作用、范围、任务以及责、权、利等,第一次以法律的形式做出了规定。例第30条规定:“国务院可以规定实行强制监理的建筑工程的范围。”同时,在《建筑法》的第二章“建筑许可”及第七章“法律责任”中,对建筑工程监理单位和监理工程师的执业、法律责任等也做出了规定。国务院2000年1月30日颁发的《建设工程质量管理条例》对必须实行监理的工程做出了规定:“下列建设工程必须实行监理:国家重点建设工程;大中型公用事业工程;成片开发建设的住宅小区工程;利用外国政府或者国际组织贷款、援助资金的工程;国家规定必须实行监理的其他工程。”2001年8月29日,建设部以第102号部令形式发布的《工程监理企业资质管理规定》,对工程监理企业的资质等级、资质标准、申请与审批、业务范围等做了明确规定。2000年12月7日,建设部和国家质量技术监督局联合发布了《建设工程监理规范》,总结了我国推行建设工程监理制十多年来的经验,对监理机构、监理规划、各阶段的监理工作等都做出了详细的规定。这对我国建设工程监理制度的推行和发展,对规范监理工作的行为,具有十分重要的意义。

三、建设工程监理的性质

工程监理是一种特殊的与其他工程建设活动有着明显区别和差异的工程建设活动。这些区别和差异使得工程建设监理与其他工程建设活动之间划出了清楚的界线。也正是由于这个原因,工程建设监理在建设领域中成为我国一种新的行业。工程监理具有以下特性。

(一)服务性

工程建设监理既不同于承建商的直接工程承包生产活动,也不同于业主的直接工程发包投资活动。就是说工程的造价和承包单位的盈利都与他无关。监理单位不需要拥有大量的机具、设备和劳务力量,也不必拥有雄厚的注册资金。它只是在工程项目建设过程中,利用自己的工程建设方面的知识、技能和经验为客户提供高智能监督管理服务,以满足项目业主对项目管理的需要。它所获得的报酬也是技术服务性的报酬,是脑力劳动的报酬。

工程建设监理的服务性使它与政府的行政性监督管理活动区别开来,与承建商的活动区别开来。

(二)独立性

从事监理活动的监理单位是直接参与工程项目的“三方当事人”之一,它与业主、承建商之间的关系是平等的、横向的,独立的。为了保证监理行业的独立性,从事这一行业的监理单位和监理工程师必须与某些行业或单位断绝人事上的依附关系以及经济上的隶属或经营关系,也不能从事这些行业的工作。

(三)公正性

公正性是工程建设监理正常和顺利开展监理行业的必然要求,它是社会公认的职业准则,也是监理单位和监理工程师的基本职业道德准则。同时,也是承建商的共同要求:因为监理单位在项目建设中具有监督管理的权力,被监理方必须接受监理方的监督管理。所以,他们迫切要求监理单位能够办事公道,公正地开展工程建设监理活动。

(四)科学性

我国《工程建设监理规定》指出,工程监理是一种高智能的技术服务,要求从事工程监理活动必须遵循科学准则。

由于被监理的勘察、设计、施工、材料和设备供应单位都是社会化、专业化的单位。它们在技术、管理方面已经达到了一定水平,这就要求监理单位和监理工程师应当具有更高的素质和水平。由于工程建设监理提供的是技术服务,因此,要求监理单位和监理工程师在开展监理服务时能够提供科学含量高的服务,以创造更大的价值。由于工程项目建设牵扯到国计民生,维系着人民的生命和财产的安全,涉及公众利益。因此,监理单位和监理工程师需要以科学的态度,用科学方法来完成这项工作。

(五)依法监理

自实行工程建设监理制以来,我国已颁发了不少相应法规,就监理单位的设立及管理、工程建设监理的范围、工程建设监理合同、工程建设监理的资质等作了明确的规定。所有监理活动都必须遵守这些规定,不得违反。否则,将导致监理活动无效,或造成巨大的经济损失而受到法律惩处。

(六)参照国际惯例

在西方发达国家,建设监理历史悠久,已形成相对稳定的体系,具有严密的法规、完善的组织机构以及规范的方法、手段和实施程序等。

国际咨询工程师联合会(FIDIC)制定的土木工程合同条款(即 FIDIC 条款),被国际建筑界普遍认可和采用,这些条款总结了世界土木工程建设百余年的经验,把工程技术、管理、经济、法律各方面内容有机地、科学地结合在一起,突出监理工程师的负责制,为建设监理制的规范化和国际化起到了重要作用。因此,建立我国的建设监理制,要充分研究和借鉴国际做法和经验,吸取其有益之处,为我所用。

四、工程建设监理与政府工程质量监督的区别

工程建设监理与政府工程质量监督都属于工程建设领域的监督管理活动。但是前者属于社会的、民间的行为,后者属于政府行为。

工程建设监理是项目组织系统范围内的平等主体之间的横向监督管理，而政府质量监督则是项目组织系统外对项目系统内进行的一种纵向监督管理行为。因此，它们在性质、任务、范围、工作深度、广度、方法、手段等多方面存在着明显差异。

1. 两者的性质不同

工程建设监理是社会化、专业化的监理单位，接受业主的委托和授权为其提供的工程技术服务活动。

而政府工程质量监督则是政府建设主管部门的专业执行机构——工程质量监督机构代表政府行使强制性质量监督的政府行为。

2. 工作范围不同

工程监理的工作范围伸缩性较大。包括整个建设项目的目标规划、动态控制、组织协调、合同管理、信息管理等一系列活动。它因业主委托范围大小而变化。可以是全过程，也可以是一部分。在质量控制工作方面，包括对项目质量目标详细规划，实施一系列主动控制措施，在控制过程中，它需要事前、事中、事后连续地持续在整个项目建设的过程中做到全面控制。

而政府质量监督则只限于施工阶段的工程质量监督，对工程质量进行阶段性的监督、检查、确认，工作范围变化较小，相对稳定。

3. 工作依据不尽相同

工程建设监理则不仅以法律、法规为依据，还以工程建设合同为依据，不仅维护法律、法规的严肃性，还要维护合同的严肃性。

政府工程质量监督仅以国家、地方颁发的有关法律和工程质量条例、规定、规范等法规为基本依据，维护法规的严肃性。

4. 工作权限不同

政府工程质量监督拥有最终确认工程质量等级的权力。工程建设监理则无权进行这项工作。

5. 工作方法和手段不完全相同

工程建设监理主要采用组织管理的方法，从多方面采取措施进行项目质量控制。而政府工程质量监督则更侧重于行政管理的方法和手段。

五、强制监理的范围

监理是基于业主的委托才可实施的建设活动，所以，对建设工程实施监理应建立在业主自愿的基础上。但在国家投资的工程中，国家有权以业主的身份要求工程建设项目法人实施工程监理。对于外资投资建设工程及一些与社会公共利益关系重大的工程，为确保工程质量和社会公众的生命财产安全，国家也可要求其业主必须实施工程监理，即对这些工程建设活动强制实行监理。我国《建筑法》规定：实行强制监理的建筑工程的范围由国务院规定。国务院于2000年1月30日颁发的《建设工程质量管理条例》中规定，现阶段我国必须实行工程建设监理的工程项目范围为：①国家重点建设工程；②大中型公用事业工程；③成片开发建设的住宅小区工程；④利用外国政府或者国际组织贷款、援助资金的工程；⑤国家规定必须实行监理的其他工程。

国家重点建设工程,是指依据《国家重点建设项目管理办法》所确定的对国民经济和社会发展有重大影响的骨干项目。大中型公用事业工程,是指项目总投资额在3000万元以上的下列工程项目:①供水、供电、供气、供热等市政工程项目;②科技、教育、文化等项目;③体育、旅游、商业等项目;④卫生、社会福利等项目;⑤其他公用事业项目。

成片开发建设的住宅小区工程,建筑面积在5万平方米以上的住宅建设工程必须实行监理;5万平方米以下的住宅建设工程,可以实行监理,具体范围和规模标准,由省、自治区、直辖市人民政府建设行政主管部门规定。

为了保证住宅质量,对高层住宅及地基、结构复杂的多层住宅应当实行监理。

利用外国政府或者国际组织贷款、援助资金的工程范围包括:①使用世界银行、亚洲开发银行等国际组织贷款资金的项目;②使用外国政府及其机构贷款资金的项目;③使用国际组织或者外国政府援助资金的项目。

国家规定必须实行监理的其他工程是指:

(1)项目总投资额在3000万元以上关系社会公共利益、公众安全的下列基础设施项目:①煤炭、石油、化工、天然气、电力、新能源等项目;②铁路、公路、管道、水运、民航以及其他交通运输业等项目;③邮政、电信枢纽、通信、信息网络等项目;④防洪、灌溉、排涝、发电、引(供)水、滩涂治理、水资源保护、水土保持等水利建设项目;⑤道路、桥梁、地铁和轻轨交通、污水排放及处理、垃圾处理、地下管道、公共停车场等城市基础设施项目;⑥生态环境保护项目;⑦其他基础设施项目。

(2)学校、影剧院、体育场馆项目。

任务二　工程建设监理法规的程序及内容

一、工程建设法规的程序

根据《工程建设监理规定》第十一条、第十三条、第十五条、第十六条的规定,归纳起来监理程序可分为商签监理委托合同、实施监理前的准备和实施监理三个阶段(对监理单位来说,还有个总结阶段)。

1. 商签监理委托合同

根据《建筑法》第三十一条规定:"实行监理的建筑工程,由建设单位委托具有相应资质条件的工程监理单位监理。建设单位与其委托的工程监理单位应当订立书面委托监理合同。"建设单位指名委托,或通过招标方式择优选择监理单位后,双方开始商签监理委托合同。监理委托合同的主要内容包括:监理工程对象、双方的权利和义务、监理酬金、争议的解决方式以及监理开始的时间和约定的其他事项。

2. 实施监理前的准备

监理单位接受委托后,应当根据建设单位委托的监理任务,设立由总监理工程师、监理工程师和其他监理工作人员组成的项目监理机构,开始实施监理前的准备工作。

这阶段的工作内容主要有:①向受监理工程所在地县级(含县级)以上的人民政府建设主管部门备案,并接受其监督管理;②监理单位委派出总监理工程师(一般在监理大纲中已经明确,并征得建设单位的同意)。并由总监理工程师组成项目监理组;把监理组名单报送建设单位;③建设单位应把委托给监理单位的监理权限,在与承建单位商签的承发包合同中予以明确(或书面通知承建单位);④总监理工程师将其授予监理工程师的权限,书面通知承建单位;⑤总监理工程师组织编写监理实施细则。

3. 实施监理

为了加强对工程项目监理工作的管理,监理工作需有序进行,监理程序要规范化和标准化。

工程建设监理一般程序是:①编制工程建设监理规划;②按工程建设进度,分专业编制工程建设监理细则;③按照建设监理细则进行监理;④参与工程竣工预验收,签署建设监理意见;⑤建设监理业务完成后,向项目法人(业主)提交工程建设监理档案资料。

根据国家规定,工程项目建设监理实行总监理工程师负责制,全面负责受委托的监理工作。总监理工程师可根据工程需要设立总监理工程师代表;并可根据监理合同规定的服务内容,工程复杂程度和进度情况,配置适量的专业监理工程师和其他监理人员,组成项目监理机构,驻地监理人员一般不得少于 3 人,且应满足施工各专业的需要。

在监理过程中,项目监理小组以总监理工程师的名义定期向建设单位报告工程建设情况(包括工程监理有关情况,一般为月报,重大问题可编专报),监理人员要参加隐蔽工程验收、处理设计变更直至全面完成委托监理合同中的各项要求。承建单位则应按社会监理单位的要求,提供各种需要的原始记录、检验记录等技术、经济资料,为其开展工作提供方便。

建设单位与承建单位在履行承包合同过程中发生争议,应当提交监理单位进行调解。监理单位应在接到调解要求后 30 日内将调解意见书面通知双方。对监理单位的调解意见有异议的,可以自接到调解书面意见之日起 15 日内,报受监工程所在地县级以上人民政府建设行政主管部门调解,经调解仍有不同意见时,可以申请当地经济合同仲裁机构仲裁。

二、工程建设监理内容

工程建设监理的总的工作内容是控制工程建设的投资、建设工期和工程质量;进行工程建设合同管理,协调有关单位的工作关系。

(一)设计阶段监理工作内容

(1)结合项目特点,收集设计所需技术经济资料。

(2)编写设计大纲。

(3)组织方案竞赛或设计委托合同。

(4)拟订和商谈设计委托合同。

(5)向设计单位提供设计所需基础资料。

(6)配合设计单位开展技术经济分析,搞好设计方案的比选,优化设计。

(7)配合设计进度,组织设计与有关部门,如消防、环保、地震、人防、防汛、园林以及供水、供电、供气、电信等的协调工作。

(8)组织各设计单位之间的协调工作。

(9)参与主要设备、材料的造型。

(10)组织对设计方案的评审或咨询。

(11)审核工程估算、概算。

(12)审核主要设备、材料清单。

(13)审核施工图纸。

(14)检查和控制设计进度。

(15)组织设计文件的报批。

(二)施工招标阶段监理工作内容

(1)拟订项目招标方案并征得业主同意。

(2)办理招标申请。

(3)编写招标文件,主要内容有工程综合说明、设计图纸及技术说明文件、工程量清单和单价表、投标须知、拟订承包合同的主要条款。

(4)编制标底,标底经业主认可后,报送所在地建设主管部门审核。

(5)组织投标。

(6)组织现场勘察,并回答投标人提出的问题。

(7)组织开标、评标及决算工作。

(8)与中标单位商谈签订承包合同。

(三)材料等物资供应的监理工作内容

对于由业主负责供应的材料、设备等物资进行监理的主要工作内容有:

(1)制定材料等物资供应计划和相应的资金需求计划。

(2)通过对质量、价格、供货期、维修服务等条件的分析和比选,确定材料、设备等物资的供应厂家。重要设备尚应访问现有使用用户,并考察生产厂家的质量保证系统。

(3)拟订并商谈材料、设备的订货合同。

(四)施工阶段监理的工作内容

1. 施工阶段质量控制

工程开工前,项目监理机构应审查施工单位现场的质量管理组织机构、管理制度及专职管理人员和特种作业人员的资格。总监理工程师应组织专业监理工程师审查施工单位报审的施工方案,并应符合要求后予以签认。并按规范要求填写施工方案报审表。专业监理工程师应审查施工单位报送的新材料、新工艺、新技术、新设备的质量认证材料和相关验收标准的适用性,必要时,应要求施工单位组织专题论证,审查合格后报总监理工程师签认。

项目监理机构应根据工程特点和施工单位报送的施工组织设计,确定旁站的关键部位;关键工序,安排监理人员进行旁站,并应及时记录旁站情况。当发现施工存在质量问题的,或施工单位采用不适当的施工工艺,或施工不当,造成工程质量不合格的,应及时签发监理通知单,要求施工单位整改。整改完毕后,根据施工单位报送的监理通知回复对整改情况进行复查,提出复查意见。对需要返工处理加固补强的质量缺陷,应要求施工单位报送经设计等相关单位认可的处理方案,并对质量缺陷的处理过程进行跟踪检查,同时应对处理结果进行验收。对需要返工处理或加固补强的质量事故,应要求施工单位报送质量事故调查报告和经设计等相关单位认可的处理方案,并应对质量事故的处理过程进行跟踪检查,同时应对处理结果进行验收;及时向建设单位提交质量事故书面报告,将完整的质量事故处理记录整理归档;审查施工单位提交的单位工程竣工验收报审表及竣工资料,组织工程竣工预验收。存在问题的,应要求施工单位及时整改;合格的,总监理工程师应签认单位工程竣工验收报审表。

工程竣工预验收合格后,项目监理机构应编写工程质量评估报告,并应经总监理工程师和工程监理单位技术负责人审核签字后报建设单位;参加由建设单位组织的竣工验收,对验收中提出的整改问题,督促施工单位及时整改。工程质量符合要求的,总监理工程师应在工程竣工验收报告中签署意见。

2. 施工阶段进度控制

施工阶段进度控制是为确保工程项目在达到所需要的质量标准和质量等级条件下按期完成所进行的控制工作。

(1)施工前进度控制

1)确定进度控制的工作内容和特点,控制方法和具体措施,进度目标实现的风险分析,以及还有哪些尚待解决的问题。

2)编制施工组织总进度计划,对工程准备工作及各项任务做出时间上的安排。

3)编制工程进度计划。

4)编制年度、季度、月度进度计划。

(2)施工过程中进度控制

1)定期收集数据,预测施工进度的发展趋势,实行进度控制。进度控制的周期应根据计划的内容和管理目的来确定。

2)随时掌握各施工过程持续时间的变化情况以及设计变更等引起的施工内容的增减,施工内部条件与外部条件的变化等,及时分析研究,采取相应措施。

3)及时做好各项施工准备,加强作业管理和调度。在各施工过程开始之前,对材料物资供应,施工环境等做好充分准备。应该不断提高劳动生产率,减轻劳动强度,提高施工质量,节省费用,做好各项作业的技术培训与指导工作。

(3)施工后进度控制。施工后进度控制是指完成工程后的进度控制工作,包括:组织工程验收,处理工程索赔,工程进度资料整理、归类、编目和建档等。

3. 施工阶段投资控制

(1)进行工程计量和付款签证

1)专业监理工程师对施工单位在工程款支付报审表中提交的工程量和支付金额进行复核,确定实际完成的工程量,提出到期应支付给施工单位的金额,并提出相应的支持性材料。

2)总监理工程师对专业监理工程师的审查意见进行审核,签认后报建设单位审批。

3)总监理工程师根据建设单位的审批意见,向施工单位签发工程款支付证书。

(2)对完成工程量进行偏差分析。项目监理机构应建立月完成工程量统计表,对实际完成量与计划完成量进行比较分析,发现偏差的,应提出调整建议,并应在监理月报中向建设单位报告。

(3)审核竣工结算款

1)专业监理工程师审查施工单位提交的竣工结算款支付申请,提出审查意见。

2)总监理工程师对专业监理工程师的审查意见进行审核,签认后报建设单位审批,同时抄送施工单位,并就工程竣工结算事宜与建设单位、施工单位协商;达成一致意见的,根据建设单位审批意见向施工单位签发竣工结算款支付证书;不能达成一致意见的,应按施工合同约定处理。

(4)处理施工单位提出的工程变更费用

1)总监理工程师组织专业监理工程师对工程变更费用及工期影响做出评估。

2)总监理工程师组织建设单位、施工单位等共同协商确定工程变更费用及工期变化,会签工程变更单。

3)项目监理机构可在工程变更实施前与建设单位、施工单位等协商确定工程变更的计价原则、计价方法或价款。

4)建设单位与施工单位未能就工程变更费用达成协议时,项目监理机构可提出一个暂定价格并经建设单位同意,作为临时支付工程款的依据。工程变更款项最终结算时,应以建设单位与施工单位达成的协议为依据。

(5)处理费用索赔

1)项目监理机构应及时收集、整理有关工程费用的原始资料,为处理费用索赔提供证据。

2)审查费用索赔报审表。需要施工单位进一步提交详细资料时,应在施工合同约定的期限内发出通知。

3)与建设单位和施工单位协商一致后,在施工合同约定的期限内签发费用索赔报审表,并报建设单位。

4)当施工单位的费用索赔要求与工程延期要求相关联时,项目监理机构可提出费用索赔和工程延期的综合处理意见,并应与建设单位和施工单位协商。

5)因施工单位原因造成建设单位损失,建设单位提出索赔时,项目监理机构应与建设单位和施工单位协商处理。

(五)合同监理

(1)拟定本项目合同体系及合同管理制度,包括合同草案的拟定、会签、协商、修改、审批、签署、保管等工作制度。

(2)协助业主拟定项目的各类合同的商谈。

(3)合同执行情况的分析和跟踪管理。

(4)协助业主处理与项目有关的索赔事宜及合同纠纷事宜。

(六)其他委托服务

接受业主委托,承担以下技术服务:

(1)协助业主办理项目报建手续。

(2)协助业主办理项目申请供水、供电、供气、电信线路等协议或批文。

(3)协助业主制定商品房营销方案等。

任务三 工程建设监理各方的关系

实行监理的建筑工程,由建设单位委托具有相应资质条件的监理单位监理,工程监理单位应当依法取得相应等级的资质证书,在其资质等级许可的范围内承担监理业务,禁止工程监理单位超越本单位资质等级许可的范围或者以其他工程监理单位的名义承担监理业务。禁止工程监理单位允许其他工程监理单位或者个人以本单位的名义承担监理业务。

实践中,委托监理合同是采用建设部、国家工商局 2000 年 2 月 17 日联合印发的《建设工程委托监理合同(示范文本)》(GF—2000—0202),包括委托监理合同、标准条件、专用条件等部分。标准条件共有 49 条,分为词语定义、适用范围和法规、监理人义务、委托人义务、监理人权利、委托人权利、监理人责任、委托人责任、合同生效、变更与终止、监理报酬、其他、争议的解决等 11 个部分。

有业主、监理单位及承包商三方的权利义务是合同来约定的。业主通过合同将自己对承包商建设活动的监督管理权委托授予了监理单位,所以,承包商与监理单位之间虽无直接关系,也未互签合同,但它必须接受监理单位的监督管理。

一、传统的监理与各方关系

(一)业主与承包商的关系

业主与承包商实质上是雇佣与被雇佣的关系,是合同条件中的两个主体。我们国内习惯将业主与承包商的关系称之为承、发包的合同关系。业主采用招、投标手段选择承包商,业主与承包商签订的施工合同构成了合同双方相互关系的法律依据。

承包商按照合同条件的规定,对合同范围内的工程进行设计、施工直至竣工,并修补其任何缺陷。同样,业主按照合同文件履行自己的职责。在施工过程中,如业主已委托监理单位进行监理,业主就不能再直接指挥承包商的施工活动,在合同条件中,没有任何条款说明承包商应接受业主的指令,业主直接向承包商下达指令应属违反合同的行为。因此,承包商有权拒绝执行业主下达的这一类指令,承包商执行业主的指令同样也是违反合同的行为,监理工程师有权拒绝。业主直接指挥承包商和承包商接受业主指挥的行为实际上将干预监理工程师对合同条件的执行。这种做法与合同条件相违背,由此可能导致合同的失败。

实践证明,业主对承包商干预得越多,工程完成得越差,合同执行得也越糟,而业主干预得越少,完全由监理工程师来组织、协调、控制,则工程项目完成得越好。

(二)业主与监理单位的关系

业主和监理单位及其监理工程师的关系是委托和被委托的关系。这种关系通过以下两个文件予以明确。

一是在业主与承包商签订的合同文件中,详细地规定了被委托的监理工程师的权利和职责，其中包括监理工程师对业主的约束权力和监理工程师独立公正地执行合同条件的权力。这就奠定了监理工程师与业主的工作关系的基础。

另一个文件是业主与监理单位签订的监理合同。这份文件主要对监理人员的数量、素质、服务范围、服务时间、服务费用以及其他有关监理人员生活方面的安排进行了详细的规定。同时，在监理服务协议中对监理工程师的权力也需予以明确。并要注意到与施工合同中所给予监理工程师的权力保持一致。

在监理合同中一般还要明确，业主有权向监理单位提出更换不称职的监理人员或解除监理合同的条件。这是业主对监理人员的制约。但是这种制约不应影响监理工程师按照合同条件独立、公正地行使监理的权力，包括对业主约束的权力。业主不能认为监理工程师是他所委托的雇员而去干预监理工程师的正常工作。这是业主在处理与监理工程师的关系时应该掌握的根本原则。

（三）与设计单位关系

监理单位与设计单位无合同关系。但监理工程师本着对业主负责的态度，将与设计单位保持紧密的联系。监理单位在施工监理过程中应认真贯彻设计意图，严格督促施工承建商按图施工，监理单位无权变更设计。凡发现图纸中有疑问或提出建议时，均需与设计单位进行商讨并由设计单位做出修改变更意见，设计单位如发现施工承建商在施工过程中有不符合设计、施工规范的行为时，应及时向监理单位提出，并由监理单位及时组织有关人员处理。

（四）与政府职能部门关系

政府各职能部门依据有关的法律、法规对工程项目进行强制性的管理并对监理单位实行监督管理。监理单位应及时了解和掌握政府职能部门颁发的法律、法规、并及时提供给业主和施工承包商，以保证项目建设在法制轨道上进行。做好工程信息的统计上报工作，并协助有关职能部门做好项目的验收工作；在设计需报批的施工作业时，应督促施工承包商在措施上满足政府要求，并及时通过政府部门的批准。

二、工程监理

工程审计信息化工程监理逐渐引起了有关各方的关注。从监理标准的制定到监理法规的出台，从监理企业资质认证到监理人员的培养，目前的信息化工程监理正在由“自发”到“自觉”，从“试点”到“推广”，一步步走向成熟。虽然取得了一定成绩，但在思想认识、理论研究、法规建设及实际操作中仍存在诸多问题，国内工程监理行业面临着严峻挑战。为此，从引导和服务国内信息化工程监理规范发展的角度出发，有必要理顺工程监理与建筑监理、工程监理与工程咨询、工程监理与项目管理以及工程监理与工程审计之间的关系，从而使人们进一步认识工程监理在信息化建设中的重要地位和作用。

（一）工程监理与建筑监理的关系

对信息化工程实施监理是从建筑工程建设中借鉴过来的。在经历了长期信息化实践的惨痛失败检验之后，信息化建设对每一个企业而言成为一种挑战。如何预防和控制信息化过程中潜在的各种风险，成为工程建设项目要解决的首要问题。在这一契机下，引入项目监理成了项目建设的希望所在。

显然，监理和建筑监理尽管在任务、目的和某些工作依据上相同，但由于信息系统工程本身的特殊性，决定了它与建筑监理之间的重大区别。具体包括：①监理要求在信息化项目开始之初就介入，来协助业主单位开展项目的咨询和招投标工作，直至项目实施完成和验收，因此监理是全过程的监理。②信息系统监理的内容包含三类即综合布线、网络系统集成及应用软件开发的监理，尤其是软件开发工程的监理，是信息工程监理的最大难点，也是信息工程监理与传统建设工程监理最本质的区别。③由于信息技术的日新月异，信息工程监理仍未形成完整和成熟的技术标准和规范，仅有一些局部的资料参考，如综合布线、软件工程等局部环节有国际和国家标准、规范供参考。显然监理要比建筑监理更加难以开展。

作为一个新生的行业，市场上的信息化监理公司良莠不齐，有相当一部分从建筑监理行业发展而来，尽管借鉴了建筑监理成熟、规范的做法，但留有过多的建筑监理的痕迹，尤其是其中有一些并不适用于监理；与此同时，造成了监理人员的整体素质不高，没有足够的工程监理咨询经验；更不具备风险事前预测、规避和事后控制能力。因此，工程监理要进一步向前发展，必须针对项目的特点，严格资质审批和资格审查，实现综合布线、系统集成及软件开发监理人员的分业经营，不断提高从业人员素质。既要保证项目整体目标，又要约束项目中不规范行为，加强对项目的风险控制。

（二）工程监理与工程咨询的关系

在信息化建设过程中，企业为了少走弯路，要求先进行工程咨询和总体规划。这已成为企业信息化的成功经验之一。然而在工程咨询过程中，企业的需求要求咨询公司对各种产品要有全面的了解，而咨询公司不可避免地存在偏好和擅长的问题。同时，许多咨询公司都有自己的业务伙伴，对企业的咨询建议必然会受到其业务关系的影响。因此，对企业而言，咨询本来是为了避免存在风险，结果却有可能又误入歧途。当然，国外的工程咨询有些不同。因为从规划、培训到实施，咨询公司都要介入其中，尤其是咨询公司自身的业务素质和职业道德为信息化工程的顺利进行提供了重要保证。可见，只有纯粹的工程咨询是远远不够的，要保证信息化的顺利开展，必须借助工程监理。工程咨询不能代替工程监理。

当然，在引入工程监理的同时，独立的工程咨询还可以存在。因为咨询侧重于规划，监理则侧重于控制，二者的工作侧重有所不同。然而实践证明，对信息化企业而言由监理公司既负责咨询、规划，又负责监理更具有可行性，而且与独立的工程咨询相比，更具有连续性，更有利于监理工作的开展。但前提是一定要确保工程监理的第三方地位，绝对避免同体监理，监而不理的现象，从而保证工程监理既不是甲方的代言人也不是乙方的代言人，而是对合同双方共同负责，对项目的成功负责。当然，秉公“执法”不仅要割断监理方与处于同一价值链上的系统集成商之间的利益关系，同时也要避免存在利益上的“冲突”关系。

因此，工程监理公司必须明确界定自己的工作范围和内容。如果要求监理人员具备“咨询”的能力，就要相应地要求监理人员获得咨询从业资格。在监理人员构成中，监理公司也应根据不同监理阶段需要，安排具备不同监理资格的监理人员。

（三）工程监理与项目管理的关系

项目管理的内涵在于完成项目所需的各种资源，包括时间、成本、质量及范围相互之间是有冲突的，项目管理就是要从中寻找一种平衡。除此之外，项目管理还具有其他丰富的内容，如风险管理、沟通管理、人力资源管理、采购管理等方面。而信息系统工程监理应该是一种符合我国国情的项目管理方式，除主要实现项目质量、进度、成本控制目标外，还包括合同管理、信息管理、协调项目团队等内容。可见，项目管理和工程监理存在管理内容和目标上的一致性和交叉性，只是项目管理有着更全面、丰富的知识体系。因此，应运用现代项目管理理论来推动我国信息系统工程监理的健康发展。

在实践中，工程监理和项目管理分别由不同的主体来分担。其中，由承建方负责组织开展项目管理，由独立的第三方监理机构负责实施对项目的工程监理。就监理自身的阶段划分而言，是基于项目管理的启动、设计、实施、验收等过程。因此，监理工作首先是基于项目承建方的项目管理基础上展开的。在信息化建设中，工程监理首先应要求承建方要有科学规范的项目管理；然后基于项目管理计划，监理方在建设的不同阶段有不同的风险管理计划、质量控制计划、进度控制计划以及沟通计划等管理形式和手段，所有这些都是对承建方的项目管理进行的监督，并对项目管理中不规范的行为予以纠正；同时在项目的技术关键点进行质量和进度把关，以保证项目建设目标的实现，从而达到全过程的监理控制。可见，在信息化建设过程中，工程监理与项目管理之间是紧密联系、相辅相成的。

正是因为两者之间的紧密联系，在信息化建设中，首先要求工程监理必须明确界定自身的职责范围，尤其是要与承建方在项目管理范围划分上做到分工明确。按照不同类型项目监理范围不同的要求，严格遵照有关项目文件规定的范围执行。同时，理顺与建设方的关系，真正做到以“第三方”的立场，对信息化项目进行管理。其次，要有一套切实可行的项目管理方法，对项目从立项准备到招投标、从项目实施到项目试运行、最后验收的每个阶段都要一步一个脚印地按确定的计划和方案推进，结合质量、进度、成本目标的控制进行项目管理，对项目自始至终实施全过程监理。当然，目前我国的信息系统工程监理基本上是程序性监理，监理的职责主要是按合同条款的规定来规范建设方和承建方的行为。这是一个必然的过程，程序性监理是前提和基础，不断提高才能达到实质性监理的要求和水平。

（四）工程监理与工程审计的关系

在目前的信息化建设领域，人们对工程审计还存在模糊认识，有人甚至认为工程监理就是工程审计。显然这种认识是不正确的。因为工程监理是我国信息化建设借鉴建筑工程建设的做法而产生的，是符合我国国情的信息系统工程监理形式，国外则没有工程监理；而工程审计则是国外信息系统工程采取的做法，国内目前并没有开展。

所谓工程审计，是指审计人员接受委托或授权，收集并评估证据以判断信息系统是否有效做到保护资产、维护数据完整并最有效率地完成组织目标的活动过程。工程审计具有与财务报表审计相同的作用，包括鉴证、促进和咨询等。与工程监理相比，工程审计立足于企业的战略目标，为有效实现战略目标而采取的一切活动过程都是工程审计的业务范围，甚至包括与信息系统有关的所有领域。不仅包括对建设过程的审计，更重要的是对信息系统的运营审计，只要信息系统在运行，审计活动就一直存在。工程审计的目的是合理保证信息系统能够保护资产的安全、数据的完整、系统有效地实现组织目标并高效率地利用资源，其关注的核心是资产保护与信息系统的效率和效果。工程监理则不同，首先工程监理主要应用在信息化工程建设阶段，并且随着信息系统工程的验收，工程监理活动也就宣告结束；其次，工程监理的目的是协调、控制工程建设质量、进度和成本三大目标的实现，因此关注的是项目建设的质量、进度和成本是否符合项目要求。

因此，工程审计的作用是工程监理所不能替代的。我们应从不断健全和完善工程监理机制的角度出发，借鉴国外工程审计的有效做法，不断提高工程监理的地位和作用。当然，从长远来看，随着企业管理水平的提高，尤其是信息化应用的深入，信息化建设过程只有工程监理是不够的，应找准时机，逐步发展我国的工程审计行业，和工程监理共同为企业信息化建设保驾护航。

三、业主、承包商和监理工程师的基本关系

业主是建设项目的投资主体和责任主体。它通过招标投标，择优选择施工单位和监理单位，并与中标单位签订合同，通过合同文件规定合同双方的权利、义务、风险、责任和行为准则。业主与施工单位签订施工承包合同，按合同向承包商支付其应支付的款额，并获得工程。业主与监理单位签订委托监理合同，向监理单位授权，委托监理单位对施工承包合同进行管理，控制工程的进度、质量和投资，并向监理单位支付报酬。

承包商是业主通过招标所选定承建工程项目的单位，它与业主签订施工承包合同。承包商应按照合同规定，实施工程项目的施工并获得合理的利润。承包商应接受监理工程师的监督和管理，严格执行监理工程师的指令，并只从监理工程师处取得指令。

监理工程师不能与承包商有任何经济关系，包括监理单位也不能与承包单位及提供设备制造和材料供应的单位发生隶属关系，也不得是这些单位的合伙经营者。监理单位和监理工程师均不能经营承包施工或材料销售业务，也不得在施工单位、设备制造和材料供应的单位任职，监理工程师更不能接受承包商的礼物。这是监理工作的一个原则性的问题。

监理工程师受雇于业主，在业主的授权范围内进行合同管理，履行合同中规定的职责，行使合同中规定或隐含的权力。监理工程师不是合同的当事人，无权修改合同，也无权解除合同任一方的任何职责、义务和责任。监理工程师可按照合同规定向承包商发布指令，承包商必须严格按指令进行工作。监理工程师可按合同对某些事宜做出决定，在决定前应与双方协商并力争达成一致，如不能达成一致，应做出一个公正的决定。业主和承包商都应遵守监理工程师做出的决定，如不同意，可在执行的同时提出索赔或仲裁。

应该强调的是，除了上述合同规定的关系，在履行合同过程中，有关各方的团结协作关系是极为重要的。团结协作关系是指为了合同的标的——完成工程项目这一共同目标，合同有关各方应该尽可能地密切配合，相互支持，相互谅解、友好地解决矛盾与争端，使工程项目能按时保质地完成。

另外，业主由于其在合同有关各方关系中的固有地位，在形成团结协作关系，创造一个和谐的工作环境上，负有首要的责任和起着主导的作用。而监理工程师也应充分发挥

其协调作用,在业主和承包商之间起到润滑剂的作用,努力避免扩大矛盾,尽量把矛盾及时就地解决。

任务四 建设工程监理制度

建设工程监理,是指建设工程监理单位(以下简称监理单位)受建设单位的委托,在施工阶段对建设工程的质量、进度、资金使用进行控制以及对建设工程的合同、信息管理及安全生产实施监督的活动。为了规范公司建设工程监理活动,保障建设工程质量和安全,根据《中华人民共和国建筑法》《建设工程质量管理条例》《建设工程安全生产管理条例》《建设工程监理规范》等有关法律、法规,结合公司实际,制定了建设工程监理制度。

集团公司工程部是公司工程监理活动的综合监督管理部门,并负责相关建设工程监理活动的监督管理,具体履行以下职责:①审定监理单位的项目资质并进行备案管理;②负责监督检查监理单位的监理工作实施情况;③指导、协调公司相关部门及子公司,对房屋建设工程、市政基础设施工程和公路工程等建设工程监理活动实施监督管理。

一、监理管理

(一)监理工作的原则

监理单位和监理人员应严格按照“严格监理、优质服务、公正科学、廉洁自律”的原则进行监理工作,认真贯彻执行有关施工监理的各项方针、政策、法规,制定详细的工作计划和岗位职责,严格检查审批制度,努力做好施工监理工作。

(二)监理工作目标

(1)监理工作总目标:客观、公正地当好第三方,全面履行监理合同,督促施工单位履行施工承包合同。

(2)工程质量目标:工程质量达到合格标准。

(3)工程进度目标:实现建设总工期目标。

(4)工程费用目标:在批准的总投资限额内。

(5)安全生产目标:实现安全事故为零。

(6)工程环保目标:无环境污染事故发生。

依法必须进行监理招标的建设工程,建设单位应当按照有关规定进行招投标。

建设单位应当委托具有相应资质的监理单位实施建设工程监理。监理单位应当按照国家有关规定取得相应的资质,并在资质证书核定的范围内承接监理业务,监理业务不得转让。

项目监理机构应当由总监理工程师、专业监理工程师和监理员等人员组成;必要时,可以设置总监理工程师代表。

总监理工程师应当按照国家有关规定具备注册监理工程师资格,且从事过同类工程监理工作经历,监理单位不得委派其同时担任其他建设工程的监理工作。

专业监理工程师及其他监理人员,应当按照国家和公司有关规定,经相关考核合格。

监理单位与被监理工程的施工单位以及建设工程材料和设备供应单位有隶属关系或者其他利害关系的,不得承担该项工程的监理业务。

建设单位应当与监理单位签订监理合同,并应当向集团公司工程部或相关部门进行备案。公司鼓励监理合同当事人使用监理合同示范文本。

监理合同应当明确项目监理机构的组成和人员条件、总监理工程师人选、监理工作范围和监理服务期,以及委托人的费用支付、委托人为监理工作开展所提供的资料和设施等内容。

监理合同约定的总监理工程师人选、监理工作范围、监理服务期、监理费等主要内容发生变更的,应当在变更后的20日内,向原合同备案部门办理合同变更备案。

二、施工现场监理

监理单位应当根据监理合同的约定,在施工现场设置项目监理机构,并授权其开展监理工作。

项目监理机构实行总监理工程师负责制。总监理工程师应当按照技术规范要求,在施工现场履行监理职责。确因正当事由临时离开施工现场时,总监理工程师应当指定总监理工程师代表代为行使其部分职权,但国家规定必须由总监理工程师负责的组织编制监理规划、审查施工组织设计文件等事项除外。

监理单位需要变更总监理工程师的,应当征得建设单位的同意,但变更后的总监理工程师的专业技术职称等级不得低于原派驻的总监理工程师的专业技术职称,同时必须有同类工程监理经历。

在监理合同范围内,建设单位对施工单位有关工程施工方面的指令,应当通过总监理工程师或者其代表书面提交。

建设单位应当向项目监理机构提供勘察、设计文件等与建设工程监理活动有关的资料。建设单位提供的资料应当真实、准确、完整。

项目监理机构应当根据勘察、设计文件等资料和相关技术标准,编制项目监理规划,明确具体的监理工作制度、程序、方法和措施等。

建设工程开工前,项目监理机构应当对施工单位项目管理机构的组建方案、管理制度以及施工组织设计文件、专项施工方案提出审核意见。审核意见经总监理工程师签署后,报建设单位。

分包工程开工前,项目监理机构应当对施工分包单位的资质进行审查。

项目监理机构应当对施工单位报送的建设工程材料和设备的质量证明文件进行审验,并按照规定实施取样见证、平行检验。

建设工程材料和设备未经项目监理机构验收合格,不得在建设工程中使用或者安装。

项目监理机构应当监督施工单位按照强制性技术标准、施工图设计文件、施工组织设计文件、专项施工方案以及合同约定组织施工,并采取旁站、巡视和平行检验等形式,对建设工程实施监理。

对建设工程关键部位或者关键工序,项目监理机构应当编制旁站方案,明确旁站的范围、内容、程序。

三、监督管理

建设单位及有关部门应当加强对监理活动的监督检查。在履行监督检查职责时，应当客观、如实反映情况，提供相关材料。

任何单位和个人发现建设工程监理活动中存在违法行为的，都有权向建设单位及有关部门举报。建设单位及有关部门对举报情况应当予以受理，并及时予以核实、处理。核实、处理的结果应当告知举报人。

四、处罚

监理单位违反本制度规定，有下列情形之一的，由建设单位及有关部门责令限期改正；逾期不改正的，由建设单位及有关部门处监理单位5000元以上1万元以下罚款：

（1）监理单位委派的总监理工程师有同时担任其他建设工程任务的，监理单位没有按照有关规定配齐、配足人员的。

（2）变更后的总监理工程师的专业技术职称低于原派驻的总监理工程师的专业技术职称等级或没有同类工程监理经历。

（3）未按照要求定期将施工现场有关情况向建设单位及有关部门报告的。

总监理工程师未按照技术规范要求在施工现场履行监理职责的，由建设单位或者其他有关部门责令限期改正，逾期不改正的，处监理单位1000元以上5000元以下罚款。

建设单位及相关部门工作人员违反本办法规定，有下列情形之一的，处1000元以上5000元以下罚款。

（1）未按照本制度规定履行监督检查职责的；

（2）发现违法行为不及时查处，或者有包庇、纵容违法行为，造成后果的；

（3）其他玩忽职守、滥用职权、徇私舞弊的行为。

任务五　建设单位的权利、义务与责任

一、建设单位的权利

（一）FIDIC 合同条件的规定

根据 FIDIC 合同条件，业主在工程项目实施过程中，具有以下权利：

1. 授予监理工程师职责的权力

监理工程师的各项权力由业主通过业主与承包商签订的合同文件赋予，这样才能被承包商所接受。

业主在与被聘任的监理工程师签订的监理协议中，不应当对合同条件赋予监理工程师的权力和职责进行增减，如减少了合同条件中规定的监理工程师的权力，将使合同无法执行。

2. 批准合同转让和终止合同的权力

（1）批准合同转让的权力。批准承包商将合同转让的权力在业主，而不在于监理工

程师。没有得到业主的事先同意,承包商不得将合同或合同的任何部分或合同中、或合同名下的任何好处或利益进行转让。这是因为业主在招标时是通过资格预审,并根据投标人的投标书进行评标之后才选定承包商的。显然,承包商将合同转让给其他承包商不符合业主选择承包商的程序和目的。

(2)终止合同的权力。终止合同也意味着重新选择承包商的问题。因此,决定合同终止的权力在业主不属于监理工程师。

3. 完善或补充合同实施的权力

尽管工程的实施属于承包商的责任,但是如果出现承包商不认真履行某些合同条款,或者不遵守监理工程师指示的情况,为了避免或减少对工程的影响,为完善和保证合同实施,业主享有下列权力:

(1)如果承包商未按合同要求进行投保并保持其有效,则业主可自行代替承包商办理投保,其一切费用由承包商承担。

(2)承包商未能按照监理工程师指令在指定时间内将有缺陷的材料、工程设备及拆除的工程运出现场,则业主有权雇用他人执行监理工程师的指示,其全部费用由承包商承担。

(3)承包商未能按照监理工程师的要求在合理的时间内对应当由承包商自费修补的工程进行修补时,则业主有权雇用他人从事该项工作。其一切费用由承包商承担。

(4)对于与合同中所列暂定金额有关的任何工程的实施或任何货物、材料、工程设备或其他方面的服务,业主(或监理工程师)有权指定或批准分包商承担上述工作,但不指定或批准承包商反对的分包商。

4. 提出仲裁的权力

业主和承包商之间所产生的任何争端,包括对监理工程师的任何意见、指示、决定、证书或估价方面的任何争端,则业主有权提出仲裁。这是业主采用法律手段保障合同实施的措施。

仲裁可在竣工前或竣工后的任何时间提出。按照国际惯例,在合同中应当明确仲裁地点。

(二)我国法规规定的其他权利

根据我国“工程建设监理合同”及“建设工程施工合同”等示范文本的规定,业主还享有以下权利:

(1)业主有选定工程总设计单位和总承包单位及监理单位以及与其订立合同的决定权。

(2)业主有对工程规模、设计标准、规划设计、生产工艺设计和设计使用功能要求的认定权以及对工程设计变更的审批权。

(3)监理单位调换总监理工程师须经业主同意。

(4)业主有权要求监理机构提交监理工作月度报告及监理业务范围内的专项报告。

(5)业主有权要求监理单位更换不称职的监理人员,直到终止合同。

二、建设单位的义务

(一) FIDIC 合同条件的规定

根据 FIDIC 合同条件,在工程项目实施过程中,业主有以下义务:

(1)在合理的时间内提供施工场地　向承包商提供施工场地是业主的职责。合同规定,业主向承包商提供施工场地可以在合理的时间内分期提供。所谓合理的时间内是以不影响承包商按监理工程师批准的进度计划进行施工为原则。

(2)合理的时间内提供施工图纸　合同条件规定,监理工程师应根据承包商的经批准的施工进度计划,在合理的时间内向承包商提供图纸。这里所说的监理工程师提供图纸,通常是由业主准备或委托有关设计单位承担设计,然后由监理工程师向承包商提供。

(3)按合同规定的时间向承包商付款　按照合同规定.业主在收到监理工程师的中期付款证书后,应在 28 天内支付承包商的工程款项,在收到监理工程师的最终支付证书后,业主应在 56 天内向承包商支付工程款项。

(4)业主在缺陷责任期内负责照管现场　合同条件规定.从工程开工日期起至颁发移交证书日期止,对工程的照管由承包商负责。但是移交证书颁发以后,对工程的照管则由业主负责。

(5)协助承包商的义务　业主除了上述职责之外,还具有按照合同规定,协助承包商完成下列各项工作的义务:①在承包商提交标书前,有义务向承包商提供有关辅助材料,并应协助承包商进行勘查现场工作;②业主有协助承包商办理设备进口的海关手续的义务;③业主有义务协助承包商获得政府对承包商的设备再出口的许可。

(二)我国法规规定的其他义务

根据我国《工程建设监理合同》示范文本的规定,业主对监理单位有如下义务:①按合同约定,按时支付监理酬金。②负责工程建设的所有外部关系的协调,为监理工作提供外部条件。③在双方约定的时间内免费向监理机构提供与工程有关的为监理机构所需要的工程资料。④在约定的时间内就监理单位书面提出要求做出决定的一切事宜做出书面决定。⑤应当授权一名熟悉本工程情况、能迅速做出决定的常驻代表,负责与监理单位联系。⑥应当授予监理单位的监理权利,以及监理机构主要成员的职能分工,及时书面通知已选定的第三方,并在与第三方签订的合同中予以明确。⑦业主应为监理机构提供如下协助:a. 获取本工程使用的原材料、机械设备等生产厂家名录;b. 提供与本工程有关的协作单位、配合单位的名录。⑧免费向监理机构提供合同专用条件约定的设施,对监理单位自备的设施给予合理的经济补偿。⑨双方约定,由业主免费向监理机构提供职员和服务人员,则应在监理合同专用条件中增加与此相应的条款。⑩未经监理单位书面同意,业主不得转让该合同约定的权利和义务。

三、建设单位的责任

根据“工程建设监理合同”示范文本的规定,业主应对监理单位承担以下责任:

(1)业主应当履行监理合同约定的义务,如有违反则应当承担违约责任,赔偿给监理单位造成的经济损失。

(2)由于业主或第三方的原因使监理工作受到阻碍或延误,以致增加了工作量或持续时间,则监理单位应当将此情况与可能产生的影响及时通知业主。由此增加的工作量视为附加工作,完成监理业务的时间应当相应延长,并得到额外的酬金。

(3)业主如果要求监理单位全部或部分暂停执行监理业务或终止监理合同,则应当在56天前通知监理单位。

(4)监理单位在应当获得监理酬金之日起30天内仍未收到支付单据,而业主又未对监理单位提出任何书面意见时;如果终止监理合同的通知发出后14天内未得到业主答复,可进一步发出终止合同的通知,如果第二次通知发出后42天内仍未得到业主答复,可终止合同,自行暂停或继续暂停全部或部分监理业务。

(5)监理单位由于非自己的原因而暂停或终止执行监理业务,其善后工作以及恢复执行监理业务的工作,应当视为额外工作,有权得到额外的时间和酬金。

(6)如果业主在规定的支付期限内未支付监理酬金,自规定支付之日起,应当向监理单位补偿应支付的酬金利息。利息额按规定支付期限最后一日银行贷款利息率乘以拖欠酬金的时间计算。

任务六 监理单位的权利、义务和责任

一、监理单位的权利

(一)FIDIC合同条件的规定

在采用FIDIC合同条件时,监理单位除享有其与业主所签委托监理合同中所享有的权利外,还享有业主与承包商之间按FIDIC合同条件所签协议中所赋予监理工程师的权力。而FIDIC合同条件一个突出的特点,就是在合同条件中赋予了监理工程师在工程管理方面的充分权力,同时还明确监理工程师可以行使合同中规定的或者合同中隐含的权利。按照FIDIC合同条件的规定,不仅承包商要严格遵守与执行监理工程师的指令,而且监理工程师的决定对业主也有约束力。

监理工程师的权利主要有以下几种。

1. 质量管理方面

(1)材料设备的认可、监察、管理权。未经监理工程师签字,建筑材料、建筑构配件和设备不得在工程上使用或者安装,施工单位不得进行下一道工序的施工。监理工程师对现场材料及设备有检查和控制的权力。对于工程需要的各种材料和设备,运到现场后监理工程师有随时检查的权力,同时对于材料及设备的制造过程也有权进行检查。经过检查后不合格的材料及设备,监理工程师不仅有权拒收,同时还有权指令承包商将这些材料、设备运出现场。对于合格的材料和设备,监理工程师有权监督承包商的存放条件,并且没有监理工程师的批准,承包商不得将其运出现场。

(2)对承包商施工的监督权。监理工程师有权对承包商的施工过程进行监督,一旦发现承包商的施工有不符合规范之处,监理工程师有权指令承包商进行改正或停工。

(3)对已完的工程有确认或拒收的权利。任何已完成的工程监理工程师要根据合同标准进行验收,对于达到标准的已完工程,监理工程师予以确认,对于未达到标准的已完工程,监理工程师有权拒收。被监理工程师拒收的工程,承包商应按照监理工程师的指示进行修补或返工,直到监理工程师认为已达标准为止。

(4)对工程采取紧急补救的权利。无论在工程施工期间,还是在缺陷责任期内,如果工程或其任何部分本身,或在工程中或在工程的任何部分发生与之有关的任何事故、故障或其他事件,如果监理工程师认为进行相应补救或其他工作是工程安全的紧急需要,则监理工程师有权采取紧急措施。如承包商无能力或不愿立即进行这类工作时,则业主有权在监理工程师认为必要时,启用他人从事该项工作。如果监理工程师认为根据合同,承包商应自费完成此项工作,则此项费用应由承包商支付。

(5)有要求解雇承包商雇员的权利。对于承包商的任何人员,包括承包商的代表,如果监理工程师认为其在履行职责中不能胜任或出现玩忽职守的行为,则监理工程师有权要求承包商予以解雇或更换。

(6)批准分包商的权利。如果承包商要把工程的一部分分包出去,他必须向监理工程师提出申请报告,未经监理工程师批准的分包商不能进入工地进行施工。

2. 进度管理方面

(1)审批承包商的进度计划。承包商的施工进度计划必须经过监理工程师的批准。监理工程师除了有审批承包商进度计划的权力之外,当监理工程师认为工程的实际进度与由他批准的计划进度不符时,有权要求承包商修订进度计划,以及工程实际竣工日期提前或超过工程承包合同规定的竣工期限的签认权。

(2)发布开工、停工、复工令的权力,不管是由于业主的原因,或者由于恶劣的气候,或者由于承包商自身的过失导致需要停工时,监理工程师有权发布停工令。没有监理工程师的停工指令,无论什么原因,承包商都不得随便停工。当监理工程师认为施工条件已达到合同要求时,可以发出复工令。对于已被停工的工程,没有监理工程师的复工指令,承包商不能自行复工。发布开、停、复工令应当事先向业主报告,如在紧急情况下未能事先报告时,则应在24小时内向业主做出书面报告。

(3)控制施工进度的权力。在承包商没有任何理由要求延长工期的情况下,如果监理工程师认为工程或其任何区段在任何时候的施工进度不符合竣工期限(包括已批准的延期时间)的要求,则有权要求承包商采取必要的步骤,加快工程进度,承包商无权要求为采取这些步骤支付附加费用。

3. 财务管理方面

(1)有确定变更价格的权力。对任何因为工作性质、工程数量、施工时间的变更而发出的变更指令,监理工程师有权根据合同条件和实际情况确定工程变更中的费率或价格。

(2)批准使用暂定金额和计日工的权力。监理工程师认为必要时,可以发出指示,规定在计日工的基础上实施任何变更工作,暂定金额也需按监理工程师的指示才能全部或部分地使用。未经监理工程师的同意,承包商不得进行暂定金额项目的工作和使用计日工。

(3)在工程承包合同约定的工程价格范围内工程款支付的审核和签认权与否定权。

未经监理机构签字确认，业主不支付工程款。对承包商完成的项目和合同中规定的其他款项，如动用预付款、费用索赔款、迟付款利息等，均需由监理工程师签发证书，业主据此向承包商付款。

4. 合同管理方面

（1）颁发移交证书与缺陷责任证书。当工程全部或部分区段竣工检验后，由监理工程师颁发移交证书。当全部工程缺陷维护期满，承包商也已按照合同条件修补了缺陷工程和完成了合同中规定的全部义务时，则由监理工程师颁发缺陷责任证书。

（2）批准工程延期和费用索赔。如果由于承包商自身以外的原因导致工期的延长和不属于承包商应当承担的风险和责任而造成承包商费用的增加，监理工程师可批准工程延期和由此而增加的实际费用。

（3）发布工程变更令。合同中任何部分或项目的变更，包括其性质、数量、时间的变更，必须经监理工程师批准，由监理工程师发出变更指令。没有监理工程师发出的变更指令，承包商不能对合同中任何部分进行任何修改。如果由此严重影响了工程费用或质量、进度，则这种变更须经业主事先批准。在紧急情况下未能事先报业主批准时，监理机构所作的变更也应尽快通知业主。在监理过程中如发现承包商工作不力，监理机构可提出调换有关人员的建议。

（4）解释合同中有关文件。构成合同的文件应被认为是互动说明的，当文件中出现歧义或含糊时，则由监理工程师对此做出解释或校正，并向承包商发布有关解释或校正的指示。

（二）我国法规规定的其他权利

根据我国“工程建设监理合同”示范文本的规定，监理单位享有如下权利。

（1）选择工程总设计单位和施工总承包单位的建议权；对工程结构设计和其他专业设计中的技术问题，按照安全和优化的原则，自主向设计单位提出建议，并向业主提出书面报告；如果由于拟提出的建议会提高工程造价，或延长工期，应当事先取得业主的同意。发现工程设计不符合建筑工程质量标准或者合同约定的质量要求的，有权报告建设单位，由其要求设计单位改正；对工程施工组织设计和技术方案，按照保质量、保工期和降低成本的原则，自主向承包商提出建议，并向业主提出书面报告；如果由于拟提出的建议会提高工程造价，或延长工期，应当事先取得业主的同意。

（2）选择工程分包设计单位和施工分包单位的确定权与否定权。

（3）对工程建设有关事项，包括工程规模、设计标准、规划设计、生产工艺设计和使用功能要求，向业主提出建议的建议权。

（4）对与工程建设有关的协作单位进行组织协调的主持权，重要协调事项应当事先向业主报告。

（5）在委托工程范围内的调解与作证权。

在委托的工程范围内，业主或第三方对对方的任何意见和要求（包括索赔要求），均必须首先向监理机构提出，由监理机构研究处置意见，再同双方协商确定。当业主和第三方发生争议时，监理机构应根据自己的职能，以独立的身份判断，公正地进行调解。当其双方的争议由政府建设行政主管部门或仲裁机关进行调解和仲裁时，监理单位有提供事实材料的作证权。

二、监理单位的义务

工程监理单位应选派具有相应资格的总监理工程师和监理工程师进驻施工现场。监理工程师应按照工程监理范围的要求,采取旁站、巡视等检查形式,对建设工程实施监理。

工程监理单位应当在其资质等级许可的监理范围内,承担工程监理业务。

(一)监理工程师在工程监理中应承担的义务

(1)认真执行合同文件、遵守法律规定的义务。监理工程师认真执行合同文件是其根本职责,根据 FIDIC 合同条件的规定,监理工程师的决定对业主和承包商双方均有约束力。其任何指示、决定都必须符合法律(包括合同条件)的要求。既受法律的保护,又受法律的约束。

(2)协调施工有关事宜、秉公办事的义务。监理工程师是工程项目管理的核心,他随时都有协调施工有关事宜的职责质量及技术问题的处理、工程款项的管理等。

对于业主,监理工程师应当经常及时地把工程情况以及监理工程师的一些决定进行通报,重大问题在决策前应当征得业主的同意,争取业主的支持。

对于承包商、监理工程师应当予以充分的尊重,不得干预理应由承包商项目经理处理的事项。

另外,无论是对待业主和承包商,监理工程师都应秉公办事,行为公正。要公开自己做出决定、指令的原因。

(3)回避义务。监理工程师应当保持廉洁,不得接受业主所支付酬金以外的报酬以及任何回报、提成津贴或其他间接报酬。更不得与承包商有任何经济往来、包括接受承包商的礼物。经营或参与经营施工、设备及材料采购等活动。也不得在施工单位或设备材料供应单位任职或兼职。

(二)监理单位应承担的义务

(1)向业主报送委派的总监理工程师及其监理机构主要成员名单、监理规划,完成监理合同专用条件中约定的工程监理范围内的监理业务。

(2)监理机构在履行本合同的义务期间,应运用合理的技能,为业主提供与其监理机构水平相适应的咨询意见,认真、勤奋地工作,帮助业主实现合同预定的目标,公正地维护各方的合法权益。

(3)监理机构使用的业主提供的设施和物品用于业主的财产,在监理工作完成或中止时,应特此类设施和剩余的物品库存清单提交给业主,并按合同约定的时间和方式移交此类设施和物品。

(4)在本合同期内或合同终止后,未征得有关方同意。不得泄露与本工程、本合同业务活动有关的保密资料。

(5)监理单位不得转让该合同约定的权利和义务。

(6)工程监理单位应当在其资质等级许可的监理范围内,承担工程监理业务。

三、监理单位的责任

根据我国"工程建设监理合同"示范文本，监理单位的责任如下。

(1)监理单位在责任期内，应当履行监理合同中约定的义务。如果因监理单位过失面造成了经济损失，监理单位应当承担相应的赔偿责任。工程监理单位与承包商串通，为承包单位谋取非法利益，给建设单位造成损失的，应当与承包单位承担连带赔偿责任。

(2)监理单位如需另聘专家咨询或协助，在监理业务范围内其费用由监理单位承担(监理业务范围以外，其费用由业主承担)。

(3)监理单位向业主提出索偿要求不能成立时，监理单位应当补偿由于该索赔所导致业主的各种费用支出。

监理单位对第三方违反合同规定的质量要求和完工(交图、交货)时限，不承担责任。因不可抗力导致监理合同不能全部或部分履行，监理单位不承担责任。

工程监理单位不按照委托监理合同的约定履行监理义务，对应及时监督检查的项目不检查或者不按照规定检查，给建设单位造成损失的，应当承担相应的赔偿责任。

工程监理单位与承包单位串通. 为承包单位谋取非法利益，给建设单位造成损失较大的，应当承担连带赔偿责任。

任务七 违反建设工程监理法规的法律责任

一、法律依据

《建筑法》规定工程监理单位与建设单位或者建筑施工企业串通，弄虚作假、降低工程质量的，责令改正，处以罚款，降低资质等级或者吊销资质证书；有违法所得的，予以没收；造成损失的，承担连带赔偿责任；构成犯罪的，依法追究刑事责任。

《建设工程质量管理条例》(国务院令第 279 号)规定县级以上地方人民政府建设行政主管部门对本行政区域内的建设工程质量实施监督管理；建设工程质量监督管理，可以由建设行政主管部门或者其他有关部门委托的建设工程质量监督机构具体实施；工程监理单位有下列行为之一的，责令改正，处 50 万元以上 100 万元以下的罚款，降低资质等级或者吊销资质证书；有违法所得的，予以没收；造成损失的，承担连带赔偿责任：①与建设单位或者施工单位串通，弄虚作假、降低工程质量的；②将不合格的建设工程、建筑材料、建筑构配件和设备按照合格签字的。

《民用建筑节能条例》(国务院令第 530 号)规定，工程监理单位有下列行为之一的，由县级以上地方人民政府建设主管部门责令限期改正；逾期未改正的，处 10 万元以上 30 万元以下的罚款；情节严重的，由颁发资质证书的部门责令停业整顿，降低资质等级或者吊销资质证书；造成损失的，依法承担赔偿责任：①未按照民用建筑节能强制性标准实施监理的；②墙体、屋面的保温工程施工时，未采取旁站、巡视和平行检验等形式实施监理的。

《房屋建筑和市政基础设施工程质量监督管理规定》(住建部令第 5 号)规定县级以

上地方人民政府建设主管部门负责本行政区域内工程质量监督管理工作。工程质量监督管理的具体工作可以由县级以上地方人民政府建设主管部门委托所属的工程质量监督机构实施。

二、违规违法行为

违规违法行为:①超越本单位资质等级承揽工程;②未取得资质证书承揽工程;③以欺骗手段取得资质证书的;④允许其他单位或者个人以本单位名义承揽工程;⑤转让工程监理业务;⑥与建设单位或者施工单位串通,弄虚作假、降低工程质量;⑦将不合格的建设工程、建筑材料、建筑构配件和设备按照合格签字;⑧与被监理工程的施工承包单位以及建筑材料、建筑构配件和设备供应单位有隶属关系或者其他利害关系承担该项建设工程的监理业务。

三、处罚种类

处罚种类包括:①罚款;②没收违法所得、没收违法建筑物、构筑物和其他设施;③责令停业整顿、责令停止执业业务;④降低资质等级、吊销资质证书、吊销执业资格证书和其他许可证、执照;⑤法律、行政法规规定的其他行政处罚。

四、量化标准

工程监理单位超越本单位资质等级承揽工程。未进入工程监理实施阶段,未造成危害后果的,责令停止违法行为,没收其违法所得,处合同约定的监理酬金 1 倍的罚款。已进入工程监理实施阶段,违法行为造成轻微危害后果,主动减轻违法行为危害后果的,责令停止违法行为,没收其违法所得,处合同约定的监理酬金 1 倍以上 1.5 倍(含 1.5 倍)以下的罚款。已进入工程监理实施阶段,违法行为造成危害后果,未主动消除或减轻违法行为危害后果的,责令停止违法行为,没收其违法所得,处合同约定的监理酬金 1.5 倍以上 2 倍(含 2 倍)以下的罚款。

工程监理单位未取得资质证书承揽工程。未进入工程监理实施阶段,未造成危害后果的,予以取缔,没收其违法所得,处合同约定的监理酬金 1 倍的罚款。已进入工程监理实施阶段,违法行为造成轻微危害后果,主动减轻违法行为危害后果的,予以取缔,没收其违法所得,处合同约定的监理酬金 1 倍以上 1.5 倍(含 1.5 倍)以下的罚款。已进入工程监理实施阶段,违法行为造成危害后果,未主动消除或减轻违法行为危害后果的,予以取缔,没收其违法所得,处合同约定的监理酬金 1.5 倍以上 2 倍(含 2 倍)以下的罚款。

工程监理单位允许其他单位或个人以本单位名义承揽工程。初次违法,及时改正,未造成危害后果的,责令改正,没收违法所得,处合同约定的监理酬金 1 倍的罚款。初次违法,危害后果轻微,主动消除减轻违法行为危害后果,责令改正,没收违法所得,处合同约定的监理酬金 1 倍以上 1.5 倍(含 1.5 倍)以下的罚款。屡次违法,违法行为造成危害后果的,责令改正,没收违法所得,吊销其资质证书,处合同约定的监理酬谢金 1.5 倍以上 2 倍以下的罚款。

工程监理单位转让工程监理业务。初次违法,及时改正,未造成危害后果的,责令停业整顿，没收违法所得，处合同约定的监理酬金百分之二十五的罚款。初次违法，危害后果轻微，主动消除或减轻违法行为危害后果的，责令停业整顿，降低资质等级，没收违法所得，处合同约定的监理酬金百分之二十五以上百分之三十（含百分之三十）以下的罚款。违法行为造成危害后果，未主动消除或减轻违法行为危害后果，情节严重的，吊销资质证书，没收违法所得，处合同约定的监理酬金百分之三十以上百分之五十（含百分之五十）以下的罚款。

工程监理单位与建设单位或施工单位串通，弄虚作假、降低工程质量。初次违法，危害后果轻微，主动消除或减轻危害后果的，责令改正，没收违法所得，处50万元的罚款。违法行为造成危害后果，未主动消除或减轻危害后果的，责令改正，没收违法所得，降低资质等级，处50万以上70万元（含70万元）以下的罚款。违法行为造成严重危害后果，未主动消除或减轻危害后果的，责令改正，没收违法所得，承担连带赔偿责任，吊销资质证书，处70万元以上100万元（含100万元）以下的罚款。

工程监理单位将不合格的建设工程、建筑材料、建筑构配件和设备按合格签字。初次违法，危害后果轻微，主动消除或减轻危害后果的，责令改正，没收违法所得，处50万元的罚款。违法行为造成危害后果，未主动消除或减轻危害后果的，责令改正，没收违法所得，降低资质等级，处50万以上70万元（含70万元）以下的罚款。违法行为造成严重危害后果，未主动消除或减轻危害后果的，责令改正，没收违法所得，承担连带赔偿责任，吊销资质证书，处70万元以上100万元（含100万元）以下的罚款。

工程监理单位与被监理的施工承包单位以及建筑材料、建筑构配件和设备供应单位有亲属关系或其他利害关系承担该项建设工程的监理业务。初次违法，及时改正，未造成危害后果的，责令改正，没收违法所得，处5万元的罚款。初次违法，危害后果轻微，主动消除或减轻危害后果的，责令改正，没收违法所得，处5万元以上7万元（含7万元）以下的罚款。违法行为造成危害后果，未主动消除或减轻危害后果的，责令改正，没收违法所得，由资质许可机关降低其资质等级，处7万元以上10万元（含10万元）以下的罚款。

任务八　典型案例分析

背景：

某工程建设项目的业主将拟建的工程项目的实施阶段的监理任务委托给一家监理公司。监理合同签订以后，总监理工程师组织监理人员对制定监理规划进行了讨论，有人提出了以下一些看法。

1. 监理规划的作用与编制原则

监理规划的作用与编制原则为：①监理规划是开展监理工作的技术组织文件；②监理规划的作用是指导施工阶段的监理工作；③监理规划的编制应符合监理合同、项目特征及业主的要求；④监理规划应一气呵成，不应分阶段编写；⑤监理规划应符合监理大纲的有关内容；⑥监理规划应为监理细则的编制提出明确的目标要求。

2. 监理规划的内容

监理规划的内容应包括：①工程概况；②监理单位的权利和义务；③监理单位的经营

目标；④监理范围内的工程项目总目标；⑤项目监理组织机构；⑥质量、投资、进度控制；⑦合同管理；⑧信息管理；⑨组织协调。

3. 监理规划的编制

监理规划文件分为三个阶段制定，各阶段的监理规划交给业主的时间安排如下：①设计阶段监理规划应在设计单位开始设计前的规定时间内提交给业主；②施工招标阶段监理规划应在招标书发出后提交给业主；③施工阶段监理规划应在正式施工后提交给业主。

4. 施工监理规划的内容

施工监理规划的部分内容如下：

(1) 施工阶段的质量控制

质量的事前控制：

a. 掌握和熟悉质量控制的技术依据；

b……

c. 审查施工单位的资质，包括：①审查总包单位的资质；②审查分包单位的资质。

d……

e……

f. 行使质量监督权，下达停工指令。为了保证工程质量，出现下列情况之一者，监理工程师报请总监理工程师批准，有权责令施工单位立即停工整改：①工序完成后未经检验即进行下道工序者；②工程质量下降，经指出后未采取有效措施整改，或采取措施不力、效果不好、继续作业者；③擅自使用未经监理工程师认可或批准的工程材料；④擅自变更设计图纸；⑤擅自将工程分包；⑥擅自让未经同意的分包单位进场作业；⑦没有可靠的质量保证措施而贸然施工，已出现质量下降征兆；⑧其他对质量有重大影响的情况。

(2) 施工阶段的投资控制　施工阶段投资控制的主要内容包括：

1) 建立、健全监理组织，完善职责分工及有关制度，落实投资控制的责任。

2) 审核施工组织设计和施工方案，合理审核并签证施工措施费，按合理工期组织施工。

3) 及时进行计划费用与实际支出费用的分析比较。

4) 准确测量实际完工的工程量，并按实际完工的工程量签证工程款付款凭证。

问题：

(1) 监理单位讨论中提出的监理规划的作用、编制原则和基本内容，哪些项目不应编入监理规划中？

(2) 向业主提交监理规划文件的时间安排中，哪些合适，哪些不合适或不明确？如何提出才合适？

(3) 监理工程师在施工阶段应掌握和熟悉哪些质量控制的技术依据？

(4) 监理规划中规定了对施工队伍的资质进行审查，试问总包单位和分包单位的资质应安排在什么时候审查？

(5) 如果在施工过程中发现总包单位未经监理单位同意，擅自将工程分包，监理工程师应如何处置？

(6) 你认为施工阶段的投资控制措施中第几项不完善？为什么？

分析：

(1)对第一个问题的分析如下：

a. 监理规划的作用与编制原则中的第2条提到“监理规划的基本作用是指导施工阶段的监理工作”不恰当。因为背景材料中提出的条件是业主委托监理单位进行“实施阶段的监理”，所以监理规划不应仅限于“是指导施工阶段的监理工作”这一作用，还应包括设计阶段、施工招投标阶段等。

b. 监理规划的作用与编制原则中的第3条不完全。监理规划的编制不但应符合监理合同、项目特征和业主的正当要求，还应当符合下述要求：①工程建设方面的法律、法规；②政府批准的工程建设文件；③其他建设工程合同；④监理大纲等。

c. 监理规划的作用与编制原则中的第4条不妥。因为工程项目建设中，往往工期较长，所以在设计阶段不可能将施工招标和施工阶段的监理规划“一气呵成”地编制完成，应分阶段进行“滚动式”编制。一般分为设计阶段、施工招标阶段和施工阶段，并根据各阶段输出的工程信息分别编制。

d. 监理规划的基本内容中的第2项不宜编入监理规划中，因为监理单位的权利和义务是监理合同中的重要内容，是监理规划编写的依据之一。

e. 监理规划的基本内容中的第3项不宜编入监理规划中，因为“监理单位的经营目标”与监理目标是不同的。

(2)对第二个问题的分析如下：

a. 设计阶段监理规划提交的时间是合适的，但施工招标阶段和施工阶段的监理规划提交的时间不妥。

b. 施工招标阶段，应在招标开始前一定的时间内向业主提交施工招标阶段的监理规划。

c. 施工阶段的监理规划，应在施工开始前一定时间内提交给业主。

(3)监理工程师在施工阶段应掌握和熟悉下列质量控制技术依据：

a. 设计图纸及设计说明书。

b. 工程质量评定标准及施工验收规范。

c. 监理合同及其他工程建设合同。

d. 工程施工规范及有关技术规程。

e. 业主对工程有特殊要求时，应熟悉有关控制标准及技术指标。

(4)对总包单位的资质审查应安排在施工招标阶段对投标单位的资格预审时，并在评标时也要对其综合能力进行一定的评审。对分包单位的资质审查应安排在分包合同签订前，由总包单位将分包工程和拟选择的分包单位资质材料提交总监理工程师，经总监理工程师审核确认后，总承包单位与之签订工程分包合同。

(5)如果监理工程师发现施工单位未经总监理工程师批准而擅自将工程分包，根据监理规划中质量控制的措施，监理工程师应报告总监理工程师，经总监理工程师批准或经总监理工程师授权可责令施工单位停工，而不能由监理工程师随意责令施工单位停工。

(6)在监理规划的施工阶段投资控制的四项措施中，第4条不够严谨。其原因如下：

a. 施工单位“实际完工的工程量”不一定是施工图纸或合同内规定的内容或监理工

程师指定的工程量，即监理工程师只对图纸或合同或监理工程师指定的工程量才给予计量。

b.“按实际完工的工程量签证工程款付款凭证”应改为“按实际完工的、经监理工程师检查合格认可的工程量签证工程款付款凭证”，即只有合格的工程才能办理签证。

基础练习题

一、单选题

1. 下列不属于工程监理企业事务所资质业务范围的是(　　)。

A. 建设工程的技术咨询

B. 建设工程的项目管理

C. 二级建设工程项目的工程监理业务

D. 三级建设工程项目的工程监理业务

2. 承担工程保修阶段的服务时，监理单位的工作内容不包括(　　)。

A. 工程监理单位应当定期回访

B. 对于建设或使用单位提出的工程质量缺陷，应当安排监理人员检查和记录

C. 对工程质量缺陷原因进行调查，并与建设施工单位协商确定责任归属

D. 对非施工原因造成的工程质量缺陷，不承担监理责任

3. 下列监理工程师对质量控制的措施中，(　　)是属于技术措施的。

A. 落实质量控制责任　　B. 严格质量控制工作流程

C. 制定质量控制协调程序　　D. 协助完善质量保证体系

4. 建设工程监理目标是项目监理机构建立的前提，应根据(　　)确定的监理目标建立项目监理机构。

A. 监理实施细则　　B. 建设工程监理合同

C. 监理大纲　　D. 监理规划

5. 项目监理机构的内部协调不包括(　　)。

A. 建立信息沟通制度

B. 与政府建设行政主管机构的协调

C. 及时交流信息、处理矛盾，建立良好的人际关系

D. 明确监理人员分工及各自的岗位职责

6. 建设工程监理大纲的内容包括(　　)。

A. 监理实施方案　　B. 监理企业组织机构

C. 监理工作细则　　D. 监理绩效考核标准

7. 根据《建设工程监理合同(示范文本)》，委托人需要更换委托人代表时，应提前(　　)天通知监理人。

A. 3　　B. 5

C. 7　　D. 14

8. 监理工作规范化、制度化、科学化要求监理规划在编写时(　　)。

A. 内容应具有针对性、指导性和可操作性

B. 应把握工程项目运行脉搏

C. 经审核批准后方可实施

D. 基本构成内容应当力求统一

9. (　　)是指项目监理机构对施工单位进行的涉及结构安全的试块、试件及工程材料现场取样、封样、送检工作的监督活动。

A. 旁站　　B. 见证取样

C. 巡视　　D. 平行检验

10. 依据《建设工程监理规范》,监理实施细则的主要内容包括(　　)。

A. 项目监理机构的组织形式　　B. 监理工作的控制要点

C. 监理工作制度　　D. 监理设施

二、多选题

1. 项目监理机构在施工阶段造价控制的主要任务有(　　)。

A. 预防并处理费用索赔　　B. 挖掘降低造价潜力

C. 控制工程付款　　D. 控制工程变更费用

E. 确定造价控制目标

2. 建设工程信息管理系统的功能有(　　)。

A. 实现监理信息的及时收集和可靠存储

B. 实现监理信息收集的标准化、结构化

C. 提供预测、决策所需要的信息及分析模型

D. 提供建设工程目标动态控制的分析报告

E. 提供解决建设工程监理问题的多个备选方案

3. 关于项目监理机构巡视的说法,正确的有(　　)。

A. 总监理工程师应根据施工组织设计对监理人员进行巡视交底

B. 总监理工程师进行巡视交底时应明确巡视检查要点、巡视频率

C. 总监理工程师进行巡视交底时应对采用巡视检查记录表提出明确要求

D. 总监理工程师应检查监理人员的巡视工作成果

E. 监理人员的巡视检查应主要关注施工质量和安全生产

4. 下列文件资料中,属于建设工程监理文件资料的有(　　)。

A. 设备采购合同　　B. 工程监理合同

C. 施工承包合同　　D. 材料采购合同

E. 材料报验文件

5. 关于建设工程监理文件资料组卷要求的说法,正确的有(　　)。

A. 案卷厚度应一致,每卷厚度为 40 毫米

B. 案卷内应有多份文件作为备份

C. 不同载体文件应按形成时间统一组卷

D. 文字材料按事项、专业顺序排列

E. 相同专业图纸按图号顺序排列

6. 工程监理单位对工程勘察方案审查的内容有(　　)。

A. 勘察工作内容是否与勘察合同及设计要求相符

B. 勘察点布置是否合理

C. 现场勘察组织及人员安排是否合理

D. 勘察进度计划是否满足工程总进度计划要求

E. 式样的数量和质量是否符合规范要求

项目七 建设工程安全生产管理法规

知识目标

1. 了解建筑安全生产管理的方针、工程建设重大事故调查处理制度与程序。
2. 熟悉建筑安全生产管理的基本制度、违法行为应承担的法律责任。
3. 掌握各参与建设项目单位的安全责任。

任务一 安全生产管理概述

一、建设工程安全生产管理的概念

建设工程安全生产，一般是指在工程建设活动中，通过人、物(机)、环境等和谐运作，使工程建设过程中潜在的各种事故风险和伤害因素始终处于有效控制状态，切实保护劳动者的生命安全和身体健康。建设工程安全生产涉及五个要素：风险识别与评价、风险控制、作业场所及环境、作业人员安全技能、作业工具及防护用品。建设工程安全生产主要包括三个方面的内容：控制建筑工程施工人员的不安全行为、控制与建筑工程相关的物的不安全状态、保护建设工程作业环境。多年以来国家及有关主管部门先后多次发出通知，强调要大力加强建设工程建设中的安全生产管理，国务院及其职能部门先后制定了一系列的建设工程安全生产法律、法规和规范性文件。2014 年 8 月经修改后公布的《中华人民共和国安全生产法》(以下简称《安全生产法》)明确规定，安全生产应当以人为本，坚持"安全第一，预防为主，综合治理"的方针。建立政府领导、部门监管、单位负责、群众参与、社会监督的工作机制。这是党和国家对安全生产工作的总体要求，企业和从业人员在劳动生产过程中必须严格遵循这一基本方针。"安全第一"说明和强调了安全的重要性。人的生命是至高无上的，每个人的生命只有一次，要珍惜生命、爱护生命、保护生命。事故意味着对生命的摧残与毁灭，因此，在生产活动中，应把保护生命安全放在第一位，坚持最优先考虑人的生命安全。"预防为主"是指安全工作的重点应放在预防事故的发生上。按照系统工程理论，按照事故发展的规律和特点，预防事故的发生。安全工作应当做在生产活动之前，事先就充分考虑事故发生的可能性，并自始至终采取有效措施以防止和减少事故。“综合治理”是指要自觉遵循安全生产规律，抓住安全生产工作中的主要矛盾和关键环节。要标本兼治，重在治本，采取各种管理手段预防事故发生。实现治标的同时，研究治本的方法。综合运用科技、经济、法律、行政等手段，并充分发挥社会、职工、舆论的监督作用，从各个方面着手解决影响安全生产的深层次问题，做到思想上、制度上、技术上、监督检查上、事故处理上和应急救援上的综合管理。

安全生产管理的目标：减少和控制危害，减少和控制事故，尽量避免生产过程中由于事故所造成的人身伤害、财产损失、环境污染以及其他损失。

安全生产管理包括安全生产法制管理、行政管理、监督检查、工艺技术管理、设备设施管理、作业环境和条件管理等。

安全生产管理的基本对象：企业的员工，涉及企业中的所有人员、设备设施、物料、环境、财务、信息等各个方面。

二、建设工程安全生产管理的特点

工程安全是质量和效益的前提，没有安全意识或发生了安全事故，将直接影响到社会稳定的大局，影响建设事业的健康发展。人民群众生命和财产安全是人民群众的根本利益所在，直接关系到社会的稳定和改革开放的大局。在谋求经济与社会发展的全部过程中，人的生命始终是最宝贵的。

建设工程施工多为露天、高处作业，施工环境和作业条件较差，不安全因素较多，历来属事故多发的高危行业之一。因此，必须牢固树立以人为本、安全第一的理念，坚持速度、质量、效益与安全的有机统一，强化和落实企业主体责任，防范和遏制重特大事故，防止和减少违章指挥、违规作业、违反劳动纪律行为，促进建设工程安全生产形势持续稳定好转。同时，还应当逐步实现施工现场的机械化、智能化、信息化和建筑技术操作工人的职业教育化，最大限度地改善施工现场的作业环境，减少劳动用工，降低劳动强度，提高劳动者的综合素质。

建设工程安全生产管理具有以下特点：①建筑产品的多样性决定建筑安全问题的不断变化；②建筑工程的流水施工，使得施工班组需要经常更换工作环境；③建筑施工现场存在的不安全因素复杂多变；④公司与项目部的分离，致使公司的安全措施并不能在项目部得到充分的落实；⑤多个建设主体的存在及其关系的复杂性决定了建筑安全管理的难度较高；⑥目标（结果）导向对建设单位形成一定压力；⑦施工作业的非标准化使得施工现场危险因素增多。

任务二　安全生产管理法律制度

一、施工安全生产许可证制度

2003 年 8 月颁布的《行政许可法》规定，直接涉及国家安全、公共安全、经济宏观调控、生态环境保护以及直接关系人身健康、生命财产安全等特定活动，需要按照法定条件予以批准的事项,可以设定行政许可。

2014 年 7 月经修改后发布的《安全生产许可证条例》中规定,国家对矿山、建筑施工企业和危险化学品、烟花爆竹、民用爆炸物品生产企业实行安全生产许可制度。企业未取得安全生产许可证的,不得从事生产活动。省、自治区、直辖市人民政府建设主管部门负责建筑施工企业安全生产许可证的颁发和管理,并接受国务院建设主管部门的指导和监督。

2015 年 1 月住房和城乡建设部经修改后重新发布的《建筑施工企业安全生产许可证管理规定》中规定,本规定所称建筑施工企业,是指从事土木工程、建筑工程、线路管道和设备安装工程及装修工程的新建、扩建、改建和拆除等有关活动的企业。

(一)申请领取安全生产许可证的条件

《安全生产许可证条例》规定,企业取得安全生产许可证,应当具备安全生产条件。《建筑施工企业安全生产许可证管理规定》中进一步做出规定,建筑施工企业取得安全生产许可证,应当具备下列安全生产条件:①建立、健全安全生产责任制,制定完备的安全生产规章制度和操作规程;②保证本单位安全生产条件所需资金的投入;③设置安全生产管理机构,按照国家有关规定配备专职安全生产管理人员;④主要负责人、项目负责人、专职安全生产管理人员经建设主管部门或者其他有关部门考核合格;⑤特种作业人员经有关业务主管部门考核合格,取得特种作业操作资格证书;⑥管理人员和作业人员每年至少进行一次安全生产教育培训并考核合格;⑦依法参加工伤保险,依法为施工现场从事危险作业的人员办理意外伤害保险,为从业人员交纳保险费;⑧施工现场的办公、生活区及作业场所和安全防护用具、机械设备、施工机具及配件符合有关安全生产法律、法规、标准和规程的要求;⑨有职业危害防治措施,并为作业人员配备符合国家标准或者行业标准的安全防护用具和安全防护服装;⑩有对危险性较大的分部分项工程及施工现场易发生重大事故的部位、环节的预防、监控措施和应急预案;⑪有生产安全事故应急救援预案、应急救援组织或者应急救援人员,配备必要的应急救援器材、设备;⑫法律、法规规定的其他条件。

建筑施工企业未取得安全生产许可证的,不得从事建筑活动。

(二)安全生产许可证的有效期和政府监管的规定

1. 安全生产许可证的申请

《安全生产许可证条例》规定,省、自治区、直辖市人民政府主管部门负责建筑施工企业安全生产许可证的颁发和管理,并接受国务院建设主管部门的指导和监督。

《建筑施工企业安全生产许可证管理规定》进一步明确,建筑施工企业从事建筑施工活动前,应当依照本规定向企业注册所在地省、自治区、直辖市人民政府住房城乡建设主管部门申请领取安全生产许可证。

建筑施工企业申请安全生产许可证时,应当向住房城乡建设主管部门提供下列材料:建筑施工企业安全生产许可证申请表,企业法人营业执照,与申请安全生产许可证应当具备的安全生产条件相关的文件、材料。建筑施工企业申请安全生产许可证,应当对申请材料实质内容的真实性负责,不得隐瞒有关情况或者提供虚假材料。

2. 安全生产许可证的有效期

安全生产许可证的有效期为3年。安全生产许可证有效期满需要延期的,企业应当于期满前3个月向原安全生产许可证颁发管理机关办理延期手续。企业在安全生产许可证有效期内,严格遵守有关安全生产的法律法规,未发生死亡事故的,安全生产许可证有效期届满时,经原安全生产许可证颁发管理机关同意,不再审查,安全生产许可证有效期延期3年。

建筑施工企业变更名称、地址、法定代表人等,应当在变更后10日内,到原安全生产许可证颁发管理机关办理安全生产许可证变更手续。建筑施工企业破产、倒闭、撤销的,应当将安全生产许可证交回原安全生产许可证颁发管理机关予以注销。建筑施工企业遗失安全生产许可证,应当立即向原安全生产许可证颁发管理机关报告,并在公众媒体上声明作废后,方可申请补办。

3. 安全生产许可证的政府监管

住房城乡建设主管部门在审核发放施工许可证时,应当对已经确定的建筑施工企业是否有安全生产许可证进行审查,对没有取得安全生产许可证的,不得颁发施工许可证。企业取得安全生产许可证后,不得降低安全生产条件,并应当加强日常安全生产管理,接受安全生产许可证颁发管理机关的监督检查。安全生产许可证颁发管理机关发现企业不再具备安全生产条件的,应当暂扣或者吊销安全生产许可证。企业不得转让、冒用安全生产许可证或者使用伪造的安全生产许可证。

安全生产许可证颁发管理机关或者其上级行政机关发现有下列情形之一的,可以撤销已经颁发的安全生产许可证:①安全生产许可证颁发管理机关工作人员滥用职权、玩忽职守颁发安全生产许可证的;②超越法定职权颁发安全生产许可证的;③违反法定程序颁发安全生产许可证的;④对不具备安全生产条件的建筑施工企业颁发安全生产许可证的;⑤依法可以撤销已经颁发的安全生产许可证的其他情形。

安全生产许可证违法行为应承担的主要法律责任如下:

(1)未取得安全生产许可证擅自从事施工活动应承担的法律责任。《安全生产许可证条件》规定,未取得安全生产许可证擅自进行生产的,责令停止生产,没收违法所得,并处10万元以上50万元以下的罚款;造成重大事故或者其他严重后果,构成犯罪的,依法追究刑事责任。

《建筑施工企业安全生产许可证管理规定》进一步规定,建筑施工企业未取得安全生产许可证擅自从事建筑施工活动的,责令其在建项目停止施工,没收违法所得,并处10万元以上50万元以下的罚款;造成重大事故或者其他严重后果,构成犯罪的,依法追究刑事责任。

(2)安全生产许可证有效期满未办理手续继续从事施工活动应承担的法律责任。《安全生产许可证条例》规定,安全生产许可证有效期满未办理延期手续,继续进行生产的,责令停止生产,限期补办延期手续,没收违法所得,并处5万元以上10万元以下的罚款;逾期仍不办理延期手续,继续进行生产的,依照未取得安全生产许可证擅自进行生产的规定处罚。

《建筑施工企业生产许可证管理规定》进一步规定,安全生产许可证有效期满未办理延期手续，继续从事建筑施工活动的，责令其在建项目停止施工，限期补办延期手续，没收违法所得，并处5万元以上10万元以下的罚款；逾期仍不办理延期手续，继续进行生产的，依照未取得安全生产许可证擅自进行生产的规定处罚。

(3)转让安全生产许可证等应承担的法律责任。《安全生产许可证条例》规定，转让安全生产许可证的，没收违法所得，处10万元以上50万元以下的罚款，并吊销其安全生产许可证；构成犯罪的，依法追究刑事责任；接受转让的，依照未取得安全生产许可证擅自进行生产的规定处罚。冒用安全生产许可证或者使用伪造的安全生产许可证的，依照未取得安全生产许可证擅自进行生产的规定处罚。

《建筑施工企业安全生产许可证管理规定》进一步规定，建筑施工企业转让安全生产许可证的，没收违法所得，处10万元以上50万元以下的罚款，并吊销其安全生产许可证；构成犯罪的，依法追究刑事责任；接受转让的，依照未取得安全生产许可证擅自从事建筑施工活动的规定处罚。冒用安全生产许可证或者使用伪造的安全生产许可证的，依照未取得安全生产许可证擅自从事建筑施工活动的规定处罚。

(4)以不正当手段取得安全生产许可证应承担的法律责任。《建筑施工企业安全生产许可证管理规定》中规定，建筑施工企业隐瞒有关情况或者提供虚假材料申请安全生产许可证的，不予受理或者不予颁发安全生产许可证，并给予警告，1年内不得申请安全生产许可证。

建筑施工企业以欺骗、贿赂等不正当手段取得安全生产许可证的，撤销安全生产许可证，3年内不得再次申请安全生产许可证；构成犯罪的，依法追究刑事责任。

(5)暂扣安全生产许可证并限期整改的规定。《建筑施工企业安全生产许可证管理规定》中规定，取得安全生产许可证的建筑施工企业，发生重大安全事故的，暂扣安全生产许可证并限期整改。建筑施工企业不再具备安全生产条件的，暂扣安全生产许可证并限期整改；情节严重的，吊销安全生产许可证。

(6)颁证机关工作人员违法行为应承担的法律责任。《安全生产许可证条例》规定，安全生产许可证颁发管理机关工作人员有下列行为之一的，给予降级或者撤职的行政处分；构成犯罪的，依法追究刑事责任：一是向不符合本条例规定的安全生产条件的企业颁发安全生产许可证的；二是发现企业未依法取得安全生产许可证擅自从事生产活动，不依法处理的；三是发现取得安全生产许可证的企业不再具备本条例规定的安全生产条件，不依法处理的；四是接到对违反本条例规定行为的举报后，不及时处理的；五是在安全生产许可证颁发、管理和监督检查工作中，索取或者接受企业的财物，或者谋取其他利益的。

二、施工安全生产责任制度和安全生产教育培训制度

《建筑法》规定，建筑工程安全生产管理必须坚持"安全第一，预防为主，综合治理"的方针，建立健全安全生产的责任制度和群防群治制度。建筑施工企业应当建立健全劳动安全生产教育培训制，加强对职工安全生产的教育培训；未经安全生产教育培训的人员，不得上岗作业。

《建设工程安全生产管理条例》进一步规定，施工单位应当建立健全安全生产责任制度需资金的投入，对所承担的建设工程进行定期和专项安全检查，并做好安全检查记录。

(一)施工单位的安全生产责任制度

施工单位是建设工程施工活动的主体,必须加强对施工安全生产的管理,落实施工安全生产的主体责任。

《安全生产法》规定,生产经营单位的安全生产责任制应当明确各岗位的责任人员、责任范围和考核标准等内容。生产经营单位应当建立相应的机制,加强对安全生产责任制落实情况的监督考核,保证安全生产责任制的落实。《建筑法》还规定,建筑施工企业必须依法加强对建筑安全生产的管理,执行安全生产责任制度,采取有效措施,防止伤亡和其他安全生产事故的发生。安全生产责任制度是施工单位最基本的安全管理制度,是施工单位安全生产的核心和中心环节。

施工单位主要负责人对安全生产工作全面负责。施工单位主要负责人通常是指对施工单位全面负责,有生产经营决策权的人。具体说,可以是施工企业的董事长,也可以是总经理或总裁等。

《安全生产法》规定,生产经营单位的主要负责人对本单位安全生产工作负有下列职责:①建立、健全本单位安全生产责任制;②组织制定本单位安全生产规章制度和操作规程;③组织制定并实施本单位安全生产教育和培训计划;④保证本单位安全生产投入的有效实施;⑤督促、检查本单位的安全生产工作,及时消除生产安全事故隐患;⑥组织制定并实施本单位的生产安全事故应急救援预案;⑦及时、如实报告生产安全事故。

《建筑法》规定,建筑施工企业的法定代表人对本企业的安全生产负责。《建设工程安全生产管理条例》也规定,施工单位主要负责人依法对本单位的安全生产工作全面负责。施工单位安全生产管理机构和专职安全生产管理人员责任如下。

1. 安全生产管理机构的责任

《建设工程安全生产管理条例》规定,施工单位应当设立安全生产管理机构,配备专职安全生产管理人员。专职安全生产管理人员负责对安全生产进行现场监督检查。发现安全事故隐患,应当及时向项目负责人和安全生产管理机构报告;对违章指挥、违章操作的,应当立即制止。

安全生产管理机构,是施工单位设置的负责安全生产管理工作的独立职能部门。专职安全生产管理人员,是指经建设主管部门或者其他有关部门安全生产考核合格取得安全生产考核合格证书,并在施工单位及其项目从事安全生产管理工作的专职人员。

《安全生产法》规定,生产经营单位的安全生产管理机构以及安全生产管理人员履行下列职责:①组织或者参与拟订本单位安全生产规章制度、操作规程和生产安全事故应急救援预案;②组织或者参与本单位安全生产教育和培训,如实记录安全生产教育和培训情况;③督促落实本单位重大危险源的安全管理措施;④组织或者参与本单位应急救援演练;⑤检查本单位的安全生产状况,及时排查生产安全事故隐患,提出改进安全生产管理的建议;⑥制止和纠正违章指挥、强令冒险作业、违反操作规程的行为;⑦督促落实本单位安全生产整改措施。

《建设工程安全生产管理条例》还规定,施工单位应当设立安全生产管理机构,配备专职安全生产管理人员。专职安全生产管理人员负责对安全生产进行现场监督检查。发现安全事故隐患,应当及时向项目负责人和安全生产管理机构报告;对违章指挥、违章操作的，应当立即制止。

住房与城乡建设部经修改后发布的《建筑施工企业安全生产管理机构设置及专职安全生产管理人员配备办法》规定，建筑施工企业应当依法设置安全生产管理机构，在企业主要负责人的领导下开展本企业的安全生产管理工作。

建筑施工企业安全生产管理机构具有以下职责：①宣传和贯彻国家有关安全生产法律法规和标准；②编制并适时更新安全生产管理制度并监督实施；③组织或参与企业生产安全事故应急救援预案的编制及演练；④组织开展安全教育培训与交流；⑤协调配备项目专职安全生产管理人员；⑥制订企业安全生产检查计划并组织实施；⑦监督在建项目安全生产费用的使用；⑧参与危险性较大工程安全专项施工方案专家论证会；⑨通报在建项目违规违章查处情况；⑩组织开展安全生产评优评先表彰工作；⑪建立企业在建项目安全生产管理档案；⑫考核评价分包企业安全生产业绩及项目安全生产管理情况；⑬参加生产安全事故的调查和处理工作；⑭企业明确的其他安全生产管理职责。

2. 专职安全生产管理人员的责任

建筑施工企业安全生产管理机构专职安全生产管理人员在施工现场检查过程中具有以下职责：①查阅在建项目安全生产有关资料、核实有关情况；②检查危险性较大工程安全专项施工方案落实情况；③监督项目专职安全生产管理人员履责情况；④监督作业人员安全防护用品的配备及使用情况；⑤对发现的安全生产违章违规行为或安全隐患，有权当场予以纠正或做出处理决定；⑥对不符合安全生产条件的设施、设备、器材，有权当场做出查封的处理决定；⑦对施工现场存在的重大安全隐患有权越级报告或直接向建设主管部门报告；⑧企业明确的其他安全生产管理职责。

建筑施工企业安全生产管理机构专职安全生产管理人员的配备应满足下列要求，并应根据企业经营规模、设备管理和生产需要予以增加：①建筑施工总承包资质序列企业：特级资质不少于 6 人；一级资质不少于 4 人；二级和二级以下资质企业不少于 3 人。②建筑施工专业承包资质序列企业：一级资质不少于 3 人；二级和二级以下资质企业不少于 2 人。③建筑施工劳务分包资质序列企业：不少于 2 人。④建筑施工企业的分公司、区域公司等较大的分支机构（以下简称分支机构）应依据实际生产情况配备不少于 2 人的专职安全生产管理人员。

总承包单位配备项目专职安全生产管理人员应当满足下列要求。

建筑工程、装修工程按照建筑面积配备：①1 万平方米以下的工程不少于 1 人；②1 万 ~ 5 万平方米的工程不少于 2 人；③5 万平方米及以上的工程不少于 3 人，且按专业配备专职安全生产管理人员。

土木工程、线路管道、设备安装工程按照工程合同价配备：①5000 万元以下的工程不少于 1 人；②5000 万 ~ 1 亿元的工程不少于 2 人；③1 亿元及以上的工程不少于 3 人，且按专业配备专职安全生产管理人员。

分包单位配备项目专职安全生产管理人员应当满足下列要求：①专业承包单位应当配置至少 1 人，并根据所承担的分部分项工程的工程量和施工危险程度增加。②劳务分包单位施工人员在 50 人以下的，应当配备 1 名专职安全生产管理人员；50 ~ 200 人的，应当配备 2 名专职安全生产管理人员；200 人及以上的，应当配备 3 名及以上专职安全生产管理人员，并根据所承担的分部分项工程施工危险实际情况增加，不得少于工程施工人员总人数的5‰。采用新技术、新工艺、新材料或致害因素多、施工作业难度大的工程项目，项目专职安全生产管理人员的数量应当根据施工实际情况，在规定的配备标准上增加。

建筑施工企业应当实行建设工程项目专职安全生产管理人员委派制度。建设工程项目的专职安全生产管理人员应当定期将项目安全生产管理情况报告企业安全生产管理机构。

（二）建设工程项目安全生产领导小组的职责

建筑施工企业应当在建设工程项目组建安全生产领导小组。建设工程实行施工总承包的，安全生产领导小组由总承包企业、专业承包企业和劳务分包企业项目经理、技术负责人和专职安全生产管理人员组成。

安全生产领导小组的主要职责：①贯彻落实国家有关安全生产法律法规和标准；②组织制定项目安全生产管理制度并监督实施；③编制项目生产安全事故应急救援预案并组织演练；④保证项目安全生产费用的有效使用；⑤组织编制危险性较大工程安全专项施工方案；⑥开展项目安全教育培训；⑦组织实施项目安全检查和隐患排查；⑧建立项目安全生产管理档案；⑨及时、如实报告安全生产事故。

（三）施工项目负责人的安全生产责任

《建设工程安全生产管理条例》规定，施工单位的项目负责人应当由取得相应执业资格的人员担任，对建设工程项目的安全施工负责，落实安全生产责任制度、安全生产规章制度和操作规程，确保安全生产费用的有效使用，并根据工程的特点组织制定安全施工措施，消除安全事故隐患，及时、如实报告生产安全事故。

项目负责人一般为项目经理，即取得建造师执业资格人员经注册后担任施工项目负责人，经施工单位法定代表人授权，选调技术、生产、材料、成本等管理人员组成项目管理班子，代表施工单位在本工程项目上履行管理职责。

项目负责人的安全生产责任主要有：①对建设工程项目的安全施工负责；②落实安全生产责任制度、安全生产规章制度和操作规程；③确保安全生产费用的有效使用；④根据工程的特点组织制定安全施工措施，消防安全事故隐患；⑤及时、如实报告生产安全事故情况。

（四）建设单位的安全生产责任

《建设工程安全生产管理条例》规定，建设单位应当向施工单位提供施工现场及毗邻区域内供水、排水、供电、供气、供热、通信、广播电视等地下管线资料，气象和水文观测资料，相邻建筑物和构筑物、地下工程的有关资料，并保证资料的真实、准确、完整。建设单位因建设工程需要，向有关部门或者单位查询资料时，有关部门或者单位应当及时提供。建设单位不得对勘察、设计、施工、工程监理等单位提出不符合建设工程安全生产法律、法规和强制性标准规定的要求，不得压缩合同约定的工期。建设单位在编制工程概算时，应当确定建设工程安全作业环境及安全施工措施所需费用。建设单位不得明示或者暗示施工单位购买、租赁、使用不符合安全施工要求的安全防护用具、机械设备、施工机具及配件、消防设施和器材。建设单位在申请领取施工许可证时，应当提供建设工程有关安全施工措施的资料。依法批准开工报告的建设工程，建设单位应当自开工报告批准之日起15日内，将保证安全施工的措施报送建设工程所在地的县级以上地方人民政府建设行政主管部门或者其他有关部门备案，建设单位应当将拆除工程发包给具有相应资质等级的施工单位。建设单位应当在拆除工程施工15日前，将下列资料报送建设工程所在地的县级以上地方人民政府建设行政主管部门或者其他有关部门备案：①施工单位资质等级证明；②拟拆除建筑物、构筑物及可能危及毗邻建筑的说明；③拆除施工组织方案；④堆放、清除废弃物的措施。实施爆破作业的，应当遵守国家有关民用爆炸物品管理的规定。

（五）施工单位的安全生产责任

《建设工程安全生产管理条例》规定，施工单位从事建设工程的新建、扩建、改建和拆除等活动，应当具备国家规定的注册资本、专业技术人员、技术装备和安全生产等条件，依法取得相应等级的资质证书，并在其资质等级许可的范围内承揽工程。施工单位主要负责人依法对本单位的安全生产工作全面负责。施工单位应当建立健全安全生产责任制度和安全生产教育培训制度，制定安全生产规章制度和操作规程，保证本单位安全生产条件所需资金的投入，对所承担的建设工程进行定期和专项安全检查，并做好安全检查记录。施工单位的项目负责人应当由取得相应执业资格的人员担任，对建设工程项目的安全施工负责，落实安全生产责任制度、安全生产规章制度和操作规程，确保安全生产费用的有效使用，并根据工程的特点组织制定安全施工措施，消除安全事故隐患，及时、如实报告生产安全事故。施工单位对列入建设工程概算的安全作业环境及安全施工措施所需费用，应当用于施工安全防护用具及设施的采购和更新、安全施工措施的落实、安全生产条件的改善，不得挪作他用。施工单位应当设立安全生产管理机构，配备专职安全生产管理人员。专职安全生产管理人员负责对安全生产进行现场监督检查。发现安全事故隐患，应当及时向项目负责人和安全生产管理机构报告；对违章指挥、违章操作的，应当立即制止。专职安全生产管理人员的配备办法由国务院建设行政主管部门会同国务院其他有关部门制定。建设工程实行施工总承包的，由总承包单位对施工现场的安全生产负总责。总承包单位应当自行完成建设工程主体结构的施工。总承包单位依法将建设工程分包给其他单位的，分包合同中应当明确各自的安全生产方面的权利、义务。总承包单位和分包单位对分包工程的安全生产承担连带责任。分包单位应当服从总承包单位的安全生产管理，分包单位不服从管理导致生产安全事故的，由分包单位承担主要责任。垂直运输机械作业人员、安装拆卸工、爆破作业人员、起重信号工、登高架设作业人员等特种作业人员，必须按照国家有关规定经过专门的安全作业培训，并取得特种作业操作资格证书后，方可上岗作业。

施工单位应当在施工组织设计中编制安全技术措施和施工现场临时用电方案，对下列达到一定规模的危险性较大的分部分项工程编制专项施工方案，并附具安全验算结果，经施工单位技术负责人、总监理工程师签字后实施，由专职安全生产管理人员进行现场监督：①基坑支护与降水工程；②土方开挖工程；③模板工程；④起重吊装工程；⑤脚手架工程；⑥拆除、爆破工程；⑦国务院建设行政主管部门或者其他有关部门规定的其他危险性较大的工程。对前款所列工程中涉及深基坑、地下暗挖工程、高大模板工程的专项施工方案，施工单位还应当组织专家进行论证、审查。前款规定的达到一定规模的危险性较大工程的标准，由国务院建设行政主管部门会同国务院其他有关部门制定。建设工程施工前，施工单位负责项目管理的技术人员应当对有关安全施工的技术要求向施工作业班组、作业人员做出详细说明，并由双方签字确认。施工单位应当在施工现场入口处、施工起重机械、临时用电设施、脚手架、出入通道口、楼梯口、电梯井口、孔洞口、桥梁口、隧道口、基坑边沿、爆破物及有害危险气体和液体存放处等危险部位，设置明显的安全警示标志。安全警示标志必须符合国家标准。施工单位应当根据不同施工阶段和周围环境及季节、气候的变化，在施工现场采取相应的安全施工措施。施工现场暂时停止施工的，施工单位应当做好现场防护，所需费用由责任方承担，或者按照合同约定执行。施工单位应当将施工现场的办公、生活区与作业区分开设置，并保持安全距离；办公、生活区的选址应当符合安全性要求。职工的膳食、饮水、休息场所等应当符合卫生标准。施工单位不得在尚未竣工的建筑物内设置员工集体宿舍。施工现场临时搭建的建筑物应当符合安全使用要求。施工现场使用的装配式活动房屋应当具有产品合格证。施工单位对因建设工程施工可能造成损害的毗邻建筑物、构筑物和地下管线等，应当采取专项防护措施。施工单位应当遵守有关环境保护法律、法规的规定，在施工现场采取措施，防止或者减少粉尘、废气、废水、固体废物、噪声、振动和施工照明对人和环境的危害和污染。在城市市区内的建设工程，施工单位应当对施工现场实行封闭围挡。施工单位应当在施工现场建立消防安全责任制度，确定消防安全责任人，制定用火、用电、使用易燃易爆材料等各项消防安全管理制度和操作规程，设置消防通道、消防水源，配备消防设施和灭火器材，并在施工现场入口处设置明显标志。施工单位应当向作业人员提供安全防护用具和安全防护服装，并书面告知危险岗位的操作规程和违章操作的危害。作业人员有权对施工现场的作业条件、作业程序和作业方式中存在的安全问题提出批评、检举和控告，有权拒绝违章指挥和强令冒险作业。在施工中发生危及人身安全的紧急情况时，作业人员有权立即停止作业或者在采取必要的应急措施后撤离危险区域。作业人员应当遵守安全施工的强制性标准、规章制度和操作规程，正确使用安全防护用具、机械设备等。施工单位采购、租赁的安全防护用具、机械设备、施工机具及配件，应当具有生产（制造）许可证、产品合格证，并在进入施工现场前进行查验。施工现场的安全防护用具、机械设备、施工机具及配件必须由专人管理，定期进行检查、维修和保养，建立相应的资料档案，并按照国家有关规定及时报废。施工单位在使用施工起重机械和整体提升脚手架、模板等自升式架设设施前，应当组织有关单位进行验收，也可以委托具有相应资质的检验检测机构进行验收；使用承租的机械设备和施工机具及配件的，由施工总承包单位、分包单位、出租单位和安装单位共同进行验收。验收合格的方可使用。《特种设备安全监察条例》规定的施工起重机械，在验收前应当经有相应资质的检验检测机构监督检验合格。施工单位应当自施工起重机械和整体提升脚手架、模板等自升式架设设施验收合格之日起 30 日内，向建设行政主管部门或者其他有关部门登记。登记标志应当置于或者附着于该设备的显著位置。施工单位的主要负责人、项目负责人、专职安全生产管理人员应当经建设行政主管部门或者其他有关部门考核合格后方可任职。施工单位应当对管理人员和作业人员每年至少进行一次安全生产教育培训，其教育培训情况记入个人工作档案。安全生产教育培训考核不合格的人员，不得上岗。作业人员进入新的岗位或者新的施工现场前，应当接受安全生产教育培训。未经教育培训或者教育培训考核不合格的人员，不得上岗作业。施工单位在采用新技术、新工艺、新设备、新材料时，应当对作业人员进行相应的安全生产教育培训。施工单位应当为施工现场从事危险作业的人员办理意外伤害保险。意外伤害保险费由施工单位支付。实行施工总承包的，由总承包单位支付意外伤害保险费。意外伤害保险期限自建设工程开工之日起至竣工验收合格止。

（六）勘察、设计、工程监理及其他有关单位的安全责任

《建设工程安全生产管理条例》规定，勘察单位应当按照法律、法规和工程建设强制性标准进行勘察，提供的勘察文件应当真实、准确，满足建设工程安全生产的需要。勘察单位在勘察作业时，应当严格执行操作规程，采取措施保证各类管线、设施和周边建筑物、构筑物的安全。设计单位应当按照法律、法规和工程建设强制性标准进行设计，防止因设计不合理导致生产安全事故的发生。设计单位应当考虑施工安全操作和防护的需要，对涉及施工安全的重点部位和环节在设计文件中注明，并对防范生产安全事故提出指导意见。采用新结构、新材料、新工艺的建设工程和特殊结构的建设工程，设计单位应当在设计中提出保障施工作业人员安全和预防生产安全事故的措施建议。设计单位和注册建筑师等注册执业人员应当对其设计负责。工程监理单位应当审查施工组织设计中的安全技术措施或者专项施工方案是否符合工程建设强制性标准。工程监理单位在实施监理过程中，发现存在安全事故隐患的，应当要求施工单位整改；情况严重的，应当要求施工单位暂时停止施工，并及时报告建设单位。施工单位拒不整改或者不停止施工的，工程监理单位应当及时向有关主管部门报告。工程监理单位和监理工程师应当按照法律、法规和工程建设强制性标准实施监理，并对建设工程安全生产承担监理责任。为建设工程提供机械设备和配件的单位，应当按照安全施工的要求配备齐全有效的保险、限位等安全设施和装置。出租的机械设备和施工机具及配件，应当具有生产（制造）许可证、产品合格证。出租单位应当对出租的机械设备和施工机具及配件的安全性能进行检测，在签订租赁协议时，应当出具检测合格证明。禁止出租检测不合格的机械设备和施工机具及配件。在施工现场安装、拆卸施工起重机械和整体提升脚手架、模板等自升式架设设施，必须由具有相应资质的单位承担。安装、拆卸施工起重机械和整体提升脚手架、模板等自升式架设设施，应当编制拆装方案、制定安全施工措施，并由专业技术人员现场监督。施工起重机械和整体提升脚手架、模板等自升式架设设施安装完毕后，安装单位应当自检，出具自检合格证明，并向施工单位进行安全使用说明，办理验收手续并签字。施工起重机械和整体提升脚手架、模板等自升式架设设施的使用达到国家规定的检验检测期限的，必须经具有专业资质的检验检测机构检测。经检测不合格的，不得继续使用。检验检测机构对检测合格的施工起重机械和整体提升脚手架、模板等自升式架设设施，应当出具安全合格证明文件，并对检测结果负责。

（七）施工作业人员安全生产的权利和义务

《安全生产法》规定，生产经营单位的从业人员有依法获得安全生产保障的权利，并应当依法履行安全生产方面的义务。生产经营单位与从业人员订立的劳动合同，应当载明有关保障从业人员劳动安全、防止职业危害的事项，以及依法为从业人员办理工伤保险

的事项。生产经营单位不得以任何形式与从业人员订立协议，免除或者减轻其对从业人员因生产安全事故伤亡依法应承担的责任。

《建筑法》规定，建筑施工企业和作业人员在施工过程中，应当遵守有关安全生产的法律、法规和建筑行业安全规章、规程，不得违章指挥或者违章作业。作业人员有权对影响人身健康的作业程序和作业条件提出改进意见，有权获得安全生产所需的防护用品。作业人员对危及生命安全和人身健康的行为有权提出批评、检举和控告。

1. 施工作业人员安全生产的权利

按照《建筑法》《安全生产法》《建设工程安全生产管理条例》等法律、行政法规的规定，施工作业人员主要享有如下的安全生产权利。

(1)施工安全生产的知情权和建议权　施工作业人员是施工单位运行和施工生产活动的主体。充分发挥施工作业人员在企业中的主人翁作用，是搞好施工安全生产的重要保障。因此，施工作业人员对施工安全生产拥有知情权，并享有改进安全生产工作的建议权。

《安全生产法》规定，生产经营单位的从业人员有权了解其作业场所和工作岗位存在的危险因素、防范措施及事故应急措施，有权对本单位的安全生产工作提出建议。《建筑法》同时规定，作业人员有权对影响人身健康的作业程序和作业条件提出改进意见。《建设工程安全生产管理条例》进一步规定，施工单位应当向作业人员提供安全防护用具和安全防护服装，并书面告知危险岗位的操作规程和违章操作的危害。

(2)施工安全防护用品的获得权　施工安全防护用品，是保护施工作业人员安全健康所必需的防御性装备，可有效地预防或减少伤亡事故的发生，一般包括安全帽、安全带、安全网、安全绳及其他个人防护用品。

《建筑法》规定，作业人员有权获得安全生产所需的防护用品。《安全生产法》还规定，生产经营单位必须为从业人员提供符合国家标准或者行业标准的劳动防护用品，并监督、教育从业人员按照使用规则佩戴、使用。《建设工程安全生产管理条例》进一步规定，施工单位应当向作业人员提供安全防护用具和安全防护服装。

(3)批评、检举、控告权及拒绝违章指挥权　《建筑法》规定，作业人员对危及生命安全和人身健康的行为有权提出批评、检举和控告。《建设工程安全生产管理条例》进一步规定，作业人员有权对施工现场的作业条件、作业程序和作业方式中存在的安全问题提出批评、检举和控告，有权拒绝违章指挥和强令冒险作业。

违章指挥是指强迫施工作业人员违反法律、法规或者规章制度、操作规程进行作业的行为。法律赋予施工作业人员有拒绝违章指挥和强令冒险作业的权利，是为了保护施工作业人员的人身安全，也是警示施工单位负责人和现场管理人员须按照有关规章制度和操作规程进行指挥，并不得对拒绝违章指挥和强令冒险作业的人员进行打击报复。《安全生产法》明确规定，生产经营单位不得因从业人员对本单位安全生产工作提出批评、检举、控告或者拒绝违章指挥、强令冒险作业而降低其工资、福利等待遇或者解除与其订立的劳动合同。

(4)紧急避险权　为了保证施工作业人员的安全，在施工中遇有直接危及人身安全的紧急情况时，施工作业人员享有停止作业和紧急撤离的权利。

《安全生产法》规定，从业人员发现直接危及人身安全的紧急情况时，有权停止作业或者在采取可能的应急措施后撤离作业场所。生产经营单位不得因从业人员在前款紧急情况下停止作业或者采取紧急撤离措施而降低其工资、福利等待遇或者解除与其订立的劳动合同。《建设工程安全生产条例》也规定，在施工中发生危及人身安全的紧急情况时，作业人员有权立即停止作业或者在采取必要的应急措施后撤离危险区域。

（5）获得工伤保险和意外伤害保险赔偿的权利 《建筑法》规定，建筑施工企业应当依法为职工参加工伤保险缴纳工伤保险费。鼓励企业为从事危险作业的职工办理意外伤害保险，支付保险费。施工作业人员除依法享有工伤保险的各项权利外，从事危险作业的施工人员还可以依法享有意外伤害保险的权利。

（6）请求民事赔偿权 《安全生产法》规定，因生产安全事故受到损害的从业人员，除依法享有工伤保险外，依照有关民事法律尚有获得赔偿的权利的，有权向本单位提出赔偿要求。

（7）依靠工会维权和被派遣劳动者的权利 《安全生产法》规定，工会对生产经营单位违反安全生产法律、法规，侵犯从业人员合法权益的行为，有权要求纠正；发现生产经营单位违章指挥、强令冒险作业或者发现事故隐患时，有权提出解决的建议，生产经营单位应当及时研究答复；发现危及从业人员生命安全的情况时，有权向生产经营单位建议组织从业人员撤离危险场所，生产经营单位必须立即做出处理。工会有权依法参加事故调查，向有关部门提出处理意见，并要求追究有关人员的责任。生产经营单位使用被派遣劳动者的，被派遣劳动者享有本法规定的从业人员的权利，并应当履行本法规定的从业人员的义务。

2. 施工作业人员应履行的安全生产义务

按照《建筑法》《安全生产法》《建设工程安全生产管理条例》等法律、行政法规的规定，施工作业人员主要应当履行如下安全生产义务。

（1）守法遵章和正确使用安全防护用具等的义务 《建筑法》规定，建筑施工企业和作业人员在施工过程中，应当遵守有关安全生产的法律、法规和建筑行业安全规章、规程，不得违章指挥或者违章作业。《安全生产法》规定，从业人员在作业过程中，应当严格遵守本单位的安全生产规章制度和操作规程，服从管理，正确佩戴和使用劳动防护用品。《建设工程安全生产管理条例》进一步规定，作业人员应当遵守安全施工的强制性标准、规章制度和操作规程，正确使用安全防护用具、机械设备等。

（2）接受安全生产教育培训的义务 《安全生产法》规定，从业人员应当接受安全生产教育和培训，掌握本职工作所需的安全生产知识，提高安全生产技能，增强事故预防和应急处理能力。《建设工程安全生产条例》也规定，作业人员进入新的岗位或者新的施工现场前，应当接受安全生产教育培训。未经教育培训或者教育培训考核不合格的人员，不得上岗作业。

（3）施工安全事故隐患报告的义务 施工安全事故通常都是由事故隐患或者其他不安全因素所酿成。因此，施工作业人员一旦发现事故隐患或者其他不安全因素，应当立即报告，以便及时采取措施，防患于未然。《安全生产法》规定，从业人员发现事故隐患或者其他不安全因素，应当立即向现场安全生产管理人员或者本单位负责人报告；接到报告的人员应当及时予以处理。

(4)被派遣劳动者的义务 《安全生产法》规定,生产经营单位使用被派遣劳动者的,被派遣劳动者享有本法规定的从业人员的权利,并应当履行本法规定的从业人员的义务。

三、施工单位安全生产教育培训制度

《安全生产法》规定,生产经营单位应当教育和督促从业人员严格执行本单位的安全生产规章制度和安全操作规程;并向从业人员如实告知作业场所和工作岗位存在的危险因素、防范措施以及事故应急措施。生产经营单位应当安排用于配备劳动防护用品、进行安全生产培训的经费。

(一)三类管理人员的培训考核

《安全生产法》规定,生产经营单位的主要负责人和安全生产管理人员必须具备与本单位所从事的生产经营活动相应的安全生产知识和管理能力。建筑施工、道路运输单位的主要负责人和安全生产管理人员,应当由主管的负有安全生产监督管理职责的部门对其安全生产知识和管理能力考核合格。考核不得收费。《建设工程安全生产管理条例》进一步规定,施工单位的主要负责人、项目负责人、专职安全生产管理人员应当经建设行政主管部门或者其他部门考核合格后方可任职。

(二)特种作业人员的培训考核

《安全生产法》规定,生产经营单位的特种作业人员必须按照国家有关规定经专门的安全作业培训,取得相应资格,方可上岗作业。《建设工程安全生产管理条例》进一步规定,垂直运输机械作业人员、安装拆卸工、爆破作业人员、起重信号工、登高架设作业人员等特种作业人员,必须按照国家有关规定经过专门的安全作业培训,并取得特种作业操作资格证书后,方可上岗作业。特种作业人员的范围由国务院安全生产监督管理部门会同国务院有关部门确定。《建筑施工特种作业人员管理规定》规定,建筑施工特种作业包括:①建筑电工;②建筑架子工;③建筑起重信号司索工;④建筑起重司机;⑤建筑起重机械安装拆卸工;⑥高处作业吊篮安装拆卸工;⑦经省级以上人民政府建设主管部门认定的其他特种作业。

(三)施工单位其他人员的安全生产教育培训

《安全生产法》规定,生产经营单位应当对从业人员进行安全生产教育和培训,保证从业人员具备必要的安全生产知识,熟悉有关的安全生产规章制度和安全操作规程,掌握本岗位的安全操作技能,了解事故应急处理措施,知悉自身在安全生产方面的权利和义务。未经安全生产教育和培训合格的从业人员,不得上岗作业。生产经营单位使用被派遣劳动者的,应当将被派遣劳动者纳入本单位从业人员统一管理,对被派遣劳动者进行岗位安全操作规程和安全操作技能的教育和培训。劳务派遣单位应当对被派遣劳动者进行必要的安全生产教育和培训。生产经营单位应当建立安全生产教育和培训档案,如实记录安全生产教育和培训的时间、内容、参加人员以及考核结果等情况。

《建设工程安全生产管理条例》进一步规定,施工单位应当对管理人员和作业人员每年至少进行一次安全生产教育培训,其教育培训情况记入个人工作档案。安全生产教育

培训考核不合格的人员，不得上岗。施工单位应当根据实际需要，对不同岗位、不同工种的人员进行因人施教。安全教育培训可采取多种形式，包括安全形势报告会、事故案例分析会、安全法制教育、安全技术交流、安全竞赛、师傅带徒弟等。

《建设工程安全生产管理条例》规定，作业人员进入新的岗位或者新的施工现场前，应当接受安全生产教育培训。未经教育培训或者教育培训考核不合格的人员，不得上岗作业。建筑企业要对新职工进行至少32学时的安全培训，每年进行至少20学时的再培训。

《安全生产法》规定，生产经营单位采用新工艺、新技术、新材料或者使用新设备，必须了解、掌握其安全技术特性，采取有效的安全防护措施，并对从业人员进行专门的安全生产教育和培训。《建设工程安全生产管理条例》规定，施工单位在采用新技术、新工艺、新设备、新材料时，应当对作业人员进行相应的安全生产教育培训。

随着我国工程建设和科学技术的迅速发展，越来越多的新技术、新工艺、新设备、新材料被广泛应用于施工生产活动中，大大促进了施工生产效率和工程质量的提高，同时也对施工作业人员的素质提出了更高要求。因此，施工单位在采用新技术、新工艺、新设备、新材料时，应当对施工作业人员进行专门的安全生产教育培训，并采取保证安全的防护措施，防止发生事故。

四、建筑安全生产事故的应急救援与调查处理制度

施工现场一旦发生生产安全事故，应当立即实施抢险救援特别是抢救遇险人员，迅速控制事态，防止伤亡事故进一步扩大，并依法向有关部门报告事故。事故调查处理应当坚持实事求是、尊重科学的原则，及时准确地查清事故经过、事故原因和事故损失，查明事故性质，认定事故责任，总结事故教训，提出整改措施，并对事故责任者依法追究责任。

（一）生产安全事故的等级划分

《安全生产法》规定，生产安全一般事故、较大事故、重大事故、特别重大事故的划分标准由国务院规定。

《安全生产事故报告和调查处理条例》规定，根据生产安全事故（以下简称事故）造成的人员伤亡或者直接经济损失，事故一般分为以下等级：①特别重大事故，是指造成30人以上死亡，或者100人以上重伤（包括急性工业中毒，下同），或者1亿元以上直接经济损失的事故；②重大事故，是指造成10人以上30人以下死亡，或者50人以上100人以下重伤，或者5000万元以上1亿元以下直接经济损失的事故；③较大事故，是造成3人以上10人以下死亡，或者10人以上50人以下重伤，或者1000万元以上5000万元以下直接经济损失的事故；④一般事故，是造成3人以下死亡，或者10人以下重伤，或者1000万元以下直接经济损失的事故。国务院安全生产监督管理部门可以会同国务院有关部门，制定事故等级划分的补充性规定。本规定所称的“以上”包括本数，所称的“以下”不包括本数。

《安全生产事故报告和调查处理条例》进一步规定，没有造成人员伤亡，但是社会影响恶劣的事故，国务院或者有关地方人民政府认为需要调查处理的，依照本条例的有关规定执行。

生产安全事故等级的划分包括了人身、经济和社会三个要素:人身要素就是人员伤亡的数量;经济要素就是直接经济损失的数额;社会要素则是社会影响。这三个要素依法可以单独适用。

对于工程建设重大事故应当按照住房与建设部颁布的《工程建设重大事故报告和调查程序规定》处理。重大事故分为四个等级。①具备下列条件之一者为一级重大事故:死亡30人以上;直接经济损失300万元以上。②具备下列条件之一者为二级重大事故:死亡10人以上,29人以下;直接经济损失100万元以上,不满300万元。③具备下列条件之一者为三级重大事故:死亡3人以上,9人以下;重伤20人以上;直接经济损失30万元以上,不满100万元。④具备下列条件之一者为四级重大事故:死亡2人以下;重伤3人以上,19人以下;直接经济损失10万元以上,不满30万元。

住房与建设部管理全国工程建设重大事故,省、自治区、直辖市建设行政主管部门管理本辖区内的工程建设重大事故的处理,国务院各有关主管部门管理所属单位的工程建设重大事故的处理。重大事故发生后,事故发生单位必须以最快方式,将事故的简要情况向上级主管部门和事故发生地的市、县级建设行政主管部门及检察、劳动(如有人身伤亡)部门报告,事故发生单位属于国务院部委的,应同时向国务院有关主管部门报告。市、县级建设行政主管部门接到报告后,应当立即向人民政府和省、自治区、直辖市建设行政主管部门报告,省、自治区、直辖市建设行政主管部门接到报告后,应当立即向人民政府和建设部报告。重大事故发生后,事故发生单位应当在24小时内写出书面报告,按上述程序和部门逐级上报。事故发生单位和事故发生地的建设行政主管部门,应当严格保护事故现场,采取有效措施抢救人员和财产,防止事故扩大。重大事故的调查由事故发生地的市、县级以上建设行政主管部门或国务院有关主管部门组成调查组负责进行。调查组由建设行政主管部门、事故发生单位的主管部门和劳动部门等有关部门的人员组成,并应邀请人民检察机关和工会派员参加。必要时,调查组可以聘请有关方面的专家协助进行技术鉴定、事故分析和财产损失的评估工作。重大事故调查组的职责是:①组织技术鉴定;②查明事故发生的原因、过程、人员伤亡及财产损失情况;③查明事故的性质、责任单位和主要责任者;④提出事故处理意见及防止类似事故再次发生所应采取措施的建议;⑤提出对事故责任者的处理建议;⑥写出事故调查报告。调查组在调查工作结束后10日内,应当将调查报告报送批准组成调查组的人民政府和建设行政主管部门以及调查组其他成员部门。经组织调查的部门同意,调查工作即告结束。重大事故处理完毕后,事故发生单位应当尽快写出详细的事故处理报告,并逐级上报。

(二)施工生产安全事故应急救援预案的规定

施工生产安全事故多具突发性、群体性等特点,如果施工单位事先根据本单位和施工现场的实际情况,针对可能发生事故的类别、性质、特点和范围等,事先制定当事故发生时有关的组织、技术措施和其他应急措施,做好充分的应急救援准备工作,不但可以采取预防技术和管理手段,降低事故发生的可能性,而且一旦发生事故时,还可以在短时间内就组织有效抢救,防止事故扩大,减少人员伤亡和财产损失。

《安全生产法》规定,生产经营单位应当制定本单位生产安全事故应急救援预案,与所在地县级以上地方人民政府组织制定的生产安全事故应急救援预案相衔接,并定期组织演练。建筑施工单位应当建立应急救援组织；生产经营规模较小的，可以不建立应急救援组织，但应当指定兼职的应急救援人员。建筑施工单位应当配备必要的应急救援器材、设备和物资，并进行经常性维护、保养，保证正常运转。《建设工程安全生产管理条例》也同时规定，施工单位应当制定本单位生产安全事故应急救援预案，建立应急救援组织或者配备应急救援人员，配备必要的应急救援器材、设备，并定期组织演练。

《安全生产法》规定，生产经营单位对重大危险源应当登记建档，进行定期检测、评估、监控，并制定应急预案，告知从业人员和相关人员在紧急情况下应当采取的应急措施。生产经营单位应当按照国家有关规定将本单位重大危险源及有关安全措施、应急措施报有关地方人民政府安全生产监督管理部门和有关部门备案。《建设工程安全生产管理条例》也同时规定，施工单位应当根据建设工程施工的特点、范围，对施工现场易发生重大事故的部位、环节进行监控，制定施工现场生产安全事故应急救援预案。实行施工总承包的，由总承包单位统一组织编制建设工程生产安全事故应急救援预案，工程总承包单位和分包单位按照应急救援预案，各自建立应急救援组织或者配备应急救援人员，配备救援器材、设备，并定期组织演练。

（三）生产安全事故报告制度

《建筑法》规定，施工中发生事故时，建筑施工企业应当采取紧急措施减少人员伤亡和事故损失，并按照国家有关规定及时向有关部门报告。

《建设工程安全生产管理条例》也同时规定，施工单位发生生产安全事故，应当按照国家有关伤亡事故报告和调查处理的规定，及时、如实地向负责安全生产监督管理的部门、建设行政主管部门或者其他有关部门报告；特种设备发生事故的，还应当同时向特种设备安全监督管理部门报告。接到报告的部门应当按照国家有关规定，如实上报。实行施工总承包的建设工程，由总承包单位负责上报事故。

《安全生产法》规定，生产经营单位发生生产安全事故后，事故现场有关人员应当立即报告本单位负责人。单位负责人接到事故报告后，应当迅速采取有效措施，组织抢救，防止事故扩大，减少人员伤亡和财产损失，并按照国家有关规定立即如实报告当地负有安全生产监督管理职责的部门，不得隐瞒不报、谎报或者迟报，不得故意破坏事故现场、毁灭有关证据。

《生产安全事故报告和调查处理条例》规定，事故发生后，事故现场有关人员应当立即向本单位负责人报告；单位负责人接到报告后，应当于1小时内向事故发生地县级以上人民政府安全生产监督管理部门和负有安全生产监督管理职责的有关部门报告。情况紧急时，事故现场有关人员可以直接向事故发生地县级以上人民政府安全生产监督管理部门和负有安全生产监督管理职责的有关部门报告。事故报告应当及时、准确、完整，任何单位和个人对事故不得迟报、漏报、谎报或者瞒报。

《生产安全事故报告和调查处理条例》进一步规定，报告事故应当包括下列内容：①事故发生单位概况；②事故发生的时间、地点以及事故现场情况；③事故的简要经过；④事故已经造成或者可能造成的伤亡人数（包括下落不明的人数）和初步估计的直接经济损失；⑤已经采取的措施；⑥其他应当报告的情况。

事故报告后出现新情况的，应当及时补报。自事故发生之日起30日内，事故造成的伤亡人数发生变化的，应当及时补报。道路交通事故、火灾事故自发生之日起7日内，事故造成的伤亡人数发生变化的，应当及时补报。

（四）施工生产安全事故调查制度

《安全生产法》规定，事故调查处理应当按照科学严谨、依法依规、实事求是、注重实效的原则，及时、准确地查清事故原因，查明事故性质和责任，总结事故教训，提出整改措施，并对事故责任者提出处理意见。事故调查报告应当依法及时向社会公布。

《生产安全事故报告和调查处理条例》进一步规定，特别重大事故由国务院或者国务院授权有关部门组织事故调查组进行调查。重大事故、较大事故、一般事故分别由事故发生地省级人民政府、设区的市级人民政府、县级人民政府负责调查。省级人民政府、设区的市级人民政府、县级人民政府可以直接组织事故调查组进行调查，也可以授权或者委托有关部门组织事故调查组进行调查。未造成人员伤亡的一般事故，县级人民政府也可以委托事故发生单位组织事故调查组进行调查。自事故发生之日起30日内（道路交通事故、火灾事故自发生之日起7日内），因事故伤亡人数变化导致事故等级发生变化，依照本条例规定应当由上级人民政府负责调查的，上级人民政府可以另行组织事故调查组进行调查。特别重大事故以下等级事故，事故发生地与事故发生单位不在同一个县级以上行政区域的，由事故发生地人民政府负责调查，事故发生单位所在地人民政府应当派人参加。

事故调查组的组成应当遵循精简、效能的原则。根据事故的具体情况，事故调查组由有关人民政府、安全生产监督管理部门、负有安全生产监督管理职责的有关部门、监察机关、公安机关以及工会派人组成，并应当邀请人民检察院派人参加。事故调查组可以聘请有关专家参与调查。事故调查组成员应当具有事故调查所需要的知识和专长，并与所调查的事故没有直接利害关系。事故调查组组长由负责事故调查的人民政府指定。事故调查组组长主持事故调查组的工作。事故调查组履行下列职责：①查明事故发生的经过、原因、人员伤亡情况及直接经济损失；②认定事故的性质和事故责任；③提出对事故责任者的处理建议；④总结事故教训，提出防范和整改措施；⑤提交事故调查报告。事故调查组有权向有关单位和个人了解与事故有关的情况，并要求其提供相关文件、资料，有关单位和个人不得拒绝。事故发生单位的负责人和有关人员在事故调查期间不得擅离职守，并应当随时接受事故调查组的询问，如实提供有关情况。事故调查中发现涉嫌犯罪的，事故调查组应当及时将有关材料或者其复印件移交司法机关处理。事故调查中需要进行技术鉴定的，事故调查组应当委托具有国家规定资质的单位进行技术鉴定。必要时，事故调查组可以直接组织专家进行技术鉴定。技术鉴定所需时间不计入事故调查期限。事故调查组成员在事故调查工作中应当诚信公正、恪尽职守，遵守事故调查组的纪律，保守事故调查的秘密。未经事故调查组组长允许，事故调查组成员不得擅自发布有关事故的信息。

事故调查组应当自事故发生之日起60日内提交事故调查报告；特殊情况下，经负责事故调查的人民政府批准，提交事故调查报告的期限可以适当延长，但延长的期限最长不超过60日。事故调查报告应当包括下列内容：①事故发生单位概况；②事故发生经过和事故救援情况；③事故造成的人员伤亡和直接经济损失；④事故发生的原因和事故性质；⑤事故责任的认定以及对事故责任者的处理建议；⑥事故防范和整改措施。事故调查报告应当附具有关证据材料。事故调查组成员应当在事故调查报告上签名。

重大事故、较大事故、一般事故，负责事故调查的人民政府应当自收到事故调查报告之日起15日内做出批复；特别重大事故，30日内做出批复，特殊情况下，批复时间可以适当延长，但延长的时间最长不超过30日。有关机关应当按照人民政府的批复，依照法律、行政法规规定的权限和程序，对事故发生单位和有关人员进行行政处罚，对负有事故责任的国家工作人员进行处分。事故发生单位应当按照负责事故调查的人民政府的批复，对本单位负有事故责任的人员进行处理。负有事故责任的人员涉嫌犯罪的，依法追究刑事责任。

事故发生单位应当认真吸取事故教训，落实防范和整改措施，防止事故再次发生。防范和整改措施的落实情况应当接受工会和职工的监督。安全生产监督管理部门和负有安全生产监督管理职责的有关部门应当对事故发生单位落实防范和整改措施的情况进行监督检查。事故处理的情况由负责事故调查的人民政府或者其授权的有关部门、机构向社会公布，依法应当保密的除外。

五、施工现场安全防护制度

保障建设工程施工生产安全，要建立并落实施工安全生产责任和安全生产教育培训制度，还应当针对建设工程施工的特点，加强安全技术管理和施工现场的安全防护。

（一）安全技术措施、专项施工方案和安全技术交底的规定

《建筑法》规定，建筑施工企业在编制施工组织设计时，应当根据建筑工程的特点制定相应的安全技术措施；对专业性较强的工程项目，应当编制专项安全施工组织设计，并采取安全技术措施。

《建设工程安全生产管理条例》也规定，施工单位应当在施工组织设计中编制安全技术措施和施工现场临时用电方案。施工组织设计是规划和指导施工全过程的综合性技术经济文件。安全技术措施是为了实现施工安全生产，在安全防护以及技术、管理等方面采取的措施。安全技术措施可分为防止事故发生的安全技术措施和减少事故损失的安全技术措施。临时用电方案不仅直接关系到用电人员的安全，也关系到施工进度和工程质量。

《建设工程安全生产管理条例》规定，对下列达到一定规模的危险性较大的分部分项工程编制专项施工方案，并附具安全验算结果，经施工单位技术负责人、总监理工程师签字后实施，由专职安全生产管理人员进行现场监督：①基坑支护与降水工程；②土方开挖工程；③模板工程；④起重吊装工程；⑤脚手架工程；⑥拆除、爆破工程；⑦国务院建设行政主管部门或者其他有关部门规定的其他危险性较大的工程。对前款所列工程中涉及深基坑、地下暗挖工程、高大模板工程的专项施工方案，施工单位还应当组织专家进行论证、审查。

危险性较大的分部分项工程，是指建筑工程在施工过程中存在的、可能导致作业人员群死群伤或造成重大不良社会影响的分部分项工程。危险性较大的分部分项工程安全专项施工方案，是指施工单位在编制施工组织设计的基础上，针对危险性较大的分部分项工程单独编制的安全技术措施文件。

专项施工方案编制应当包括以下内容：①工程概况；②编制依据；③施工计划；④施工

工艺技术;⑤施工安全保证措施;⑥劳动力计划;⑦计算书及附图。

专项方案编制完成由分公司技术经理或直属项目部技术负责人审核符合要求,送总公司技术、安全、质量处审核,在审批表审核意见栏签署意见,经审核合格的,总工程师签字。实行施工总承包的专项方案,应当由总承包单位总工程师及相关专业承建单位技术负责人签字。专家论证会由总承包单位组织召开。施工单位根据专家论证意见修改完善专项方案,并经施工单位总工程师、项目总监理工程师、建设单位项目负责人签字后,方可组织施工(总承包的工程同时也应有专业承包单位技术负责人签字)。由专业单位施工的分部(分项)工程或专项工程(在中标通知书、合同范围内)的施工方案,应由专业承包单位技术负责人或技术负责人授权的技术人员审批,再由分包单位报方案,项目部技术负责人审核盖章后,送总公司质量处审核登记。

《建设工程安全生产管理条例》规定,建设工程施工前,施工单位负责项目管理的技术人员应当对有关安全施工的技术要求向施工作业班组、作业人员做出详细说明,并由双方签字确认。

施工前对有关安全施工的技术要求做出详细说明,就是通常所说的安全技术交底。安全技术交底,一般有施工工种安全技术交底、分部分项工程施工安全技术交底、大型特殊工程单项安全技术交底、设备安装工程技术交底以及采用新工艺、新技术、新材料施工的安全技术交底等。

(二)施工现场安全防护的规定

《建筑法》规定,建筑施工企业应当在施工现场采取维护安全、防范危险、预防火灾等措施;有条件的,应当对施工现场实行封闭管理。施工现场对毗邻的建筑物、构筑物和特殊作业环境可能造成损害的,建筑施工企业应当采取安全防护措施。

《安全生产法》规定,生产经营单位应当在有较大危险因素的生产经营场所和有关设施、设备上,设置明显的安全警示标志。《建设工程安全生产管理条例》进一步规定,施工单位应当在施工现场入口处、施工起重机械、临时用电设施、脚手架、出入通道口、楼梯口、电梯井口、孔洞口、桥梁口、隧道口、基坑边沿、爆破物及有害危险气体和液体存放处等危险部位,设置明显的安全警示标志。安全警示标志必须符合国家标准。

危险部位,是指存在着危险因素,容易造成施工作业人员或者其他人员伤亡的地点。安全警示标志,是指提醒人们注意的各种标牌、文字、符号以及灯光等,一般由安全色、几何图形和图形符号构成。安全警示标志须符合国家标准的规定。

《建设工程安全生产管理条例》规定,施工单位应当将施工现场的办公、生活区与作业区分开设置,并保持安全距离;办公、生活区的选址应当符合安全性要求。职工的膳食、饮水、休息场所等应当符合卫生标准。施工单位不得在尚未竣工的建筑物内设置员工集体宿舍。施工现场临时搭建的建筑物应当符合安全使用要求。施工现场使用的装配式活动房屋应当具有产品合格证。施工单位对因建设工程施工可能造成损害的毗邻建筑物、构筑物和地下管线等,应当采取专项防护措施。

施工单位采购、租赁的安全防护用具、机械设备、施工机具及配件,应当具有生产(制造)许可证、产品合格证,并在进入施工现场前进行查验。施工现场的安全防护用具、机械设备、施工机具及配件必须由专人管理,定期进行检查、维修和保养,建立相应的资料档案,并按照国家有关规定及时报废。

施工单位在使用施工起重机械和整体提升脚手架、模板等自升式架设设施前,应当组织有关单位进行验收,也可以委托具有相应资质的检验检测机构进行验收;使用承租的机械设备和施工机具及配件的,由施工总承包单位、分包单位、出租单位和安装单位共同进行验收。验收合格的方可使用。

六、工伤保险和意外伤害保险制度

《建筑法》规定,建筑施工企业应当依法为职工参加工伤保险缴纳工伤保险费。鼓励企业为从事危险作业的职工办理意外伤害保险,支付保险费。

《工伤保险条例》规定,中华人民共和国境内的各类企业、有雇工的个体工商户(以下称用人单位)应当依照本条例规定参加工伤保险,为本单位全部职工或者雇工(以下称职工)缴纳工伤保险费。

用人单位应当按时缴纳工伤保险费。职工个人不缴纳工伤保险费。用人单位缴纳工伤保险费的数额为本单位职工工资总额乘以单位缴费费率之积。跨地区、生产流动性较大的行业,可以采取相对集中的方式异地参加统筹地区的工伤保险。工伤保险基金存入社会保障基金财政专户,用于本条例规定的工伤保险待遇、劳动能力鉴定以及法律、法规规定的用于工伤保险的其他费用的支付。任何单位或者个人不得将工伤保险基金用于投资运营、兴建或者改建办公场所、发放奖金,或者挪作其他用途。

职工有下列情形之一的,应当认定为工伤:①在工作时间和工作场所内,因工作原因受到事故伤害的;②工作时间前后在工作场所内,从事与工作有关的预备性或者收尾性工作受到事故伤害的;③在工作时间和工作场所内,因履行工作职责受到暴力等意外伤害的;④患职业病的;⑤因工外出期间,由于工作原因受到伤害或者发生事故下落不明的;⑥在上下班途中,受到非本人主要责任的交通事故或者城市轨道交通、客运轮渡、火车事故伤害的;⑦法律、行政法规规定应当认定为工伤的其他情形。

职工有下列情形之一的,视同工伤:①在工作时间和工作岗位,突发疾病死亡或者在48小时之内经抢救无效死亡的;②在抢险救灾等维护国家利益、公共利益活动中受到伤害的;③职工原在军队服役,因战、因公负伤致残,已取得革命伤残军人证,到用人单位后旧伤复发的。职工有前款第①项、第②项情形的,按照本条例的有关规定享受工伤保险待遇;职工有前款第③项情形的,按照本条例的有关规定享受除一次性伤残补助金以外的工伤保险待遇。

职工符合以上规定,但有下列情形之一的,不得认定为工伤或者视同工伤:①因犯罪或者违反治安管理伤亡的;②醉酒导致伤亡的;③自残或者自杀的。

职工发生事故伤害或者按照职业病防治法规定被诊断、鉴定为职业病,所在单位应当自事故伤害发生之日或者被诊断、鉴定为职业病之日起30日内,向统筹地区劳动保障行政部门提出工伤认定申请。遇有特殊情况,经报劳动保障行政部门同意,申请时限可以适当延长。用人单位未按前款规定提出工伤认定申请的,工伤职工或者其直系亲属、工会组织在事故伤害发生之日或者被诊断、鉴定为职业病之日起1年内,可以直接向用人单位所在地统筹地区劳动保障行政部门提出工伤认定申请。按照以上规定应当由省级劳动保障行政部门进行工伤认定的事项，根据属地原则由用人单位所在地的设区的市级劳动保障行政部门办理。用人单位未在本条第一款规定的时限内提交工伤认定申请，在此期间发生符合本条例规定的工伤待遇等有关费用由该用人单位负担。

提出工伤认定申请应当提交下列材料：①工伤认定申请表；②与用人单位存在劳动关系（包括事实劳动关系）的证明材料；③医疗诊断证明或者职业病诊断证明书（或者职业病诊断鉴定书）。

工伤认定申请表应当包括事故发生的时间、地点、原因以及职工伤害程度等基本情况。工伤认定申请人提供材料不完整的，劳动保障行政部门应当一次性书面告知工伤认定申请人需要补正的全部材料。申请人按照书面告知要求补正材料后，劳动保障行政部门应当受理。劳动保障行政部门受理工伤认定申请后，根据审核需要可以对事故伤害进行调查核实，用人单位、职工、工会组织、医疗机构以及有关部门应当予以协助。职业病诊断和诊断争议的鉴定，依照职业病防治法的有关规定执行。对依法取得职业病诊断证明书或者职业病诊断鉴定书的，劳动保障行政部门不再进行调查核实。职工或者其直系亲属认为是工伤，用人单位不认为是工伤的，由用人单位承担举证责任。劳动保障行政部门应当自受理工伤认定申请之日起 60 日内做出工伤认定的决定，并书面通知申请工伤认定的职工或者其直系亲属和该职工所在单位。劳动保障行政部门工作人员与工伤认定申请人有利害关系的，应当回避。

职工因工外出期间发生事故或者在抢险救灾中下落不明的，从事故发生当月起 3 个月内照发工资，从第 4 个月起停发工资，由工伤保险基金向其供养亲属按月支付供养亲属抚恤金。生活有困难的，可以预支一次性工亡补助金的 50%。职工被人民法院宣告死亡的，按照职工因工死亡的规定处理。工伤职工有下列情形之一的，停止享受工伤保险待遇：①丧失享受待遇条件的；②拒不接受劳动能力鉴定的；③拒绝治疗的；④被判刑正在收监执行的。

用人单位分立、合并、转让的，承继单位应当承担原用人单位的工伤保险责任；原用人单位已经参加工伤保险的，承继单位应当到当地经办机构办理工伤保险变更登记。用人单位实行承包经营的，工伤保险责任由职工劳动关系所在单位承担。职工被借调期间受到工伤事故伤害的，由原用人单位承担工伤保险责任，但原用人单位与借调单位可以约定补偿办法。企业破产的，在破产清算时优先拨付依法应由单位支付的工伤保险待遇费用。职工被派遣出境工作，依据前往国家或者地区的法律应当参加当地工伤保险的，参加当地工伤保险，其国内工伤保险关系中止；不能参加当地工伤保险的，其国内工伤保险关系不中止。职工再次发生工伤，根据规定应当享受伤残津贴的，按照新认定的伤残等级享受伤残津贴待遇。

《建筑法》规定，建筑施工企业应当依法为职工参加工伤保险缴纳工伤保险费。鼓励企业为从事危险作业的职工办理意外伤害保险，支付保险费。

《建设工程安全生产管理条例》也规定，施工单位应当为施工现场从事危险作业的人员办理意外伤害保险。意外伤害保险费由施工单位支付。实行施工总承包的，由总承包单位支付意外伤害保险费。意外伤害保险期限自建设工程开工之日起至竣工验收合格止。保险期限应涵盖工程项目开工之日到工程竣工验收合格日。提前竣工的，保险责任自行终止。因故延长工期的,应当办理保险顺延手续。

保险费应当列入建筑安装工程费用。保险费由施工企业支付,施工企业不得向职工摊派。

任务三　违反建设工程安全生产管理法规的法律责任

一、施工单位违法行为应承担的法律责任

《安全生产法》规定,生产经营单位有下列行为之一的,责令限期改正,可以处五万元以下的罚款;逾期未改正的,责令停产停业整顿,并处五万元以上十万元以下的罚款,对其直接负责的主管人员和其他直接责任人员处一万元以上两万元以下的罚款:①未按照规定设置安全生产管理机构或者配备安全生产管理人员的;②危险物品的生产、经营、储存单位以及矿山、金属冶炼、建筑施工、道路运输单位的主要负责人和安全生产管理人员未按照规定经考核合格的;③未按照规定对从业人员、被派遣劳动者、实习学生进行安全生产教育和培训,或者未按照规定如实告知有关的安全生产事项的;④未如实记录安全生产教育和培训情况的;⑤未将事故隐患排查治理情况如实记录或者未向从业人员通报的;⑥未按照规定制定生产安全事故应急救援预案或者未定期组织演练的;⑦特种作业人员未按照规定经专门的安全作业培训并取得相应资格上岗作业的。

两个以上生产经营单位在同一作业区域内进行可能危及对方安全生产的生产经营活动,未签订安全生产管理协议或者未指定专职安全生产管理人员进行安全检查与协调的,责令限期改正,可以处五万元以下的罚款,对其直接负责的主管人员和其他直接责任人员可以处一万元以下的罚款;逾期未改正的,责令停产停业。

《建筑法》规定,建筑施工企业违反本法规定,对建筑安全事故隐患不采取措施予以消除的,责令改正,可以处以罚款;情节严重的,责令停业整顿,降低资质等级或者吊销资质证书;构成犯罪的,依法追究刑事责任。

《建设工程安全生产管理条例》规定,违反本条例的规定,施工单位有下列行为之一的,责令限期改正;逾期未改正的,责令停业整顿,依照《中华人民共和国安全生产法》的有关规定处以罚款;造成重大安全事故,构成犯罪的,对直接责任人员,依照刑法有关规定追究刑事责任:①未设立安全生产管理机构、配备专职安全生产管理人员或者分部分项工程施工时无专职安全生产管理人员现场监督的;②施工单位的主要负责人、项目负责人、专职安全生产管理人员、作业人员或者特种作业人员,未经安全教育培训或者经考核不合格即从事相关工作的;③未在施工现场的危险部位设置明显的安全警示标志,或者未按照国家有关规定在施工现场设置消防通道、消防水源、配备消防设施和灭火器材的;④未向作业人员提供安全防护用具和安全防护服装的;⑤未按照规定在施工起重机械和整体提升脚手架、模板等自升式架设设施验收合格后登记的;⑥使用国家明令淘汰、禁止使用的危及施工安全的工艺、设备、材料的。

施工单位挪用列入建设工程概算的安全生产作业环境及安全施工措施所需费用的,责令限期改正,处挪用费用20%以上50%以下的罚款;造成损失的,依法承担赔偿责任。

《安全生产法》规定，生产经营单位有下列行为之一的，责令限期改正，可以处十万元以下的罚款；逾期未改正的，责令停产停业整顿，并处十万元以上二十万元以下的罚款，对其直接负责的主管人员和其他直接责任人员处两万元以上五万元以下的罚款；构成犯罪的，依照刑法有关规定追究刑事责任：①生产、经营、运输、储存、使用危险物品或者处置废弃危险物品，未建立专门安全管理制度、未采取可靠的安全措施的；②对重大危险源未登记建档，或者未进行评估、监控，或者未制定应急预案的；③进行爆破、吊装以及国务院安全生产监督管理部门会同国务院有关部门规定的其他危险作业，未安排专门人员进行现场安全管理的；④未建立事故隐患排查治理制度的。

二、施工管理人员违法行为应承担的法律责任

《安全生产法》规定，生产经营单位的主要负责人未履行本法规定的安全生产管理职责的，责令限期改正；逾期未改正的，处两万元以上五万元以下的罚款，责令生产经营单位停产停业整顿。生产经营单位的主要负责人有前款违法行为，导致发生生产安全事故的，给予撤职处分；构成犯罪的，依照刑法有关规定追究刑事责任。生产经营单位的主要负责人依照前款规定受刑事处罚或者撤职处分的，自刑罚执行完毕或者受处分之日起，五年内不得担任任何生产经营单位的主要负责人；对重大、特别重大生产安全事故负有责任的，终身不得担任本行业生产经营单位的主要负责人。

生产经营单位的主要负责人未履行本法规定的安全生产管理职责，导致发生生产安全事故的，由安全生产监督管理部门依照下列规定处以罚款：①发生一般事故的，处上一年年收入30%的罚款；②发生较大事故的，处上一年年收入40%的罚款；③发生重大事故的，处上一年年收入60%的罚款；④发生特别重大事故的，处上一年年收入80%的罚款。

生产经营单位的安全生产管理人员未履行本法规定的安全生产管理职责的，责令限期改正；导致发生生产安全事故的，暂停或者撤销其与安全生产有关的资格；构成犯罪的，依照刑法有关规定追究刑事责任。

《建筑法》规定，建筑施工企业的管理人员违章指挥、强令职工冒险作业，因而发生重大伤亡事故或者造成其他严重后果的，依法追究刑事责任。

《建设工程安全生产管理条例》规定，施工单位的主要负责人、项目负责人未履行安全生产管理职责的，责令限期改正；逾期未改正的，责令施工单位停业整顿；造成重大安全事故、重大伤亡事故或者其他严重后果，构成犯罪的，依照刑法有关规定追究刑事责任。施工单位的主要负责人、项目负责人有前款违法行为，尚不够刑事处罚的，处2万元以上20万元以下的罚款或者按照管理权限给予撤职处分；自刑罚执行完毕或者受处分之日起，5年内不得担任任何施工单位的主要负责人、项目负责人。注册执业人员未执行法律、法规和工程建设强制性标准的，责令停止执业3个月以上1年以下；情节严重的，吊销执业资格证书，5年内不予注册；造成重大安全事故的，终身不予注册；构成犯罪的，依照刑法有关规定追究刑事责任。

生产经营单位的主要负责人在本单位发生生产安全事故时，没有立即组织抢救或者在事故调查处理期间擅离职守或者逃匿的，给予降级、撤职的处分，并由安全生产监督管理部门处上一年年收入60%～100%的罚款；对逃匿的处十五日以下拘留；构成犯罪的，

依照刑法有关规定追究刑事责任。生产经营单位的主要负责人对生产安全事故隐瞒不报、谎报或者迟报的,依照前款规定处罚。

生产经营单位与从业人员订立协议,免除或者减轻其对从业人员因生产安全事故伤亡依法应承担的责任的,该协议无效;对生产经营单位的主要负责人、个人经营的投资人处两万元以上十万元以下的罚款。

发生生产安全事故,对负有责任的生产经营单位除要求其依法承担相应的赔偿等责任外,由安全生产监督管理部门依照下列规定处以罚款:①发生一般事故的,处二十万元以上五十万元以下的罚款;②发生较大事故的,处五十万元以上一百万元以下的罚款;③发生重大事故的,处一百万元以上五百万元以下的罚款;④发生特别重大事故的,处五百万元以上一千万元以下的罚款;情节特别严重的,处一千万元以上两千万元以下的罚款。

生产经营单位发生生产安全事故造成人员伤亡、他人财产损失的,应当依法承担赔偿责任;拒不承担或者其负责人逃匿的,由人民法院依法强制执行。生产安全事故的责任人未依法承担赔偿责任,经人民法院依法采取执行措施后,仍不能对受害人给予足额赔偿的,应当继续履行赔偿义务;受害人发现责任人有其他财产的,可以随时请求人民法院执行。

三、施工作业人员违法行为应承担的法律责任

《安全生产法》规定,生产经营单位的从业人员不服从管理,违反安全生产规章制度或者操作规程的,由生产经营单位给予批评教育,依照有关规章制度给予处分;构成犯罪的,依照刑法有关规定追究刑事责任。

《建设工程安全生产管理条例》规定,作业人员不服管理、违反规章制度和操作规程冒险作业造成重大伤亡事故或者其他严重后果,构成犯罪的,依照刑法有关规定追究刑事责任。

《刑法》规定,在生产、作业中违反安全管理的规定,因而发生重大伤亡事故或者造成其他严重后果的,处3年以下有期徒刑或者拘役;情节特别恶劣的,处3年以上7年以下有期徒刑。

任务四 典型案例分析

案例一

背景:

某建筑安装公司承担了一幢办公楼的施工任务。该公司原已依法取得了安全生产许可证,但在开工4个月后有效期满。因为工期紧张,该公司忙于赶工期,未能按规定及时办理延期手续。当地政府监督管理机构在检查过程中发现后,立即责令其停止施工,限期补办延期手续。但该公司为了赶工期,既没有停止施工,到期后也未办理延期手续。

问题:

1. 本案中的建筑安装公司有哪些违法行为?

2. 违法者应当承担哪些法律责任?

分析:

1. 本案中的建筑安装公司有两项违法行为:一是安全生产许可证有效期满,未依法办理延期手续并继续从事施工活动。《安全生产许可证条例》规定:安全生产许可证的有效期为3年。安全生产许可证有效期满需要延期的,企业应当于期满前3个月向原安全生产许可证颁发管理机关办理延期手续。

2. 对于建筑安装公司的违法行为,应当依法做出相应处罚。《安全生产许可证条例》规定:安全生产许可证有效期满未办理延期手续,继续进行生产的,责令停止生产,限期补办延期手续,没收违法所得,并处5万元以上10万元以下的罚款;逾期仍不办理延期手续,继续进行生产的,依照规定处罚。

案例二

背景:

在某高层建筑的外墙装饰施工中,施工单位为赶在雨季之前完成施工,从其他施工现场调配来一批施工人员,未经安全培训教育就安排到相关岗位开始施工作业。其中3名工人被安排到高处作业吊篮8层处从事施工作业,他们在作业完成后为图方便,直接从高处作业吊篮的悬吊平台向8层窗口爬去,结果失足坠落在地,造成3人死亡。

问题:

1. 本案中,施工单位有什么违法行为?

2. 违法行为应当承担哪些法律责任?

分析:

1.《安全生产法》规定,生产经营单位应当对从业人员进行安全生产教育和培训,保证从业人员具备必要的安全生产知识,熟悉有关的安全生产规章制度和安全操作规程,掌握本岗位的安全操作技能,了解事故应急处理措施,知悉自身在安全生产方面的权利和义务。未经安全生产教育和培训合格的从业人员,不得上岗作业。《建设工程安全生产管理条例》进一步规定,作业人员进入新的岗位或者新的施工现场前,应当接受安全生产教育培训。未经教育培训或者教育培训考核不合格的人员,不得上岗作业。本案中,施工单位违法未对新进场的工人进行有针对性的安全培训教育,使3名作业人员违反了"操作人员必须从地面进出悬吊平台。在未采取安全保护措施的情况下,禁止从窗口、楼顶等其他位置进出悬吊平台"的安全操作规程,造成了伤亡事故的发生。

2. 按照《安全生产法》规定,生产经营单位有下列行为之一的,责令限期改正,可以处五万元以下的罚款;逾期未改正的,责令停产停业整顿,并处五万元以上十万元以下的罚款,对其直接负责的主管人员和其他直接责任人员处一万元以上两万元以下的罚款:①未按照规定对从业人员、被派遣劳动者、实习学生进行安全生产教育和培训,或者未按照规定如实告知有关的安全生产事项的;②《建设工程安全生产管理条例》进一步规定,施工单位有下列行为之一的,责令限期改正;③逾期未改正的,责令停业整顿,依照《中华人民共和国安全生产法》的有关规定处以罚款；④造成重大安全事故，构成犯罪的，对直接责任人员，依照刑法有关规定追究刑事责任：施工单位的主要负责人、项目负责人、专职安全生产管理人员、作业人员或者特种作业人员，未经安全教育培训或者经考核不合格即从事相关工作的。因此，该施工单位及其直接责任人员应当依法承担上述有关的法律责任。

基础练习题

一、单选题

1. 施工企业应当建立健全(　　)制度，加强对职工安全生产的教育培训；未经安全生产教育培训的人员不得上岗作业。
   A. 安全生产教育培训　　B. 安全技能学习
   C. 劳保用品和学习资料统一配发　　D. 岗位责任
2. 在建筑生产中最基本的安全管理制度是(　　)。
   A. 安全生产责任制度　　B. 群防群治制度
   C. 安全生产教育培训制度　　D. 安全生产检查制度
3. 建设工程安全管理的方针是(　　)。
   A. 安全第一，预防为主，综合治理　　B. 质量第一，兼顾安全
   C. 安全至上　　D. 安全责任重于泰山
4. 建设工程安全生产的特点以下描述中最准确的是(　　)。
   A. 单一性、分散性、露天施工、参与方多
   B. 投资大、施工周期长
   C. 高处施工危险性大
   D. 施工技术复杂和作业人员素质普遍低下
5. 建筑施工企业的管理人员违章指挥、强令职工冒险作业，发生重大伤亡事故或者造成其他严重后果的(　　)。
   A. 依法追究刑事责任　　B. 给予党纪、政纪处分
   C. 给予降级、撤职处分　　D. 加重罚款
6. 涉及深基坑、地下暗挖工程、高大模板工程的专项施工方案，施工单位还应当(　　)。
   A. 重新测算安全验算结果　　B. 组织专家进行论证、审查
   C. 附监理工程师名单　　D. 附安全预算
7. 施工单位在采用新技术、新工艺、新设备、新材料时，应当对作业人员进行相应的(　　)。
   A. 专业培训　　B. 操作规程培训
   C. 安全生产教育培训　　D. 治安防范教育培训
8. 《安全生产法》第二十八条规定，生产经营单位新建、改建、扩建工程项目的(　　)，必须与主体工程同时设计、同时施工、同时投入生产和使用。
   A. 生活设施　　B. 福利设施

C. 安全设施　　D. 工作设施

二、多选题

1. 安全生产的目的包括(　　)。

A. 防止和减少生产安全事故　　B. 保障人民群众生命和财产安全

C. 促进经济发展　　D. 减少项目成本

E. 加快项目进度

2. 根据《建设工程安全生产管理条例》规定,施工单位应当向作业人员提供安全防护用具和安全防护服装,并书面告知(　　)。

A. 操作规程　　B. 声音操作的危害

C. 使用方法　　D. 使用要领

E. 赔付数量

3. 施工单位对列入建设工程概算的安全作业环境及安全施工措施所需费用,应当用于(　　),不得挪作他用。

A. 施工安全防护用具及设施的采购和更新

B. 安全施工措施的落实

C. 安全生产条件的改善

D. 特殊作业人员津贴

E. 办公费用

4.《建设工程安全生产管理条例》规定,施工单位应当在安全生产方面做好如下几项工作(　　)。

A. 建立健全安全生产责任制度和安全生产教育培训制度

B. 制定安全生产规章制度和操作规程

C. 保证本单位安全生产条件所需资金的投入

D. 对所承担的建设工程进行定期和专项安全检查,并做好安全检查记录

E. 提高管理者素质

5. 事故报告包括的内容有(　　)。

A. 时间　　B. 事故单位

C. 地点　　D. 伤亡人数

E. 赔偿数额

6. 职工有下列情形之一的,视同工伤而不是认定为工伤的(　　)。

A. 在工作时间和工作场所内,因工作原因受到事故伤害的

B. 工作时间前后在工作场所内,从事与工作有关的预备性或者收尾性工作受到事故伤害的

C. 在工作时间和工作岗位,突发疾病死亡或者在48小时之内经抢救无效死亡的

D. 在抢险救灾等维护国家利益、公共利益活动中受到伤害的

E. 职工原在军队服役,因战、因公负伤致残,已取得伤残军人证,到用人单位后旧伤复发的

7. 施工单位应当在施工组织设计中编织安全技术措施和施工现场临时用电方案,对

(　　)等达到一定规模的危险性较大的分部分项工程编织专项施工方案,并附有安全验算结果,经施工单位技术负责人、总监理工程师签字后实施,由专职安全生产管理人员进行现场监督。

A. 基坑支护与降水工程　　B. 土方开挖工程

C. 模板工程　　D. 起重吊装工程

E. 脚手架工程

8.《安全生产法》明确赋予从业人员的权利有(　　)。

A. 知情权　　B. 赔偿请求权

C. 检举权　　D. 安全保障权

E. 指挥权

三、简答题

1. 建筑安全生产管理的方针和原则是什么?
2. 施工单位的安全生产责任有哪些?
3. 申请安全生产许可证需要哪些条件?
4. 哪些情况下应当编写安全施工方案?
5. 视同工伤的情形有哪些?
6. 施工作业人员有哪些安全生产的权利和义务?

项目八 建设工程质量管理法规

知识目标

1. 了解工程建设重大事故调查处理、质量责任的损失赔偿。
2. 熟悉建筑安全生产管理基本制度、违法行为应承担的法律责任。
3. 掌握工程质量保修制度、施工单位质量责任和义务制度、建设单位的质量责任和义务。

狭义上的工程质量是指工程符合业主需要并具备使用功能,这一概念强调的是工程的实体质量,如基础是否坚固,主体结构是否安全以及通风、采光是否合理等。

广义上的工程质量不仅包括工程的实体质量,还包括形成实体质量的工作质量。工作质量是指参与工程的建设者,为了保证工程实体质量所从事工作的水平和完善程度,包括社会工作质量,如社会调查、市场预测、质量回访和保修服务等;生产过程工作质量,如管理工作质量、技术工作质量和后勤工作质量等。工作质量直接决定了实体质量,工程实体质量的好坏是决策、计划、勘察、设计、施工等单位各方面、各环节工作质量的综合反映。

《建设工程质量管理条例》规定,凡在中华人民共和国境内从事建设工程的新建、扩建、改建等有关活动及实施对建设工程质量监督管理的,必须遵守本条例。建设单位、勘察单位、设计单位、施工单位、工程监理单位依法对建设工程质量负责。从事建设工程活动,必须严格执行基本建设程序,坚持先勘察、后设计、再施工的原则。县级以上人民政府及其有关部门不得超越权限审批建设项目或者擅自简化基本建设程序。

任务一　建设工程质量与法律制度

一、工程质量责任和义务

工程符合业主需要并具备使用功能是狭义上的工程质量的定义,这一概念强调的是工程的实体质量,如基础是否坚固,主体结构是否安全以及通风、采光是否合理等。

广义上的工程质量不仅包括工程的实体质量,还包括形成实体质量的工作质量。工作质量是指参与工程的建设者,为了保证工程实体质量所从事工作的水平和完善程度,包括社会工作质量,如社会调查、市场预测、质量回访和保修服务等;生产过程工作质量,如管理工作质量、技术工作质量和后勤工作质量等。工作质量直接决定了实体质量,工程实体质量的好坏是决策、计划、勘察、设计、施工等单位各方面、各环节工作质量的综合反映。

《建设工程质量管理条例》第 2 条规定,凡在中华人民共和国境内从事建设工程的新建、扩建、改建等有关活动及实施对建设工程质量监督管理的,必须遵守本条例。

二、建设单位的质量责任和义务

1. 依法发包

《建设工程质量管理条例》第 7 条规定,建设单位应当将工程发包给具有相应资质等级的单位,不得将建设工程肢解发包。

2. 依法招标

《建设工程质量管理条例》第 8 条规定,建设单位应当依法对工程建设项目的勘察、设计、施工、监理以及与工程建设有关的重要设备、材料等的采购进行招标。

在我国境内进行工程建设项目的勘察、设计、施工、监理以及与工程建设有关的重要设备、材料等的采购,必须符合《招标投标法》的有关规定。

3. 提供有关的原始资料

《建设工程质量管理条例》第 9 条规定,建设单位必须向有关的勘察、设计、施工、工程监理等单位提供与建设工程有关的原始资料。原始资料必须真实、准确、齐全。

4. 不得干预投标人

《建设工程质量管理条例》第 10 条规定,建设工程发包单位,不得迫使承包方以低于成本的价格竞标,不得任意压缩合理工期。

建设单位不得明示或者暗示设计单位或者施工单位违反工程建设强制性标准,降低建设工程质量。

《建设工程勘察质量管理办法》第 5 条规定,建设单位应当为勘察工作提供必要的现场工作条件,保证合理的勘察工期,应当严格执行国家收费标准,不得迫使工程勘察企业以低于成本的价格承揽任务。

5. 送审施工图设计文件

《建设工程质量管理条例》第 11 条规定,建设单位应当将施工图设计文件报县级以上人民政府建设行政主管部门或者其他有关部门审查,《建设工程勘察设计管理条例》第 33 条规定,县级以上人民政府建设行政主管部门或者交通、水利等有关部门应当对施工图设计文件中涉及公共利益、公众安全、工程建设强制性标准的内容进行审查。

《建筑工程施工图设计文件审查暂行办法》第 7 条规定,施工图审查的主要内容:①建筑的稳定性、安全性审查,包括地基基础和主体结构体系是否安全、可靠;②是否符合消防、节能、环保、抗震、卫生、人防等有关强制性标准规范;③施工图是否能达到规定的深度要求;④是否损害公众利益。

《建筑工程施工图设计文件审查暂行办法》第 12 条规定,凡应当审查而未经审查或者审查不合格的施工图项目,建设行政主管部门不得发放施工许可证,施工图也不得交付施工。第13条规定,施工图一经审查批准,不得擅自进行修改。如遇特殊情况需要进行涉及审查主要内容的修改时,必须重新报请原审批部门,由原审批部门委托审查机构审查后再批准实施。

《建筑工程施工图设计文件审查暂行办法》第20条规定,施工图审查工作所需经费,由施工图审查机构向建设单位收取。第21条规定,施工图审查机构和审查人员应当依据法律、法规和国家与地方的技术标准认真履行审查职责。施工图审查机构应当对审查的图纸质量负相应的审查责任,但不代替设计单位承担设计质量责任。施工图审查机构不得对本单位,或与本单位有直接经济利益关系的单位完成的施工图进行审查。

凡是应当审查而未经审查或者审查不合格的施工图项目,建设单位擅自施工的,《程质量管理条例》第56条规定,责令改正,处20万元以上50万元以下的罚款。

6. 委托监理

《建设工程质量管理条例》第12条规定,实行监理的建设工程,建设单位应当委托具有相应资质等级的工程监理单位进行监理,也可以委托具有工程监理相应资质等级并与被监理工程的施工承包单位没有隶属关系或者其他利害关系的该工程的设计单位进行监理。

下列建设工程必须实行监理:①国家重点建设工程;②大中型公用事业工程;③成片开发建设的住宅小区工程;④利用外国政府或者国际组织贷款、援助资金的工程;⑤国家规定必须实行监理的其他工程。

7. 办理工程质量监督手续

根据《建设工程质量管理条例》规定,国家实行建设工程质量监督管理制度。县级以上地方人民政府建设行政主管部门对本行政区域内的建设工程质量实施监督管理。建设单位在领取施工许可证或者开工报告前,应当按照国家有关规定办理工程质量监督手续。

根据《建筑工程施工许可管理办法》规定,建设单位在领取施工许可证或者开工报告之前,应按照国家有关规定,到工程质量监督机构办理工程质量监督手续,工程质量监督管理机构收到上述文件和资料后,进行审查,符合规定的,办理工程质量监督注册手续,签发监督通知书。

建设单位不办理监督手续的,县级以上地方人民政府建设行政主管部门和其他专业部门不得发放施工许可证,工程不得开工。

8. 提供的物资符合要求

《建设工程质量管理条例》第14条规定,按照合同约定,由建设单位采购建筑材料、建筑构配件和设备的,建设单位应当保证建筑材料、建筑构配件和设备符合设计文件和合同要求。建设单位不得明示或者暗示施工单位使用不合格的建筑材料、建筑构配件和设备。建设单位提供的建筑材料、建筑构配件和设备不符合设计文件和合同要求,属于违约行为,应当向施工单位承担违约责任,施工单位有权拒绝接收这些货物。

我国《建设工程施工合同(示范文本)》也对此做出了相关约定:发包人按一览表约定的内容提供材料、设备,并向承包人提供产品合格证明,对其质量负责。发包人在所供材料设备到货前24小时,以书面形式通知承包人,由承包人派人与发包人共同清点。

发包人供应的材料、设备与一览表不符时,发包人承担有关责任。

发包人供应的材料、设备使用前,由承包人负责检验或试验,不合格的不得使用,检验或试验费用由发包人承担。

9. 不得擅自改变主体和承重结构进行装修

《建设工程质量管理条例》第15条规定,涉及建筑主体和承重结构变动的装修工程,建设单位应当在施工前委托原设计单位或者具有相应资质等级的设计单位提出设计方案;没有设计方案的,不得施工。

房屋建筑使用者在装修过程中,不得擅自变动房屋建筑主体和承重结构。

10. 依法组织竣工验收

《建设工程质量管理条例》第16条规定,建设单位收到建设工程竣工报告后,应当组织设计、施工、工程监理等有关单位进行竣工验收。

建设工程竣工验收应当具备下列条件:①完成建设工程设计和合同约定的各项内容;②有完整的技术档案和施工管理资料;③有工程使用的主要建筑材料、建筑构配件和设备的进场试验报告;④有勘察、设计、施工、工程监理等单位分别签署的质量合格文件;⑤有施工单位签署的工程保修书。

建设工程经验收合格的,方可交付使用。

《建设工程质量管理条例》第58条规定,建设单位有下列行为之一的,责令改正,处工程合同价款2%以上4%以下的罚款;造成损失的,依法承担赔偿责任:①未组织竣工验收,擅自交付使用的;②验收不合格,擅自交付使用的;③对不合格的建设工程按照合格工程验收的。

《最高人民法院关于审理建设工程施工合同纠纷案件适用法律问题的解释》规定,建设工程未经竣工验收,发包人擅自使用后,又以使用部分质量不符合约定为由主张权利的,不予支持;但是承包人应当在建设工程的合理使用寿命内对地基基础工程和主体结构质量承担民事责任。

11. 移交建设项目档案

《建设工程质量管理条例》第17条规定,建设单位应当严格按照国家有关档案管理的规定,及时收集、整理建设项目各环节的文件资料,建立、健全建设项目档案,并在建设工程竣工验收后,及时向建设行政主管部门或者其他有关部门移交建设项目档案。

三、勘察、设计单位的质量责任和义务

1. 工作主体合法

根据《建设工程质量管理条例》《建设工程勘察设计管理条例》《建设工程勘察质量管理办法》的规定,从事建设工程勘察、设计的单位应当依法取得相应等级的资质证书,并在其资质等级许可的范围内承揽工程。

禁止勘察、设计单位超越其资质等级许可的范围或者以其他勘察、设计单位的名义承揽工程。禁止勘察、设计单位允许其他单位或者个人以本单位的名义承揽工程。勘察、设计单位不得转包或者违法分包所承揽的工程。

《建设工程勘察质量管理办法》第11条规定,工程勘察项目负责人、审核人、审定人及有关技术人员应当具有相应的技术职称或者注册资格。

2. 工作内容合法

《建设工程勘察设计管理条例》第二十五条规定，编制建设工程勘察、设计文件，应当以下列规定为依据：①项目批准文件；②城市规划；③工程建设强制性标准；④国家规定的建设工程勘察、设计深度要求。

应当以专业规划的要求为依据的工程为铁路、交通、水利等专业建设工程。

编制建设工程勘察文件，应当真实、准确，满足建设工程规划、选址、设计、岩土治理和施工的需要。《建设工程勘察设计管理条例》第二十六条规定，编制方案设计文件，应当满足编制初步设计文件和控制概算的需要。编制初步设计文件，应当满足编制施工招标文件、主要设备材料订货和编制施工图设计文件的需要。编制施工图设计文件应当满足设备材料采购、非标准设备制作和施工的需要，并注明建设工程合理使用年限。

《建设工程质量管理条例》第 20 条规定，勘察单位提供的地质、测量、水文等勘察成果必须真实、准确。第 21 条规定，设计单位应当根据勘察成果文件进行建设工程设计。设计文件应当符合国家规定的设计深度要求，注明工程合理使用年限。

3. 工作程序合法

《建设工程勘察设计管理条例》第二十二条规定，建设工程勘察、设计的发包方与承包方，应当执行国家规定的建设工程勘察、设计程序。

根据《建设工程勘察质量管理办法》对工程勘察工作的有关规定，工程勘察企业应当：①向用户提出保证工程勘察质量所必需的现场工作条件和合理工期的要求；②确保仪器、设备的完好，钻探、取样的机具设备、原位测试、室内试验及测量仪器等应当符合有关规范、规程的要求；③参与施工验槽，及时解决工程设计和施工中与勘察工作有关的问题；④项目负责人应当组织有关人员做好现场踏勘、调查，按照要求编写《勘察纲要》，并对勘察过程中各项作业资料验收和签字；⑤法定代表人、项目负责人、审核人、审定人在相关勘察文件上签字或者盖章；⑥及时整理、核对工作原始记录，确保取样、记录的真实和准确，严禁离开现场追记或者补记；⑦工程项目完成后，必须将全部资料分类编目，装订成册，归档保存。

4. 承担质量责任

《建设工程勘察质量管理办法》第 7 条规定，工程勘察企业应当健全勘察质量管理体系和质量责任制度。第 13 条规定，工程勘察企业法定代表人对本企业勘察质量全面负责；项目负责人对项目的勘察文件负主要质量责任；项目审核人、审定人对其审核、审定项目的勘察文件负审核、审定的质量责任。《建设工程质量管理条例》第 19 条规定，勘察、设计单位对其勘察、设计的质量负责。

5. 解释勘察、设计文件

《建设工程勘察设计管理条例》第三十条规定，建设工程勘察、设计单位应当在建设工程施工前，向施工单位和监理单位说明建设工程勘察、设计意图，解释建设工程勘察、设计文件。建设工程勘察、设计单位应当及时解决施工中出现的勘察、设计问题。《建设工程质量管理条例》第 23 条规定，设计单位应当就审查合格的施工图设计文件向施工单位做出详细说明。

6. 参与质量事故分析

《建设工程质量管理条例》第 24 条规定，设计单位应当参与建设工程质量事故分析，并对因设计造成的质量事故，提出相应的技术处理方案。

《建设工程勘察质量管理办法》第 10 条规定，工程勘察企业应当参与建设工程质量事故的分析，并对因勘察原因造成的质量事故，提出相应的技术处理方案。

7. 选择材料设备

《建设工程质量管理条例》第 22 条、《建设工程勘察设计管理条例》第二十七条规定，设计单位在设计文件中选用的建筑材料、建筑构配件和设备，应当注明规格、型号、性能等技术指标，其质量要求必须符合国家规定的标准。除有特殊要求的建筑材料、专用设备、工艺生产线等外，设计单位不得指定生产厂、供应商。

四、施工单位的质量责任和义务

1. 依法承揽工程

《建设工程质量管理条例》第 25 条规定，施工单位应当依法取得相应等级的资质证书，并在其资质等级许可的范围内承揽工程。

禁止施工单位超越本单位资质等级许可的业务范围或者以其他施工单位的名义承揽工程。禁止施工单位允许其他单位或者个人以本单位的名义承揽工程。施工单位不得转包或者违法分包工程。

2. 建立质量保证体系

《建设工程质量管理条例》第 26 条规定，施工单位对建设工程的施工质量负责。

施工单位应当建立质量责任制，确定工程项目的项目经理、技术负责人和施工管理负责人。

建设工程实行总承包的，总承包单位应当对全部建设工程质量负责；建设工程勘察、设计、施工、设备采购的一项或者多项实行总承包的，总承包单位应当对其承包的建设工程或者采购的设备的质量负责。

3. 分包单位保证工程质量

《建设工程质量管理条例》第 27 条规定，总承包单位依法将建设工程分包给其他单位的，分包单位应当按照分包合同的约定对其分包工程的质量向总承包单位负责，总承包单位与分包单位对分包工程的质量承担连带责任。

4. 按图施工

《建设工程质量管理条例》第 28 条规定，施工单位必须按照工程设计图纸和施工技术标准施工，不得擅自修改工程设计，不得偷工减料。施工单位在施工过程中发现设计文件和图纸有差错的，应当及时提出意见和建议。

5. 对建筑材料、构配件和设备进行检验

《建设工程质量管理条例》第 29 条规定，施工单位必须按照工程设计要求、施工技术标准和合同约定，对建筑材料、建筑构配件、设备和商品混凝土进行检验，检验应当有书面记录和专人签字；未经检验或者检验不合格的，不得使用。

6. 对施工质量进行检验

《建设工程质量管理条例》第30条规定,施工单位必须建立、健全施工质量的检验制度,严格工序管理,做好隐蔽工程的质量检查和记录。隐蔽工程在隐蔽前,施工单位应当通知建设单位和建设工程质量监督机构。

《合同法》第278条规定,隐蔽工程在隐蔽前承包人应当通知发包人检查。发包人没有及时检查的,承包人可以顺延工程日期,并有权要求赔偿停工、窝工等损失。

《建设工程施工合同(示范文本)》进行了约定:工程具备隐蔽条件或达到专用条款约定的中间验收部位,承包人进行自检,并在隐蔽或中间验收前48小时以书面形式通知工程师验收。通知包括隐蔽和中间验收的内容、验收时间和地点。承包人准备验收记录,验收合格后,工程师在验收记录上签字,承包人才可进行隐蔽和继续施工。验收不合格,承包人在工程师限定的时间内修改后重新验收。

7. 取样送检

《建设工程质量管理条例》第31条规定,施工人员对涉及结构安全的试块、试件以及有关材料,应当在建设单位或者工程监理单位监督下现场取样,并送具有相应资质等级的质量检测单位进行检测。

《建设工程质量检测管理办法》规定:

(1)检测机构是具有独立法人资格的中介机构,检测机构从事规定的质量检测业务,应当依据该办法取得相应的资质证书。

(2)质量检测业务,由工程项目建设单位委托具有相应资质的检测机构进行检测。

(3)质量检测试样的取样应当严格执行有关工程建设标准和国家有关规定,在建设单位或者工程监理单位监督下现场取样,提供质量检测试样的单位和个人,应当对试样的真实性负责。

(4)检测机构不得与行政机关,法律、法规授权的具有管理公共事务职能的组织以及所检测工程项目相关的设计单位、施工单位、监理单位有隶属关系或者其他利害关系。

(5)检测机构应当将检测过程中发现的建设单位、监理单位、施工单位违反有关法律、法规和工程建设强制性标准的情况,以及涉及结构安全检测结果的不合格情况,及时报告工程所在地建设主管部门。

8. 质量保修

《建设工程质量管理条例》第32条规定,施工单位对施工中出现质量问题的建设工程或者竣工验收不合格的建设工程,应当负责返修。

施工单位应对质量问题履行返修义务,建设工程竣工验收合格后,施工单位应对保修期内出现的质量问题履行保修义务。

《合同法》第281条规定,因施工单位的原因致使建设工程质量不符合约定的,发包人有权要求施工单位在合理期限内无偿修理或者返工、改建。经过修理或者返工、改建后,造成逾期交付的,施工单位应当承担违约责任。返修包括修理和返工。

五、工程监理单位的质量责任和义务

1. 依法承揽业务

《建设工程质量管理条例》第 34 条规定，工程监理单位应当依法取得相应等级的资质证书，并在其资质等级许可的范围内承担工程监理业务。

工程监理单位不得转让工程监理业务。

禁止工程监理单位超越本单位资质等级许可的范围或者以其他工程监理单位的名义承担工程监理业务。禁止工程监理单位允许其他单位或者个人以本单位的名义承担工程监理业务。

2. 独立监理

《建设工程质量管理条例》第 35 条规定，工程监理单位与被监理工程的施工承包单位以及建筑材料、建筑构配件和设备供应单位不得有隶属关系或者其他利害关系的，不得承担该项建设工程的监理业务。

工程监理单位与被监理工程的施工承包单位以及建筑材料、建筑构配件和设备供应单位有行政上下级关系等称为隶属关系。其他利害关系，是指可能直接影响监理单位工作公正性的经济或其他利益关系，如参股、联营等关系。

3. 依法监理

《建设工程质量管理条例》第 36 条规定，工程监理单位应当依照法律、法规以及有关技术标准、设计文件和建设工程承包合同，代表建设单位对施工质量实施监理，并对施工质量承担监理责任。第 38 条规定，监理工程师应当按照工程监理规范的要求，采取旁站、巡视和平行检验等形式，对建设工程实施监理。

《建设工程勘察设计管理条例》第 28 条规定，监理单位发现建设工程勘察、设计文件不符合工程建设强制性标准、合同约定的质量要求的，应当报告建设单位。

监理单位对施工质量承担监理责任，主要有违法责任和违约责任两个方面。根据《建筑法》和《建设工程质量管理条例》对监理单位违法责任的规定，工程监理单位与建设单位或者施工单位串通、弄虚作假，降低工程质量的，或者将不合格的建设工程、建筑材料、建筑构配件和设备按照合格签字的，承担连带赔偿责任。如果监理单位在责任期内，不按照监理合同约定履行监理职责，给建设单位或者其他单位造成损失的，属违约责任，应当向建设单位赔偿。

4. 确认质量

《建设工程质量管理条例》第 37 条规定，工程监理单位应当选派具备相应资格的总监理工程师和监理工程师进驻施工现场。

未经监理工程师签字，建筑材料、建筑构配件和设备不得在工程上使用或者安装，施工单位不得进行下一道工序的施工。未经总监理工程师签字，建设单位不拨付工程款，不进行竣工验收。

六、建筑材料、构配件生产及设备供应单位的质量责任和义务

根据《中华人民共和国产品质量法》的有关规定，建筑材料、构配件生产及设备供应

单位主要有以下几方面的质量责任和义务。

(1)建筑材料、构配件生产及设备供应单位的基本要求。供应单位必须具备相应的生产条件、技术装备和质量保证体系,具备必要的检测人员和设备,把好产品看样、订货、储存、运输和核验的质量关。

(2)建筑材料、构配件及设备质量应当符合的要求:①符合国家或行业现行有关技术标准规定的合格标准和设计要求;②符合在建筑材料、构配件及设备或其包装上注明采用的标准,符合以建筑材料、构配件及设备说明、实物样品等方式表明的质量状况。

(3)建筑材料、构配件及设备或者其包装上的标识应当符合的要求:①有产品质量检验合格证明;②有中文标明的产品名称、生产厂名和厂址;③产品包装和商标样式符合国家有关规定和标准要求;④设备应有产品详细的使用说明书,电气设备还应附有线路图;⑤实施生产许可证或使用产品质量认证标志的产品,应有许可证或质量认证的编号、批准日期和有效期限。

(4)建筑材料、构配件生产及设备供应单位其他的质量责任和义务。建筑材料、构配件生产及设备供应单位不得生产国家明令淘汰的产品,不得伪造产地,不得伪造或冒用他人的厂名、厂址,不得伪造或冒用认证标志等质量标志,不得掺杂、掺假,不得以假充真、以次充好,不得以不合格产品冒充合格产品等。

任务二　建设工程质量保修制度

建设工程竣工验收后在保修期限内出现的质量缺陷(或质量问题),由施工单位依照法律规定或合同约定予以修复称作建设工程质量保修。其中,质量缺陷是指建设工程的质量不符合工程建设强制性标准以及合同的约定。

一、工程质量保修书

施工单位签署的工程保修书是建设工程竣工验收应具备的条件之一,一份完善的质量保修书,除了法律规定的保修范围、保修期限和保修责任等基本内容外,还应当包括保修金的有关约定(特别是应当明确保修金的具体返还期限)。

《建设工程质量管理条例》第 39 条规定,建设工程承包单位在向建设单位提交工程竣工验收报告时,应当向建设单位出具质量保修书。质量保修书中应当明确建设工程的保修范围、保修期限和保修责任。

二、工程质量保修范围和保修期限

《建设工程质量管理条例》第 40 条规定,建设工程保修范围和正常使用条件下的最低保修期限为:①基础设施工程、房屋建筑的地基基础工程和主体结构工程,为设计文件规定的该工程的合理使用年限;②屋面防水工程、有防水要求的卫生间、房间和外墙面的防渗漏,为 5 年;③供热与供冷系统,为两个采暖期、供冷期;④电气管线、给排水管道、设备安装和装修工程,为 2 年。

其他项目的保修期限由发包方与承包方约定。

建设工程的保修期，自竣工验收合格之日起计算。建设工程在超过合理使用年限后需要继续使用的，产权所有人应当委托具有相应资质等级的勘察、设计单位鉴定，并根据鉴定结果采取加固、维修等措施，重新界定使用期。

三、工程质量保修责任

《建设工程质量管理条例》第 41 条规定，建设工程在保修范围和保修期限内发生质量问题的，施工单位应当履行保修义务，并对造成的损失承担赔偿责任。

《房屋建筑工程质量保修办法》第 17 条规定，下列情况不属于法律规定的保修范围：①因使用不当或者第三方造成的质量缺陷；②不可抗力造成的质量缺陷。

《房屋建筑工程质量保修办法》第 9 条规定，房屋建筑工程在保修期限内出现质量缺陷，建设单位或屋建筑所有人应当向施工单位发出保修通知。施工单位接到保修通知后，应当到现场核查情况，在保修书约定的时间内予以保修。发生涉及结构安全或者严重影响使用功能的紧急抢修事故，施工单位接到修通知后，应当立即到达现场抢修。

《房屋建筑工程质量保修办法》第 12 条规定，施工单位不按工程质量保修书约定保修的，建设单位另行委托其他单位保修，由原施工单位承担相应责任。

《房屋建筑工程质量保修办法》第 13 条规定，保修费用由质量缺陷的责任方承担。

《房屋建筑工程质量保修办法》第 14 条规定，在保修期内，因房屋建筑工程质量缺陷造成房屋所有人、使用人或者第三方人身、财产损害的，房屋所有人、使用人或者第三方可以向建设单位提出赔偿要求。建设单位向造成房屋建筑工程质量缺陷的责任方追偿。

四、建设工程质量保证金

《建设工程质量保证金管理暂行办法》由住房和城乡建设部、财政部联合制定，为规范建设工程质量保证金(保修金)管理，落实工程在缺陷责任期内的维修责任，它包括如下几方面。

1. 建设工程质量保证金的含义

建设工程质量保证金(保修金)(以下简称保证金)是指发包人与承包人在建设工程承包合同约定，从应付的工程款中预留，用以保证承包人在缺陷责任期内对建设工程出现的缺陷进行维修的资金。

缺陷是指建设工程质量不符合工程建设强制性标准、设计文件，以及承包合同的约定。

2. 缺陷责任期

缺陷责任期从工程通过竣(交)工验收之日起计。由于承包人原因导致工程无法按规定期限进行竣(交)工验收的，缺陷责任期从实际通过竣(交)工验收之日起计。由于发包人原因导致工程无法按期限进行竣(交)工验收的，在承包人提交竣(交)工验收报告 90 天后，工程自动进入缺陷责任期。

缺陷责任期一般为 6 个月、12 个月或 24 个月，具体可由发包、承包双方在合同中约定。

缺陷责任期内，由承包人原因造成的缺陷，承包人应负责维修，并承担鉴定及维修费用。如承包人不维修也不承担费用,发包人可按合同约定扣除保证金,并由承包人承担违约责任。承包人维修并承担相应费用后,不免除对工程的一般损失赔偿责任。

由他人原因造成的缺陷,发包人负责组织维修,承包人不承担费用,且发包人不得从保证金中扣除费用。

3. 质量保证金的数额

发包人应当在招标文件中明确保证金预留、返还等内容,并与承包人在合同条款中对涉及保证金的下列事项进行约定:①保证金预留、返还方式;②保证金预留比例、期限;③保证金是否计付利息,如计付利息,利息的计算方式;④缺陷责任期的期限及计算方式;⑤保证金预留、返还及工程维修质量、费用等争议的处理程序;⑥缺陷责任期内出现缺陷的索赔方式。

建设工程竣工结算后,发包人应按照合同约定及时向承包人支付工程结算价款并预留保证金。

全部或者部分使用政府投资的建设项目,按工程价款结算总额5%左右的比例预留保证金。社会投资项目采用预留保证金方式的,预留保证金的比例可参照执行。

采用工程质量保证担保、工程质量保险等其他保证方式的,发包人不得再预留保证金。

4. 质量保证金的返还

质量保证金的返还是指,在缺陷责任期内,承包人认真履行合同约定的责任,到期后,承包人向发包人申请返还保证金的行为。

发包人在接到承包人返还保证金申请后,应于14日内会同承包人按照合同约定的内容进行核实。如无异议,发包人应当在核实后14日内将保证金返还给承包人,逾期支付的,从逾期之日起,按照同期银行贷款利率计付利息,并承担违约责任。发包人在接到承包人返还保证金申请后14日内不予答复,经催告后14日内仍不予答复,视为认可承包人的返还保证金申请。

任务三 建设工程质量监督管理

为了确保工程质量,确保公共安全,《建设工程质量管理条例》第43条规定,国家实行建设工程质量监督管理制度。

政府对工程质量的监督管理以保证工程使用安全和环境质量为主要目的,以法律、法规和强制性标准为依据,以地基基础、主体结构、环境质量和与此有关的工程建设各方主体的质量行为为主要内容,以施工许可制度和竣工验收备案制度为主要手段,以政府认可的第三方强制监督为主要方式。建设工程质量监督管理制度贯穿于建设活动的全过程。

一、政府质量监督的性质

政府质量监督的性质属于行政执法行为,是主管部门依据有关法律法规和工程建设强制性标准,对工程实体质量和工程建设、勘察、设计、施工、监理单位(以下简称工程质量责任主体)和质量检测等单位的工程质量行为实施监督。

工程实体质量监督，是指主管部门对涉及工程主体结构安全、主要使用功能的工程实体质量情况实施监督。

工程质量行为监督，是指主管部门对工程质量责任主体和质量检测等单位履行法定质量责任和义务的情况实施监督。

二、建设工程质量监督的主体

1. 建设行政主管部门及有关专业部门

《建设工程质量管理条例》第43条规定，国务院建设行政主管部门对全国的建设工程质量实施统一监督管理。国务院铁路、交通、水利等有关部门按照国务院规定的职责分工，负责对全国的有关专业建设工程质量的监督管理。

县级以上地方人民政府建设行政主管部门对本行政区域内的建设工程质量实施监督管理。县级以上地方人民政府交通、水利等有关部门在各自的职责范围内，负责对本行政区域内的专业建设工程质量的监督管理。

2. 工程质量监督机构

对建设工程质量进行监督管理的主要是各级政府建设行政主管部门和其他有关部门。但是，建设工程周期长，环节多，工程质量监督工作是一项专业性强且有十分复杂的工作，需要委托由政府认可的具有独立法人资格的第三方来代行工程质量监督职能。《建设工程质量管理条例》第46条规定，建设工程质量监督管理，可以由建设行政主管部门或者其他有关部门委托的建设工程质量监督机构具体实施。

一定数量的质量监督工程师和满足工程质量监督检查工作需要的工作和设备是工程质量监督机构必须具备的条件。《建设工程质量管理条例》第46条规定，从事房屋建筑工程和市政基础设施工程质量监督的机构，必须按照国家有关规定经国务院建设行政主管部门或者省、自治区、直辖市人民政府建设行政主管部门考核；从事专业建设工程质量监督的机构，必须按照国家有关规定经国务院有关部门或者省、自治区、直辖市人民政府有关部门考核。经考核合格后，方可实施质量监督。

三、工程质量监督管理职责

（一）各级建设行政主管部门的基本职责

1. 国务院建设行政主管部门

《建设工程质量管理条例》第44条规定，国务院建设行政主管部门和国务院铁路、交通、水利等有关部门应当加强对有关建设工程质量的法律、法规和强制性标准执行情况的监督检查。

国务院建设行政主管部门在建设工程质量监督方面履行下列职责：①贯彻国家有关建设工程质量的法律、法规、政策，制定建设工程质量监督的有关规定和实施细则；②指导全国建设工程质量监督工作；③制定工程质量监督机构和质量监督工程师的资格标准考核审批和管理办法；④组织全国建设工程质量检查等。

2. 县级以上地方人民政府建设行政主管部门

《建设工程质量管理条例》第47条规定，县级以上地方人民政府建设行政主管部门和其他有关部门应当加强对有关建设工程质量的法律、法规和强制性标准执行情况的监督检查。

(1)根据有关规定,省、自治区、直辖市建设行政主管部门履行下列建设工程质量方面的职责:①贯彻国家有关建设工程质量的法律、法规、政策,制定本地区建设工程质量监督工作的有关规定和实施细则;②对本地区市、区、县质量监督机构考核、认定;③组织对工程质量监督工程师和监督员的考核;④组织对本地区建设工程质量的检查工作等。

(2)各级城市、地、区、县建设行政主管部门的职责:①贯彻国家和地方有关建设工程质量的法律、法规、政策;②委托质量监督机构具体实施工程质量监督;③在工程竣工验收后,接受质量监督机构报送的工程质量监督报告和建设单位竣工验收的有关资料,办理备案手续;④对上报的需实施行政处罚的报告进行审核,并依法对工程建设有关主体实施行政处罚。

(3)有权采取的措施:《建设工程质量管理条例》第 48 条规定,县级以上人民政府建设行政主管部门和其他有关部门履行监督检查职责时,有权采取下列措施:①要求被检查的单位提供有关工程质量的文件和资料;②进入被检查单位的施工现场进行检查;③发现有影响工程质量的问题时,责令改正。

3. 国务院发展计划部门

《建设工程质量管理条例》第 45 条规定,国务院发展计划部门按照国务院规定的职责,组织稽查特派员,对国家出资的重大建设项目实施监督检查。

国务院经济贸易主管部门按照国务院规定的职责,对国家重大技术改造项目实施监督检查。

(二)工程质量监督机构的基本职责

(1)在收取监督费的情况下办理建设单位工程建设项目报建手续。

(2)依照国家有关法律、法规和工程建设强制性标准,对建设工程的地基基础、主体结构及相关的建筑材料、构配件、商品混凝土的质量进行检查。

(3)对于被检查实体质量有关的工程建设参与各方主体的质量行为及工程质量文件进行检查,发现工程质量问题时,有权采取局部暂停施工等强制性措施,直到问题得到改正。

(4)对建设单位组织的竣工验收程序实施监督,察看其验收程序是否合法,资料是否齐全,实体质量是否存有严重缺陷。

(5)工程竣工后,应向委托的政府有关部门报送工程质量监督报告。《房屋建筑工程和市政基础设施工程竣工验收备案管理暂行办法》第 7 条规定,工程质量监督机构应当在工程竣工验收之日起 5 日内,向备案机关提交工程质量监督报告。

(6)对需要实施行政处罚的,报告委托的政府部门进行行政处罚。

四、政府对工程项目质量监督的内容

政府建设行政主管部门和其他有关部门的工程质量监督管理应当包括下列内容:

(1)执行法律法规和工程建设强制性标准的情况。

(2)抽查涉及工程主体结构安全和主要使用功能的工程实体质量。

(3)抽查工程质量责任主体和质量检测等单位的工程质量行为。

(4)抽查主要建筑材料、建筑构配件的质量。

(5)对工程竣工验收进行监督。

(6)组织或者参与工程质量事故的调查处理。

(7)定期对本地区工程质量状况进行统计分析。

(8)依法对违法违规行为实施处罚。

五、工程竣工验收备案制度

(一)竣工验收备案的要件

《建设工程质量管理条例》第 49 条规定,建设单位应当自建设工程竣工验收合格之日起 15 日内,将建设工程竣工验收报告和规划、公安消防、环保等部门出具的认可文件或者准许使用文件报建设行政主管部门或者其他有关部门备案。

《房屋建筑工程和市政基础设施工程竣工验收备案管理暂行办法》第 5 条规定,建设单位办理工程竣工验收备案应当提交下列文件。

(1)工程竣工验收备案表。

(2)工程竣工验收报告。竣工验收报告应当包括工程报建日期,施工许可证号,施工图设计文件审查意见,勘察、设计、施工、工程监理等单位分别签署的质量合格文件及验收人员签署的竣工验收原始文件,市政基础设施的有关质量检测和功能性试验资料以及备案机关认为需要提供的有关资料。

(3)法律、行政法规规定应当由规划、公安消防、环保等部门出具的认可文件或者准许使用文件。

(4)施工单位签署的工程质量保修书。

(5)法规、规章规定必须提供的其他文件。

商品住宅还应当提交《住宅质量保证书》和《住宅使用说明书》。

(二)违反竣工备案的后果

建设行政主管部门或者其他有关部门在竣工验收过程中发现建设单位有违反国家有关建设工程质量管理规定的行为,应责令停止使用,重新组织竣工验收后,再办理竣工验收备案。

根据《房屋建筑工程和市政基础设施工程竣工验收备案管理暂行办法》的规定,建设单位有下列行为的,按照有关规定予以行政处罚:①在工程竣工验收合格之日起 15 日内未办理工程竣工验收备案;②在重新组织竣工验收前擅自使用工程;③采用虚假证明文件办理工程竣工验收备案。

备案机关决定重新组织竣工验收并责令停止使用的工程,建设单位在备案之前已投入使用或者建设单位擅自继续使用造成使用人损失的,由建设单位依法承担赔偿责任。

六、工程质量事故报告制度

《建设工程质量管理条例》规定,建设工程发生质量事故,有关单位应当在 24 小时内向当地建设行政主管部门和其他有关部门报告。对重大质量事故,事故发生地的建设行政主管部门和其他有关部门应当按照事故类别和等级向当地人民政府和上级建设行政主管部门和其他有关部门报告。特别重大质量事故的调查程序按照国务院有关规定办理。任何单位和个人对建设工程的质量事故、质量缺陷都有权检举、控告、投诉。

任务四　违反建设工程质量管理法规的法律责任

一、建设单位法律责任

(1)建设单位将建设工程发包给不具有相应资质等级的勘察、设计、施工单位或者委托给不具有相应资质等级的工程监理单位的,责令改正,处50万元以上100万元以下的罚款。

(2)建设单位将建设工程肢解发包的,责令改正,处工程合同价款0.5%以上1%以下的罚款;对全部或者部分使用国有资金的项目,并可以暂停项目执行或者暂停资金拨付。

(3)建设单位有下列行为之一的,责令改正,处20万元以上50万元以下的罚款:①迫使承包方以低于成本的价格竞标的;②任意压缩合理工期的;③明示或者暗示设计单位或者施工单位违反工程建设强制性标准,降低工程质量的;④施工图设计文件未经审查或者审查不合格,擅自施工的;⑤建设项目必须实行工程监理而未实行工程监理的;⑥未按照国家规定办理工程质量监督手续的;⑦明示或者暗示施工单位使用不合格的建筑材料、建筑构配件和设备的;⑧未按照国家规定将竣工验收报告、有关认可文件或者准许使用文件报送备案的。

(4)建设单位未取得施工许可证或者开工报告未经批准,擅自施工的,责令停止施工,限期改正,处工程合同价款1%以上2%以下的罚款。

(5)建设单位有下列行为之一的,责令改正,处工程合同价款2%以上4%以下的罚款;造成损失的,依法承担赔偿责任:①未组织竣工验收,擅自交付使用的;②验收不合格,擅自交付使用的;③对不合格的建设工程按照合格工程验收的。

二、勘察、设计、施工、工程监理单位法律责任

(1)勘察、设计、施工、工程监理单位超越本单位资质等级承揽工程的,责令停止违法行为,对勘察、设计单位或者工程监理单位处合同约定的勘察费、设计费或者监理酬金1倍以上2倍以下的罚款;对施工单位处工程合同价款2%以上4%以下的罚款,可以责令停业整顿,降低资质等级;情节严重的,吊销资质证书;有违法所得的,予以没收。

未取得资质证书承揽工程的,予以取缔,依照上述规定处以罚款;有违法所得的,予以没收。

以欺骗手段取得资质证书承揽工程的,吊销资质证书,有违法所得的,予以没收。

(2)勘察、设计、施工、工程监理单位允许其他单位或者个人以本单位名义承揽工程的,责令改正,没收违法所得,对勘察、设计单位和工程监理单位处合同约定的勘察费、设

计费和监理酬金1倍以上2倍以下的罚款;对施工单位处工程合同价款2%以上4%以下的罚款;可以责令停业整顿,降低资质等级;情节严重的,吊销资质证书。

(3)承包单位将承包的工程转包或者违法分包的,工程监理单位转让工程监理业务的,责令改正,没收违法所得,对勘察、设计单位处合同约定的勘察费、设计费25%以上50%以下的罚款;对工程监理单位处合同约定的监理酬金25%以上50%以下的罚款;对施工单位处工程合同价款0.5%以上1%以下罚款;可以责令停业整顿,降低资质等级;情节严重的,吊销资质证书。

(4)违反本条例规定,有下列行为之一的,责令改正,处10万元以上30万元以下的罚款:①勘察单位未按照工程建设强制性标准进行勘察的;②设计单位未根据勘察成果文件进行工程设计的;③设计单位指定建筑材料、建筑构配件的生产厂、供应商的;④设计单位未按照工程建设强制性标准进行设计的。有上述所列行为,造成重大工程质量事故的,责令停业整顿,降低资质等级;情节严重的,吊销资质证书;造成损失的,依法承担赔偿责任。

(5)施工单位在施工中偷工减料的,使用不合格的建筑材料、建筑构配件和设备的,或者有不按照工程设计图纸或者施工技术标准施工的其他行为的,责令改正,处工程合同价款2%以上4%以下的罚款;造成建设工程质量不符合规定的质量标准的,负责返工、修理,并赔偿因此造成的损失;情节严重的,责令停业整顿,降低资质等级或者吊销资质证书。

(6)施工单位未对建筑材料、建筑构配件、设备和商品混凝土进行检验,或者未对涉及结构安全的试块、试件以及有关材料取样检测的,责令改正,处10万元以上20万元以下的罚款;情节严重的,责令停业整顿,降低资质等级或者吊销资质证书;造成损失的,依法承担赔偿责任。

(7)施工单位不履行保修义务或者拖延履行保修义务的,责令改正,处10万元以上20万元以下罚款,并对在保修期内因质量缺陷造成的损失承担赔偿责任。

(8)工程监理单位有下列行为之一的,责令改正,处50万元以上100万元以下的罚款,降低资质等级或者吊销资质证,有违法所得的,予以没收;造成损失的,承担连带赔偿责任:①与建设单位或者施工单位串通,弄虚作假、降低工程质量的;②将不合格的建设工程、建筑材料、建筑构配件和设备按照合格签字。

(9)工程监理单位与被监理工程的施工承包单位以及建筑材料、建筑构配件和设备供应单位有隶属关系或者其他利害关系承担该项建设工程的监理业务的,责令改正,处5万元以上10万元以下的罚款,降低资质等级或者吊销资质证书;有违法所得的,予以没收。

(10)违反本条例规定,涉及建筑主体或者承重结构变动的装修工程,没有设计方案擅自施工的,责令改正,处50万元以上100万元以下的罚款;房屋建筑使用者在装修过程中擅自变动房屋建筑主体和承重结构的,责令改正,处5万元以上10万元以下的罚款。有上述所列行为,造成损失的,依法承担赔偿责任。

三、其他相关部门人员法律责任

(1)发生重大工程质量事故隐瞒不报、谎报或者拖延报告期限的直接负责的主管人员和其他责任人员,将直接依法给予行政处分。

(2)供水、供电、供气、公安消防等部门或者单位明示或者暗示建设单位或者施工单位购买其指定的生产供应单位的建筑材料、建筑构配件和设备的,责令改正。

(3)注册建筑师、注册结构工程师、监理工程师等注册执业人员因过错造成质量事故的,责令停止执业1年;造成重大质量事故的,吊销执业资格证书,5年以内不予注册;情节特别恶劣的,终身不予注册。

(4)建设单位、设计单位、施工单位、工程监理单位违反国家规定,降低工程质量标准,造成重大安全事故,构成犯罪的,对直接责任人员依法追究刑事责任。

(5)国家机关工作人员在建设工程质量监督管理工作中玩忽职守、滥用职权、徇私舞弊,构成犯罪的,依法追究刑事责任;尚不构成犯罪的,依法给予行政处分。

(6)建设、勘察、设计、施工、工程监理单位的工作人员因调动工作、退休等原因离开该单位后,被发现在该单位工作期间违反国家有关建设工程质量管理规定,造成重大工程质量事故的,仍应当依法追究法律责任。

任务五　典型案例分析

背景:

2012年4月,某大学为建设学生公寓,与某建筑公司签订了一份建设工程合同。合同约定:工程采用固定总价和合同形式,主体工程和内外承重砖一律使用国家标准砌块,每层加水泥圈梁;某大学可预付工程款(合同价款的10%);工程的全部费用于验收合格后一次付清;交付使用后,如果在6个月内发生严重的质量问题,由承包人负责修复等。

一年后,学生公寓如期完工,在某大学和某建筑公司共同进行竣工验收时,某大学发现工程3~5层的内承重墙体裂缝较多,要求某建筑公司修复后再验收,某建筑公司认为不影响使用而拒绝修复。因为很多新生急待入住,某大学就接收了宿舍楼。

在使用了8个月后,公寓楼5层的内承重墙倒塌,致使1人死亡,3人受伤,其中1人致残。受害者与某大学要求要求某建筑公司赔偿损失,并修复倒塌工程。某建筑公司以使用不当且已过保修期为由拒绝赔偿。无奈之下,受害者与某大学诉至法院,请法院主持公道。

法院在审理期间对工程事故原因进行了鉴定,鉴定结论为某建筑公司偷工减料致宿舍楼内承重墙倒塌。因此,法院对某建筑公司以保修期已过为由拒绝赔偿的主张不予支持,判决某建筑公司应当向受害者承担损害赔偿责任,并负责修复倒塌的部分工程。

问题:

1.《建设工程质量管理条例》规定,在正常使用条件下,法定保修范围有哪些?它们的最低保修期限为多少?

2.本案中某建筑公司应该承担哪些责任和义务?

分析：

《建设工程质量管理条例》第40条，规定了建设工程强制性的保修范围和最低保修期限。缺陷责任期由双方谈判后具体约定，小型工程一般6个月、12个月，大型工程一般24个月。

根据上述法律规定，建设工程的保修期限不能低于国家规定的最低保修期限，其中，对地基基础工程、主体结构工程实际规定为终身保修。最低保修期限（约定≥法定，按约定；约定<法定，按法定）

在本案中，某大学与某建筑公司虽然在合同中双方约定保修期限为6个月，但这一期限远远低于国家规定的最低期限，尤其是承重墙属于主体结构，其最低保修期限依法应终身保修。双方的质量期限条款违反了国家强制性法律规定，因此是无效的。某建筑公司应当向受害者承担损害赔偿责任。承包人损害赔偿责任的内容应当包括医疗费、因误工减少的收入、残废者生活补助费等。造成受害人死亡的，还应付丧葬费、抚恤费、死者生前抚养的人必要的生活费用等。

此外，某建筑公司在施工中偷工减料，造成质量事故，有关主管部门应当依照我国《建筑法》第74条的有关规定对其进行法律制裁。

基础练习题

一、单选题

1. 根据《建设工程质量管理条例》，最低保修期限大于2年的工程有（　　）。

A. 外墙防渗漏　　B. 设备安装

C. 给排水管道　　D. 装修工程

2. 施工单位承担保修责任的前提条件之一是（　　）。

A. 非施工单位原因产生的质量问题　　B. 工程未按期交工

C. 属于保修书中约定的保修范围　　D. 工程价款结算完毕

3. 建设工程项目质量控制系统的管理文件或手册，是承担该项目实施任务各方应共同遵循的管理依据，它在（　　）过程中形成。

A. 分析系统质量控制界面　　B. 编制系统质量控制计划

C. 制定系统质量控制制度　　D. 明确系统质量控制网络

4. 施工承包企业按经监理工程师依据合同和相关法规审批的施工质量计划组织施工，如导致工程质量问题，则责任由（　　）承担。

A. 建设单位　　B. 监理单位

C. 施工承包企业　　D. 监理单位和施工承包企业共同

5. 根据《建设工程质量管理条例》，工程质量必须实行（　　）监督管理。

A. 企业　　B. 政府

C. 社会　　D. 行业

二、多选题

1. 根据《关于做好房屋建筑和市政基础设施施工质量事故报告和调查处理工作的通

知》,按事故造成的损失程度,工程质量事故分为(　　)。

A. 特别重大事故　　B. 重大事故

C. 较大事故　　D. 微小事故

E. 一般事故

2. 某工程质量事故发生后,对该事故进行调查,经过原因分析判定该事故不需要处理,其后续工作有(　　)。

A. 补充调查　　B. 检查验收

C. 做出结论　　D. 提交处理报告

E. 实施防护措施

3. 根据《建筑工程五方责任主体项目负责人质量终身责任追究暂行办法》,发生工程质量事故,施工企业项目经理承担的法律责任有(　　)。

A. 项目经理为注册建造师的,责令停止执业 2 年

B. 向社会公布曝光

C. 处单位罚款数额 5% 以上 10% 以下的罚款

D. 构成犯罪的,依法追究刑事责任

E. 项目经理为注册建造师的,吊销执业资格证书,5 年内不予注册

4. 关于勘察、设计单位的质量责任和义务的说法,正确的有(　　)。

A. 依法对设计文件进行技术交底

B. 依法保证使用的建筑材料等符合要求

C. 依法审查施工图纸设计文件

D. 依法办理工程质量监督手续

E. 依法承揽工程的勘察、设计业务

5. 关于工程建设缺陷责任期确定的说法,正确的有(　　)。

A. 发包人导致竣工迟延的,在承包人提交竣工验收报告后进入缺陷责任期

B. 缺陷责任期一般为 6 个月、12 个月或 24 个月

C. 发包人导致竣工迟延的,在承包人提交竣工验收报告后 60 日后,自动进入缺陷责任期

D. 缺陷责任期一般从工程通过竣(交)工验收之日起计

E. 承包人导致竣工迟延的,缺陷责任期从实际通过竣工验收之日起计

三、简答题

1. 工程质量的含义是什么?

2. 简述建设单位的质量责任和义务。

3. 简述勘察设计单位的质量责任和义务。

4. 简述施工单位的质量责任和义务。

5. 简述建筑工程竣工验收的条件和主要内容。

项目九 工程建设合同管理法规

知识目标
1. 了解工程建设合同的基本概念、种类和法律特征。
2. 熟悉工程建设合同订立原则、形式、内容。
3. 掌握合同的有关概念和履行原则，合同变更、终止的法律规定。
4. 掌握违约责任的特征和承担方式。

一、合同的法律特征

1999年10月颁布的《中华人民共和国合同法》(以下简称《合同法》)规定，合同是平等主体的自然人、法人、其他组织之间设立、变更、终止民事权利义务关系的协议。

合同具有以下法律特征：①合同是一种法律行为。②合同的当事人法律地位一律平等，双方自愿协商，任何一方不得将自己的观点、主张强加给另一方。③合同的目的性在于设立、变更、终止民事权利义务关系。④合同的成立必须有两个以上当事人；两个以上当事人不仅做出意思表示，而且意思表示是一致的。

二、合同的订立原则

合同的订立，应当遵循平等原则、自愿原则、公平原则、诚实信用原则、合法原则等。

(一)平等原则

《合同法》规定，合同当事人的法律地位平等，一方不得将自己的意志强加给另一方。这一原则包括三方面的内容：①合同当事人的法律地位一律平等。不论所有制性质、单位大小和经济实力强弱，其法律地位都是平等的。②合同中的权利义务对等。就是说，享有权利的同时就应当承担义务，而且彼此的权利、义务是对等的。③合同当事人必须就合同条款充分协商，在互利互惠基础上取得一致，合同方能成立。任何一方都不得将自己的意志强加给另一方，更不得以强迫命令、胁迫等手段签订合同。

(二)自愿原则

《合同法》规定，当事人依法享有自愿订立合同的权利，任何单位和个人不得非法干预。

自愿原则体现了民事活动的基本特征，是民事法律关系区别于行政法律关系、刑事法律关系的特有原则。自愿原则贯穿于合同活动的全过程，包括订不订立合同自愿，与谁订立合同自愿，合同内容由当事人在不违法的情况下自愿约定，在合同履行过程中当事人可以协议补充、协议变更有关内容，双方也可以协议解除合同，可以约定违约责任，以及自愿选择解决争议的方式。总之，只要不违背法律、行政法规强制性的规定，合同当事人有权自愿决定，任何单位和个人不得非法干预。

(三)公平原则

《合同法》规定，当事人应当遵循公平原则确定各方的权利和义务。

公平原则主要包括：①订立合同时，要根据公平原则确定双方的权利和义务，不得欺诈，不得假借订立合同恶意进行磋商；②根据公平原则确定风险的合理分配；③根据公平原则确定违约责任。

公平原则作为合同当事人的行为准则，可以防止当事人滥用权利，保护当事人的合法权益，维护和平衡当事人之间的利益。

(四)诚实信用原则

《合同法》规定，当事人行使权利、履行义务应当遵循诚实信用原则。

诚实信用原则主要包括：①订立合同时，不得有欺诈或其他违背诚实信用的行为；②履行合同义务时，当事人应当根据合同的性质、目的和交易习惯，履行及时通知、协助、提供必要条件、防止损失扩大、保密等义务；③合同终止后，当事人应当根据交易习惯，履行通知、协助、保密等义务，也称为后契约义务。

(五)合法原则

《合同法》规定，当事人订立、履行合同，应当遵守法律、行政法规，尊重社会公德，不得扰乱社会经济秩序，损害社会公共利益。

一般来讲，合同的订立和履行，属于合同当事人之间的民事权利义务关系，只要当事人的意思不与法律规范、社会公共利益和社会公德相抵触，即承认合同的法律效力。但是，合同绝不仅仅是当事人之间的问题，有时可能会涉及社会公共利益、社会公德和经济秩序。为此，对于损害社会公共利益、扰乱社会经济秩序的行为，国家应当予以干预，但这种干预要依法进行，由法律、行政法规作出规定。

三、合同的分类

合同的分类是指按照一定的标准，将合同划分成不同的类型。与工程建设领域有关的合同可分为如下几类。

(一)有名合同与无名合同

根据法律是否明文规定了一定合同的名称，可以将合同分为有名合同与无名合同。

有名合同(又称典型合同)，是指法律上已经确定了一定的名称及具体规则的合同。《合同法》中所规定的15类合同，都属于有名合同，如工程建设合同等。

无名合同(又称非典型合同)，是指法律上尚未确定一定的名称与规则的合同。合同当事人可以自由决定合同的内容，即使当事人订立的合同不属于有名合同的范围，只要不违背法律的禁止性规定和社会公共利益，仍然是有效的。

（二）双务合同与单务合同

根据合同当事人是否互相负有给付义务，可以将合同分为双务合同和单务合同。

双务合同，是指当事人双方互负对待给付义务的合同，即双方当事人互享债权、互负债务，一方的合同权利正好是对方的合同义务，彼此形成对价关系。例如，工程建设施工合同中，承包人有获得工程价款的权利，而发包人则有按约支付工程价款的义务。大部分合同都是双务合同。

单务合同，是指合同当事人中仅有一方负担义务，而另一方只享有合同权利的合同。例如，在赠予合同中，受赠人享有接受赠予物的权利，但不负担任何义务。无偿委托合同、无偿保管合同均属于单务合同。

（三）诺成合同与实践合同

根据合同的成立是否需要交付标的物，可以将合同分为诺成合同和实践合同。

诺成合同（又称不要物合同），是指当事人双方意思表示一致就可以成立的合同。大多数的合同都属于诺成合同，如工程建设合同、买卖合同、租赁合同等。

实践合同（又称要物合同），是指除当事人双方意思表示一致以外，尚须交付标的物才能成立的合同，如保管合同、定金合同等。

（四）要式合同与不要式合同

根据法律对合同的形式是否有特定要求，可以将合同分为要式合同与不要式合同。

要式合同，是指根据法律规定必须采取特定形式的合同。如《合同法》规定，工程建设合同应当采用书面形式。

不要式合同，是指当事人订立的合同不需要采取特定的形式，当事人可以采取口头方式，也可以采取书面形式或其他形式。

（五）有偿合同与无偿合同

根据合同当事人之间的权利义务是否存在对价关系，可以将合同分为有偿合同与无偿合同。

有偿合同，是指一方通过履行合同义务而给对方某种利益，对方要得到该利益必须支付相应代价的合同，如工程建设合同等。

无偿合同，是指一方当事人享有合同约定的利益，但无须向另一方付出相应代价的合同，如赠予合同等。

（六）主合同与从合同

根据合同相互间的主从关系，可以将合同分为主合同与从合同。

主合同是指能够独立存在的合同；依附于主合同方才能存在的合同为从合同。例如，发包人与承包人签订的工程建设施工合同为主合同，为确保该主合同的履行，发包人与承包人签订的履约保证合同为从合同。

四、工程建设合同

《合同法》规定，工程建设合同是承包人进行工程建设，发包人支付价款的合同。

工程建设合同实质上是一种特殊的承揽合同。《合同法》第 16 章“工程建设合同”中规定,“本章没有规定的,适用承揽合同的有关规定。”工程建设合同可分为工程建设勘察合同、工程建设设计合同、工程建设施工合同。

工程建设施工合同是工程建设合同中的重要部分,是指施工人(承包人)根据发包人的委托,完成工程建设项目的施工工作,发包人接受工作成果并支付报酬的合同。施工合同的内容包括工程范围、建设工期、中间交工工程的开工和竣工时间、工程质量、工程造价、技术资料交付时间、材料和设备供应责任、拨款和结算、竣工验收、质量保修范围和质量保证期、双方相互协作等条款。

工程建设合同的特征具有以下几方面。

(1)工程建设合同的主体具有特定性　工程建设合同的主体应为具有相应履约能力的法人。发包人应是经过批准进行工程项目建设的法人,经过国家计划部门审批,落实投资来源,且应当具有相应的组织协调能力。承包人要具备法人资格,而且应当具备相应的勘察、设计、施工等资质。

(2)工程建设合同的标的具有特殊性　工程建设合同的标的是各类建筑产品。每个建筑产品都是不尽相同的,唯一且不可替代,所以每个建筑产品都需要单独设计和施工,建筑产品单体性生产决定了工程建设合同标的的特殊性。

(3)工程建设合同的形式和程序具有严格性　工程建设合同,履行权限长,工作环节多,涉及面广,工程建设又对于国家经济发展、公民工作生活有重大影响,因此国家对工程建设合同的形式和程序有严格的管理程序。

(4)工程建设合同的履行具有长期性　工程建设由于结构复杂、体积大、建筑材料类型多、工作量大,使得合同履行期限较长。

任务一　工程建设合同的订立

一、合同订立与合同成立

合同订立,是指缔约人进行意思表示并达成一致意见的状态,包括缔约各方自接触、协商、达成协议前讨价还价的整个动态过程和静态协议。合同订立是交易行为的法律运作。合同成立,是指当事人就合同主要条款达成了合意。合同成立需具备下列条件:①存在两方以上的订约当事人;②订约当事人对合同主要条款达成一致意见。

合同的成立一般要经过要约和承诺两个阶段。《合同法》规定,当事人订立合同,采取要约、承诺方式。

二、要约

《合同法》规定,要约是希望和他人订立合同的意思表示。发出要约的人称为要约人,接受要约的人称为受要约人。要约是订立合同的必经阶段,不经过要约,合同是不可能成立的。

（一）要约的构成要件

要约是希望和他人订立合同的意思表示，该意思表示应当符合下列规定：①内容具体确定。所谓具体，是指要约的内容须具有足以使合同成立的主要条款。②表明经受要约人承诺，要约人即受该意思表示约束。要约须具有订立合同的意图，表明一经受要约人承诺，要约人即受该意思表示的约束。要约作为表达希望与他订立合同的一种意思表达，其内容已经包含了可以得到履行的合同成立所需要具备的基本条件。

（二）要约邀请

《合同法》规定，要约邀请是希望他人向自己发出要约的意思表示。寄送的价目表、拍卖公告、招标公告、招股说明书、商业广告等为要约邀请。

要约邀请可以是向特定人发出，也可以是向不特定的人发出。要约邀请只是邀请他人向自己发出要约，如果自己承诺才成立合同。因此，要约邀请处于合同的准备阶段，没有法律约束力。

在工程建设招标投标活动中，招标文件是要约邀请，对招标人不具有法律约束力；投标文件是要约，应受自己做出的与他人订立合同的意思表示的约束。

（三）要约的法律效力

《合同法》规定，要约到达受要约人时生效。如投标人向招标人发出的投标文件，自到达招标人时起生效。

要约的有效期间由要约人在要约中规定。要约人如果在要约中定有存续期间，受要约人必须在此期间内承诺。要约可以撤回，但撤回要约的通知应当在要约到达受要约人之前或者与要约同时到达受要约人。要约可以撤销，但撤销要约的通知应当在受要约人发出承诺通知之前到达受要约人。

有下列情形之一的，要约不得撤销：①要约人确定了承诺期限或者以其他形式明示要约不可撤销；②受要约人有理由认为要约是不可撤销的，并已经为履行合同做了准备工作。

有下列情形之一的，要约失效：①拒绝要约的通知到达要约人；②要约人依法撤销要约；③承诺期限届满，受要约人未做出承诺；④受要约人对要约的内容做出实质性变更。

三、承诺

《合同法》规定，承诺是受要约人同意要约的意思表示。如招标人向投标人发出的中标通知书，是承诺。

（1）承诺的构成要件　①承诺必须是受要约人做出的；②承诺必须向要约人做出；③承诺和要约的内容必须一致；④承诺应在有效期内做出。

（2）承诺的生效　承诺通知到达要约人时生效。承诺不需要通知的，根据交易习惯或者要约的要求做出承诺的行为时生效。《合同法》第 16 条第 2 款规定，采用数据电文形式订立合同，收件人指定特定系统接收数据电文的，该数据电文进入该特定系统的时间，视为到达时间；未指定特定系统的，该数据电文进入收件人的任何系统的首次时间，视为到达时间。

(3)承诺的内容　承诺的内容应当与要约的内容一致。受要约人对要约的内容做出实质性变更的,为新要约。有关合同标的、数量、质量、价款或者报酬、履行期限、履行地点和方式、违约责任和解决争议方法等的变更,是对要约内容的实质性变更。

(4)承诺的撤回　所谓承诺的撤回,是指要约人在发出承诺通知后,在承诺正式生效之前撤回承诺。

任务二　工程建设合同的效力

合同的效力,是指合同所具有的法律约束力。

一、合同生效条件

合同生效,即合同发生法律约束力。

工程建设合同生效的条件如下:①订立合同的当事人必须具有相应的民事权利能力和民事行为能力;②意思表达真实;③不违反法律规定、不损害社会公共利益;④不违反工程建设的基本建设程序。

二、效力待定合同

效力待定合同是指行为人未经权利人同意而订立的合同,因其不完全符合合同生效的要件,合同有效与否,需要由权利人确定。效力待定合同有以下几种:

(1)限制民事行为能力人订立的合同。

(2)无效代理合同。代理合同是指行为人以他人名义,在代理权限范围内与第三人订立的合同。而无权代理合同则是行为人不具有代理权而以他人名义订立的合同。这种合同具体又有三种情况:①行为人没有代理权;②无权代理人超越代理权;③代理权终止后以被代理人的名义订立合同。

(3)无处分权的人处分他人财产的合同。

三、无效合同

无效合同是指虽经当事人协商订立,但因其不具备合同生效条件,不能产生法律约束力的合同。无效合同从订立时起就不具有法律约束力。有下列情形之一的,合同无效:①一方以欺诈、胁迫的手段订立合同,损害国家利益;②恶意串通,损害国家、集体或者第三人利益;③以合法形式掩盖非法目的;④损害社会公共利益;⑤违反法律、行政法规的强制性规定。

无效合同的处理方法:工程建设合同被确认无效后,尚未履行的,不得履行;已经履行的,应当立即终止履行。工程建设合同被确认无效后,应视情况做出处理,处理方式一般有以下五种。

(1)返还财产　返还财产是当事人的财产关系恢复到工程建设合同签订前的状态。工程建设合同被确认无效后,当事人依据工程建设合同所取得的财产应当返还对方,不能返还或者没有必要返还的,应当折价补偿。

（2）折价补偿　折价补偿是在因无效工程建设合同所取得的对方当事人的财务不能返还或者没有必要返还时，按照所取得的财产价值进行折算，以金钱方式对对方当事人进行补偿的责任形式。

（3）赔偿损失　赔偿损失是过错方给对方造成损失时，应当承担的责任。有过错一方应赔偿对方因此而遭受的损失，如果双方都有过错，各自承担相应责任。

（4）收归国有　收归国有是一种惩罚手段，只适用于恶意串通、损害国家利益的工程建设合同。如果双方当事人都是故意行为，应追缴双方已经取得的或约定取得的财产，收归国有；如果是由一方故意行为，则故意的一方应将从对方取得的财产返还对方，非故意一方已经取得或约定取得的财产应收归国有。

（5）返还集体或第三人　恶意串通，损害集体或第三人利益的，应由当事人返还从集体或第三人处取得的财产。

任务三　工程建设合同的履行

一、合同履行的概念

《合同法》规定，当事人应当按照约定全面履行自己的义务。当事人应当遵循诚实信用原则，根据合同的性质、目的和交易习惯履行通知、协助、保密等义务。合同生效后，当事人不得因姓名、名称的变更或者法定代表人、负责人、承办人的变动而不履行合同义务。

二、合同履行的原则

（1）全面、适当履行的原则　合同当事人应当按照合同约定的标的、价款、数量、质量、地点、期限、方式等全面履行各自的义务。合同有明确约定的，应当按照约定履行。

（2）诚实信用原则　当事人应当遵循诚实信用原则，根据合同性质、目的和交易习惯履行通知。协助和保密义务。

（3）当事人不得擅自变更合同的原则　合同依法成立，具有法律约束力，合同当事人任何一方均不得擅自变更合同。

任务四　工程建设合同的变更和终止

一、合同的变更

合同变更，是指当事人对已经发生法律效力，但尚未履行或尚未完全履行的合同，进行修改或补充所成的协议。合同法规定，当事人协商一致，可以变更合同。法律、行政法规规定变更合同应当办理批准、登记等手续的，依照其规定。当事人对合同变更的内容约定不明确的，推定为未变更。

（一）合同的变更须经当事人双方协商一致

如果双方当事人就变更事项达成一致意见，则变更后的内容取代原合同的内容，当事人应当按照变更后的内容履行合同。如果一方当事人未经对方同意就改变合同的内容，不仅变更的内容对另一方没有约束力，其做法还是一种违约行为，应当承担违约责任。

(二)合同变更须遵循法定的程序

法律、行政法规规定变更合同事项应当办理批准、登记手续的，应当依法办理相应手续。如果没有履行法定程序，即使当事人已协议变更了合同，其变更内容也不发生法律效力。

(三)对合同变更内容约定不明确的推定

合同变更的内容必须明确约定。如果当事人对于合同变更的内容约定不明确，则将被推定为未变更。任何一方不得要求对方履行约定不明确的变更内容。

合同变更需满足的条件有：①原合同已生效；②原合同未履行或未完全履行；③当事人需要对变更内容协商一致；④当事人对变更内容约定明确；⑤遵守法定程序。

二、合同的终止

合同的终止，是指依法生效的合同，因具备法定的或当事人约定的情形，合同的债权、债务归于消灭，债权人不再享有合同的权利，债务人也不必再履行合同的义务。

《合同法》规定，有下列情形之一的，合同的权利义务终止：①债务已经按照约定履行；②合同解除；③债务相互抵消；④债务人依法将标的物提存；⑤债权人免除债务；⑥债权债务同归于一人；⑦法律规定或者当事人约定终止的其他情形。

合同的解除，是指合同有效成立后，当具备法律规定的合同解除条件时，因当事人一方或双方的意思表示而使合同关系归于消灭的行为。

合同解除具有如下特征：①合同的解除适用于合法有效的合同，而无效合同、可撤销合同不发生合同解除。②合同解除须具备法律规定的条件。非依照法律规定，当事人不得随意解除合同。我国法律规定的合同解除条件主要有约定解除和法定解除。③合同解除须有解除的行为。无论哪一方当事人享有解除合同的权利，其必须向对方提出解除合同的意思表示，才能达到合同解除的法律后果。④合同解除使合同关系自始消灭或者向将来消灭，可视为当事人之间未发生合同关系，或者合同尚存的权利义务不再履行。

(1)债务相互抵消　债务抵消是指合同当事人互负债务时，各以其债权充当债务的清偿，而使其债务与对方的债务在对等额内相互消灭。依据抵消产生的根据不同，可分为法定抵消和约定抵消两种。

(2)债务人依法将标的物提存　提存是指由于债权人的原因致使债务人无法向其交付标的物，债务人可以将标的物交给有关机关保存，以此消灭合同关系的行为。

我国目前法定的提存机关为公证机构。自提存之日起，债务人的债务归于消灭。

(3)债权人免除债务　是指债权人放弃债权，从而全部或部分终止合同关系的单方行为。债权人免除债务，应由债权人向债务人做出明确的意思表达。

(4)债权债务同归于一人　债权债务同归于一人，是指债权债务同归于一人而导致合同权利义务归于消灭的情形。发生债权债务同归于一人的主要原因是企业合并。

任务五 违约责任

工程建设合同是承发包双方在平等自愿基础上订立的明确权利义务的协议，是双方在建设实施过程中遵循的最高行为准则。针对我国目前普遍存在的合同意识淡漠、违约行为不断的状况，明确各自权利义务，强化合同规范管理，严格追究违约责任，成为维护建设市场正常秩序的重要保障。

一、合同的违约和违约行为的分类

《合同法》第60条规定，当事人应当按照约定全面履行自己的义务。只要是合同中明确规定的，当事人必须遵守，这是合同法律效力的具体表现。任何合同义务的不履行，都是对合同规定的违反，都将构成违约。

违约行为的表现形式，归纳起来可作如下分类：按照是否完全违背缔约目的，违约行为可分为根本违约和非根本违约；按照合同是否履行与履行状况，违约行为可分为不履行和不适当履行；按照迟延履行的主体，违约行为可分为债务人给付迟延和债权人受领迟延。

1. 违约责任的概念

违约责任在合同法领域居于核心位置。《合同法》以违约责任作为保护当事人合法权益、维护社会经济、促进社会主义现代化事业发展基本目的的前提和最终保障。正是因为违约责任的存在，工程建设合同的正常秩序才可能正常运转，社会主义现代化的基本价值目标才可能实现。

2. 违约责任的特征

(1)违约责任是一种财产责任。违约责任作为财产责任，其本质意义不在于对违约方的制裁，而在于对守约方的补偿，违约责任在完成补偿功能的同时，也体现了对违约方行为的否定性评价，同时，违约方须承担违约成本。

(2)违约责任产生于有效工程建设合同。

(3)违约责任体现了工程建设合同的效力。

(4)违约责任有一定的任意性。

(5)违约责任的主体是工程建设合同当事人。

3. 当事人承担违约责任应具备的条件

(1)先期违约(或预期违约)的责任承担。《合同法》规定，当事人一方明确表示或者以自己的行为表明不履行合同义务的，对方可以在履行期限届满之前要求其承担违约责任。

(2)承担违约责任的条件：①合同当事人发生了违约行为，即有违反合同义务的行为；②非违约方不需要证明其主观上是否具有过错；③无约定或法定免责事由。

二、违约责任的承担方式

违约行为的后果直接导致对合同债权的侵害，必须承担相应的违约责任。违约责任以合同债务为发生前提，具有惩罚和补偿双重属性。《合同法》以严格责任作为承担违约责任的归责原则，不论违约人在主观上是否有过错，都应当承担违约责任。

关于违约责任承担方式，《合同法》规定可以采用继续履行、停止违约行为、赔偿损失、支付违约金、执行定金罚则及其他补救措施。

1. 继续履行

继续履行是一种违约后的补救方式，是对合同未履行部分的继续。是否要求违约方继续履行是非违约方的一项权利。继续履行可以与违约金、定金、赔偿损失并用，但不能与解除合同的方式并用。

2. 赔偿损失

当事人一方不履行合同义务或者履行义务不符合约定的，给对方造成损失的，应当赔偿对方的损失。损失赔偿额应当相当于因违约所造成的损失，包括合同履行后可以获得的利益。

3. 违约金和定金

(1)支付违约金　当事人可以约定一方违约时根据违约情况向对方支付一定数额的违约金，也可以约定因违约产生的损失额的赔偿办法。约定的违约金低于造成的损失的，当事人可以请求人民法院或者仲裁机构予以增加；约定的违约金过分高于造成的损失的，当事人可以请求人民法院或者仲裁机构予以适当减少。

(2)定金　当事人可以依照《担保法》约定一方向对方给付定金作为债权的担保。债务人履行债务后，定金应当抵作价款或者收回。给付定金的一方不履行约定的债务的，无权要求返还定金；收受定金的一方不履行约定的债务的，应当双倍返还定金。

任务六　与工程建设相关的几种合同

一、工程建设勘察设计合同

工程建设勘察合同是指根据工程建设的要求，查明、分析、评价建设场地的地质地理环境特征和岩土工程条件，编制工程建设勘察文件的协议。

工程建设设计合同是指根据工程建设的要求，对工程建设所需的技术、经济、资源、环境等条件进行综合分析、论证，编制工程建设设计文件的协议。

为了保证工程项目的建设质量达到预期的投资目的，实施过程必须遵循项目建设的内在规律，即先勘察、后设计、再施工的程序。

发包人通过招标方式与选择的中标人就委托的勘察、设计任务签订合同。订立合同委托勘察、设计任务是发包人和承包人的自主市场行为，但必须遵守《中华人民共和国合同法》《中华人民共和国建筑法》《工程建设勘察设计管理条例》《工程建设勘察设计市场管理规定》等法律、法规和规章的要求。

(一)工程建设勘察、设计合同的法律特征

(1)工程建设勘察、设计合同的当事人必须是具有权利能力和行为能力的特定的法人。

(2)订立工程建设勘察、设计合同必须符合国家规定的基本建设程序。

(3)勘察、设计合同属于工程建设合同,应具有工程建设合同的基本特征。

(二)工程建设勘察、设计合同的主要条款

1. 勘察合同的主要条款

(1)工程建设名称、规模、建设地点、投资额、发包方和承包方的概况。

(2)委托人提交有关基础资料的期限。委托人应及时向承包人提供工程勘察任务委托书技术要求和工作范围的地形图、建筑总平面布置图;提供勘察工作范围地下已有埋藏物的资料及具体位置分布图。

(3)承包人向发包人提交勘察成果资料并对其质量负责。

(4)开工及提交勘察成果资料的时间。应写明开工时间与提交成果资料时间,由于发包人或承包人的原因未能按期开工或提交成果资料时,应承担相应违约责任。

(5)在勘察合同中,双方应当明确勘察费用的数额和计算方法,勘察费用支付方式、地点、期限等内容。

(6)违约责任。双方当事人应当按照国家的有关规定约定双方的违约责任。

(7)双方的其他协作条件。其他协作条件是指双方当事人为了保证勘察工作顺利完成所应当履行的相互协助的义务。

(8)争议解决事项。

(9)勘察合同必须明确规定合同的生效和失效日期。通常勘察合同在全部勘察工作验收合格、委托方勘察费支付完毕后失效。

2. 工程建设设计合同的主要条款

(1)工程建设名称、规模、阶段、建设地点、投资额及设计内容、合同双方的概况。

(2)委托人向设计人(承包人)提交的有关资料、文件及期限。

(3)承包人向发包人交付的设计文件、地点及期限。

(4)设计费用和支付方式。

(5)争议解决事项。

(6)违约责任。

(7)双方的其他协作条件。

(8)设计合同必须明确规定合同的生效和失效日期。设计合同在全部设计任务完成、委托方支付完毕后失效。

(三)工程建设勘察、设计合同的订立和履行

1. 工程建设勘察、设计合同的订立

(1)资格、资信及履约能力审查　委托人审查承包人是否属于合法的法人组织,有无有关的营业执照,有无与勘察、设计项目相应的勘察设计证书,调查承包人勘察、设计资历,工作质量,社会信誉,资信状况和履约能力,生产经营状况如何及银行信用等情况。

(2)工程建设勘察、设计合同订立的形式和程序　勘察合同只要有发包人委托,承包人就可进行勘察工作。

设计合同的承包人在接受委托前,必须对发包人所委托设计的工程项目的各种批准

文件进行审查,以确保合同的有效性。这些文件主要是行政主管部门批准的可行性研究报告(设计任务书)和城市规划行政主管部门批准的建设用地规划许可证。不需报批可行性研究报告(设计任务书)的小型单项工程,必须具有行政主管部门批准的有关基建文件。

1)承包人根据委托勘察、设计的具体要求和资料,确定取费标准和付款方式。

2)双方当事人协商,就合同的各项条款取得一致意见。

3)签订勘察、设计合同。

2. 勘察、设计合同的履行

勘察、设计合同属于双务合同,因而当事人的权利义务是相对的,发包人的权利即是承包人的义务,发包人的义务即是承包人的权利。

(1)勘察合同发包人的义务

1)在勘察工作开始前,发包人应向承包方提供相应的勘察资料,包括工程批准文件、工程勘察任务委托书、建筑总平面图、地下埋藏物的资料及具体位置分布图等基本情况。

2)在勘察人员进入现场作业时,发包人应负责提供必要的工作和生活条件。发包人应及时为承包人提供勘察现场的工作条件并解决出现的问题。

3)发包人应负责勘察现场的水、电、气的畅通供应,平整道路、现场清理等工作,以保证勘察工作的开展。

4)发包人应维护承包人的投标书、勘察方案、报告书、文件、资料图样、数据、特殊工艺(方法)、专利技术和合理化建议,未经勘察人同意,发包人不得复制,不得泄露,不得擅自修改、传送或向第三人转让或用于本合同外的项目;如发生上述情况,发包人应负法律责任,承包人有权索赔。

5)勘察合同中有关条款和补充协议中发包人应负的其他责任。

(2)勘察合同承包人的义务

1)勘察单位应按国家技术规范、标准、规程和发包人的任务委托书及技术要求进行工程勘察,按合同规定的进度、质量要求提交勘察成果资料,并对其负责。

2)由于勘察单位提供的勘察成果资料质量不合格,勘察单位应负责无偿补充完善使其达到质量合格;若勘察单位无力补充完善,需另委托其他单位时,勘察单位应承担全部勘察费用;或因勘察质量造成重大经济损失或工程事故时,勘察单位除应负法律责任和免收直接受损失部分的勘察费外,应根据损失程度向发包人支付赔偿金。

3)作好工程勘察前的准备工作;在勘察过程中,根据工程的工程条件及技术规范要求,向发包人提出增减工作量或修改勘察工作的意见,并办理正式变更手续。

4)遵守双方的有关规章制度,承担有关资料的保密义务。

5)遵守合同中有关条款和补充协议中的规定。

(四)设计合同双方的责任

1. 设计合同发包人的责任

(1)发包人应按合同的规定,在规定的时间内向承包人提交基础资料及文件,并对其完整性、正确性及时限性负责。发包人不得要求设计人违反国家有关标准进行设计。

(2)发包人变更委托设计项目、规模、条件或因提交的资料错误,或所提交资料作较大修改,以致造成承包人设计返工时,双方除另行协商签订补充协议(或另订合同)、重新明确有关条款外,发包人应按设计人所耗工作量向设计人支付返工费。

(3)发包人有义务为承包人派驻现场的工作人员提供工作、生活及交通等方面的便利条件及必要的劳动保护设备。

(4)发包人应保护承包人的投标书、设计方案、文件、资料图样、数据、计算软件和专利技术。未经承包人同意,发包人对承包人交付的设计资料及文件不得擅自修改、复制或向第三人转让或用于本合同外的项目,如发生以上情况,发包人应负法律责任,承包人有权向发包人提出索赔。

2. 设计合同承包人的责任

(1)承包人应按国家规定和合同约定的技术规范、标准以及发包人提出的设计要求进行设计,按合同规定的内容、时间及份数向发包人交付设计文件,并对其负责。

(2)承包人交付设计文件后,按规定参加有关的设计审查,并根据审查结论负责对不超出原定范围的内容做必要调整补充。

(3)承包人应保护发包人的知识产权,不得向第三人泄露、转让发包人提交的产品图样等技术经济资料。如发生以上情况并给发包人造成经济损失,发包人有权向承包人索赔。

(五)勘察、设计合同的变更和解除

设计文件批准后,就具有一定的严肃性,不得任意修改和变更。如果必须修改,也需经有关部门批准,其批准权限根据修改内容所涉及的范围而定。如果修改部分属于初步设计的内容,必须经设计的原批准单位批准;如果修改的部分是属于可行性研究报告的内容,则必须经可行性研究报告的原批准单位批准;施工图设计的修改,必须经设计单位批准。

委托人因故要求修改工程设计,经承包人同意后,除设计文件的提交时间另定外,委托人还应按承包人实际返工修改的工作量增付设计费。

原定可行性研究报告或初步设计如有重大变更而需要重作或修改设计时,须经原批准机关同意,并经双方当事人协商后另订合同。委托人负责支付已经进行了的设计的费用。

委托人因故要求中途停止设计时,应书面通知承包人,已付的设计费不退还,并按该阶段实际所耗尺寸,增付和结清设计费,同时终止合同关系。

(六)勘察、设计合同的违约责任

委托人或承包人违反合同规定造成损失的,应承担违约的责任。

因勘察、设计质量低劣引起返工或未按期提交勘察、设计文件拖延工期造成损失,由勘察、设计单位继续完善勘察设计任务,并应视造成的损失浪费大小减收或免收勘察、设计费。对于因勘察、设计错误而造成工程重大质量事故,勘察、设计单位应承担赔偿责任。

由于变更计划、提供的资料不准确、未按期提供勘察、设计必需的资料或工作条件而造成勘察、设计的返工、停工、窝工或修改设计的,委托人应按承包人实际消耗的工作量增

付费用。因委托人责任造成重大返工或重新设计，应另行增费。

委托人超过合同规定的日期付费时，应偿付逾期的违约金。偿付办法与金额，由双方按照国家的有关规定协商，在合同中订明。

二、工程建设委托监理合同

工程建设委托监理合同简称监理合同，是指委托人与监理人就委托的工程项目管理内容签订的明确双方权利义务的协议。

(一)工程建设委托监理合同的特征

(1)监理委托合同的当事人双方应当是具有民事权利能力和民事行为能力、取得法人资格的企事业单位、其他社会组织，个人在法律允许范围内也可以成为委托监理合同当事人。

(2)工程建设委托监理合同的当事人双方地位平等。工程建设委托监理合同是诺成合同，即当事人意思表示一致(双方签字盖章后)，合同即告成立，无须以物之交付当事人为履行合同作为合同成立的要件。

(3)委托监理合同的标的是服务。工程建设实施阶段所签订的其他合同，如勘察设计合同、施工承包合同、加工承揽合同的标的物是产生新的物质成果或信息成果，而监理委托合同的标的是服务，即监理工程师凭借自己的知识、经验、技能受业主委托为其所签订的其他合同的履行实施监督和管理。

(4)委托监理合同应与施工合同等配合履行。

(二)主体双方的权利和义务

委托人与监理人签订合同，其根本目的就是为实现合同的标的，明确双方的权利和义务，从而确保相对人的权利得以实现，以利于委托监理的工程建设项目按期、按质、按量地交工，从而实现当事人订立合同的目标。

1. 委托人的权利

(1)授予监理人权限的权利　监理合同是要求监理人对委托人与第三方签订的各种承包合同的履行实行监理，监理人在委托人授权范围内对其他合同进行监督管理，因此在监理合同内除需明确委托的监理任务外，还应规定监理人的权限。在委托人授权范围内，监理人可对所监理的合同自主地采取各种措施进行监督、管理和协调，如果超越权限时，应首先征得委托人同意后方可发布有关指令。

(2)对其他合同承包人的选定权　委托人是建设资金的持有者和建筑产品的所有人，因此对设计合同、施工合同、加工制造合同等的承包单位有选定权和订立合同的签字权。监理人在选定其他合同承包人的过程中仅有建议权而无决定权。

(3)委托监理工程重大事项的决定权　委托人有对工程规模、规划设计、生产工艺设计、设计标准和使用功能等要求的认定权，工程设计变更审批权。

(4)对监理人履行合同的监督控制权　委托人对监理人履行合同的监督权利体现在以下三个方面：①对监理合同转让和分包的监督。②对监理人员的控制监督。合同专用条款或监理人的投标书内，应明确总监理工程师人选，监理机构派驻人员计划。当监理人调换总监理工程师时，须经委托人同意。③对合同履行的监督权。

2. 监理人的权利

监理合同中涉及监理人权利的条款可分为两大类，一类是监理人在委托合同中应享有的权利，另一类是监理人履行委托人与第三方签订的承包合同中应享有的权利。

(1)委托监理合同中赋予监理人的权利

1)完成监理任务后获得酬金的权利。监理人不仅可获得完成合同内规定的正常监理任务酬金，如果合同履行过程中因主、客观条件的变化，完成附加工作和额外工作后，也有权按照专用条件中约定的计算方法，得到额外工作的酬金。

2)终止合同的权利。如果由于委托人违约，严重拖欠应付监理人的酬金，或由于非监理人责任而使监理暂停的期限超过半年以上，监理人可按照终止合同规定程序，单方面提出终止合同，以保护自己的合法权益。

(2)监理人执行监理业务可以行使的权利

1)工程建设有关事项和工程设计的建议权，工程建设有关事项包括工程规模、设计标准、规划设计、生产工艺设计和使用功能要求。

2)对实施项目的质量、工期和费用的监督控制权。主要表现为：对承包人报的工程施工组织设计和技术方案，按照保质量、保工期和降低成本要求，自主进行审批和向承包人提出建议；征得委托人同意，发布开工令、停工令、复工令；对工程上使用的材料和施工质量进行检验；对施工进度进行检查、监督，未经监理工程师签字，建筑材料、建筑构配件和设备不得在工地上使用，施工单位不得进行下一道工序的施工；工程竣工日期提前或延误期限的鉴定；在工程承包合同确定的工程范围内，工程款支付的审核和签认权，以及结算工程款的复核确认与否定权。未经监理人签字确认，委托人不支付工程款，不进行竣工验收。

3)工程建设有关协作单位组织协调的主持权。

4)在业务紧急情况下，为了工程和人身安全，尽管变更指令已超越了委托人授权而又不能事先得到批准时，也有权发布变更指令，但应尽快通知委托人。

5)审核承包人索赔的权利。

3. 委托人的义务

(1)委托人应负责工程建设的所有外部关系的协调工作，为满足开展监理工作提供所需的外部条件。

(2)与监理人做好协调工作。委托人要授权一位熟悉工程建设情况，在规定时间内做出决定的常驻代表，负责与监理人联系。更换常驻代表，要提前通知监理人。

(3)为了不耽搁服务，委托人应在合理的时间内就监理人以书面形式提交并要求做出决定的一切事宜做出书面决定。

(4)为监理人顺利履行合同义务，做好协助工作。协助工作包括以下几方面内容：①将授予监理人的监理权利，以及监理人监理机构主要成员的职能分工、监理权限及时书面通知已选定的第三方，并在第三方签订的合同中予以明确。②在双方议定的时间内，免费向监理人提供与工程有关的监理服务所需要的工程资料。③为监理人驻工地监理机构开展正常工作提供协助服务。

4. 监理人的义务

(1)监理人在履行合同义务期间，应运用合理的技能认真勤奋地工作，公正地维护有关方面的合法权益。

(2)合同履行期间应按合同约定派驻足够的人员从事监理工作。开始执行监理业务前向委托人报送派往该工程项目的总监理工程师及该项目监理机构的人员情况。合同履行过程中如果需要调换总监理工程师，必须首先经过委托人同意，并派出具有相应资质和能力的人员。

(3)在合同期内或合同终止后，未征得有关方同意，不得泄露与本工程、合同业务有关的保密资料。

(4)任何由委托人提供的供监理人使用的设施和物品都属于委托人财产，监理工作完成或中止时，应将设施和剩余物品归还委托人。

(5)非经委托人书面同意，监理人及其职员不应接受委托监理合同约定以外的与监理工程有关的报酬，以保证监理行为的公正性。

(6)监理人不得参与可能与合同规定的与委托人利益相冲突的任何活动。

(7)在监理过程中，不得泄露委托人申明的秘密，亦不得泄露设计、承包等单位申明的秘密。

(8)负责合同的协调管理工作。

(三)委托监理合同的履行

委托人与监理人，应当依据法律规定和合同约定，全面地、实际地履行委托监理合同的义务，从而确保相对人的权利得以实现，以利于委托监理的工程建设项目按期、按质、按量地交工，从而实现当事人订立合同的目标。

(四)委托监理合同的变更和终止

(1)变更。任一方申请并经双方书面同意时，可对合同进行变更。

(2)延误。如果由于委托人或第三方的原因使监理工作受到阻碍或延误，以致增加了工程量或持续时间，则监理人应将此情况与可能产生的影响及时通知委托人。增加服务应视为附加的服务。完成监理任务的时间应相应延长。

(3)情况的改变。如果在监理合同签订后，出现了不应由监理人负责的情况下，如果不得不暂停执行某些监理任务，则该项服务的完成期限应予以延长，直到这种情况不再持续。当恢复监理工作时，还应增加不超过 42 天的合理期限，用于恢复执行监理服务，并按双方约定的数量支付监理酬金。

(4)合同的暂停或终止。

1)委托人要求暂停或终止合同。委托人如果要求监理人全部或部分暂停执行监理任务或终止监理合同，则应至少在 56 天前发出通知，此后监理人应立即安排停止服务，并将开支减至最小。

如果委托人认为监理人无正当理由而又未履行监理义务时，可向监理人发出指明其未履行义务的通知。若委托人在 21 天内未得到满意答复，可在第一个通知发出后 35 天内进一步发出终止监理合同的通知。

2)监理人提出暂停或终止合同。合同履行过程中出现监理酬金超过支付日 30 天委托人仍未支付,而又未对监理人提出任何书面意见,或暂停监理服务期限已超过半年时,监理人可向委托人发出通知指出上述问题。如果 14 天后未得到答复,监理人可终止合同,也可自行暂停履行部分或全部服务。

合同协议的终止并不影响或损害各方应有权利、责任或索赔。

(五)违约赔偿

1. 违约责任

合同履行过程中,由于当事人一方的过错,造成合同不能履行或者不能完全履行,由有过错的一方承担违约责任;如属双方的过错,根据实际情况,由双方分别承担各自的违约责任。为保证监理合同规定的各项权利义务的顺利实现,在《委托监理合同示范文本》中制定了约束双方行为的条款:“委托人责任”,“监理人责任”。这些规定归纳起来有如下几点。

(1)在合同责任期内,如果监理人未按合同中要求的职责勤恳认真地服务,或委托人违背了他对监理人的责任时,均应对对方承担赔偿责任。

(2)任何一方对另一方负有责任时的赔偿原则:①委托人违约应承担违约责任,赔偿监理人的经济损失;②因监理人过失造成经济损失,应向委托人进行赔偿,累计赔偿额不应超出监理酬金总额(除去税金);③当一方向另一方的索赔要求不成立时,提出索赔的一方应补偿由此所导致的对方各种费用支付。

2. 监理人的责任限度

由于工程建设监理是以监理人向委托人提供技术服务为特性,在服务过程中,监理人主要凭借自身知识、技术和管理经验,向委托人提供咨询、服务,替委托人管理工程。

同时,在工程项目的建设过程中,会受到多方面因素限制,如上述情况,在责任方面作了如下规定:监理人在责任期内,如果因过失而造成经济损失,要负监理失职的责任;监理人不对责任期以外发生的任何事情所引起的损失或损害负责,也不对第三方违反合同规定的质量要求和完工(交图、交货)时限承担责任。

三、工程建设材料、设备买卖合同

工程材料和设备是工程项目顺利完成的物质保证。通过合同形式实现建设物资的采购,使得买卖双方的经济关系成为合同法律关系,是市场法规律在法律上的反映,也是国家运用法律手段对建设市场实行有效管理和监督的意志体现。

工程材料和设备买卖合同的依法订立和履行,在工程项目建设中具有重要作用。

(一)工程建设材料、设备买卖合同概述

1. 工程建设材料、设备买卖合同的概念

工程建设材料、设备买卖合同,是指具有平等民事主体资格的自然人、法人、其他组织之间,为实现工程建设、材料、设备买卖,设立、变更、终止相互权利义务关系的协议。

工程建设材料、设备买卖合同属于《合同法》分则中规定的买卖合同,具有买卖合同的一般特点:①出卖人与买受人订立买卖合同,是以转移财产所有权为目的。②买卖合同的买受人取得财产所有权,必须支付相应的价款;出卖人转移财产所有权,必须以买受人支付相应的价款为对价。③买卖合同是双务、有偿合同。④买卖合同是诺成合同。

2. 工程建设材料、设备买卖合同的特点

工程建设材料、设备买卖合同与工程项目的建设密切相关,其特点主要表现在以下几个方面。

(1)合同的当事人　工程建设材料、设备买卖合同的买受人即采购人,可以是发包人,也可以是承包人,依据施工合同的承包方式来确定。永久工程的大型设备一般情况下由发包人采购。施工中使用的建筑材料采购责任,按照施工合同专用条款的约定执行。通常分为:发包人负责采购供应;承包人负责采购,包工包料承包。

采购合同的出卖人即供货人,可以是生产厂家,也可以是从事物资流转业务的供应商。

(2)合同订立的依据　工程建设所需材料、设备,无论是由业主提供,还是由承包商提供,均须符合工程承包合同有关对工程建设材料、设备的质量要求和工程进度需要的安排,也就是说,工程建设材料、设备买卖合同的订立要以工程承包合同为依据。

(3)合同的标的　工程建设材料、设备的特点在于品种、质量、数量和价格差异大,根据不同的工程建设的需要,有的数量庞大,有的则技术条件要求严格,因此,在合同中必须对各种所需材料、设备逐一明细,以确保工程施工的需要。

(4)合同的内容　工程建设材料、设备买卖合同由于其合同标的的特点,合同涉及的条款繁简程度差异较大。建筑材料采购合同的条款一般限于物资交货阶段,主要涉及交接程序、检验方式和质量要求、合同价款的支付等。大型设备的采购,除了交货阶段的工作外,往往还需包括设备生产阶段、设备安装调试阶段、设备试运行阶段、设备性能达标检验和保修等方面的条款约定。

(5)货物供应的时间　工程建设材料、设备买卖合同与施工进度密切相关,出卖人必须严格按照合同约定的时间交付订购的货物。延误交货将导致工程施工的停工待料,不能使建设项目及时发挥效益。

提前交货通常买受人也不同意接受,一方面货物将占用施工现场有限的场地影响施工,另一方面增加了买受人的仓储保管费用。

3. 工程建设材料、设备买卖合同的订立方式

(1)招标方式　工程建设材料、设备招标,是指招标单位就拟购买的材料、设备发布公告或邀请,以法定方式吸引工程建设材料、设备供应商参加竞争,招标人从中选择条件优越者购买其材料、设备的法律行为。

根据原国家计委发布的《工程建设项目招标范围和规模标准规定》第七条的规定,与工程有关的重要设备、材料等的采购,单项合同估算价在100万元人民币以上的,必须进行招标。

根据《招标投标法》的规定,其招标程序为:

1)编制招标文件。招标文件应当包括对工程建设材料或设备的技术要求、对投标人资格审查的标准、投标报价要求和评标实质性要求和条件以及拟签订合同的主要条款。国家对相应的工程建设材料或设备的技术、标准有规定的,招标人应当按照其规定在招标

文件中提出相应要求。

2)发布招标公告或发出投标邀请书。

3)投标单位购买标书(在需要进行资格预审的招标中,标书只发售给资格合格的投标单位。

4)投标报价。投标单位应在指定时间、地点投标报价。

5)开标、评标,确定中标单位。招标单位应在预定的时间、地点当众开标,经过评标当场决定中标单位。

6)签订合同。招标人和中标人应当自中标通知书发出之日起30日内,按照招标文件和中标人的投标文件订立书面合同。

(2)询价—报价—签订合同　材料或设备采购方向若干生产厂家或经销商发出询价函,要求他们在规定的期限内做出报价,在收到报价后,经过比较,选定报价合理的厂商或供应商与其签订合同。

(3)直接定购　由材料或设备采购方直接向生产厂家或经销商报价,生产厂家或经销商接受报价,签订合同。

上述三种订立合同的方式中,比较常见的是第二种方式,但对于标的数额较大,市场竞争比较激烈的建材或设备,采用招标的方式,对采购方比较有利,而对于一些小额、零星材料或设备的采购,采用直接采购的方式也是可取的。

(二)工程材料、设备买卖合同主要条款

工程材料、设备买卖合同主要条款如下:

(1)买卖双方当事人的名称、地址,法定代表人的姓名、职务,委托代订合同的代理人姓名、职务。

(2)合同标的。合同标的应写明标的物名称、品种、规格型号等,应注意符合施工合同的要求。

(3)标的数量。数量条款应明确卖方交货的数量、计量方法等。在约定数量时应考虑合理磅差、运输途中损耗,合理约定交货数量的正负尾差。

(4)质量要求、技术标准、卖方对质量负责的条件和期限。根据买卖标的性质,通用性能、耐用程度、可靠性、外观、经济性等指标,明确质量要求。技术标准应符合规定,必须写明执行的标准代号、编号和标准名称。

(5)价款。在合同中应明确是否为执行政府定价或政府指导价,列明标的物的单价及合同总金额。

(6)交(提)货期限。交(提)货期限是标的物由卖方转移给买方的具体时间要求,它不仅涉及当事人合同义务的履行,而且关系到风险责任的承担。交(提)货期限的确定和计算有两种:合同约定由供方送货或代运的,交货日期以供方发运产品时承运部门签发已戳记的日期为准;合同约定由买方自提的,以卖方依约通知的提货日期为准,但卖方应给买方必要的在途时间。

(7)交(提)货地点、方式。交(提)货地点是卖方交付货物、买方接收货物的地点,它的确定,关系到运费的负担、风险的转移等问题,应由双方当事人在合同中予以明确。交(提)货方式是指买卖双方对标的物的转移所采用的方式,一般有送货、代运和自提三种。

由于工程材料、设备数量多、体积大、品种繁杂，当事人应在签订合同时明确交货的方式，以便按时、准确地履行合同。

(8)价款的支付方式、时间、地点。价款的支付是基于货物买卖而引起的货币支付行为。买方以现金支付的，称为现金结算；通过银行账户的资金转移支付的，称为转账结算。转账结算方式又分两类，一类是异地结算方式，另一类是同城结算方式。异地结算方式包括异地托收承付结算方式、异地委托收款、信用证结算方式、汇兑结算方式和限额结算方式。以上各种结算方式，当事人在签订合同时，应依据有关规定和实际情况，适当选择，并同时明确支付的地点和时间，注明双方开户银行、账户名称和账号。

(9)工程材料、设备的包装。根据材料、设备的性能、形状、体积、重量，在有利于生产、流通、安全和节约的原则下，有关部门制定了统一标准，形成产品的包装标准。凡有国家标准或专业(部)标准的，当事人应执行相应的标准，没有国家标准或专业(部)标准或类型、规格、容量、印刷标志、产品的盛放、衬垫、封袋方法等事项，可按双方合同中的协议或补充条款处理。并且应对包装物的回收办法即回收品的质量、回收价格、回收期限、验收方法等予以明确。

(10)验收标准和方法。验收是对工程材料、设备的数量、品种、规格、质量的检验。验收的方式有驻厂验收、提运验收和接运验收、入库验收等几种方法。验收的内容主要是查明产品的名称、规格、型号、数量、质量是否与合同和其他证件技术标准相符；设备的主机、配件是否齐全；包装是否完整，外表有无损坏；对需要化验、试验的材料、设备进行必要的物理化学检验等。因此在合同中明确验收标准和方式方法，既有利于双方履行合同，一旦发现数量、质量问题，也便于及时处理。

(11)违约责任。

(12)纠纷解决方式。

(13)合同的份数，使用的文字及其效力。

(14)订立合同的时间、地点及当事人签字。

以上条款仅就一般工程材料、设备买卖合同而言，对于通过竞争方式订立的合同，或从国外进口工程材料、设备的合同，应按有关规定或商业惯例明确合同内容。

(三)工程建设材料、设备买卖合同的履行

1. 标的物的交付

标的物的交付是买卖合同履行中最重要的环节，标的物的所有权自标的物交付时转移。

(1)标的物的交付期限　合同双方应当约定交付标的物的期限，出卖人应当按照约定的期限交付标的物。如果双方约定交付期间的，出卖人可以在该交付期间内的任何时间交付。

当事人没有约定标的物的交付期间或者约定不明确的，可以协议补充，不能达成补充协议的，按照合同有关条款或者交易习惯确定。如果仍不能确定，则出卖人可以随时履行，买受人也可以随时要求履行，但应当给对方必要的准备时间。

标的物在订立合同之前已为买受人占有的，合同生效的时间为交付的时间。

(2)标的物的交付地点　合同双方应当约定交付标的物的地点，出卖人应当按照约

定的地点交付标的物。如果当事人没有约定交付地点或者约定不明确，事后没有达成补充协议，也无法按照合同有关条款或者交易习惯确定，则适用下列规定：①标的物需要运输的，出卖人应当将标的物交付给第一承运人以运交给买受人；②标的物不需要运输，出卖人和买受人订立合同时知道标的物在某一地点的，出卖人应当在该地点交付标的物，不知道标的物在某一地点的，应当在出卖人订立合同时的营业地交付标的物。

2. 标的物的风险承担

所谓风险，是指标的物因不可归责于任何一方当事人的事由而遭受的意外损失。一般情况下，标的物毁损、灭失的风险，在标的物交付之前由出卖人承担，交付之后由买受人承担。

因买受人的原因致使标的物不能按照约定的期限交付的，买受人应当自违反约定之日起承担标的物毁损、灭失的风险。

出卖人出卖交由承运人运输的在途标的物，除当事人另有约定的以外，毁损、灭失的风险自合同成立时起由买受人承担。

出卖人按照约定未交付有关标的物的单证和资料的，不影响标的物毁损、灭失风险的转移。

3. 买受人对标的物的检验

检验即检查与验收，对买受人来说既是一项权利也是一项义务。买受人收到标的物时应当在约定的检验期间内检验。没有约定检验期间的，应当及时检验。

当事人约定检验期间的，买受人应当在检验期间内将标的物的数量或者质量不符合约定的情形通知出卖人。买受人怠于通知的，视为标的物的数量或者质量符合约定。

当事人没有约定检验期间的，买受人应当在发现或者应当发现标的物的数量或者质量不符合约定的合理期间内通知出卖人。买受人在合理期间内未通知或者自标的物收到之日起两年内未通知出卖人的，视为标的物的数量或者质量符合约定，但对标的物有质量保证期的，适用质量保证期，不适用该两年的规定。

出卖人知道或者应当知道提供的标的物不符合约定的，买受人不受前两款规定的通知时间的限制。

4. 买受人支付价款

买受人应当按照约定的数额支付价款。对价款没有约定或者约定不明确的，由当事人协议补充，或按合同其他条款或交易习惯确定。

买受人应当按照约定的地点支付价款。对支付地点没有约定或者约定不明确，买受人应当在出卖人的营业地支付，但约定支付价款以交付标的物或者交付提取标的物单证为条件的，在交付标的物或者交付提取标的物单证的所在地支付。

买受人应当按照约定的时间支付价款。对支付时间没有约定或者约定不明确，买受人应当在收到标的物或者提取标的物单证的同时支付。

（四）买卖合同不当履行的处理

出卖人多交标的物的，买受人可以接收或者拒绝接收多交的部分。买受人接收多交部分的，按照合同的价格支付价款；买受人拒绝接收多交部分的，应当及时通知出卖人。

标的物在交付之前产生的孳息,归出卖人所有,交付之后产生的孳息,归买受人所有。

因标的物的主物不符合约定而解除合同的,解除合同的效力及于从物。因标的物的从物不符合约定被解除的,解除的效力不及于主物。

标的物为数物,其中一物不符合约定的,买受人可以就该物解除,但该物与他物分离使标的物的价值显受损害的,当事人可以就数物解除合同。

(五)工程材料、设备买卖合同的管理

基于工程材料、设备买卖合同从属于工程承包合同,加强工程材料、设备买卖合同的管理,是工程承包合同管理的重要工作内容之一。因此,对工程材料、设备买卖合同的管理,应纳入工程师合同管理的范畴,同时,工程材料、设备买卖合同的买方也应作好管理工作。无论是工程师还是工程材料、设备买卖合同的买方,在签订和履行工程材料、设备买卖合同时,应注意以下几个问题。

(1)工程材料、设备买卖合同的内容应符合工程承包合同的要求,尤其是有关标的物的品种、规格、型号、数量、质量及检验标准、交货期限等内容,不得与工程承包合同相抵触;否则,将对工程承包合同的履行产生不利影响。

(2)工程材料、设备买卖合同的订立方式应适当选择。凡依法应以招标投标方式订立的,不应与法律法规的要求相抵触;否则,会影响合同的有效成立。

(3)加强工程材料、设备的质量检验与监督。对工程材料、设备的质量检验,不应仅满足于交货后检验,应力求在工程材料、设备的生产制造过程中,加强监督,避免缺陷,必要时,可派独立的检验人员驻厂监督。一旦发现质量问题,及时做出处理。

(4)承包商进行工程材料、设备采购时,订立合同后,应将合同的副本交给工程师,并获得工程师许可。在工程材料、设备的生产制造过程中,为工程师检验、检查提供便利。当工程材料、设备交付时,应事先取得工程师认可后才能进场。在投料时,发现有缺陷的材料、设备应服从工程师的指示,予以拆除、运出现场并重新采购。

任务七 典型案例分析

背景:

某化工厂在同一厂区建设第二厂房时未做勘察,便将4年前为第一个厂房做的勘察设计成果给设计院作为设计依据,让其设计新厂房。设计院开始并未同意,但在该厂一再坚持下妥协,同意使用旧勘查成果。厂房使用一年多发现墙体多处开裂,该化工厂起诉设计院,要求施工单位承担工程质量责任。

文中所涉及的当事人包括某化工厂、设计院和施工单位,其中某化工厂与设计院、施工单位分别为民事合同关系。

问题:

1. 设计院有无过错,应不应该承担工程设计质量责任?

根据《建设工程勘察设计合同条例》第八条"一般建设工程(特殊专业工程除外)勘察设计合同承包方的责任:①设计单位要根据批准的设计任务书或上一阶段设计的批准文件,以及有关设计技术经济协议文件、设计标准、技术规范、规程、定额等到提出勘察技术要求和进行设计,并按合规定的进度和质量提交设计文件(包括概预算文件、材料设备清单)。②设计单位对承担设计任务的建设项目应配合施工,进行设计技术交底,解决施工过程中有关设计的问题,负责设计变更和修改预算参加试车考核及工程竣工验收。对于大中型工业项目和复杂的民用工程应派现场设计代表,并参加隐蔽工程验收。”的规定,设计院设计第二厂房时,应该按实际情况、规定来设计。另外,按照《建筑法》第五十四条规定,“建筑设计单位和建筑施工企业对建设单位违反前款规定提出的降低工程质量的要求,应当予以拒绝”,设计院对该化工厂使用旧勘查成果的要求应该果断拒绝,坚持法律、法规。设计院没有坚持正确立场,在化工厂的一再坚持下妥协,按照《建设工程质量管理条例》第二十一条规定,“设计单位应当根据勘察成果文件进行建设工程设计”,设计院有过错,墙体开裂属于设计问题,设计院应该对工程设计承担质量责任。

2. 某化工厂有无过错,应不应该承担工程质量责任?

该化工厂有过错。根据《建设工程勘察设计合同条例》第八条规定,“一般建设工程(特殊专业工程除外)勘察设计合同委托方向承包方提供开展勘察设计工作所需的有关基础资料,并对提供的时间、进度与资料的可靠性负责”,该化工厂未做勘察,并向设计单位提供旧勘察成果,属不实资料应该对其承担一定责任。按照《建筑法》第五十四条规定,“建设单位不得以任何理由,要求建筑设计单位或者建筑施工企业在工程设计或者施工作业中,违反法律、行政法规和建筑工程质量、安全标准,降低工程质量”,该化工厂在同一厂区建设第二厂房时未做勘察,将旧勘察设计成果给设计院作为设计依据,并一再坚持让其根据旧勘查设计成果设计新厂房,导致设计问题。另外,根据《建筑法》第七十四条“建设单位、设计单位、施工单位、工程监理单位违反国家规定,降低工程质量标准,造成重大安全事故,构成犯罪的,对直接责任人员依法追究刑事责任”的规定,该化工厂应对工程质量承担主要责任。

3. 施工单位有无过错,应不应该承担工程质量责任?

施工单位是按照设计图纸来施工,也并没有违反国家法律、法规,墙体开裂不属于施工质量问题,施工单位无过错,不应该承担工程质量责任。

总结:

综上所述,并结合《建筑法》第六十三条规定,违反本条例规定,有下列行为之一的,责令改正,处10万元以上30万元以下的罚款:①勘察单位未按照工程建设强制性标准进行勘察的;②设计单位未根据勘察成果文件进行工程设计的;③设计单位指定建筑材料、建筑构配件的生产厂、供应商的;④设计单位未按照工程建设强制性标准进行设计的。有前款所列的行为,造成工程质量事故的,责令停业整顿,降低资质等级;情节严重的,吊销资质证书;造成损失的,依法承担赔偿责任”及第七十三条“依照本条例规定,给予单位罚款处罚的,对单位直接负责的主管人员和其他直接责任人员处单位罚款数额百分之五以上百分之十以下的罚款。本案例中的质量责任主要过错在某化工厂,对直接责任人员依法追究刑事责任;对设计院应处10万元以上30万元以下的罚款。

基础练习题

一、单选题

1. 下列选项中属于要约的是(　　)。

A. 投标书　　B. 招标公告

C. 招标说明书　　D. 商业广告

2. 租赁合同的租赁期限超过(　　)的,应当采用书面形式。

A. 3 个月　　B. 6 个月

C. 1 年　　D. 2 年

3. 下列可以构成一个有效的承诺是(　　)。

A. 承诺是由非受要约人做出

B. 承诺超过期限,但要约人及时通知该承诺有效

C. 承诺的内容对要约的数量提出适当变更的

D. 向不特定的多数人同时做出承诺

4. 可撤销的合同在撤销前,属于(　　)合同。

A. 有效　　B. 无效

C. 既未成立也未生效　　D. 虽未成立但已生效

5. (　　)是指行为人未经权利人同意而订立的合同,因其不完全符合合同生效的要件,合同有效与否,需要由权利人确定。

A. 无效代理合同　　B. 效力待定合同

C. 无效合同　　D. 可撤销合同

二、多选题

1. 当事人订立合同,经历(　　)阶段。

A. 要约　　B. 要约邀请

C. 承诺　　D. 成立

E. 生效

2. 无效合同的处理方法包括(　　)。

A. 返还财产　　B. 折价补偿

C. 赔偿损失　　D. 收归国有

E. 返还集体或第三人

3. 根据法律是否明文规定了一定合同的名称,可以将合同分为(　　)。

A. 诺成合同　　B. 有名合同

C. 无名合同　　D. 双务合同

E. 要式合同

4. 合同变更需满足的条件有(　　)。

A. 原合同已生效

B. 原合同未履行或未完全履行

C. 当事人需要对变更内容协商一致

D. 当事人对变更内容约定明确

E. 遵守法定程序

5. 监理人执行监理业务可以行使的权利有(　　)。

A. 工程建设有关事项和工程设计的建议权

B. 对实施项目的质量、工期和费用的监督控制权

C. 工程建设有关协作单位组织协调的主持权

D. 有权发布变更指令

E. 审核承包人索赔的权利

三、简答题

1. 简述建设工程合同的法律特征和订立原则。
2. 简述合同解除的特征。
3. 简述承诺的构成要件。
4. 简述当事人承担违约责任应具备的条件。
5. 简述工程建设委托监理合同的特征。

四、案例分析题

甲建筑公司因工程急需水泥，遂向乙水泥厂发出函电，函电中称："我公司急需标号为225号的水泥300吨，贵厂有货请速来函电，我公司愿派人前往购买。"水泥厂收到函电后，回复函电告知甲建筑公司备有现货，且告知了水泥的价格。甲建筑公司收到函电后即派人前往水泥厂并签订合同。

试分析：

1. 区别要约与承诺的定义。
2. 本案中谁是要约人？谁是受要约人？要约和承诺分别是指什么？
3. 要约与要约邀请的区别。

项目十 房地产法规

知识目标 1. 了解房地产及《房地产管理法》的概念。
2. 熟悉房地产税费及物业管理制度。
3. 掌握房地产开发用地的相关法律。
4. 掌握房地产交易制度。

任务一 城市房地产管理法概述

一、房地产与房地产开发

房地产是指土地、建筑物及固着在土地、建筑物上不可分离的部分和附着于其上的各种权益(权利)的总和。地产即土地,是指用于建筑房屋的土地。

房地产主要有三种存在形态:一是单纯的土地,如一块无建筑物的城市空地;二是单纯的建筑物,建筑物虽然必须建造在土地之上,但在某些特定情况下需把它单独看待;三是土地与建筑物合成一体的“房产”(或称为复合房地产),即把建筑物和其坐落的土地作为一个整体来考虑。在我国,就房地产开发经营来说,附着于土地和建筑物上的房地产权益包括土地使用权和房屋所有权以及在其上设置的其他各项权利,如抵押权、典权等。

房地产开发,是指依据中华人民共和国城市房地产管理法取得国有土地使用权的土地上进行基础设施、房屋建设的行为。

二、房地产法的适用范围

房地产法的适用范围又称房地产法的效力范围,是指在什么时间、什么地点,对什么人有效的问题。

时间效力是指房地产法的生效时间。按《中华人民共和国城市房地产管理法》的规定,该法于 1995 年 1 月 1 日生效。

(1)空间效力　是指在中华人民共和国城市规划区国有土地范围内取得房地产开发用地的土地使用权,从事房地产开发、房地产交易、实施房地产管理的,均应遵守该法。

(2)对人的效力　《中华人民共和国城市房地产管理法》对人的效力未加以明确规定,但根据适用法律的一般原则,该法所规定的各项义务和权利,均应适用于包括外国人在内的任何个人和单位。

任务二　建设用地制度

我国宪法规定,中华人民共和国的城市土地属于国家所有。农村和城市郊区的土地,除由法律规定属于国家所有的以外,属于集体所有;宅基地和自留地、自留山,也属于农村所有。在我国,土地使用权和所有权是分离的。我国《土地管理法》把土地使用权分为国有土地使用权和集体所有土地使用权。国有土地使用权,是用地单位或者个人依法定方式取得的,对国有土地享有的物权。

根据《土地管理法》的有关规定,用地单位和个人依法使用的国有土地,由政府登记造册,核发证书。依据《房地产管理法》和《土地管理法》,城市国有土地的使用权可通过出让、划拨及转让的方式取得。一般的房地产开发用地应当以出让、转让的方式取得,但国家规定的可以采取划拨的方式除外。

一、土地使用权出让

土地使用权出让,是指国家将国有土地使用权在一定年限内出让给土地使用者,由土地使用者向国家支付土地使用权出让金的行为。土地使用权出让具有以下特征。

(1)土地使用权出让方是国家　国家是国有土地的所有者,只有国家才能够以土地所有者的身份出让土地。在城市规划区内集体所有的土地,必须依法征用转为国有土地后,才能出让使用权。

(2)出让土地使用所有权是有年限的　土地使用权只能在一定年限内出让给土地使用者。土地使用权出让的最高年限,是由国家法律按照土地的不同用途规定的,它是指一次出让签约的最高年限。依据《中华人民共和国国有土地使用权出让和转让暂行条例》第十二条的规定,土地使用权出让最高年限按下列用途确定为:①居住用地 70 年;②工业用地 50 年;③教育、科技、文化、卫生、体育用地 50 年;④商业、旅游、娱乐用地 50 年;⑤综合或者其他用地 50 年。

(3)土地使用所有权的出让是有偿的　土地使用者依法取得一定年限内的国有土地使用权,必须向国家支付土地使用权出让金。土地使用权出让金主要包括一定年限内的地租,此外还包括土地使用权出让前国家对土地的开发成本以及有关的征地拆迁补偿等费用。

二、土地使用权出让的方式

土地使用权的出让是指国家以土地所有者的身份将土地使用权在一定年限内让与土地使用者,并由土地使用者向国家支付土地使用权出让金的行为。国有土地使用权出让可以采用招标出让、拍卖出让、挂牌出让、协议出让四种方式。

(1)招标出让指市、县人民政府土地行政主管部门发布招标公告,在规定的期限内,由符合条件的人以书面投标方式，向出人方竞投某块土地的使用权，出让方选择底价最优者与之签订土地使用权出让话题，并向其出让土地使用权的民事法律行为。

(2)拍卖出让是指出让人发布拍卖公告，由竞买人在指定时间、地点进行公开竞价，由符合条件的竞投者竞投，按"价高者得"的原则，根据出价结果确定土地使用者的一种出让行为。

(3)挂牌出让是指出让人发布挂牌公告，按公告规定的期限将拟出让宗地的交易条件在指定的土地交易场所挂牌公布，接受竞买人的报价申请并更新挂牌价格，根据挂牌期限截止时的出价结果确定土地使用者的行为。

(4)协议出让是指出让方和受让方经过协商，就土地使用权出让条件以及双方的权利义务达成一致，在没有第三方参与竞争的情况下，通过协商、谈判，达成土地使用权一致而出让土地使用权的一种民事法律行为。

三、土地使用权划拨

土地使用权划拨是指县级以上人民政府依法批准，在土地使用者交纳补偿、安置等费用后将该幅土地交付期使用，或者将国有土地使用权无偿交付给土地使用者使用的行为。

(1)法律特征：①划拨土地使用权的标的仅限于国有土地；②划拨土地使用权的取得具有行政性；③划拨土地使用权的取得具有无偿性；④划拨土地使用权具有无期行；⑤划拨土地的用途具有特定性。

(2)《房地产管理法》规定，下列建设用地的土地使用权，确属必要的，可以由县级以上人民政府依法批准划拨。

1)国家机关用地和军事用地　国家机关用地，是指行使国家机关用地的总称，它包括国家权力机关、国家行政机关、国家审判机关、检察机关、国家军事机关的用地。军事用地指各类军事设施用地。

2)城市基础设施用地和公益事业用地　城市基础设施用地是指城市给水、排水、污水处理、供电、通信、煤气、热力、道路、桥梁、市内公共交通、园林绿化、环境卫生以及消防、路标、路灯等设施用地。

城市公益事业用地是指城市内的学校、医院、体育场馆、图书馆、文化馆、博物馆、纪念馆、福利院、敬老院、防疫站等不以经营为目的的文体、卫生、教育、福利事业用地。

3)国家重点扶持的能源、交通、水利等项目用地　这类用地是指由中央投资或中央与地方共同投资或者共同引进外资以及其他投资者投资，国家采取各种优惠政策重点扶持的煤炭、石油、天然气、电力等能源项目用地，铁路、港口码头等交通项目用地，水库、防洪、农田灌溉、水力发电、江河治理、城市供水和排水等水利工程项目用地。

任务三　房地产交易

《城市房地产管理法》中将房地产交易定义为"本法所称房地产交易，包括房地产转让、房地产抵押和房屋租赁。"而广义的房地产交易包括与房地产交易行为有着密切关系的房地产中介服务活动，房地产中介服务机构包括房地产咨询机构、房地产价格评估机构、房地产交易机构等。

一、房地产交易的特征

与一般商品交易相比,房地产交易有如下的特点。

(1)房地产交易对象的特殊性。房地产交易中,房屋、土地是不动的,交易的是房地产所涉及的所有权、使用权、抵押权等权益。因此,其最大的特点产权交易或者说是权益交易。

(2)房地产交易行为的要式性。房地产交易双方必须以合法的法律形式将其权利、义务完整地固定下来。这是由房地产具有投资大、风险高、使用周期长的特点决定的。

(3)房地产交易中的"房地处置一体性"。房地产转让、抵押时,房屋的所有权和该房屋占用范围内的土地使用权同时转让、抵押。这是房与地天然的特殊联系决定的。

(4)房地产交易的易受限制性。由于房地产作为商品的特殊性,房地产交易要受限制,如地理位置的限制。规划、管理方面的限制,使用年限的限制,市场供需的限制,价格确定的限制等。

二、房地产转让

(一)房地产转让的概念

房地产转让,是指房地产权利人通过买卖、赠予或者其他合法方式将其房地产转移给他人的行为。房地产转让的实质是房地产权属发生转移。这里所说的其他合法方式,主要包括下列行为。

(1)以房地产作价入股、与他人成立企业法人、房地产权属发生变更的。

(2)一方提供土地使用权,另一方或者多方提供资金,合资、合作开发经营房地产,而使房地产权属发生变更的。

(3)因企业被收购,兼并或合并,房地产权属随之转移的。

(4)以房地产抵债的。

(5)法律、法规规定的其他情形。

(二)房地产转让程序

房地产转让双方必须同时到登记部门办理产权转移手续。转让双方应向房地产登记部门办理提交转移所需的合法证件,及双方签订的房地产转让书面合同,核验无误后,办理房地产转让过户登记,并向有关机关缴纳税费。

(三)禁止转让的房地产

根据《城市房地产管理法》规定,下述房地产不得转让:

(1)以出入方式取得土地使用权,不符合法定条件的。

(2)司法机关和行政机关依法裁定、决定查封或者以其他形式限制房地产权利的。

(3)依法收回土地使用权的。

(4)共有房地产,未经其他共有人书面同意的。

(5)权属有争议的。

(6)未依法登记领取权属证书的。

(7)法律、行政法规规定禁止转让的其他情形。

三、房地产中介服务

所谓房地产中介服务,是指在房地产市场上从事房地产咨询、房地产价格评估、房地产经纪等活动。房地产中介服务机构,就是指在房地产市场上为从事房地产投资、开发和交易等活动的主体提供咨询、经济和评估等业务服务的机构。其机构形式主要有以下几种。

(1)房地产咨询机构。它从事有关房地产业的投资、开发、经营决策和交易活动等咨询的机构。这种机构较了解房地产市场动态,能够提出较有权威的见解,以帮助从事房地产行业的人较好的经营和决策。

(2)房地产价格评估机构。它是从事房地产的估价活动的机构,这种机构主要根据社会、经济、政治、地理和个人因素等,利用科学的评估方法,权衡土地价格、房屋价格,并参照市场价格,从而对房地产价格做出科学的评定。该机构对房地产交易及其他法律活动都有十分重要的影响。

(3)房地产经纪机构。它是从事房地产代理活动的机构。也即是根据其他人的委托,代理其他人从事房地产交易、开发等法律行为的机构。

任务四　房地产开发

一、房地产开发的概念

房地产开发是根据城市总体规划和社会经济发展计划的需要,在依法取得国有建设用地使用权的土地上进行土地开发、决策设施、房屋建设的行为。在一个开发区域内,房地产开发是指土地开发和房屋开发一体化的过程,包括规划设计、地质勘查、征地拆迁、土地开发、房屋建设、工程验收直至交付使用,是一项综合性的生产活动,其实质是以土地开发和房屋建设为投资对象所进行的生产经营活动。

房地产开发的原则如下。

(1)必须严格执行城市规划的基本原则　城市规划是指为确定城市的规模和发展方向,实行城市的发展目标而制定的一定时期内城市社会、经济发展的计划,它是从事建设和发展的纲领,也是房地产开发所必须遵守的纲领性文件,也是对城市房地产开发进行合理控制的有效手段。根据《城市规划法》的规定,城市规划区内的土地利用及建设必须符合城市规划,服从与规划管理并实施“一书两证”制度。

(2)必须坚持经济、社会及环境效益统一的原则　经济效益是房地产企业赖以生存和发展的必要条件,但追求经济效益不应该是房地产开发的唯一目的。房地产开发的宗旨总的来说是改造、完善城市决策设施和公共服务设施,改善城市居民的居住条件及环境,提高城市综合服务功能,完善城市形象,因此三者应是一个有机的整体,三者之间应当相互促进、互相协调、互相发展,不能厚此薄彼。

（3）必须实行全面规划、合理布局、综合开发及配套建设的原则　这是我国城市建设工作多年来总结出的较好经验。在进行房地产开发时应当坚持新区建设与旧区改造相结合，注重开发基础设施较弱、交通拥挤、环境污染较重及旧城连片的地区，保护和改善城市生态环境。保护历史文化遗产，统筹安排配套基础设施并对其进行统一规划、同步建设。

二、房地产开发项目的开发建设

《中华人民共和国城市房地产开发经营管理条例》对房地产开发项目在开发建设进行了相关规定，主要包括以下内容。

（一）资本金制度

房地产开发项目必须建立资本金制度，资本金比例不得少于占项目总投资的20%。

（二）按约定用途限期开发

房地产开发企业应当按照土地使用权出让合同约定的土地用途、动工开发期限进行开发建设。超过出让合同约定的动工开发日期一年没有动工的，可以征收相当于土地使用权出让金20%以下的土地闲置费；满两年没有动工的，可以无偿收回土地使用权。但是，因不可抗力或者政府有关部门的行为或者动工开发必需的前期工作造成动工开发迟延的除外。

（三）房地产开发项目的质量责任

房地产开发企业开发建设的房地产项目，必须符合国家有关的法律、法规的规定及国家相关的质量、安全标准、建筑工程勘察、设计、施工的技术规范及合同的约定。房地产开发企业应当对其开发的房地产开发项目的质量承担责任。勘察、设计、施工、监理等单位应当按照国家相关法律、法规的规定或者合同的约定，并承担相应的责任。

（四）房地产开发项目的竣工验收

房地产开发项目竣工，经验收合格后，方可交付使用；未经验收或者验收不合格的，不得交付使用。房地产开发项目竣工后，服从开发企业应当向项目所在地的县级及以上人民政府房地产开发主管部门提出竣工验收申请。房地产开发主管部门应当自收到竣工验收申请之日起30日内，组织工程质量监督、规划、消防、人防等有关部门进行验收。城市新建住宅小区的竣工验收，按住建部颁发的《城市住宅小区竣工验收管理办法》进行，工程全部验收后。验收小组应向城市建设主管部门提交住宅小区竣工综合验收报告，报告经审查批准后，开发建设单位才能将房屋和有关设施办理交付使用手续。

三、房地产开发企业

房地产开发企业，也称为房地产开发商。它是指依法设立的具有企业法人资格的经济体，以营利为目的、从事房地产开发和经营的企业。按照房地产开发业务在企业经营范围中地位的不同，可将房地产开发企业分为房地产开发专营企业、兼营企业和项目公司。

设立房地产开发企业，应当具备以下条件：①有自己的名称和组织机构；②有固定的经营场所；③有符合国务院规定的注册资本；④有足够的专业技术人员；⑤法律、行政法规规定的其他条件。

房地产开发企业按照企业条件分为四个资质等级。房地产开发企业资质等级实行分级审批，一级资质由省、自治区、直辖市人民政府建设行政主管部门初审，报国务院建设行政主管部门审批；二级资质及二级资质以下企业的审批办法由所在地省、自治区、直辖市人民政府建设行政主管部门制定。经资质审查合格的企业，由资质审批部门发给相应等级的资质证书。

任务五 房屋拆迁

房屋拆迁是指因国家建设、城市改造、市容整顿和环境保护等的需要，国家城乡规划和国家专项工程的迁建计划以及当地政府的用地文件，由取得房屋拆迁许可证的单位依法对城市建设用地范围内的房屋予以拆除，并依法对被拆迁的所有人进行补偿和安置的行为。其中，取得房屋拆迁许可证的单位为拆迁人，被拆迁房屋的所有人为被拆迁人。

一、房屋拆迁的特征

(1)房屋拆迁具有强制性。房屋拆迁是实施城市规划的需要，其具有社会公益性，法律规定被拆迁房屋的权利人不得阻挠。

(2)房屋拆迁具有补偿性。房屋拆迁行为，使服务的产权人及居住人的合法权益受到影响，财产遭受损失，拆迁人予以合法、合理的补偿是拆迁工作的前提。

(3)房屋拆迁行为兼具行政和民事行为的特征。人民政府对服务拆迁项目的批准，使拆迁行为具有了强制性，它是一种典型的行政行为，另外拆迁人与被拆迁人之间可以就相关的补偿问题进行协商，该行为属于民事法律行为。

二、房屋拆迁许可证制度

房屋拆迁许可制度，是规范房屋拆迁、保护被持券人利益的重要制度。根据《城市房屋拆迁管理条例》第六条规定：拆迁房屋的单位取得房屋拆迁许可证后，方可拆迁。拆迁人应当向房屋所在地的市、县人民政府房屋拆迁管理部门提交如下材料：①建设项目批准文件；②建设用地规划许可证；③国有土地使用权批准文件；④拆迁计划和拆迁方案；⑤办理存款业务的金融机构出具的拆迁补偿安置资金证明。

市、县人民政府房屋拆迁管理部门应当自收到申请之日起 30 日内，对申请事项进行审查；经审查，对符合条件的，颁发房屋拆迁许可证。

三、房屋拆迁补偿

(一)拆迁补偿的概念

房屋拆迁补偿是指拆迁人因拆除、迁建被拆迁人的房屋及其附属物等遭受经济损失，而根据国家法律、法规的有关规定所给予的合理补偿。

房屋拆迁补偿的对象是被拆迁房屋及其附属物的所有权人。房屋拆迁补偿的范围包括被拆除的房屋及其附属物。但拆除违章建筑及超过期限的临时性建筑不给予补偿；拆除未超过批准期限的临时建筑，按临时建筑在使用期限内的残余价值并参考剩余期限，应当给予适当补偿。

(二)拆迁补偿的形式

拆迁补偿的形式总共只有两种:货币补偿和产权调换。具体采用何种补偿形式,一般情况下可由被拆迁人自行选择。

(1)货币补偿。货币补偿是指拆迁人对拆除房屋按期价值以付给货币的形式对被拆迁人的经济损失进行补偿。《拆迁条例》第二十四条规定:货币补偿的金额,根据被拆迁房屋的区位、用途、建筑面积等因素,以房地产市场评估价格确定。

(2)产权置换。产权置换,是指拆迁人用自己建造或购买产权房屋与被拆迁房屋进行调换产权,并按拆迁房屋的评估价和调换房屋的市场价进行结算调换差价的行为。其特点是以实物形态来体现拆迁人对被拆迁人的补偿。《拆迁条例》第二十五条规定:实行房屋产权调换的,拆迁人与被拆迁人应当按照本条例第二十四条的规定,计算被拆迁房屋的补偿金额和所调换房屋的价格,结清产权调换的价差。

任务六 房地产权属登记

房屋产权属登记,是土地使用权登记发证和房屋权属登记发证制度的总称。《中华人民共和国城市房地产管理法》规定"国家实行土地使用权和房屋所有权登记发证制度"。登记的最主要目的在于公示,通过登记将房地产权属的设立、转移和变更的情况向公众予以公示,使公众了解某项不特定的房地产所形成的房地产权属状态。同时也为了保护房地产权利人的合法权益,为城市房地产的各项管理工作打下基础,并为城市建设提供科学的依据。

一、房屋权属登记的程序

根据《中华人民共和国城市房屋权属登记管理办法》第十条的规定。房屋权属登记应按以下程序进行。

(1)受理登记。申请受理登记申请是指房屋所有权人在规定的期限内,向房屋所在地的登记机关提交申请书及有关证件申请产权登记,如其手续完备,登记机关则应受理登记。

(2)权属审核。权属审核是指房地产权属登记机关对受理的申请进行权属审核,主要是审核产籍资料、申请人提交的各种证件,核实房屋现状即权属来源等。权属审核一般采用"三审定案"的办法,即一般要经历初审、复审和审批三个程序。经审查,凡权属清楚、产权来源资料不齐全的,初始登记、转移登记、变更登记、他项权利登记应在受理登记后的30日内核准登记,并颁发房屋权属证书。注销登记应当在受理登记后的15日内核实注销,并注销房屋权属证书。房屋权属登记,权利人应当按照国家规定交纳登记费和权属证书工本费。

二、房屋产权的功能

(1)房地产权属登记实行统一登记管理。根据《物权法》第十条第二款的规定,国家对不动产实行统一登记制度。统一登记的范围、登记价格和登记办法,由法律、行政法规规定。

(2)房地产权属登记为房地产权利动态登记。当事人对房地产权利的取得、变更、丧失须经依法登记,发挥效力;未经登记,不发生效力,房地产权属登记是动态过程,这样可以使第三人可以就登记情况,推知该房地产的权利状态。

(3)房地产权属登记具有公信力。公信是把登记记载的权利人在法律上推定其为真正权利人,这样房地产权属登记通过登记可以将房地产权利的事实状态向社会公开用以标示房地产流转。房地产权利的变动只有经过登记才能成立,才能发生法律效力。

(4)房地产权属登记实行国家强制登记制度。房地产权利初始登记后,涉及权利转移、设定、变更等,权利人必须在规定的期限内申请登记,若不登记,房地产权利便得不到法律保护,并且要承担相应的法律责任。

任务七　房地产税费法律制度

房地产税是指国家为了实现其职能的需要,向房地产所有人、使用人、经营机构和投资建设人就其房地产或与房地产有关行为所征收的税收。房产税是以房产为征税对象,按照房产的计税价值或房产租金收入向房产所有人或经营管理人等征收的一种税。

房地产税收的特征,房地产税收除了一般税收所共同具有的无偿性、强制性和固定性的特征以外,它还具有自己所特有的、区别于其他税收的特征:①纳税主体的多样性。纳税主体即包括房地产的所有人、使用人,又包括房地产投资建设人和房地产经营机构。②征税对象的复杂性。既包括房地产,也包括与房地产有关的行为。③征税目的的多重性。国家征收房地产税收的目的,除了获得财政收入,调节社会分配关系外,还在于强化对房地产市场的引导和管理,促进合理的使用房地产,推动房地产产业健康有序的发展。

一、房地产税的纳税人和征税范围

(1)房地产税的纳税人。房地产税的纳税人是在我国城市、县城、建制镇和工矿区内拥有房屋产权的单位和个人。具体包括产权所有人、承典人、房产代管人或者使用人。

(2)房地产税的征税范围。房地产税的征税范围为城市、县城、建制镇和工矿区的房屋。

二、房地产税的计税依据、税率和应纳税额的计算

(1)房地产税的计税依据。房地产税以房产的计税价值或房产租金收入为计税依据。

1)从价计征的房地产税的计税依据。从价计征的房地产税,是以房产余值为计税依据。房地产税依照房产原值一次减除10% ~30%后的余值计算缴纳。具体扣减比例由省、自治区、直辖市人民政府确定。

2)从租计征的房地产税的计税依据。房产出租的,以房屋出租取得的租金收入为计税依据,计算缴纳房地产税。

(2)房地产税的税率。我国现行房地产税采用比例税率。从价计征和从租计征实行不同标准的比例税率。

1)从价计征的,即依据房产余值从价计征,税率为1.2%。

2)从租计征的,即依据房产租金收入计征,税率为12%。从2001年1月1日起,对个人按市场价格出租的居民住房,用于居住的,可暂减按4%的税率征收房地产税。

(3)房地产税应纳税额的计算。从价计征的房地产税应纳税额=应税房产原值×(1-扣除比例)×1.2%

从租计征的房地产税应纳税额=租金收入×12%(或4%)

三、房地产税税收减免

(1)国家机关、人民团体、军队自用的房产免征房地产税。

(2)由国家财政部门拨付事业经费(全额或差额)的单位(学校、医疗卫生单位、托儿所、幼儿园、敬老院以及文化、体育、艺术类单位)所有的、本身业务范围内使用的房产免征房地产税。

(3)宗教寺庙、公园、名胜古迹自用的房产免征房地产税。

(4)个人所有非营业用的房产免征房地产税。

(5)对行使国家行政管理职能的中国人民银行总行(含国家外汇管理局)所属分支机构自用的房产,免征房地产税。

(6)经财政部批准免税的其他房产。

四、房地产税纳税义务发生时间、纳税地点和纳税期限

1. 纳税义务发生时间

(1)纳税人将原有房产用于生产经营,从生产经营之月起,缴纳房地产税。

(2)纳税人自行新建房屋用于生产经营,从建成之次月起,缴纳房地产税。

(3)纳税人委托施工企业建设的房屋,从办理验收手续之次月起,缴纳房地产税。

(4)纳税人购置新建商品房,自房屋交付使用之次月起,缴纳房地产税。

(5)纳税人购置存量房,自办理房屋权属转移、变更登记手续,房地产权属登记机关签发房屋权属证书之次月起,缴纳房地产税。

(6)纳税人出租、出借房产,自交付出租、出借本企业房产之次月起,缴纳房地产税。

(7)房地产开发项目自用、出租、出借本企业建造的商品房,自房屋使用或交付之次月起,缴纳房地产税。

(8)自2009年1月1日起,纳税人因房产的实物或权利状态发生变化而依法终止房地产税纳税义务的,其应纳税款的计算应截止到房产的实物或权利状态发生变化的当月末。

2. 纳税地点

房地产税在房产所在地缴纳。房地产不在同一地方的纳税人,应按房产的坐落地点分别向房产所在地的税务机关申报纳税。

3. 纳税期限

房产税实行按年计算、分期缴纳的征收方法，具体纳税期限由省、自治区、直辖市人民政府确定。

任务八 物业管理法规

物业管理又称为物业服务，它是指物业服务企业接受业主（即房屋产权人）的委托，依据合同约定，对房屋及与之相配套的设备、设施和相关场地进行专业化维修、养护，维护相关区域内的环境卫生和公共秩序，并提供相关服务活动。

一、物业管理概述

我们可以从以下几方面来理解物业管理这一概念。

（1）物业管理是由业主通过选聘物业服务公司来实现的活动。业主对物业进行管理，一般可以分为三种形式：一是业主自己进行管理；二是业主将不同的管理内容委托给不同的专业服务公司进行管理；三是业主选聘物业服务公司来进行管理。

（2））物业管理管理活动的基础是物业管理活动。物业管理活动的实质是业主和物业服务企业就物业服务企业提供的服务为标的所进行的一项交易，它是通过合同产生的。物业服务合同确立了业主和物业服务企业之间被服务和服务者的关系，明确了物业管理活动的基本内容，物业服务企业根据物业服务合同内容提供物业管理服务，业主根据物业服务合同交纳相应的物业服务内容，二者是彼此地位平等的民事法律关系。

（3）物业管理的内容是业主和物业服务企业对物业进行维修养护、管理，对物业管理区域内的环境卫生和相关秩序进行养护。物业管理的内容主要有两方面：一是对房屋及配套的设施设备和相关场地进行维护、维修、管理；二是维护物业管理区域内的环境卫生和相关秩序，包括物业服务企业提供的保安、保洁、绿化、交通及车辆管理等服务。除此之外，物业服务企业可以接受业主和使用人的特别委托，为其提供物业服务合同没有约定的服务项目，也可以接受供水、供电、供热等公用事业单位的委托，为其向业主代收有关费用等。

二、业主、业主大会与业主委员会

业主，就是物业的主人，即物业的所有权人。在我国由于实行房屋所有权与土地使用权均归属同一个主体的原则。因此，业主实际上就是“房屋所有权人”。

1. 业主的权利

（1）按照物业服务合同的约定，接受物业服务企业提供的服务。

（2）提议召开业主大会会议，并就物业服务管理的有关事项提出建议。

（3）提出制定和修改管理规约、业主大会议事规则的建议。

（4）参加业主大会会议，行使投票权。

（5）选举业主委员会会员，并享有选举权。

（6）监督业主委员会的工作。

(7)监督物业服务且履行物业服务合同。

(8)对物业共用部位、共用设施设备专项维修基金的管理和使用。

(9)法律、法规规定的其他权利。

2. 业主的义务

(1)遵守管理规约、业主大会议事规则。

(2)遵守物业管理区域内物业共用部位和共用设施设备的使用、公共秩序和环境卫生的维护等方面的规章制度。

(3)执行业主大会的决定和业主大会授权业主委员会做出的决定。

(4)按照国家有关规定交纳专项维修资金。

(5)按时交纳物业服务费用。

(6)法律、法规规定的其他义务。

3. 业主大会、业主委员会的职责

业主可以自行设立业主大会,选举业主委员会。业主大会是代表和维护物业管理区域内全体业主在物业管理活动中的合法权益的组织。根据《物业管理条例》的规定,物业管理区域内全体业主组成业主大会。一个物业管理区域应成立一个业主大会。同一个物业管理区域内的业主,应当在物业所在地的区、县人民政府房地产行政主管部门或者街道办事处、乡(镇)人民政府的指导下成立业主大会,并选举产生业主委员会。

(1)业主大会的职责　业主大会应当履行下列职责:①制定、修改管理规约和业主大会议事规则;②选举业主委员会或者更换业主委员会成员;③选聘、解聘物业服务企业;④筹集和使用专项维修资金;⑤改建、重建建筑物及其附属设施;⑥有关共有和共同管理权利的其他重大事项。

(2)业主委员会的职责　业主委员会是业主大会的执行机构,应当履行下列职责:①召集业主大会会议,报告物业管理的实施情况;②代表业主与业主大会选聘的物业服务企业签订物业服务合同;③及时了解业主、物业使用人的意见和建议,监督和协助物业服务企业履行物业服务合同;④监督管理规约的实施;⑤业主大会赋予的其他职责。

三、物业服务定价方式

国家对物业管理服务收费实行以下几种定价方式。

(1)政府定价　政府定价主要适用于两种情况:一是为物业产权人、使用人提供的公共卫生清洁、公共设施的维护保养和保安、绿化等具有公共性的服务;二是以代收代缴水电费、煤气费、有线电视费、电话费等公众代办性质的服务收费。

(2)政府指导价　政府指导价主要适用于对高级公寓、别墅区等高标准住宅小区的公共性和公众代办性服务收费。

(3)经营者定价　经营者定价主要适用于物业管理公司为物业产权人、使用人的个别需求提供的特约服务。

任务九　典型案例分析

背景：

某开发公司向某乡合作开发了一块属于乡级所有的农村集体土地，公司出钱、乡政府出地，开发了100多栋带大棚的二层“洋房”公开销售，吸引了许多城市居民前去购买。

问题：

集体土地可以进行“商品房”开发公开销售吗?

分析：

这种“商品房”的开发及销售均系违法行为，不具有法律效力，其房屋销售合同为无效合同。其理由：①根据我国几个大题的分数设置的不对，我用手机Word改不了的规定，任何单位和个人建设需要使用土地的，必须依法申请使用国有土地。建设占用土地，如是农用土地转为建设用地的，必须办理农用地转用审批手续；②农用地实物转用必须符合土地利用总体规划，在已获准的农用地转用范围内，具体建设项目用地应由市、县人民政府批准，并依法办理土地征用、补偿手续；③根据我国《中华人民共和国城市房地产管理法》规定，集体所有土地经依法征用转为国有土地后方可有偿出让，即交纳土地出让金；④没有商品房预售许可证的项目严禁市场销售，城市居民购买农民房不受法律保护。

基础练习题

一、单选题

1. 按照《物权法》的规定，建设用地使用权自(　　)时设立。
   A. 合同生效　　　　B. 合同签订
   C. 支付出让金　　　D. 登记
2. 土地所有权的主体是(　　)。
   A. 集体　　　　B. 国家
   C. 国家和集体　　D. 人民
3. 商业旅游娱乐用地土地使用权出让的最高年限为(　　)。
   A. 30年　　　　B. 40年
   C. 50年　　　　D. 20年
4. 按物权种类的划分，我国土地所有权属于(　　)。
   A. 不动产所有权　　B. 动产所有权
   C. 用益物权　　　　D. 地役权
5. 关于国有土地建设用地使用权的说法，不正确的是(　　)。
   A. 国有土地建设使用权可以通过出让或划拨方式设立
   B. 国有土地建设使用权属于用益物权
   C. 国家土地建设使用权期间届满的，自动续期
   D. 国家土地建设使用权期间届满前，因公共利益需要可以征收

二、多选题

1. 所有权的内容包括(　　)。

A. 处分权　　B. 使用权

C. 抵押权　　D. 收益权

E. 占有权

2. 为了保障国家安全、促进国民经济和社会发展等公共利益的需要,确需征收房屋的,由市、县级人民政府做出房屋征收决定的为(　　)。

A. 由政府组织实施的设施建设的需要

B. 国防和外交的需要

C. 由政府依照城乡规划法有关规定组织实施的对危房集中、基础设施落后等地段进行旧城区改建的需要

D. 由政府组织实施的科技、教育、文化、卫生体育环境和资源保护、防灾减灾、文物保护、社会福利、市政公用等公共事业的需要

E. 由政府组织实施的工程建设的需要

3. 国有出租土地可以采用(　　)。

A. 拍卖　　B. 招标

C. 赠予　　D. 无偿置换

E. 双方协议

4. 征用土地的报批程序为(　　)。

A. 申请　　B. 预申请

C. 征收　　D. 拟订方案上报

E. 审批

5. 国有土地使用权出让可以采用(　　)方式。

A. 招标出让　　B. 拍卖出让

C. 协议出让　　D. 议价出让

E. 挂牌出让

项目十一 建设工程施工合同和劳动合同法律制度

知识目标 1. 了解劳动保护的相关规定;了解相关合同的法律规定。
2. 熟悉施工合同订立的条件及合同双方的权利与义务。
3. 掌握施工合同的形式及内容。

任务一 建设工程施工合同制度

建设工程施工合同,是指施工人(承包人)根据发包人的委托,完成建设工程项目的施工工作,发包人接受工作成果并支付报酬的合同。

一、建设工程施工合同的法定形式

《合同法》规定,当事人订立合同,有书面形式、口头形式和其他形式。法律、行政法规规定采用书面形式的,应当采用书面形式。当事人约定采用书面形式的,应当采用书面形式。

书面形式合同的内容明确,有据可查,对于防止和解决争议有积极意义。口头形式合同具有直接、方便、快速的特点,但缺乏凭证,一旦发生争议,难以取证,且不易分清责任。其他形式合同,可以根据当事人的行为或者特定情形推定合同的成立,也可以称之为默示合同。

《合同法》明确规定,建设工程合同应当采用书面形式。

《合同法》第 12 条规定:"合同的内容由当事人约定,一般包括以下条款:①当事人的名称或者姓名和住所;②标的;③数量;④质量,国家有强制性标准的,必须按照强制性标准执行;⑤价款或者报酬,应规定清楚计算价款或者报酬的方法;⑥履行期限、地点和方式;⑦违约责任,可在合同中约定定金、违约金、赔偿金额以及赔偿金的计算方法等;⑧解决争议的方法。当事人可以参照各类合同的示范文本订立合同。"当事人在合同中特别约定的条款,也作为合同的主要条款。

(1)《协议书》是《施工合同文本》中总纲性的文件,它规定了合同当事人双方的主要权利和义务,规定了组成合同的文件及合同当事人对履行合同义务的承诺,并且合同当事人在文件上签字盖章，具有很高的法律效力。《协议书》的内容包括工程概况、工程承包范围、合同工期、质量标准、合同价款、组成合同的文件及双方的承诺等。

（2）《通用条款》是根据《合同法》《建筑法》等法律对承发包双方的权利和义务做出的规定，除双方协商一致对其中的某些条款做了修改、补充或取消外，双方都必须履行。它是将建筑工程施工合同中共性的一些内容抽象出来编写的一份完整的合同文件。《通用条款》具有很强的通用性，基本适用于各类建筑工程。《通用条款》由11部分组成：①词语定义及合同文件；②双方一般权利与义务；③施工组织设计和工期；④质量与检验；⑤安全施工；⑥合同价款支付；⑦材料设备供应；⑧工程变更；⑨竣工验收与结算；⑩违约、索赔和争议；⑪其他。

（3）《专用条款》是由当事人根据工程的具体情况予以明确或者对《通用条款》进行修改、补充。由于建设工程的内容各不相同，《通用条款》不能完全适用于各个具体工程，因此加以《专用条款》对其做必要的修改和补充，使《通用条款》和《专用条款》成为合同双方统一意愿的体现。

（4）《施工合同文本》的附件是对施工合同当事人的权利和义务的进一步明确，使得施工合同当事人的有关工作一目了然，便于管理和执行。

二、建设工程施工合同的内容

《合同法》规定，施工合同的内容包括以下条款。

（一）工程范围

工程范围是指施工的界区，是施工人进行施工的工作范围。

（二）建设工期

建设工期是指施工人完成施工任务的期限。在实践中，有的发包人常常要求缩短工期，施工人为了赶进度，往往导致严重的工程质量问题。因此，为了保证工程质量，双方当事人应当在施工合同中确定合理的建设工期。

（三）中间交工工程的开工和竣工时间

中间交工工程是指施工过程中的阶段性工程。为了保证工程各阶段的交接，顺利完成工程建设，当事人应当明确中间交工工程的开工和竣工时间。

（四）工程质量

工程质量条款是明确施工人施工要求，确定施工人责任的依据。施工人必须按照工程设计图纸和施工技术标准施工，不得擅自修改工程设计，不得偷工减料。发包人也不得明示或者暗示施工人违反工程建设强制性标准，降低建设工程质量。

（五）工程造价

工程造价是指进行工程建设所需的全部费用，包括人工费、材料费、施工机械使用费、措施费等。在实践中，有的发包人为了获得更多的利益，往往压低工程造价，而施工人为了盈利或不亏本，不得不偷工减料、以次充好，结果导致工程质量不合格，甚至造成严重的工程质量事故。因此，为了保证工程质量，双方当事人应当确定工程造价。

（六）技术资料交付时间

技术资料主要是指勘察、设计文件以及其他施工人据以施工所必需的基础资料。当事人应当在施工合同中明确技术资料的交付时间。

（七）材料和设备供应责任

材料和设备供应责任，是指由哪一方当事人提供工程所需材料设备及其应承担的责任。材料和设备可以由发包人负责提供，也可以由施工人负责采购。如果按照合同约定由发包人负责采购建筑材料、构配件和设备的，发包人应当保证建筑材料、构配件和设备符合设计文件和合同要求。施工人则须按照工程设计要求、施工技术标准和合同约定，对建筑材料、构配件和设备进行检验。

（八）拨款和结算

拨款是指工程款的拨付。结算是施工方按照合同约定和已完工程量向发包方办理工程款的清算。拨款和结算条款是施工人请求发包人支付工程款和报酬的依据。

（九）竣工验收

竣工验收条款一般应当包括验收范围与内容、验收标准与依据、验收人员组成、验收方式和日期等内容。

（十）质量保修范围和质量保证期

建设工程质量保修范围和质量保证期，应当按照《建设工程质量管理条例》的规定执行。

（十一）双方相互协作条款

双方相互协作条款一般包括双方当事人在施工前的准备工作，施工人及时向发包人提出开工通知书、施工进度报告书、对发包人的监督检查提供必要协助等。

三、建设施工合同的订立

（一）订立施工合同应具备的条件

订立施工合同应具备以下条件：

(1) 初步设计已经批准。

(2) 工程项目已经列入年度建设计划。

(3) 有能够满足施工需要的文件和有关技术资料。

(4) 建设资金和主要建筑材料设备来源已经落实。

(5) 成功中标招标工程，中标通知书已经下达。

(6) 双方当事人应当具有法人资格。

(7) 双方当事人依法具有订立和履行合同的行为能力。

（二）订立施工合同应当遵守的原则

订立施工合同应当遵守以下原则：

(1) 合同当事人的法律地位平等，一方不得将自己的意志强加给另一方。

(2)当事人依法享有自愿订立合同的权利,任何单位和个人不得非法干预。

(3)当事人确定各方的权利和义务应当遵守公平原则。

(4)当事人行使权利、履行义务应当遵循诚实信用原则。

(5)当事人应当遵守法律、行政法规和社会公德,不得扰乱社会经济秩序,不得损害社会公共利益。

(三)订立合同的程序

施工合同是合同的一种,订立的过程也应经过要约和承诺两个阶段。订立的方式有两种:直接发包和招标发包。对于必须进行招标的建设项目,工程建设的施工都应通过招标、投标确定施工企业。依据《招标投标法》的规定,中标通知书发出30天内,招标人与中标人应依据招标文件、中标人的投标文件,订立书面合同。签订合同的承包方必须是中标的施工企业,投标书中已确定的合同条款在签订时不得更改,合同价应与中标价一致。

四、建设工程施工合同发承包双方的主要义务

(一)发包人的主要义务

(1)不得违法发包　《合同法》规定,发包人不得将应当由一个承包人完成的建设工程肢解成若干部分发包给几个承包人。

(2)提供必要施工条件　发包人未按照约定的时间和要求提供原材料、设备、场地、资金、技术资料的,承包人可以顺延工程日期,并有权要求赔偿停工、窝工等损失。

(3)及时检查隐蔽工程　隐蔽工程在隐蔽以前,承包人应当通知发包人检查。发包人没有及时检查的,承包人可以顺延工程日期,并有权要求赔偿停工、窝工等损失。

(4)及时验收工程　建设工程竣工后,发包人应当根据施工图纸及说明书、国家颁发的施工验收规范和质量检验标准及时进行验收。

(5)支付工程价款　发包人应当按照合同约定的时间、地点和方式等,向承包人支付工程价款。

(二)承包人的主要义务

(1)不得转包和违法分包工程　承包人不得将其承包的全部建设工程转包给第三人,不得将其承包的全部建设工程肢解以后以分包的名义分别转包给第三人。禁止承包人将工程分包给不具备相应资质条件的单位。禁止分包单位将其承包的工程再分包。

(2)自行完成建设工程主体结构施工　建设工程主体结构的施工必须由承包人自行完成。承包人将建设工程主体结构的施工分包给第三人的,该分包合同无效。

(3)接受发包人有关检查　发包人在不妨碍承包人正常作业的情况下,可以随时对作业进度、质量进行检查。隐蔽工程在隐蔽以前,承包人应当通知发包人检查。

(4)交付竣工验收合格的建设工程　建设工程竣工验收合格后,方可交付使用;未经验收或者验收不合格的,不得交付使用。

(5)建设工程质量不符合约定的无偿修理　因施工人的原因致使建设工程质量不符合约定的,发包人有权要求施工人在合理期限内无偿修理或者返工、改建。经过修理或者返工、改建后,造成逾期交付的,施工人应当承担违约责任。

任务二　劳动合同及劳务关系制度

劳动合同是用人单位与劳动者进行双向选择、确定劳动关系、明确双方权利与义务的协议,是保护劳动者合法权益的基本依据。

所谓劳动关系,是指劳动者与用人单位在实现劳动过程中建立的社会经济关系。

一、劳动合同订立的规定

订立劳动合同应当遵守的原则:《劳动合同法》规定,订立劳动合同,应当遵循合法、公平、平等自愿、协商一致、诚实信用的原则。

特别规定:用人单位不得要求劳动者提供担保或者以其他名义向劳动者收取财物,不得扣押劳动者的居民身份证或者其他证件。

(一)劳动合同的种类

《劳动合同法》规定,劳动合同分为固定期限劳动合同、无固定期限劳动合同和以完成一定工作任务为期限的劳动合同。

1. 固定期限劳动合同

固定期限劳动合同,是指用人单位与劳动者约定合同终止时间的劳动合同,即劳动合同双方当事人在劳动合同中明确规定了合同效力的起始和终止的时间。劳动合同期限届满,劳动关系即告终止。固定期限劳动合同可以是 1 年、2 年,也可以是 5 年、10 年,甚至更长时间。

2. 无固定期限劳动合同

无固定期限劳动合同,是指用人单位与劳动者约定无确定终止时间的劳动合同。并不是没有终止时间,一旦出现了法定的解除情形(如到了法定退休年龄)或者双方协商一致,均可解除。

用人单位与劳动者协商一致,可以订立无固定期限劳动合同的情形有:①劳动者在该用人单位连续工作满 10 年的;②用人单位初次实行劳动合同制度或者国有企业改制重新订立劳动合同时,劳动者在该用人单位连续工作满 10 年且距法定退休年龄不足 10 年的;③连续订立两次固定期限劳动合同,且劳动者没有特殊情形的。需要注意的是,用人单位自用工之日起满 1 年不与劳动者订立书面劳动合同的,则视为用人单位与劳动者已订立无固定期限劳动合同。

3. 以完成一定工作任务为期限的劳动合同

用人单位与劳动者约定以某项工作的完成为合同期限的劳动合同。

(二)劳动合同的基本条款

劳动合同应当具备以下条款:①用人单位的名称、住所和法定代表人或者主要负责人;②劳动者的姓名、住址和居民身份证或者其他有效身份证件号码;③劳动合同期限;④工作内容和工作地点;⑤工作时间和休息休假;⑥劳动报酬;⑦社会保险;⑧劳动保护、劳动条件和职业危害防护;⑨其他事项。

劳动合同除上述规定的必备条款外，用人单位与劳动者可以约定试用期、培训、保守秘密、补充保险和福利待遇等其他事项。

（三）订立劳动合同应当注意的事项

1. 建立劳动关系即应订立劳动合同

用人单位自用工之日起即与劳动者建立劳动关系。《劳动合同法》规定，建立劳动关系，应当订立书面劳动合同。已建立劳动关系，未同时订立书面劳动合同的，应当自用工之日起1个月内订立书面劳动合同。

合同有书面形式、口头形式和其他形式。建立劳动关系应当订立书面劳动合同。如果没有订立书面合同，不订立书面合同的一方将要承担相应的法律后果。劳动合同文本由用人单位和劳动者各执一份。

2. 关于劳动报酬

劳动合同对劳动报酬和劳动条件等标准约定不明确，用人单位与劳动者可以重新协商；协商不成的，适用集体合同规定；没有集体合同或者集体合同未规定劳动报酬的，实行同工同酬；没有集体合同或者集体合同未规定劳动条件等标准的，适用国家有关规定。

3. 关于试用期

劳动合同期限3个月以上不满1年的，试用期不得超过1个月；劳动合同期限1年以上不满3年的，试用期不得超过2个月；3年以上固定期限和无固定期限的劳动合同，试用期不得超过6个月。同一用人单位与同一劳动者只能约定1次试用期。以完成一定工作任务为期限的劳动合同或者劳动合同期限不满3个月的，不得约定试用期。试用期包含在劳动合同期限内。劳动者在试用期的工资不得低于本单位相同岗位最低档工资或者劳动合同约定工资的80%，并不得低于用人单位所在地的最低工资标准。

4. 劳动合同的生效与无效

劳动合同由用人单位与劳动者协商一致，并经用人单位与劳动者在劳动合同文本上签字或者盖章生效。双方当事人签字或者盖章时间不一致的，以最后一方签字或者盖章的时间为准；如果一方没有写签字时间，则另一方写明的签字时间就是合同生效时间。

下列劳动合同无效或者部分无效：①以欺诈、胁迫的手段或者乘人之危，使对方在违背真实意思的情况下订立或者变更劳动合同的；②用人单位免除自己的法定责任、排除劳动者权利的；③违反法律、行政法规强制性规定的。

对于部分无效的劳动合同，只要不影响其他部分效力的，其他部分仍然有效。劳动合同被确认无效，劳动者已付出劳动的，用人单位应当向劳动者支付劳动报酬。

二、劳动合同的履行和变更

用人单位与劳动者应当按照劳动合同的约定，全面履行各自的义务。当事人双方既不能只履行部分义务，也不能擅自变更合同，更不能任意不履行合同或者解除合同，否则将承担相应的法律责任。

（1）用人单位应当履行向劳动者支付劳动报酬的义务　用人单位应当按照劳动合同约定，向劳动者及时足额支付劳动报酬。用人单位拖欠或者未足额支付劳动报酬的，劳动者可以依法向当地人民法院申请支付令，人民法院应当依法发出支付令。

(2)用人单位不得强迫或者变相强迫劳动者加班　用人单位应当严格执行劳动定额标准,不得强迫或者变相强迫劳动者加班。用人单位安排加班的,应当按照国家有关规定向劳动者支付加班费。

(3)劳动者有权拒绝用人单位管理人员违章指挥、冒险作业　劳动者拒绝用人单位管理人员违章指挥、强令冒险作业的,不视为违反劳动合同。

(4)用人单位发生变动不影响劳动合同的履行　用人单位如果变更名称、法定代表人、主要负责人或者投资人等事项,不影响劳动合同的履行。

(5)用人单位应当依法建立和完善劳动规章制度,保障劳动者享有劳动权利、履行劳动义务。

(6)劳动合同的变更　用人单位与劳动者协商一致,可以变更劳动合同约定的内容。变更劳动合同,应当采用书面形式。变更后的劳动合同文本由用人单位和劳动者各执一份。

三、劳动合同的解除和终止

劳动合同的解除,是指当事人双方提前终止劳动合同、解除双方权利义务关系的法律行为,可分为协商解除、法定解除和约定解除三种情况。

劳动合同的终止,是指劳动合同期满或者出现法定情形以及当事人约定的情形而导致劳动合同的效力消灭,劳动合同即行终止。

(一)劳动者可以解除劳动合同的规定

劳动者提前30日以书面形式通知用人单位,可以解除劳动合同。劳动者在试用期内提前3日通知用人单位,可以解除劳动合同。

《劳动合同法》规定,用人单位有下列情形之一的,劳动者可以解除劳动合同:①未按照劳动合同约定提供劳动保护或者劳动条件的;②未及时足额支付劳动报酬的;③未依法为劳动者缴纳社会保险费的;④用人单位的规章制度违反法律、法规的规定,损害劳动者权益的;⑤以欺诈、胁迫的手段或乘人之危使对方在违背真实意思的情形下订立或变更劳动合同的;⑥法律、行政法规规定劳动者可以解除劳动合同的其他情形。

用人单位以暴力、威胁或者非法限制人身自由的手段强迫劳动者劳动的,或者用人单位违章指挥、强令冒险作业危及劳动者人身安全的,劳动者可以立即解除劳动合同,不需事先告知用人单位。

(二)用人单位可以解除劳动合同的规定

《劳动合同法》规定,劳动者有下列情形之一的,用人单位可以解除劳动合同:①在试用期间被证明不符合录用条件的;②严重违反用人单位的规章制度的;③严重失职,营私舞弊,给用人单位造成重大损害的;④劳动者同时与其他用人单位建立劳动关系,对完成本单位的工作任务造成严重影响,或者经用人单位提出,拒不改正的;⑤以欺诈、胁迫的手段或乘人之危使对方在违背真实意思的情形下订立或变更劳动合同的;⑥被依法追究刑事责任的。

《劳动合同法》规定,有下列情形之一的,用人单位提前30日以书面形式通知劳动者本人或者额外支付劳动者1个月工资后，可以解除劳动合同：①劳动者患病或者非因工负伤，在规定的医疗期满后不能从事原工作，也不能从事由用人单位另行安排的工作的；②劳动者不能胜任工作，经过培训或者调整工作岗位，仍不能胜任工作的；③劳动合同订立时所依据的客观情况发生重大变化，致使劳动合同无法履行，经用人单位与劳动者协商，未能就变更劳动合同内容达成协议的。

（三）劳动合同的终止

（1）《劳动合同法》规定，有下列情形之一的，劳动合同终止：①劳动合同期满的；②劳动者开始依法享受基本养老保险待遇的；③劳动者死亡，或者被人民法院宣告死亡或者宣告失踪的；④用人单位被依法宣告破产的；⑤用人单位被吊销营业执照、责令关闭、撤销或者用人单位决定提前解散的；⑥法律、行政法规规定的其他情形。

在本单位患有职业病或者因工负伤并被确认丧失或者部分丧失劳动能力的劳动者的劳动合同的终止，按照国家有关工伤保险的规定执行。

（2）终止劳动合同的经济补偿。经济补偿金只由用人单位单方面承担，体现了立法对劳动者的保护。

经济补偿的标准，按劳动者在本单位工作的年限，每满1年支付1个月工资的标准向劳动者支付。6个月以上不满1年的，按1年计算；不满6个月的，向劳动者支付半个月工资的经济补偿。劳动者月工资高于用人单位所在直辖市、设区的市级人民政府公布的本地区上年度职工月平均工资3倍的，向其支付经济补偿的标准按职工月平均工资3倍的数额支付，向其支付经济补偿的年限最高不超过12年。

月工资是指劳动者在劳动合同解除或者终止前12个月的平均工资。

任务三　相关合同

同建设工程活动关系密切的相关合同，主要有承揽合同、买卖合同、租赁合同、融资租赁合同等。

一、承揽合同的法律规定

《合同法》规定，承揽合同是承揽人按照定作人的要求完成工作，交付工作成果，定作人给付报酬的合同。承揽包括加工、定作、修理、复制、测试、检验等工作。

（一）承揽合同的特征

（1）承揽合同以完成一定的工作并交付工作成果为标的。

（2）承揽人须以自己的设备、技术和劳力完成所承揽的工作。未经定作人的同意，承揽人将承揽的主要工作交由第三人完成的，定作人可以解除合同；经定作人同意的，承揽人也应就第三人完成的工作成果向定作人负责。承揽人有权将其承揽的辅助工作交由第三人完成。承揽人将承揽的辅助工作交由第三人完成的，应当就第三人完成的工作成果向定作人负责。

（3）承揽人工作具有独立性。承揽人在完成工作过程中，不受定作人的指挥管理，独立承担完成合同约定的质量、数量、期限等责任。承揽人在工作期间,应当接受定作人必要的监督检验,但定作人不得因监督检验妨碍承揽人的正常工作。

(二)承揽合同当事人的权利义务

1. 承揽人的义务

(1)按照合同约定完成承揽工作的义务。

(2)材料检验的义务。

(3)通知和保密的义务。

(4)接受监督检查和妥善保管工作成果等的义务。

(5)交付符合质量要求工作成果的义务。

共同承揽人对定作人承担连带责任,但当事人另有约定的除外。

2. 定作人的义务

(1)按照约定提供材料和协助承揽人完成工作的义务。

(2)支付报酬的义务。

(3)定作人应当按照约定的期限支付报酬。

(4)除当事人另有约定的外,定作人未向承揽人支付报酬或者材料费等价款的,承揽人对完成的工作成果享有留置权。

(5)依法赔偿损失的义务。

(6)定作人中途变更承揽工作的要求,造成承揽人损失的,应当赔偿损失。

(7)验收工作成果的义务。

二、买卖合同的法律规定

《合同法》规定,买卖合同是指出卖人转移标的物的所有权于买受人,买受人支付价款的合同。

(一)买卖合同的法律特征

(1)买卖合同是一种转移财产所有权的合同。

(2)买卖合同是有偿合同。这是买卖合同的基本特征。

(3)买卖合同是双务合同。

(4)在买卖合同中,买方和卖方的权利与义务是对应的。就是说,任何一方所享有的权利便意味着对方要承担相应的义务。

(5)买卖合同是诺成合同。

买卖合同可以是书面的,也可以是口头的。但对于房屋买卖等标的额较大的财产买卖,应当签订书面合同。

(二)买卖合同当事人的权利和义务

1. 出卖人的主要义务

(1)按照合同约定交付标的物的义务。出卖人应当向买受人交付标的物或者交付提取标的物的单证,并应当按照约定或者交易习惯向买受人交付提取标的物单证以外的有关单证和资料,即交单义务。交付的方式可以是:①现实交付。标的物由出卖人直接交付给买受人。②简易交付。标的物在订立合同之前已为买受人占有,合同生效即视为完成交付。③占有改定。买卖双方特别约定,合同生效后标的物仍然由出卖人继续占有,但其所有权已完成法律上的转移。④指示交付。合同成立时,标的物为第三人合法占有,买受人取得了返还标的物请求权。⑤拟制交付。出卖人将标的物的权利凭证(如仓单、提单)交给买受人,以代替标的物的现实交付。

(2)出卖人应当按照约定的质量要求交付标的物。

(3)出卖人应当按照约定的包装方式交付标的物。

(4)出卖人应当按照约定的期限交付标的物。

(5)出卖人应当按照约定的地点交付标的物。

2. 买受人的主要义务

(1)买受人应当按照约定的数额支付价款。

(2)买受人应当按照约定的地点支付价款。

(3)买受人应当按照约定的时间支付价款。

三、租赁合同的法律规定

《合同法》规定,租赁合同是出租人将租赁物交付承租人使用、收益,承租人支付租金的合同。

(一)租赁合同的法律特征

租赁合同是转移租赁物使用收益权的合同,也是诺成合同和双务、有偿合同。这是租赁合同区别于买卖合同的根本特征。

租赁合同的成立不以租赁物的交付为要件,当事人只要依法达成协议,合同即告成立。在租赁合同中,双方当事人互享权利、互负义务,一方权利的实现有赖于对方履行约定及法定的义务。同时,承租人须向出租人支付租金。

(二)租赁合同的内容和类型

1. 租赁合同的内容

租赁合同的内容包括租赁物的名称、数量、用途、租赁期限、租金及其支付期限和方式、租赁物维修等条款。

2. 租赁合同的类型

租赁合同根据租赁标的物不同,可分为动产租赁和不动产租赁。

根据是否约定租赁期限,还可分为定期租赁和不定期租赁。

(1)定期租赁 租赁合同可以约定租赁期限,但租赁期限不得超过 20 年。超过 20 年的,超过部分无效。租赁期间届满,当事人可以续订租赁合同,但约定的租赁期限自续订之日起不得超过 20 年。租赁期限 6 个月以上的,应当采用书面形式。当事人未采用书面形式的,视为不定期租赁。

(2)不定期租赁 不定期租赁分为两种情形:①当事人没有约定租赁期限;②定期租赁合同期限届满,承租人继续使用租赁物,出租人没有提出异议的,原租赁合同继续有效,但租赁期限为不定期。

(三)租赁合同当事人的权利义务

1. 出租人的义务

出租人的主要义务是交付出租物、维修租赁物、权利瑕疵担保、物的瑕疵担保、保证承租人优先购买权和保证共同居住人继续承租。

2. 承租人的义务

承租人的主要义务是支付租金、按照约定使用租赁物、妥善保管租赁物、有关事项通知、返还租赁物和损失赔偿。

四、融资租赁合同的法律规定

《合同法》规定,融资租赁合同是出租人根据承租人对出卖人、租赁物的选择,向出卖人购买租赁物,提供给承租人使用,承租人支付租金的合同。

(一)融资租赁合同的法律特征

融资租赁是将融资与融物结合在一起的特殊交易方式。融资租赁合同涉及出租人、出卖人和承租人三方主体。通常的做法是,承租人要求出租人为其融资购买所需的租赁物,由出租人向出卖人支付价款,并由出卖人向承租人交付租赁物及承担瑕疵担保义务,而承租人仅向出租人支付租金而无需向出卖人承担义务。其法律特征有以下几方面。

1. 出租人身份的二重性

出租人是租赁行为的出租方,但在承租人选择承租物和出卖人后,出租人与出卖人之间构成了法律上的买卖关系,因而又是买受人。

2. 出卖人权利与义务相对人的差异性

融资租赁合同不同于买卖合同。在融资租赁合同中,出卖人是向承租人履行交付标的物和瑕疵担保义务,而不是向买受人(出租人)履行义务,即承租人享有买受人的权利但不承担买受人的义务。

融资租赁合同也不同于租赁合同。融资租赁合同的出租人不负担租赁物的维修与瑕疵担保义务,但承租人须向出租人履行交付租金义务。

3. 融资租赁合同是要式合同

融资租赁是三方主体参与的经济活动。为明确各自的权利和义务,《合同法》规定,融资租赁合同应当采用书面形式。

(二)融资租赁合同当事人的权利义务

1. 出租人的义务

出租人的主要义务是向出卖人支付价金、保证承租人对租赁物占有和使用、协助承租人索赔和尊重承租人选择权。

2. 出卖人的义务

出卖人的主要义务是向承租人交付标的物和标的物的瑕疵担保。

3. 承租人的义务

承租人的主要义务是支付租金、妥善保管和使用租赁物、租赁期限届满返还租赁物。

任务四　典型案例分析

背景:

2007 年 2 月 4 日,张某通过劳动中介公司在一家建筑公司找到工作,并与该建筑公司口头商定:张某的试用期为 1 个月,月工资为 1600 元。试用期满后,张某多次向该公司提出签订书面劳动合同,该公司一直拖延不签订劳动合同。2008 年 3 月,因为交通不便,本人年龄已大,张某向公司提出辞职,并要求公司结清当月的工资,公司提出张某与公司没有签订劳动合同,拒绝结清当月工资。双方发生纠纷。

问题:

(1)在本案中,用人单位不与劳动者签订书面劳动合同是否合法?为什么?

(2)在本案中,劳动者未与用人单位签订劳动合同,发生争议是否可以申请劳动仲裁?为什么?

分析:

在现实中,用人单位凭借自己的优势和现今就业难的状况,通常不与劳动者签订书面的劳动合同,一旦发生争议的时候,劳动者因没有劳动合同,合法权益难以保障,而用人单位也借此逃避责任。

《劳动合同法》针对这个问题,做出了特别的规定:用人单位未按该法与劳动者订立书面劳动合同法的,存在以下法律后果。

(1)自其用工之日起满一个月不满一年未与劳动者签订书面劳动合同的,应当向劳动者每月支付二倍的工资。

(2)自其用工之日起满一年不与劳动者订立书面劳动合同的,视为已经与劳动者签订了无固定期限劳动合同。

(3)其不按本法与劳动者订立无固定期限劳动合同的,自应当订立无固定期限劳动合同法之日起向劳动者每月支付二倍的工资。

法条:

第十条　建立劳动关系,应当订立书面劳动合同。已建立劳动关系,未同时订立书面劳动合同的,应当自用工之日起一个月内订立书面劳动合同。

第十四条　用人单位自用工之日起满一年不与劳动者订立书面劳动合同的,视为用人单位与劳动者已订立无固定期限劳动合同。

第八十二条　用人单位自用工之日起超过一个月不满一年未与劳动者订立书面劳动合同的,应当向劳动者每月支付二倍的工资。

用人单位违反本法规定不与劳动者订立无固定期限劳动合同的,自应当订立无固定期限劳动合同之日起向劳动者每月支付二倍的工资。

基础练习题

一、单选题

1. 租赁合同的租赁期限超过(　　)的，应当采用书面形式。

A. 3 个月　　B. 6 个月

C. 1 年　　D. 2 年

2.《劳动法》规定，禁止用人单位招用未满(　　)周岁的未成年人。

A. 14　　B. 16

C. 18　　D. 20

3. 已建立劳动关系，未同时订立书面劳动合同的，应当自用工之日起(　　)内订立书面劳动合同。

A. 1 个月　　B. 2 个月

C. 3 个月　　D. 6 个月

4.《劳动法》第 62 条规定，女职工生育享受不少于(　　)产假。

A. 3 个月　　B. 2 个月

C. 1 个月　　D. 6 个月

5. 买卖合同的基本特征是(　　)。

A. 买卖合同是一种转移财产所有权的合同

B. 买卖合同是无偿合同

C. 买卖合同是单务合同

D. 买卖合同是单一合同

二、多选题

1.《合同法》规定，施工合同的内容包括以下条款：(　　)。

A. 工程范围　　B. 建设工期

C. 开工和竣工时间　　D. 竣工验收

E. 工程造价

2. 订立施工合同应当遵守以下原则：(　　)。

A. 合同当事人的法律地位平等

B. 当事人依法享有自愿订立合同的权利

C. 应当遵守公平原则

D. 应当遵循诚实信用原则

E. 当事人应当遵守法律、行政法规和社会公德，不得扰乱社会经济秩序，不得损害社会公共利益

3.《劳动合同法》规定，订立劳动合同，应当遵循(　　)的原则。

A. 合法　　B. 公平

C. 平等自愿　　D. 协商一致

E. 诚实信用

4.《劳动法》规定,关于劳动者工作时间的说法,正确的是(　　)。

A. 每日工作时间不超过8小时

B. 在特殊条件下从事劳动和有特殊情况,需要适当缩短工作时间

C. 平均每周工作时间不超过48小时

D. 计件工资时间

E. 不定时工作日

5. 融资租赁合同的法律特征有(　　)。

A. 出租人身份的二重性

B. 承租人须向出租人履行交付租金义务

C. 融资租赁合同的出租人不负担租赁物的维修

D. 融资租赁是三方主体参与的经济活动

E. 承租人既享有买受人的权利又承担买受人的义务

三、简答题

1. 简述《通用条款》的内容。
2. 简述订立施工合同应具备的条件。
3. 简述建设工程施工合同发包人的主要义务。
4. 试述固定期限劳动合同、无固定期限劳动合同。
5. 简述劳动合同无效或者部分无效的情况。

四、案例分析题

王某原在甲企业工作并与企业签订了为期5年的劳动合同。在合同期内,王某以收入偏低为由,口头提出解除劳动合同,甲企业未予答复。过了14天,黄某就被乙合资企业招用,又与该企业签订了劳动合同。王某走后,原企业生产受到影响,要求王某回企业上班。同时,与王某所在的合资企业联系,希望让王某回来,但合资企业以已签订劳动合同为由,不予放人。

试分析:

1. 王某与甲企业的劳动合同是否已经解除?
2. 乙合资企业在本案中是否应承担责任?

项目十二 建设工程环境保护法规

知识目标 1. 了解建设工程环境保护法的概念。
2. 掌握环境保护基本法及污染防治专项法的相关知识。
3. 熟悉建设项目环境保护的其他法规制度。

任务一 建设工程环境保护法规概述

环境是指影响人类社会发展和生存的各种天然和经过人工改造的自然因素总体，其包括大气、水、海洋、土地、矿藏、森林、草原、野生动物、自然古迹、人文遗迹、自然保护区、风景名胜区、城市和乡村等。

环境保护是我国的基本国策，因为它事关人类的发展和生存大计，对人民群众的生命健康、社会发展和经济建设具有决定性、长期性和全局性的影响。因此，为了保护和合理地利用自然资源、防治污染，必须加强环境保护领域的相关立法工作。

环境保护法是国家制定或认可的、国家强制力保障实施的、调整因保护环境而产生的社会关系的各种法律规范的总称，是我国的基本国策。工程建设与环境保护息息相关，因为工程建设既要消耗大量的自然资源，又会向自然界排放大量的废水、废气、废渣及产生噪声等，是造成环境问题的主要根源之一。因此，为了保护和改善环境，合理利用自然资源，防治污染，必须加强工程建设领域的环境保护管理工作。

我国于1989年12月26日发布首部关于环境保护方面的《中华人民共和国环境保护法》（以下简称《环境保护法》），自公布之日起施行。2016年12月25日第十二届全国人民代表大会常务委员会第二十五次会议通过了最新的《中华人民共和国环境保护法》，并自2017年4月17日开始施行。国家制定《环境保护法》的目的在于保护人民群众健康、保护生态环境，为国家的经济持续发展提供法律保障。《环境保护法》的目的是为了能够促进社会合理、有效地利用自然资源，保证防治污染和生态破坏。

任务二 环境保护基本法及污染防治专项法

一、环境保护法的基本原则

《环境保护法》的基本原则是指以保护环境、实现可持续性发展为目的，贯彻于环境立法和执法过程中的基础性和根本性准则。它也是调整环境保护方面社会关系的指导规范，也是环境保护立法、司法执法、守法所必须遵循的准则。《环境保护法》主要确立了以下几项环境保护法的基本原则。

（1）环境保护同经济、社会协调发展原则　国家经济规律和生态规律的要求，环境保护法必须贯彻执行“经济建设、城市建设、环境建设同步规划、同步实施、同步发展的三同步方针”和“经济效益、环境效益、社会效益的三统一方针”。

（2）预防为主，防治结合的原则　预防为主的原则，也就是通俗地讲“防患于未然”的原则，将事故消灭在萌芽状态。这是由于环境污染事故一旦发生，在短期内难以消除，更严重者环境遭到破坏后，再想恢复以往比较困难，更严重者是不可恢复的，或者恢复起来代价较大，所以必须把“预防”放在环境保护的首位。在“防”的同时要兼顾“治”，统筹安排，综合运用多种方法来保护环境。这样可以避免走发达国家“先污染、后治理”的老路。

（3）污染者负担原则　污染者负担的原则，也称为“谁污染、谁治理”的原则。实行该原则是通过征收拆迁排污费、生态补偿费等为环境保护筹措资金，在一定程度上可以减轻政府和公众的负担。原则思想是明确治理污染、保护环境的经济责任。

（4）依靠群众原则　该原则是对公民环境权、公民参与环境保护的集中体现。因为环境质量的好坏不仅关系到人民群众的切身利益，所以环境保护不仅是公民的权利，也是公民的义务。

二、污染防治专项法

我国针对特定的污染防治领域和特定领域的保护对象，也知道了一些污染防治专项法。目前我国已经颁布并实施了《水污染防治法》《大气污染防治法》《固体废弃物污染环境防治法》《海洋环境保护法》《环境噪声防治专项法》《环境影响评价法》等。

任务三 建设项目环境保护的其他法规制度

一、水污染防治法律制度

《中华人民共和国水污染防治法》对水污染的防治一般规定如下。

（1）禁止向水体排放油类、酸液、碱液或者剧毒废液。禁止在水体清洗装储过油类或者有毒污染物的车辆和容器。

（2）禁止向水体排放、倾倒放射性固体废物或含有高、中放射性的废水。向水体排放低放射性的废水时，应当符合国家有关放射性排污防治标准的规定。

(3)向水体排放热水,应当采取控制措施,保证水体的水温符合国家相关标准,禁止向水体直接排放未经处理的热水。

(4)含病原体的污水禁止直接排放,其排放时须经污水处理,达到国家的有关标准后,方可排放。

(5)禁止向水体直接排放和倾倒工业废渣、城乡垃圾和其他废弃物。

(6)禁止个人和企业以任何理由利用渗坑、渗井、裂隙和溶洞,倾倒含有剧毒污染物的废水、含病原菌废水和其他废弃物。

(7)禁止向水体直接排放和倾倒未经处理的工业废渣、城市垃圾和其他废弃物。

(8)禁止在无良好的渗漏地层、使用无防渗的沟渠或坑塘、输送或存储有毒废水、含病原体废水。

(9)兴建地下工程(地铁等)应采取保护性措施,防止地下水污染。

(10)人工回灌补给地下水,禁止恶化地下水质。

二、固体废物防治法律制度

《中华人民共和国固体废物污染防治法》对固体废物污染的防治一般规定如下。

(1)产生固体废弃物的单位和个人,应当采取措施,防止或减少固体废弃物对环境的污染。收集、储存、运输、利用、处置固体废弃物的单位和个人,必须防扬散、防渗漏、防流失及防丢弃等。

(2)不得在运输过程中沿途随意丢弃、抛撒固体废物。

(3)禁止在国务院和国务院有关主管部门及省、自治区、直辖市人民政府划定的自然保护区、风景名胜区、生活饮用水源地和其他需要特别保护的区域内建设工业固体废弃物集中储存、处理设施、场所及生活垃圾填埋场。

(4)转移固体废弃物出所在省、自治区储存、处置的,应当向移出地的省级以上环境保护行政主管部门变更,并经固体废弃物接收地的省级人民政府环境保护主管部门许可,方可转移。

(5)禁止进口国外的固体废弃物进入我国境内倾倒、堆放、处置。

(6)禁止从国外进口不能用作原料的固体废弃物,限制进口可以当作原料的固体废物,确需要进口的须经国家环境保护主管部门的批准。

(7)企事业单位应合理选择和利用原材料、能源,采用先进的工艺设备以减少工业固体废物的排放。

(8)露天存储冶炼渣、化工渣、燃煤灰渣、废弃矿石、尾矿及其他工业固体废物的,应当设置转用场所以用来存放。且存放场所必须符合国务院环境保护行政主管部门规定的环保标准。

(9)施工单位应当及时清运、处置施工过程中产生的垃圾,并采取措施,防治固体废物带来的环境污染。

(10)城市生活垃圾收集、储存、运输,应符合环境保护和环境卫生的规定。

三、环境噪声污染防治法律制度

《中华人民共和国环境噪声污染防治法》对固体废物污染的防治一般规定如下：

（1）在城市范围内向周围生活环境排入工业与建筑施工噪声的，应当符合国家规定的工业企业厂界和建筑施工场地环境噪声排放标准。

（2）产生环境噪声污染的工业企业，应当采取有效措施，减轻噪声对周围生活的影响。

（3）国务院有关部门要对产生噪声污染的工业设备，根据噪声环境保护要求和技术经济条件，逐步在产品的国家标准和行业标准中规定噪声限值。

（4）在城市市区范围内，建筑施工过程中使用机械设备，可能产生环境噪声污染的，施工单位必须在开工 15 日以前向所在地县以上环境行政主管部门申报该工程的项目名称、施工场所和期限、可能产生的环境噪声值以及所采取的环境噪声污染防治措施等情况。

（5）在城市市区噪声敏感区域内，禁止夜间进行噪声污染的施工作业，但抢修、抢险作业和因生产工业上要求或者特殊需要必须连续作业的除外，如必须夜间作业，必须公告附近居民。

四、环境保护“三同时”的有关规定

环境保护“三同时”制度是我国首创的。具体是指建设项目需要配套建设的环境保护设施，且必须与主体工程同时设计、同时施工、同时投产使用。这是建设项目环境保护设施建设的原则要求。我国的《建设项目环境保护管理条例》对“三同时”制度进行了规定。

（1）凡从事对环境有影响的工程建设项目，必须执行“三同时”制度。

（2）建设项目的主体工程完工后，需要进行试生产的，其配套建设的环境保护设施必须与主体工程同时投入试生产。

（3）建设项目试生产期间，建设单位应当对环境保护设施运行情况和建设项目对环境的影响进行检测。

（4）建设项目竣工后，建设单位应当向审批该建设项目环境影响报告书、环境影响报告表或者环境影响登记表的环境保护行政主管部门，申请该建设项目需要配套建设的环境保护设施竣工验收。

（5）环境保护设施竣工验收，应当与主体工程竣工验收同时进行。需要进行试生产的建设项目，建设单位应当自建设项目投入试生产之日起 3 个月内，向审批该建设项目环境影响报告书、环境影响报告表或者环境影响登记表的环境保护行政主管部门，申请该建设项目需要配套建设的环境保护设施竣工验收。

（6）分期建设、分期投入生产或者使用的建设项目，其相应的环境保护设施应当分期验收。

（7）环境保护行政主管部门应当自收到环境保护设施竣工验收申请之日起30 日内，完成验收。

(8)建设项目需要配套建设的环境保护设施经验收合格后,该建设项目方可正式投入生产或者使用。

任务四 典型案例分析

背景:

光明造纸厂位于某河流中上游。2016 年 6 月,环境监测站对该造纸厂的排污进行监测,发现该厂对所排放的污水的净化处理不够,多种污染物质的含量严重超标。遂向该厂提出期限治理的要求,但光明纸厂不予理会,没有采取任何净化措施。2016 年 8 月,市环保局按照国家有关规定向其征收排污费,但该厂领导却以经济效益不好为由,拒绝缴纳。环保局在多次征收未果的情况下,向人民法院起诉,要求光明造纸厂缴纳应缴排污费。

问题:

市环保局提出的诉讼请求是否合理?

分析:

本题是关于污染环境拒交排污费争议问题。环保局提出的诉讼请求是合理的。征收排污费是我国环保法规定的一项重要制度,其目的是为了促进企业事业单位加强经营管理,提高资源和能源的利用率,治理污染,改善环境。《水污染防治法》第十四条规定:“直接或间接向水体排放污染物的企业事业单位,应当按照国务院环境保护部门的规定,向所在地的环境保护部门申报登记拥有的污染物排放设施、处理设施和在正常作业条件下排放污染物的种类、数量和浓度,并提供防治水污染方面的有关技术资料。”《水污染防治法》第十五条规定:“企业事业单位向水体排放污染物的,按照国家规定缴纳排污费;超过国家或者地方规定的污染物排放标准的,按照国家规定缴纳超标准排污费。”“超标准排污的企业事业单位必须制定规划,进行治理。”因而,排污单位应当如实向当地环保部门申报登记排污设施和排放污染物的种类、数量和浓度,经环保部门或其指定的监测单位核定后,作为征收排污费的依据,由环保部门按《征收排污费暂行办法》征收。本案光明造纸厂不按期缴纳排污费的行为是错误的。至于该厂提出的“企业效益不好,无力支付”的理由,是不能支持的,因为我国的环境保护法并没有这类可以免费的规定。

基础练习题

一、单选题

1. 环境规划分为短期规划、中期规划和(　　)。

A. 目标规划　　B. 控制规划

C. 长期规划　　D. 议价出让

2. 环境保护设施验收,应当与主体工程竣工验收(　　)进行。

A. 分别　　B. 同时

C. 交叉　　D. 登记

3. 我国环境标准分为(　　)和地方标准。

A. 行业标准　　B. 质量标准

C. 环境基础标准　　D. 国家标准

4. 环境保护“三同时”制度是指建设项目需要配套的环境保护设施,必须与主体工程(　　)。

A. 同时设计、同时施工、同时竣工验收

B. 同时投资、同时施工、同时评价

C. 同时设计、同时施工、同时投产使用

D. 同时论证、同时评价、同时投资

5.《环境保护法》颁布实施时间是(　　)。

A. 2017 年 4 月 17 日　　B. 1984 年 5 月 11 日

C. 1989 年 12 月 6 日　　D. 1988 年 12 月 1 日

二、多选题

1. 根据施工现场固体废物的减量化和回收再利用的要求,施工单位应采取的有效措施包括(　　)。

A. 建筑垃圾分类化　　B. 生活垃圾袋装化

C. 建筑垃圾及时清运　　D. 设置封闭式垃圾容器

E. 建筑垃圾集中化

2. 某化工厂拟在市城区扩建一条化工生产线,考虑到可能产生的环境噪声污染,该化工厂编制了建设项目环境影响报告书,其中报告书中应有(　　)的意见。

A. 建设项目所在地建设行政主管部门

B. 建设项目所在地单位

C. 建设项目所在地工商部门

D. 建设项目所在地居民

E. 建设项目所在地规划部门

3. 为了有效地防治扬尘大气污染,施工现场采取比较得当的措施包括(　　)。

A. 施工现场出口设置洗车槽　　B. 运送土方车辆密闭严密

C. 建筑垃圾分类堆放　　D. 堆放的土方洒水、覆盖

E. 地面硬化处理

4. 环境保护“三同时”制度是(　　)。

A. 同时投产使用　　B. 同时施工

C. 同时设计　　D. 同时验收

E. 同时评价

5. 环保法基本原则有(　　)。

A. 特事特办原则　　B. 污染者负担原则

C. 预防为主,防治结合原则　　D. 依靠法律原则

E. 环境保护同经济社会协调发展原则

项目十三 建设工程其他法律法规

知识目标 1. 了解建设工程标准法律制定范围；节能的产业政策；政府整体的消防政策；市政建设相关政策。

2. 熟悉建设工程强制性标准；建设单位、施工企业等相关主体违反标准法应承担的法律责任；建筑节能、施工节能的规定。

3. 掌握违反建筑节能标准违法行为应承担的法律责任；违反消防法应承担的法律责任；归档材料要求；反档案法的规定；建筑业征税范围的特殊规定；违反税法应承担的法律责任。

任务一 建设工程标准法律制定

一、建设工程标准法律制定相关知识

为加强工程建设国家标准的管理，促进技术进步，保证工程质量，保障人体健康和人身、财产安全，根据《中华人民共和国标准化法》（以下简称《标准化法》）《中华人民共和国标准化法实施条例》和国家有关工程建设的法律、行政法规，制定本办法。

（一）建设工程标准法律制定范围

对需要在全国范围内统一的下列技术要求，应当制定国家标准：①工程建设勘察、规划、设计、施工（包括安装）及验收等通用的质量要求；②工程建设通用的有关安全、卫生和环境保护的技术要求；③工程建设通用的术语、符号、代号、量与单位、建筑模数和制图方法；④工程建设通用的试验、检验和评定等方法；⑤工程建设通用的信息技术要求；⑥国家需要控制的其他工程建设通用的技术要求。

法律另有规定的，依照法律的规定执行。

（二）建设工程标准划分

国家标准分为强制性标准和推荐性标准。

下列标准属于强制性标准：①工程建设勘察、规划、设计、施工（包括安装）及验收等通用的综合标准和重要的通用的质量标准；②工程建设通用的有关安全、卫生和环境保护的标准；③工程建设通用的术语、符号、代号、量与单位、建筑模数和制图方法标准；④工程建设重要的通用的试验、检验和评定方法等标准；⑤工程建设重要的通用的信息技术标准；⑥国家需要控制的其他工程建设通用的标准。

强制性标准以外的标准是推荐性标准。

（三）建设工程国家标准计划的编号

国家标准的编号由国家标准代号、发布标准的顺序号和发布标准的年号组成，并应当符合下列统一格式。

（1）强制性国家标准的编号

```
GB   50 * * *— * *
—┬——  ——┬———  ┬——
└————┼—————┼——————————强制性国家标准的编号
└————┼———————————发布标准的顺序号
└——————————————发布标准的年号
```

（2）推荐性国家标准编号

```
GB/T   50 * * *   —   * *
—┬——  ——┬———  ——┬——
└————┼———————┼——————————推荐性国家标准的代号
└———————┼——————发布标准的顺序号
└————发布标准的年号
```

国家标准的出版由国务院工程建设行政主管部门负责组织。国家标准的出版印刷应当符合工程建设标准出版印刷的统一要求。

国家标准属于科技成果。对技术水平高、取得显著经济效益或社会效益的国家标准，应当纳入各级科学技术进步奖励范围，予以奖励。

（四）工程建设企业标准

《标准化法》规定，企业生产的产品没有国家标准和行业标准的，应当制定企业标准，作为组织生产的依据。已有国家标准或者行业标准的，国家鼓励企业制定严于国家标准或者行业标准的企业标准，在企业内部适用。

国务院《深化标准化工作改革方案》规定，放开搞活企业标准。企业根据需要自主制定、实施企业标准。鼓励企业制定高于国家标准、行业标准、地方标准，具有竞争力的企业标准。建立企业产品和服务标准自我声明公开和监督制度，逐步取消政府对企业产品标准的备案管理，落实企业标准化主体责任。鼓励标准化专业机构对企业公开的标准开展比对和评价，强化社会监督。

二、工程建设强制性标准实施的规定

(一)工程建设各方主体实施强制性标准的法律规定

《建筑法》和2000年1月颁布的《建设工程质量管理条例》规定,建设单位不得以任何理由,要求建筑设计单位或者建筑施工企业在工程设计或者施工作业中,违反法律、行政法规和建筑工程质量、安全标准,降低工程质量。

建设单位不得明示或者暗示设计单位或者施工单位违反工程建设强制性标准,降低建设工程质量。

建筑设计单位和建筑施工企业对建设单位违反规定提出的降低工程质量的要求,应当予以拒绝。

勘察、设计单位必须按照工程建设强制性标准进行勘察、设计,并对其勘察、设计的质量负责。勘察、设计文件应当符合有关法律、行政法规的规定和建筑工程质量、安全标准、建筑工程勘察、设计技术规范以及合同的约定。设计文件选用的建筑材料、建筑构配件和设备,应当注明其规格、型号、性能等技术指标,其质量要求必须符合国家规定的标准。

施工单位必须按照工程设计图纸和施工技术标准施工,不得擅自修改工程设计,不得偷工减料。

建筑工程监理应当依照法律、行政法规及有关的技术标准、设计文件和建筑工程承包合同,对承包单位在施工质量、建设工期和建设资金使用等方面,代表建设单位实施监督。工程监理人员认为工程施工不符合工程设计要求、施工技术标准和合同约定的,有权要求建筑施工企业改正。

工程监理人员发现工程设计不符合建筑工程质量标准或者合同约定的质量要求的,应当报告建设单位要求设计单位改正。

(二)工程建设标准强制性条文的实施

2015年1月住房和城乡建设部经修改后发布的《实施工程建设强制性标准监督规定》中规定,在中华人民共和国境内从事新建、扩建、改建等工程建设活动,必须执行工程建设强制性标准。工程建设强制性标准是指直接涉及工程质量、安全、卫生及环境保护等方面的工程建设标准强制性条文。国家工程建设标准强制性条文由国务院建设行政主管部门会同国务院有关行政主管部门确定。

三、对工程建设强制性标准的监督检查

建设项目规划审查机关应当对工程建设规划阶段执行强制性标准的情况实施监督;施工图设计文件审查单位应当对工程建设勘察、设计阶段执行强制性标准的情况实施监督;建筑安全监督管理机构应当对工程建设施工阶段执行施工安全强制性标准的情况实施监督;工程质量监督机构应当对工程建设施工、监理、验收等阶段执行强制性标准的情况实施监督。建设项目规划审查机关、施工设计图设计文件审查单位、建筑安全监督管理机构、工程质量监督机构的技术人员必须熟悉、掌握工程建设强制性标准。

四、工程建设标准违法行为应承担的主要法律责任

建设行政主管部门或者有关行政主管部门在处理重大事故时，应当有工程建设标准方面的专家参加；工程事故报告应当包含是否符合工程建设强制性标准的意见。工程建设标准批准部门应当将强制性标准监督检查结果在一定范围内公告。违法行为应承担的法律责任对于工程建设标准违法行为应承担的主要法律责任如下。

（一）建设单位违法行为应承担的法律责任

《建筑法》规定，建设单位违反本法规定，要求建筑设计单位或者建筑施工企业违反建筑工程质量、安全标准，降低工程质量的，责令改正，可以处以罚款；构成犯罪的，依法追究刑事责任。

《建设工程质量管理条例》规定，建设单位有下列行为之一的，责令改正，处20万元以上50万元以下的罚款：明示或者暗示设计单位或者施工单位违反工程建设强制性标准，降低工程质量的。

《实施工程建设强制性标准监督规定》中规定，建设单位有下列行为之一的，责令改正，并处以20万元以上50万元以下的罚款：①明示或者暗示施工单位使用不合格的建筑材料、建筑构配件和设备的；②明示或者暗示设计单位或者施工单位违反工程建设强制性标准，降低工程质量的。

（二）勘察、设计单位违法行为应承担的法律责任

《建筑法》规定，建筑设计单位不按照建筑工程质量、安全标准进行设计的，责令改正，处以罚款；造成工程质量事故的，责令停业整顿，降低资质等级或者吊销资质证书，没收违法所得，并处罚款；造成损失的，承担赔偿责任；构成犯罪的，依法追究刑事责任。

《建设工程质量管理条例》规定，有下列行为之一的，责令改正，处10万元以上30万元以下的罚款：①勘察单位未按照工程建设强制性标准进行勘察的；②设计单位未按照工程建设强制性标准进行设计的。有以上所列行为，造成工程质量事故的，责令停业整顿，降低资质等级；情节严重的，吊销资质证书；造成损失的，依法承担赔偿责任。

《实施工程建设强制性标准监督规定》中规定，勘察、设计单位违反工程建设强制性标准进行勘察、设计的，责令改正，并处以10万元以上30万元以下的罚款。有前款行为，造成工程质量事故的，责令停业整顿，降低资质等级；情节严重的，吊销资质证书；造成损失的，依法承担赔偿责任。

（三）施工企业违法行为应承担的法律责任

《建筑法》规定，建筑施工企业在施工中偷工减料的，使用不合格的建筑材料、建筑构配件和设备的，或者有其他不按照工程设计图纸或者施工技术标准施工的行为的，责令改正，处以罚款；情节严重的，责令停业整顿，降低资质等级或者吊销资质证书；造成建筑工程质量不符合规定的质量标准的，负责返工、修理，并赔偿因此造成的损失；构成犯罪的，依法追究刑事责任。

（四）工程监理单位违法行为应承担的法律责任

《实施工程建设强制性标准监督规定》规定，工程监理单位违反强制性标准规定，将

不合格的建设工程以及建筑材料、建筑构配件和设备按照合格签字的，责令改正，处50万元以上100万元以下的罚款，降低资质等级或者吊销资质证书；有违法所得的，予以没收；造成损失的，承担连带赔偿责任。

（五）相关主体的刑事责任

《建设工程质量管理条例》规定，建设单位、设计单位、施工单位、工程监理单位违反国家规定，降低工程质量标准，造成重大安全事故，构成犯罪的，对接责任人员依法追究刑事责任。

任务二　建筑节能及相关法律规定

《中华人民共和国节约能源法》（以下简称《节约能源法》）所称节约能源，是指加强用能管理，采取技术上可行、经济上合理以及环境和社会可以承受的措施，从能源生产到消费的各个环节，降低消耗、减少损失和污染物排放、制止浪费，有效、合理地利用能源。该法第四条明确规定："节约资源是我国的基本国策，国家实话节约与开发并举、把节约放在首位的能源发展战略"。根据我国国情和实现经济与社会可持续发展的要求，节能是我国的一项长期方针。

一、节约能源的规定

在工程建设领域，节约能源主要包括建筑节能和施工节能两个方面。建筑节能是解决建设项目建成后使用过程中的节能问题。2008年8月颁布的《民用建筑节能条例》规定，"民用建筑节能，是指在保证民用建筑使用功能和室内热环境质量的前提下，降低其使用过程中能源消耗的活动。"施工节能则是要解决施工过程中的节约能源问题，如《绿色施工导则》规定，"绿色施工是指工程建设中，在保证质量、安全等基本要求的前提下，通过科学管理和技术进步，最大限度地节约资源与减少对环境负面影响的施工活动，实现四节一环保（节能、节地、节水、节材和环境保护）。"

（一）合理使用与节约能源的一般规定

（1）节能的产业政策　2007年10月颁布的《节约能源法》规定，国家实行有利于节能和环境保护的产业政策，限制发展高耗能、高污染行业，发展节能环保型产业。

国家对落后的耗能过高的用能产品、设备和生产工艺实行淘汰制度。禁止使用国家明令淘汰的用能设备、生产工艺。国家鼓励企业制定严于国家标准、行业标准的企业节能标准。

（2）用能单位的法定义务　用能单位应当按照合理用能的原则，加强节能管理，制定并实施节能计划和节能技术措施，降低能源消耗。

用能单位应当建立节能目标责任制，对节能工作取得成绩的集体、个人给予奖励。用能单位应当定期开展节能教育和岗位节能培训。应当加强能源计量管理，按规定配备和使用经依法检定合格的能源计量器具。应当建立能源消费统计和能源利用状况分析制度，对各类能源的消费实行分类计量和统计，并确保能源消费统计数据真实、完整。

任何单位不得对能源消费实行包费制。

(3)循环经济的法律要求 循环经济是指在生产、流通和消费等过程中进行的减量化、再利用、资源化活动的总称。企业事业单位应当建立健全管理制度,采取措施,降低资源消耗,减少废物的产生量和排放量,提高废物的再利用和资源化水平。

国务院循环经济发展综合管理部门会同国务院环境保护等有关主管部门,定期发布鼓励、限制和淘汰的技术、工艺、设备、材料和产品名录。禁止生产、进口、销售列入淘汰名录的设备、材料和产品,禁止使用列入淘汰名录的技术、工艺、设备和材料。

(二)建筑节能的规定

《节约能源法》规定,国家实行固定资产投资项目节能评估和审查制度。不符合强制性节能标准的项目,依法负责项目审批或者核准的机关不得批准或者核准建设;建设单位不得开工建设;已经建成的,不得投入生产、使用。国家鼓励在新建建筑和既有建筑节能改造中使用新型墙体材料等节能建筑材料和节能设备,安装和使用太阳能等可再生能源利用系统。

建筑工程时建设、设计、施工和监理单位应当遵守建筑节能标准。

(1)采用太阳能、地热能等可再生能源。

(2)新建建筑节能的规定。国家推广使用民用建筑节能的新技术、新工艺、新材料和新设备,限制使用或者禁止使用能源消耗高的技术、工艺、材料和设备。国家限制进口或者禁止进口能源消耗高的技术、材料和设备。建设单位、设计单位、施工单位不得在建筑活动中使用列入禁止使用目录的技术、工艺、材料和设备。

(3)既有建筑节能的规定。既有建筑节能改造,是指对不符合民用建筑节能强制性标准的既有建筑的围护结构、供热系统、采暖制冷系统、照明设备和热水供应设施等实施节能改造的活动。实施既有建筑节能改造,应当符合民用建筑节能强制性标准,优先采用遮阳、改善通风等低成本改造措施。既有建筑围护结构的改造和供热系统的改造应当同步进行。

(三)施工节能的规定

《循环经济促进法》规定,建筑设计、建设、施工等单位应当按照国家有关规定和标准,对其设计、建设、施工的建筑物及构筑物采用节能、节水、节地、节材的技术工艺和小型、轻型、再生产品。有条件的地区,应当充分利用太阳能、地热能、风能等可再生能源。

(1)节材与材料资源利用。《循环经济促进法》规定,国家鼓励利用无毒无害的固体废物生产建筑材料,鼓励使用散装水泥,推广使用预拌混凝土和预拌砂浆。禁止损毁耕地烧砖。在国务院或者省、自治区、直辖市人民政府规定的期限和区域内,禁止生产、销售和使用黏土砖。

《绿色施工导则》进一步规定,图纸会审时,应审核节材与材料资源利用的相关内容,达到材料损耗率比定额损耗率降低30%;根据施工进度、库存情况等合理安排材料的采购、进场时间和批次,减少库存等。

此外,还分别就结构材料、围护材料、装饰装修材料、周转材料提出了明确要求。

(2)节水与水资源利用。《循环经济促进法》规定,国家鼓励和支持使用再生水。企业应当发展串联用水系统和循环用水系统，提高水的重复利用率。企业应当采用先进技术、工艺和设备，对生产过程中产生的废水进行再生利用。

《绿色施工导则》进一步对提高用水效率、非传统水源利用和安全用水作出规定。

1）提高用水效率。施工中采用先进的节水施工工艺。施工现场喷洒路面、绿化浇灌不宜使用市政自来水。施工现场供水管网应根据用水量设计布置，管径合理、管路简捷，采取有效措施减少管网和用水器具的漏损。施工现场建立可再利用水的收集处理系统，使水资源得到梯级循环利用。

2）非传统水源利用。优先采用中水搅拌、中水养护，有条件的地区和工程应收集雨水养护。力争施工中非传统水源和循环水的再利用量大于30%。

3）安全用水。在非传统水源和现场循环再利用水的使用过程中，应制定有效的水质检测与卫生保障措施，确保避免对人体健康、工程质量以及周围环境产生不良影响。

(3）节能与能源利用。《绿色施工导则》对节能措施，机械设备与机具，生产、生活及办公临时设施，施工用电及照明分别做出规定。

1）节能措施。制订合理施工能耗指标，提高施工能源利用率。

优先使用国家、行业推荐的节能、高效、环保的施工设备和机具，如选用变频技术的节能施工设备等。根据当地气候和自然资源条件，充分利用太阳能、地热等可再生能源。

2）机械设备与机具。建立施工机械设备管理制度，开展用电、用油计量，完善设备档案，及时做好维修保养工作，使机械设备保持低耗、高效的状态。选择功率与负载相匹配的施工机械设备，避免大功率施工机械设备低负载长时间运行。机电安装可采用节电型机械设备，如逆变式电焊机和能耗低、效率高的手持电动工具等，以利节电。机械设备宜使用节能型油料添加剂，在可能的情况下，考虑回收利用，节约油量。

3）施工用电及照明。临时用电优先选用节能电线和节能灯具，临电线路合理设计、布置，临电设备宜采用自动控制装置。采用声控、光控等节能照明灯具。照明设计以满足最低照度为原则，照度不应超过最低照度的20%。

(4）节地与施工用地保护。《绿色施工导则》对临时用地指标、临时用地保护等分别作出规定。

1）临时用地指标。根据施工规模及现场条件等因素合理确定临时设施。临时设施的占地面积应按用地指标所需的最低面积设计。要求平面布置合理、紧凑，在满足环境、职业健康与安全及文明施工要求的前提下尽可能减少废弃地和死角，临时设施占地面积有效利用率大于90%。

2）临时用地保护。应当对深基坑施工方案进行优化，减少土方开挖和回填量，最大限度地减少对土地的扰动，保护周边自然生态环境。对于施工周期较长的现场，可按建筑永久绿化的要求，安排场地新建绿化。

二、技术进步和激励措施的规定

(一) 节能技术进步

《节约能源法》规定，国家鼓励、支持节能科学技术的研究、开发、示范和推广，促进节能技术创新与进步。

(1)政府政策引导 《节约能源法》第六条国家鼓励、支持节能科学技术的研究和推广,加强节能宣传和教育,普及节能科学知识,增强全民的节能意识。

《民用建筑节能管理规定》第六条国务院建设行政主管部门根据建筑节能发展状况和技术先进、经济合理的原则,组织制定建筑节能相关标准,建立和完善建筑节能标准体系;省、自治区、直辖市人民政府建设行政主管部门应当严格执行国家民用建筑节能有关规定,可以制定严于国家民用建筑节能标准的地方标准或者实施细则。第八条鼓励发展建筑节能技术和产品。

国务院管理节能工作的部门会同国务院有关部门组织实施重大节能科研项目、节能示范项目、重点节能工程。

(2)政府资金扶持 《循环经济促进法》规定,国务院和省、自治区、直辖市人民政府设立发展循环经济的有关专项资金,支持循环经济的科技研究开发、循环经济技术和产品的示范与推广、重大循环经济项目的实施、发展循环经济的信息服务等。

国务院和省、自治区、直辖市人民政府及其有关部门应当将循环经济重大科技攻关项目的自主创新研究、应用示范和产业化发展列入国家或者省级科技发展规划和高技术产业发展规划,并安排财政性资金予以支持。利用财政性资金引进循环经济重大技术、装备的,应当制定消化、吸收和创新方案,报有关主管部门审批并由其监督实施;有关主管部门应当根据实际需要建立协调机制,对重大技术、装备的引进和消化、吸收、创新实行统筹协调,并给予资金支持。

(二)节能激励措施

按照《节约能源法》《循环经济促进法》的规定,主要有如下相关的节能激励措施。

(1)财政安排节能专项资金 中央财政和省级地方财政安排节能专项资金,支持节能技术研究开发、节能技术和产品的示范与推广、重点节能工程的实施、节能宣传培训、信息服务和表彰奖励等。国家通过财政补贴支持节能照明器具等节能产品的推广和使用。

(2)税收优惠 国家对生产、使用列入国务院管理节能工作的部门会同国务院有关部门制定并公布的节能技术、节能产品推广目录的需要支持的节能技术、节能产品,实行税收优惠等扶持政策。企业使用或者生产列入国家清洁生产、资源综合利用等鼓励名录的技术、工艺、设备或者产品的,按照国家有关规定享受税收优惠。

(3)信贷支持 国家引导金融机构增加对节能项目的信贷支持,为符合条件的节能技术研究开发、节能产品生产以及节能技术改造等项目提供优惠贷款。对符合国家产业政策的节能、节水、节地、节材、资源综合利用等项目,金融机构应当给予优先贷款等信贷支持,并积极提供配套金融服务。

(4)价格政策 国家实行有利于节能的价格政策,引导施工单位和个人节能。国家运用财税、价格等政策,支持推广电力需求侧管理、合同能源管理、节能自愿协议等节能办法。国家实行有利于资源节约和合理利用的价格政策,引导单位和个人节约和合理使用水、电、气等资源性产品。

(5)表彰奖励 各级人民政府对在节能管理、节能科学技术研究和推广应用中有显著成绩以及检举严重浪费能源行为的单位和个人,给予表彰和奖励。企业事业单位应当对在循环经济发展中做出突出贡献的集体和个人给予表彰和奖励。

三、违法行为应承担的责任

(一)违反建筑节能标准行为应承担的法律责任

《节约能源法》规定,设计单位、施工单位、监理单位违反建筑节能标准的,由建设主管部门责令改正,处10万元以上50万元以下罚款;情节严重的,由颁发资质证书的部门降低资质等级或者吊销资质证书;造成损失的,依法承担赔偿责任。

《民用建筑节能条例》规定,施工单位未按照民用建筑节能强制性标准进行施工的,由县级以上地方人民政府建设主管部门责令改正,处民用建筑项目合同价款2%以上4%以下的罚款;情节严重的,由颁发资质证书的部门责令停业整顿,降低资质等级或者吊销资质证书;造成损失的,依法承担赔偿责任。注册执业人员未执行民用建筑节能强制性标准的,由县级以上人民政府建设主管部门责令停止执业3个月以上1年以下;情节严重的,由颁发资格证书的部门吊销执业资格证书,5年内不予注册。

(二)使用黏土砖及其他施工节能违法行为应承担的法律责任

《循环经济促进法》规定,在国务院或者省、自治区、直辖市人民政府规定禁止生产、销售、使用黏土砖的期限或者区域内生产、销售或者使用黏土砖的,由县级以上地方人民政府指定的部门责令限期改正;有违法所得的,没收违法所得;逾期继续生产、销售的,由地方人民政府工商行政管理部门依法吊销营业执照。

《民用建筑节能条例》规定,施工单位有下列行为之一的,由县级以上地方人民政府建设主管部门责令改正,处10万元以上20万元以下的罚款;情节严重的,由颁发资质证书的部门责令停业整顿,降低资质等级或者吊销资质证书;造成损失的,依法承担赔偿责任。

(三)用能单位其他违法行为应承担的法律责任

《节约能源法》规定,用能单位未按照规定配备、使用能源计量器具的,由产品质量监督部门责令限期改正;逾期不改正的,处1万元以上5万元以下罚款。

瞒报、伪造、篡改能源统计资料或者编造虚假能源统计数据的,依照《中华人民共和国统计法》的规定处罚。

无偿向本单位职工提供能源或者对能源消费实行包费制的,由管理节能工作的部门责令限期改正;逾期不改正的,处5万元以上20万元以下罚款。

进口列入淘汰名录的设备、材料或者产品的,由海关责令退运,可以处10万元以上100万元以下的罚款。进口者不明的,由承运人承担退运责任,或者承担有关处置费用。

各地建设行政主管部门对不执行或擅自降低建筑节能设计标准的单位,要依据《中华人民共和国建筑法》《中华人民共和国节约能源法》《民用建筑节能管理规定》(建设部令第76号)《实施工程建设强制性标准监督规定》(建设部令第81号)等法律法规和规章的规定进行处罚。

(1)建设单位未取得施工许可证或者开工报告未经批准,擅自施工的,责令停止施工,限期改正,处工程合同价款1%以上2%以下的罚款。建设单位未组织竣工验收,擅自交付使用的；或验收不合格，擅自交付使用的；或对不合格的建设工程按照合格工程验收的；处工程合同价款2%以上4%以下的罚款；造成损失的，依法承担赔偿责任。

（2）设计单位指定建筑材料、建筑构配件的生产厂、供应商的；或未按照工程建设强制性标准进行设计的；责令改正，处10万元以上30万元以下的罚款；有上述行为造成重大工程质量事故的，责令停业整顿，降低资质等级；情节严重的，吊销资质证书；造成损失的，依法承担赔偿责任。

（3）施工图设计文件审查单位如不按照要求对施工图设计文件进行审查，一经查实将由建设行政主管部门对当事人和其所在单位进行批评和处罚，直至取消审查资格。

（4）施工单位在施工中偷工减料的，使用不合格的建筑材料、建筑构配件和设备的，或者有不按照工程设计图纸或者施工技术标准施工的其他行为的，责令改正，并处工程合同价款2%以上4%以下的罚款；造成建设工程质量不符合规定的质量标准的，负责返工、修理，并赔偿因此造成的损失；情节严重的，责令停业整顿，降低资质等级或者吊销资质证书。

（5）工程监理单位与建设单位或者施工单位串通，弄虚作假、降低工程质量的；或将不合格的建设工程、建筑材料、建筑构配件和设备按照合格签字的；责令改正，处50万元以上100万元以下的罚款，降低资质等级或者吊销资质证书；有违法所得的，予以没收；造成损失的，承担连带赔偿责任。

（6）注册建筑师、注册结构工程师、监理工程师等注册执业人员因过错造成质量事故的，责令停止执业1年；造成重大质量事故的，吊销执业资格证书，5年以内不予注册；情节特别恶劣的，终身不予注册。

任务三 消防法

《中华人民共和国消防法》是为了预防火灾和减少火灾危害，保护公民人身、公共财产和公民财产的安全，维护公共安全，保障社会主义现代化建设的顺利进行而制定的。于1998年4月29日由中华人民共和国第九届全国人民代表大会常务委员会第二次会议通过，自1998年9月1日起施行。

消防工作贯彻预防为主、防消结合的方针，坚持专门机关与群众相结合的原则，实行防火安全责任制。

一、消防政策

1. 全民消防义务

任何单位、个人都有维护消防安全、保护消防设施、预防火灾、报告火警的义务。任何单位、成年公民都有参加有组织的灭火工作的义务。

任何单位、个人不得损坏或者擅自挪用、拆除、停用消防设施、器材，不得埋压、圈占消火栓，不得占用防火间距，不得堵塞消防通道。

任何人发现火灾时，都应当立即报警。任何单位、个人都应当无偿为报警提供便利，不得阻拦报警。严禁谎报火警。

2. 各机构的消防义务

(1)政府机构的义务　城市人民政府应当将包括消防安全布局、消防站、消防供水、消防通信、消防车通道、消防装备等内容的消防规划纳入城市总体规划,并负责组织有关主管部门实施。在农业收获季节、森林和草原防火期间、重大节假日期间以及火灾多发季节,地方各级人民政府应当组织开展有针对性的消防宣传教育,采取防火措施,进行消防安全检查。

各级人民政府应当经常进行消防宣传教育,提高公民的消防意识。教育、劳动等行政主管部门应当将消防知识纳入教学、培训内容。新闻、出版、广播、电影、电视等有关主管部门,有进行消防安全宣传教育的义务。

(2)公安消防机构的义务　建设单位应当将建筑工程的消防设计图纸及有关资料报送公安消防机审核;未经审核或者经审核不合格的,建设行政主管部门不得发给施工许可证,建设单位不得施工。

经公安消防机构审核的建筑工程消防设计需要变更的,应当报经原审核的公安消防机构核准;未经核准的,任何单位、个人不得变更。

按照国家工程建筑消防技术标准进行消防设计的建筑工程竣工时,必须经公安消防机构进行消防验收;未经验收或者经验收不合格的,不得投入使用。

(3)生产易燃易爆危险物品的单位　生产易燃易爆危险物品的单位,对产品应当附有燃点、闪点、爆炸极限等数据的说明书,并且注明防火防爆注意事项。对独立包装的易燃易爆危险物品应当贴附危险品标签。

(4)其他　进行电焊、气焊等具有火灾危险的作业的人员和自动消防系统的操作人员,必须持证上岗,并严格遵守消防安全操作规程。

公安消防机构在统一组织和指挥火灾的现场扑救时,火场总指挥员有权根据扑救火灾的需要,决定下列事项:划定警戒区,实行局部交通利用邻近建筑物和有关设施;拆除或者破损毗邻火场的建筑物、构筑物;调动供水、供电、医疗救护、交通运输等有关单位协助灭火救助。

扑救特大火灾时,有关地方人民政府应当组织有关人员、调集所需物资支援灭火。公用和城建等单位在修建道路以及停电、停水、截断通信线路时有可能影响消防队灭火救援的,必须事先通知当地公安消防机构。

3. 各场所的消防规定

(1)生产、储存和装卸易燃易爆危险物品的工厂、仓库和专用车站、码头,必须设置在城市的边缘或者相对独立的安全地带。

(2)公共场所室内装修、装饰根据国家工程建筑消防技术标准的规定,应当使用不燃、难燃材料的,必须选用依照产品质量法的规定确定的检验机构检验合格的材料。

(3)歌舞厅、影剧院、宾馆、饭店、商场、集贸市场等公众聚集的场所,在使用或者开业前,应当向当地公安消防机构申报,经消防安全检查合格后,方可使用或者开业。

(4)举办大型集会、焰火晚会、灯会等群众性活动,具有火灾危险的,主办单位应当制定灭火和应急疏散预案,落实消防安全措施,并向公安消防机构申报,经公安消防机构对活动现场进行消防安全检查合格后,方可举办。

(5)在设有车间或者仓库的建筑物内,已经设置员工集体宿舍的,应当限期加以解决。对于暂时确有困难的,应当采取必要的消防安全措施,经公安消防机构批准后,可以继续使用。

(6)进入生产、储存易燃易爆危险物品的场所,必须执行国家有关消防安全的规定。禁止携带火种进入生产、储存易燃易爆危险物品的场所。因特殊情况需要使用明火作业的,应按照规定事先办理审批手续。作业人员应当遵守消防安全规定,并采取相应的消防安全措施。

4. 消防设施规定

消防产品的质量必须符合国家标准或者行业标准。禁止生产、销售或者使用未经依照产品质量法的规定确定的检验机构检验合格的消防产品。

禁止使用不符合国家标准或者行业标准的配件或者灭火剂维修消防设施和器材。

二、消防工作激励措施的规定

《中华人民共和国消防法》第七条对在消防工作中有突出贡献或者成绩显著的单位和个人,应当予以奖励。

《消防工作激励措施的规定》中对在消防工作中有突出贡献和成绩显著的单位和个人,要给予表彰奖励和晋级,提职。

三、违反消防法应承担的法律责任

根据《中华人民共和国消防法》第四十条的规定,违反本法有下列行为之一的,责令限期改正;逾期不改正的,责令停止施工、停止使用或者停产停业,可以并处罚款:①建筑工程的消防设计未经公安消防机构审核或者经审核不合格,擅自施工的;②依法应当进行消防设计的建筑工程竣工时未经消防验收或者经验收不合格,擅自使用的;③公众聚集的场所未经消防安全检查或者经检查不合格,擅自使用或者开业的。

单位有前款行为的,依照前款的规定处罚,并对其直接负责的主管人员和其他直接责任人员处警告或者罚款。

(1)聚集性活动的违法规定　违反本法的规定,擅自举办大型集会、焰火晚会、灯会等群众性活动,具有火灾危险的,公安消防机构应当责令当场改正;当场不能改正的,应当责令停止举办,可以并处罚款。单位有此款行为的,依照此款的规定处罚,并对其直接负责的主管人员和其他直接责任人员处警告或者罚款。

(2)建筑材料的违法规定　违反本法的规定,擅自降低消防技术标准施工、使用防火性能不符合国家标准或者行业标准的建筑构件和建筑材料或者不合格的装修、装饰材料施工的,责令限期改正;逾期不改正的,责令停止施工,可以并处罚款。单位有此款行为的,依照此款的规定处罚,并对其直接负责的主管人员和其他直接责任人员处警告或者罚款。

(3)机关、团体、企业、事业单位违法的规定　机关、团体、企业、事业单位违法的规定未履行消防安全职责的,责令限期改正;逾期不改正的,对其直接负责的主管人员和其他直接责任人员依法给予行政处分或者处警告。

(4)营业性场所违法的规定　营业性场所有下列行为之一的，责令限期改正；逾期不改正的，责令停产停业，可以并处罚款，并对其直接负责的主管人员和其他直接责任人员处罚款。

(5)消防产品的违法的规定　生产、销售未经依照产品质量法的规定确定的检验机构检验合格的消防产品的，责令停止违法行为，没收产品和违法所得，依照产品质量法的规定从重处罚。

电器产品、燃气用具的安装或者线路、管路的敷设不符合消防安全技术规定的，责令限期改正；逾期不改正的，责令停止使用。

(6)公共场所的现场工作人员违法的规定　公共场所发生火灾时，该公共场所的现场工作人员不履行组织、引导在场群众疏散的义务，造成人身伤亡，尚不构成犯罪的，处十五日以下拘留。

火灾扑灭后，为隐瞒、掩饰起火原因、推卸责任，故意破坏现场或者伪造现场，尚不构成犯罪的，处警告、罚款或者十五日以下拘留。

单位有此款行为的，处警告或者罚款，并对其直接负责的主管人员和其他直接责任人员依照规定处罚。

(7)公安消防机构的工作人员违法的规定　公安消防机构的工作人员在消防工作中滥用职权、玩忽职守、徇私舞弊，有下列行为之一，给国家和人民利益造成损失，尚不构成犯罪的，依法给予行政处分。

任务四　市政建设法律规定

市政建设是城市经济和社会发展的载体，它直接关系到社会公共利益，关系到人民群众生活质量，关系到城市经济和社会的可持续发展。

一、市政建设相关政策

(一)多元化的经营、投资方式

鼓励社会资金、外国资本采取独资、合资、合作等多种形式，参与市政公用设施的建设，形成多元化的投资结构。对供水、供气、供热、污水处理、垃圾处理等经营性市政公用设施的建设，应公开向社会招标选择投资主体。

市政公用行业的工程设计、施工和监理、设备生产和供应等必须从主业中剥离出来，纳入建设市场统一管理，实行公开招标和投标。

(二)特许经营权制度的实施

建立市政公用行业特许经营制度市政公用行业特许经营制度是指在市政公用行业中，由政府授予企业在一定时间和范围对某项市政公用产品或服务进行经营的权利，即特许经营权。政府通过合同协议或其他方式明确政府与获得特许权的企业之间的权利和义务。

市政公用行业实行特许经营的范围包括：城市供水、供气、供热、污水处理、垃圾处理及公共交通等直接关系社会公共利益和涉及有限公共资源配置的行业。

实施特许经营权制度应包括已经从事这些行业经营活动的企业和新设立企业、在建项目和新建项目。

(1)特许经营权的获得实施特许经营,应该通过规定的程序公开向社会招标选择投资者和经营者。

(2)申请特许经营权的企业应该具备的条件:依法注册的企业法人资格;与所申请的经营内容相应的条件:良好的银行资信和财务状况;与其业务规模相适应的偿债能力;具有可行的经营方案等以及政府规定的其他必要条件。

(3)特许经营合同应该包括以下基本内容:经营的内容、范围及有效期限;产品和服务的质量标准;价格或收费的确定方法和标准;资产的管理制度;双方的权利和义务;履约担保;经营权的终止和变更;监督机制;违约责任。

(4)特许经营权的变更与终止在合同期限内,若特许经营的内容发生变更,合同双方必须在共同协商的基础上签订相关的补充协议。

(三)城市道路的管理规定

(1)未经市政工程行政主管部门和公安交通管理部门批准,任何单位或者个人不得占用或者挖掘城市道路。

(2)因特殊情况需要临时占用城市道路的,须经市政工程行政主管部门和公安交通管理部门批准,方可照规定占用。经批准临时占用城市道路的,不得损坏城市道路;占用期满后,应当及时清理占用现场,恢复城市道路原状。损坏城市道路的,应当修复或者给予赔偿。

(四)城市绿地的规定

(1)任何单位和个人都不得擅自改变城市绿化规划用地性质或者破坏绿化规划用地的地形、地貌、水体和植被。

(2)任何单位和个人都不得擅自占用城市绿化用地。占用的城市绿化用地的,应当限期归还因建设或者其他特殊需要临时占用城市绿化用地的,须经城市人民政府城市绿化行政主管部门同意,并按照有关规定,办理临时用地手续。

(五)保护城市的树木花草和绿化设施的规定

任何单位和个人都不得损坏城市树木、花草和绿化设施砍伐城市树木,必须经城市人民政府城市绿化行政主管部门批准,并按照国家有关规定补植树木或者采取其他补救措施对一些年代久远的古树,移植后难以成活,一般采取保护或安置一个景点。

(六)施工中节材、节水、节能的规定

根据建筑物的实际特点,优选屋面或外墙的保温隔热材料系统和施工方式,例如保温板粘贴、保温板干挂、聚氨酯硬泡喷涂、保温浆料涂抹等,以保证保温隔热效果,并减少材料浪费加强保温隔热系统与围护结构的节点处理,尽量降低热桥效应。针对建筑物的不同部位保温隔热要求,选用不同的保温隔热材料及系统,以做到经济适用。

(七)装饰装修材料的规定

(1)贴面类材料在施工前,应进行总体排版策划,减少非整块材的数量。

(2)采用非木质的新材料或人造板材代替木质板材。

(3)防水卷材、壁纸、油漆及各类涂料基层必须符合要求,避免起皮、脱落。各类油漆及黏结剂应随用随开启,不用时及时封闭。

(4)幕墙及各类预留预埋应与结构施工同步。

(5)木制品及木装饰用料、玻璃等各类板材等宜在工厂采购或定制。

(6)采用自黏类片材,减少现场液态黏结剂的使用量。

二、市政公用工程范围

市政公用工程范围市政公用工程范围包括城镇道路工程、城市燃气工程、城市桥梁工程、城市供水工程、城市排水工程、城市供热工程、城市地下交通工程、城市公共广场工程、生活垃圾处理工程、交通安全设施工程、机电设备安装工程、轻轨交通工程、园林绿化工程等。

(一)城镇道路工程

城镇道路工程的术语来自《中华人民共和国工程建设标准体系——城乡规划、城镇建设、房屋建筑部分》和《城镇道路工程技术标准》。城镇道路工程包括城市快速路、城市环路、城市主干路、次干路的建设、养护与维修工程。

(二)城市桥梁工程

城市桥梁工程术语来自《中华人民共和国工程建设标准体系——城乡规划、城镇建设、房屋建筑部分》和《城市桥梁设计规范》。城市桥梁工程包括立交桥、跨线桥、人行天桥、地下人行通道的建设、养护与维修工程。

(三)城市供水工程

城市供水工程术语来自《中华人民共和国工程建设标准体系——城乡规划、城镇建设、房屋建筑部分》和《城镇供水场运行、维护及其安全技术规程》。城市(镇)供水工程(含中水工程)包括水源取水设施、水处理厂(含水池、泵房及附属设施)和供水管道(含加压站、闸井)的建设与维修工程。

(四)城市排水工程

城市排水工程术语来自《中华人民共和国工程建设标准体系——城乡规划、城镇建设、房屋建筑部分》和《城镇给水排水工程专用标准》。城市排水工程包括水处理厂(含水池、泵房及附属设施)、城市排洪、排水管道(含检查井)的建设与维修工程。

(五)城市供热工程

城市供热工程术语来自《中华人民共和国工程建设标准体系——城乡规划、城镇建设、房屋建筑部分》和《城镇供热管网工程施工及验收规范》。城市供热工程包括热源、管道及其附属设施(含储备场站)的建设与维修工程,不包括采暖工程。

(六)城市燃气工程

城市燃气工程术语来自《中华人民共和国工程建设标准体系——城乡规划、城镇建设、房屋建筑部分》和《城镇燃气输配工程施工及验收规范》。城市燃气工程包括气源、管道及其附属设施(含调压站、混气站、气化站、压缩天然气站、汽车加气站)的建设与维修工程,但不包括长输管线工程。

(七)城市地下交通工程

城市地下交通工程术语来自《中华人民共和国工程建设标准体系——城乡规划、城镇建设、房屋建筑部分》和《地下铁道工程施工及验收规范》。城市地下交通工程包括地下铁道工程(含地下车站、区间隧道、地铁车厂与维修基地)、地下过街通道、地下停车场的建设与维修工程。

(八)城市公共广场工程

城市公共广场工程术语来自《中华人民共和国工程建设标准体系——城乡规划、城镇建设、房屋建筑部分》和《城市公共交通站、场、厂设计规范》。城市公共广场工程包括城市公共广场、地面停车场、人行广场和体育场的建设与维修工程。

(九)生活垃圾处理工程

生活垃圾处理工程术语来自《中华人民共和国工程建设标准体系——城乡规划、城镇建设、房屋建筑部分》和《城市生活垃圾卫生填埋技术规范》。生活垃圾处理工程包括城市垃圾填埋场、焚烧厂及其附属设施的建设与维修工程。

(十)交通安全设施工程

交通安全设施工程术语来自《中华人民共和国工程建设标准体系——城乡规划、城镇建设、房屋建筑部分》。交通安全设施工程包括城市交通工程中的隔离、防撞设施、隔音、消音设施的建设与维修工程。根据行业意见,将此部分与土建工程分开单列。

(十一)机电设备安装工程

机电设备安装工程术语来自《中华人民共和国工程建设标准体系——城乡规划、城镇建设、房屋建筑部分》。机电设备安装工程指市政公用工程的场(厂)站的机电系统,含机械设备(施)、电器、自控等系统的建设与维修工程。根据行业意见,与其专业场(厂)站土建工程分开单列。

(十二)轻轨交通工程

轻轨交通工程术语来自《中华人民共和国工程建设标准体系——城乡规划、城镇建设、房屋建筑部分》和《轻轨交通工程施工及验收规程》。轻轨交通工程通常与地下铁道工程统称为城市轨道交通工程,考虑到轻轨交通工程的线下工程与城市桥梁工程类似,有别于地下铁道工程,根据行业意见单列。

(十三)园林绿化工程

园林绿化工程术语来自《中华人民共和国工程建设标准体系——城乡规划、城镇建设、房屋建筑部分》和《城市绿化工程施工与验收规范》。按照建设部城建司意见,将楼房、古建筑列入建筑工程专业范围,将园林绿化工程纳入市政公用工程专业。

三、市政工程建设相关法律法规

(一)《中华人民共和国政府采购法》

1. 政府采购的法律规定

政府采购当事人是指在政府采购活动中享有权利和承担义务的各类主体,包括采购人、供应商和采购代理机构等。采购人是指依法进行政府采购的国家机关、事业单位、团体组织。供应商是指向采购人提供货物、工程或者服务的法人、其他组织或者自然人。

政府采购当事人不得相互串通损害国家利益、社会公共利益和其他当事人的合法权益;不得以任何手段排斥其他供应商参与竞争。供应商不得以向采购人、采购代理机构、评标委员会的组成人员、竞争性谈判小组的组成人员、询价小组的组成人员行贿或者采取其他不正当手段谋取中标或者成交。采购代理机构不得以向采购人行贿或者采取其他不正当手段谋取非法利益。

2. 政府采购方式

政府采购方式有公开招标、邀请招标、竞争性谈判、单一来源采购、询价。国务院政府采购监督管理部门认定的其他采购方式。公开招标应作为政府采购的主要采购方式。

3. 政府采购类型及程序

采用竞争性谈判方式采购的,应当遵循下列程序:成立谈判小组;制定谈判文件;确定邀请参加谈判的供应商名单;谈判;确定成交供应商。采取单一来源方式采购的,采购人与供应商应当遵循本法规定的原则,在保证采购项目质量和双方商定合理价格的基础上进行采购。

采取询价方式采购的,应当遵循下列程序:成立询价小组;确定被询价的供应商名单;询价;确定成交供应商;质疑与投诉。政府采购监督管理部门应当在收到投诉后三十个工作日内,对投诉事项做出处理决定,并以书面形式通知投诉人和与投诉事项有关的当事人。

政府采购监督管理部门在处理投诉事项期间,可以视具体情况书面通知采购人暂停采购活动,但暂停时间最长不得超过三十日。

投诉人对政府采购监督管理部门的投诉处理决定不服或者政府采购监督管理部门逾期未作处理的,可以依法申请行政复议或者向人民法院提起行政诉讼。

4. 法律责任

采购人、采购代理机构若出现擅自提高采购标准,委托不具备政府采购业务代理资格的机构办理采购事务等违法现象,应责令限期改正,给予警告,可以并处罚款,对直接负责的主管人员和其他直接责任人员,由其行政主管部门或者有关机关给予处分,并予通报。

采购人、采购代理机构及其工作人员有与采购代理机构恶意串通的;开标前泄露标底等情况,构成犯罪的,依法追究刑事责任;尚不构成犯罪的,处以罚款,有违法所得的,并处没收违法所得,属于国家机关工作人员的,依法给予行政处分。

有前两条违法行为之一影响中标、成交结果或者可能影响中标、成交结果的,按下列情况分别处理:

(1)未确定中标、成交供应商的,终止采购活动。

(2)中标、成交供应商已经确定但采购合同尚未履行的,撤销合同,从合格的中标、成交候选人中另行确定中标、成交供应商。

(3)采购合同已经履行的,给采购人、供应商造成损失的,由责任人承担赔偿责任。

供应商若提供虚假材料谋取中标、成交的;采取不正当手段诋毁、排挤其他供应商的;与采购人、其他供应商或者采购代理机构恶意串通等,有以上情形的,处以采购金额千分之五以上千分之十以下的罚款,列入不良行为记录名单,在一至三年内禁止参加政府采购活动,有违法所得的,并处没收违法所得,情节严重的,由工商行政管理机关吊销营业执照;构成犯罪的,依法追究刑事责任。

采购代理机构在代理政府采购业务中有违法行为的,按照有关法律规定处以罚款,可以依法取消其进行相关业务的资格,构成犯罪的,依法追究刑事责任。

政府采购监督管理部门的工作人员在实施监督检查中违反本法规定滥用职权,玩忽职守,徇私舞弊的,依法给予行政处分;构成犯罪的,依法追究刑事责任。

任何单位或者个人阻挠和限制供应商进入本地区或者本行业政府采购市场的,责令限期改正;拒不改正的,由该单位、个人的上级行政主管部门或者有关机关给予单位责任人或者个人处分。

(二)《房屋建筑和市政基础设施工程质量监督管理规定》

(1)目的　为了加强房屋建筑和市政基础设施工程质量的监督,保护人民生命和财产安全,规范住房和城乡建设主管部门及工程质量监督机构(以下简称主管部门)的质量监督行为,根据《中华人民共和国建筑法》《建设工程质量管理条例》等有关法律、行政法规,制定本规定。

(2)相关规定　本规定所称工程质量监督管理,是指主管部门依据有关法律法规和工程建设强制性标准,对工程实体质量和工程建设、勘察、设计、施工、监理单位(以下简称工程质量责任主体)和质量检测等单位的工程质量行为实施监督。

本规定所称工程实体质量监督,是指主管部门对涉及工程主体结构安全、主要使用功能的工程实体质量情况实施监督。

本规定所称工程质量行为监督,是指主管部门对工程质量责任主体和质量检测等单位履行法定质量责任和义务的情况实施监督。

工程质量监督管理应当包括下列内容:①执行法律法规和工程建设强制性标准的情况;②抽查涉及工程主体结构安全和主要使用功能的工程实体质量;③抽查工程质量责任主体和质量检测等单位的工程质量行为;④抽查主要建筑材料、建筑构配件的质量;⑤对工程竣工验收进行监督;⑥组织或者参与工程质量事故的调查处理;⑦定期对本地区工程质量状况进行统计分析;⑧依法对违法违规行为实施处罚。

县级以上地方人民政府建设主管部门应当根据本地区的工程质量状况,逐步建立工程质量信用档案。县级以上地方人民政府建设主管部门应当将工程质量监督中发现的涉及主体结构安全和主要使用功能的工程质量问题及整改情况,及时向社会公布。省、自治区、直辖市人民政府建设主管部门应当按照国家有关规定,对本行政区域内监督机构每三年进行一次考核。监督机构经考核合格后,方可依法对工程实施质量监督,并对工程质量监督承担监督责任。

监督人员符合条件经考核合格后，方可从事工程质量监督工作。

监督机构可以聘请中级职称以上的工程类专业技术人员协助实施工程质量监督。

省、自治区、直辖市人民政府建设主管部门应当每两年对监督人员进行一次岗位考核，每年进行一次法律法规、业务知识培训，并适时组织开展继续教育培训。

国务院住房和城乡建设主管部门对监督机构和监督人员的考核情况进行监督抽查。

四、违法处理

主管部门工作人员玩忽职守、滥用职权、徇私舞弊，构成犯罪的，依法追究刑事责任；尚不构成犯罪的，依法给予行政处分。

任务五　档案法

为了加强城市建设档案管理，充分发挥城建档案在城市规划、建设、管理中的作用，根据《中华人民共和国档案法》《科学技术档案工作条例》等，制定了《城市建设档案管理规定》。本规定适用于城市内(包括城市各类开发区)的城建档案的管理。

城建档案是指在城市规划、建设及其管理活动中直接形成的对国家和社会具有保存价值的文字、图纸、图表、声像等各种载体的文件材料。

重点管理工作：①各类城市建设工程档案；②工业、民用建筑工程；③市政基础设施工程；④公用基础设施工程；⑤交通基础设施工程；⑥园林建设、风景名胜建设工程；⑦市容环境卫生设施建设工程；⑧城市防洪、抗震、人防工程；⑨军事工程档案资料中，除军事禁区和军事管理区以外的穿越市区的地下管线走向和有关隐蔽工程的位置图。

建设系统各专业管理部门(包括城市规划、勘测、设计、施工、监理、园林、风景名胜、环卫、市政、公用、房地产管理、人防等部门)形成的业务管理和业务技术档案。

一、建设工程中档案管理规定

(一)建设单位档案管理工作

建设单位应当在工程竣工验收后三个月内，向城建档案馆报送一套符合规定的建设工程档案。凡建设工程档案不齐全的，应当限期补充。

停建、缓建工程的档案，暂由建设单位保管。

建设单位在取得工程档案认可文件后，方可组织工程竣工验收。

建设单位在申请领取建设工程规划许可证前，应当到城建档案管理机构查询施工地段的地下管线工程档案，取得该施工地段地下管线现状资料。

建设单位在申请领取建设工程规划许可证时，应当向规划主管部门报送地下管线现状资料。

地下管线工程竣工验收前，建设单位应当提请城建档案管理机构对地下管线工程档案进行专项预验收。

(二)施工单位档案管理工作

施工单位在地下管线工程施工前应当取得施工地段地下管线现状资料；施工中发现

未建档的管线,应当及时通过建设单位向当地县级以上人民政府建设主管部门或者规划主管部门报告。

(三)城建档案馆档案管理工作

城建档案馆对接收的档案应当及时登记、整理,编制检索工具。做好档案的保管、保护工作,对破损或者变质的档案应当及时抢救。特别重要的城建档案应当采取有效措施,确保其安全无损。

城建档案馆应当积极开发档案信息资源,并按照国家的有关规定,向社会提供服务。

在建设单位办理地下管线工程施工许可手续时,城建档案管理机构应当将工程竣工后需移交的工程档案内容和要求告知建设单位。

城建档案管理机构应当建立、健全科学的管理制度,依法做好地下管线工程档案的接收、整理、鉴定、统计、保管、利用和保密工作。

城建档案管理机构应当建立地下管线工程档案资料的使用制度,积极开发地下管线工程档案资源,为城市规划、建设和管理提供服务。

(四)建设行政主管部门档案管理工作

建设行政主管部门在办理竣工验收备案时,应当查验工程档案认可文件。

建设行政主管部门对在城建档案工作中做出显著成绩的单位和个人,应当给予表彰和奖励。

(五)地下管线专业管理单位档案管理工作

城市供水、排水、燃气、热力、电力、电讯等地下管线专业管理单位(以下简称下管线专业管理单位)应当及时向城建档案管理机构移交地下专业管线图。

城市地下管线普查和补测补绘形成的地下管线档案应当在普查、测绘结束后三个月内接收进馆。地下管线专业管理单位每年应当向城建档案馆报送更改、报废、漏测部分的管线现状图和资料。

地下管线专业管理单位应当将更改、报废、漏测部分的地下管线工程档案,及时修改补充到本单位的地下管线专业图上,并将修改补充的地下管线专业图及有关资料向城建档案管理机构移交。

二、城市房地产权属档案管理办法制定

为了加强城市房地产权属档案管理,保障房地产权利人的合法权益,有效保护和利用城市房地产权属档案,根据《中华人民共和国城市房地产管理法》《中华人民共和国档案法》、

房地产权属档案是城市房地产权属登记管理工作的真实记录和重要依据,是城市建设档案的组成部分。

(一)分管办法

国务院建设行政主管部门负责全国城市房地产权属档案管理工作。省、自治区人民政府建设行政主管部门负责本行政区域内的房地产权属档案的管理工作。直辖市、市、县人民政府房地产行政主管部门负责本行政区域内的房地产权属档案的管理工作。房地产

权属档案管理业务上受同级城市建设档案管理部门的监督和指导。

从事房地产权属档案管理的工作人员经过业务培训后，方可上岗。

（二）房地产权属档案的归档范围

（1）房地产权利人、房地产权属登记确权、房地产权属转移及变更、设定他项权利等有关的证明和文件。

（2）房地产权利人（自然人或法人）的身份（资格）证明、法人代理人的身份证明、授权委托书等。

（3）建设工程规划许可证、建设用地规划许可证、土地使用权证书或者土地来源证明、房屋拆迁批件及补偿安置协议书、联建或者统建合同、翻改扩建及固定资产投资批准文件、房屋竣工验收有关材料等。

（4）房地产买卖合同书、房产继承书、房产赠予书、房产析产协议书、房产交换协议书、房地产调拨凭证、有关房产转移的上级批件，有关房产的判决、裁定、仲裁文书及公证文书等。

（5）设定房地产他项权利的有关合同、文件等。房屋及其所占用的土地使用权权属界定位置图；房地产分幅平面图、分丘平面图、分层分户平面图等。房地产产权登记工作中形成的各种文件材料等。反映和记载房地产权属状况的信息资料等。其他有关房地产权属的文件材料等。

（三）归档材料要求

每件（宗）房地产权属登记工作完成后，权属登记人员应当及时将整理好的权属文件材料，经权属登记负责人审查后，送交房地产权属档案管理机构立卷归档。任何单位和个人都不得将房地产权属文件材料据为己有或者拒不归档。国家规定不得归档的材料，禁止归档。

归档的有关房地产权属的材料，应当是原件；原件已存城市建设档案馆或者经房地产管理部门批准认定的，可以是复印件、复制件。复印件、复制件应当由经办人与原件校对、签章，并注明校对日期及原件的存放处。

（四）房地产权属档案管理机构的职责

房地产权属档案管理机构应当与城市建设档案管理机构密切联系，加强信息沟通，逐步实现档案信息共享。

房地产权属档案管理机构应当充分利用现有的房地产权属档案，及时为房地产权属登记、房地产交易、房地产纠纷仲裁、物业管理、房屋拆迁、住房制度改革、城市规划、城市建设等各项工作提供服务。

向社会提供利用房地产权属档案，可以按照国家有关规定，实行有偿服务。

三、反档案法的规定

违反本规定有下列行为之一的，由建设行政主管部门对直接负责的主管人员或者其他直接责任人员依法给予行政处分；构成犯罪的，由司法机关依法追究刑事责任：①无故延期或者不按照规定归档、报送的；②涂改、伪造档案的；③档案工作人员玩忽职守，造成档案损失的。

建设工程竣工验收后,建设单位未按照本规定移交建设工程档案的,依照《建设工程质量管理条例》的规定处罚。

(1)建设单位　建设单位违反本办法规定,未移交地下管线工程档案的,由建设主管部门责令改正,处1万元以上10万元以下的罚款;对单位直接负责的主管人员和其他直接责任人员,处单位罚款数额5%以上10%以下的罚款;因建设单位未移交地下管线工程档案,造成施工单位在施工中损坏地下管线的,建设单位依法承担相应的责任。

(2)施工单位　施工单位未按照规定查询和取得施工地段的地下管线资料而擅自组织施工,损坏地下管线给他人造成损失的,依法承担赔偿责任

(3)工程测量单位　工程测量单位未按照规定提供准确的地下管线测量成果,致使施工时损坏地下管线给他人造成损失的,依法承担赔偿责任。

(4)地下管线专业管理单位　地下管线专业管理单位违反本办法规定,未移交地下管线工程档案的,由建设主管部门责令改正,处1万元以下的罚款;因地下管线专业管理单位未移交地下管线工程档案,造成施工单位在施工中损坏地下管线的,地下管线专业管理单位依法承担相应的责任。

(5)城建档案管理机构　城建档案管理机构因保管不善,致使档案丢失,或者因汇总管线信息资料错误致使在施工中造成损失的,依法承担赔偿责任;对有关责任人员,依法给予行政处分。

(6)房地产权属档案管理工作人员　有下列行为之一的,由县级以上人民政府房地产行政主管部门对直接负责的主管人员或者其他直接责任人员依法给予行政处分;构成犯罪的,依法追究刑事责任:①损毁、丢失房地产权属档案的;②擅自提供、抄录、公布、销毁房地产权属档案的;③涂改、伪造房地产权属档案的;④擅自出卖或者转让房地产权属档案的;⑤违反本办法第九条规定,不按照规定归档的;⑥档案管理工作人员玩忽职守,造成房地产权属档案损失的。

违反《中华人民共和国档案法》《中华人民共和国档案法实施办法》以及本办法的规定,造成房地产权属档案损失的,由县级以上人民政府房地产行政主管部门根据损失档案的价值,责令赔偿损失。

有下列行为之一的,按照有关法律法规的规定处罚:①在利用房地产权属档案的过程中,损毁、丢失、涂改、伪造房地产权属档案或者擅自提供、抄录、公布、销毁房地产权属档案的;②企事业组织或者个人擅自出卖或者转让房地产权属档案的。

任务六　劳动法

为了保护劳动者的合法权益,调整劳动关系,建立和维护适应社会主义市场经济的劳动制度,促进经济发展和社会进步,根据宪法,制定了《中华人民共和国劳动法》(以下简称《劳动法》)。劳动法作为宪法统帅下的一个独立的法律部门,对于维护社会主义市场经济条件下劳动者的合法权益,协调社会主义劳动关系,稳定国家政局均发挥着十分重要的作用。

《劳动法》并没有直接对建设工程做出明确规定，但建设工程中涉及劳动关系、劳动保护，以及用人单位与劳动者之间的权利与义务，都必须按照《劳动法》及其子法与相关发律、法规执行，其中比较重要的是《中华人民共和国劳动合同法》《中华人民共和国社会保险法》与《工伤保险条例》等。

一、劳动法的相关知识

（一）适用范围

在中华人民共和国境内的企业、个体经济组织（以下统称用人单位）和与之形成劳动关系的劳动者，适用本法。

（二）劳动法基本原则的概念

劳动法基本原则发挥着对劳动法条文进行弥补和解释等重要功能。同其他法律部门的基本原则一样，劳动法基本原则应当是指贯穿劳动规范，集中体现劳动法的立法指导思想的，调整劳动关系以及与劳动关系密切联系的其他一些关系时所必须遵循的基本准则。它是劳动立法，守法，执法，司法及其相关学术研究的根基和出发点，是处理劳动问题的依据，反映劳动关系的最一般特征。劳动法基本原则是劳动法的灵魂和核心。

（三）劳动法基本原则的特征

（1）全面的涵盖性　一方面，劳动法基本原则应当是能够涵盖劳动法所调整的各种劳动关系以及与其密切联系的其他各种社会关系的原则；另一方面，劳动法基本原则应当是能够涵盖各项劳动法律制度的原则。

（2）高度的权威性　各种劳动问题的处理，都应以劳动法基本原则为基本依据。

（3）相当强的稳定性　劳动法基本原则的内容一经确定，一般不因劳动法具体内容的个别或局部变动而更改。即使改革时期，只要劳动关系未发生根本变化，劳动法基本原则也不会发生变化。

（4）一般规范性　劳动法基本原则的一般规范性是指其应当具有一般规范性内容，即体现劳动权利和义务的要求。劳动法基本原则通常是将其一般化的规范性内容具体化为劳动法律规范，从而间接实现其强制性要求。

（5）独有性　既然是“劳动法”基本原则，就应该是劳动法律部门所特有的，而不应该是各类法律部门所通用的一般性法律原则，即要体现劳动法的特色和特殊需要。

当然这决不意味着劳动法基本原则与其他部门法的基本原则没有任何共通之处。

（四）劳动法基本原则确立的依据

（1）宪法依据　宪法是根本大法，确立劳动法基本原则首先必须依据宪法。宪法中关于我国政治经济制度的规定，尤其是关于劳动方面的规定，是制定劳动法基本原则的首要依据。

（2）基本劳动政策依据　劳动政策有基本政策和具体政策之分，具体劳动政策不具有稳定性，不能作为确立基本原则的依据；但剧本劳动政策则不然，它往往是关于劳动方面的根本性或总体性问题的规定，属于在较长时间内具有指导意义的方针和纲领，是可以作为基本原则的确立依据的。

（3）现实依据　确立劳动法基本原则的最终目的是为了使劳动法规更好地在劳动立法、守法、司法和执法实践中得以贯彻实施，因此劳动法基本原则必须根源于现实，正确反映劳动实践中的现状和要求。

（五）劳动法基本原则的内容

（1）保护劳动者合法权益的原则　首先是保障劳动权原则。这是最基本原则的保护，是首要的和最重要的原则。

其次是平等的保护。平等的保护是指所有劳动者不因其民族、种族、性别、年龄、文化程度、财产状况、宗教信仰、职业、劳动关系的性质有何不同，其法律地位是相同的，其合法权益一律平等地受我国劳动法的保护，不应有任何歧视或差异。

再次是侧重的保护，即在特定条件下，当对用人单位利益的保护和劳动者利益的保护发生冲突时，应侧重保护劳动者的合法权益。

最后是综合的保护。中国将从 2007 年起推行用工备案制维护劳动者合法权益。劳动和社会保障部最新发布了《关于建立劳动用工备案制度的通知》，要求各地从 2007 年起推行用工备案制度。即对劳动者的合法权益进行全方位的保护，既保护劳动者法定权利，也保护劳动关系双方当事人约定权利。这主要是为维护劳动者合法权益，为宏观调控提供依据。

（2）三方性原则　三方性原则是西方工业国家在二战后为缓解劳资对抗，防止社会矛盾激化而用来稳定和协调劳动关系的措施之一，它是指在劳动立法、调整劳动关系和处理劳动争议时，政府、雇主和劳工代表三方共同参与决定，并就有关问题进行协商，取得共识，共同协调劳动关系。1990 年 9 月 7 日，全国人大常委会批准了这一公约，我国相关法律法规也明文规定了有条件的情况下，各级人民政府劳动行政部门应会同同级工会和企业方面代表建立劳动关系三方协商机制，共同解决劳动关系方面的重大问题。

（3）依法订立劳动合同原则　劳动法属于社会法，以社会为本位，以社会权为核心，是以调整法为形式的立法体系。为了切实保护劳动者的合法权益依法订立劳动合同势在必行，通过劳动合同可将劳动者与用人单位的权利和义务明确的规定清楚，在发生劳动争议纠纷时可以其为依据。在劳动合同订立过程一定要以劳动法基本原则为基准，以法条为依据。推进劳动合同制度实施，促进建立规范有序、公正合理、互利共赢、和谐稳定的社会主义新型劳动关系，受益的不只是职工，同样也包括企业。

二、劳动法中的劳动关系

（一）劳动合同

用人单位自用工之日起即与劳动者建立劳动关系。《中华人民共和国劳动合同法》（以下简称《劳动合同法》）规定，建立劳动关系，应当订立书面劳动合同。已建立劳动关系，未同时订立书面劳动合同的，应当自用工之日起 1 个月内订立书面劳动合同。用人单位未在用工的同时订立书面劳动合同，与劳动者约定的劳动报酬不明确的，新招用的劳动者的劳动报酬应当按照企业的或者同行业的集体合同规定的标准执行；没有集体合同的，用人单位应当对劳动者实行同工同酬。用人单位与劳动者在用工前订立劳动合同的，劳动关系自用工之日起建立。合同有书面形式、口头形式和其他形式。按照《劳动合同法》的规定，除了非全日制用工(即以小时计酬为主，劳动者在同一用人单位一般平均每日工作时间不超过 4 小时，每周工作时间累计不超过 24 小时的用工形式)可以订立口头协议外，建立劳动关系应当订立书面劳动合同。如果没有订立书面合同，不订立书面合同的一方将要承担相应的法律后果。劳动合同文本由用人单位和劳动者各执一份。

(二)劳动报酬

劳动合同对劳动报酬和劳动条件等标准约定不明确，引发争议的，用人单位与劳动者可以重新协商；协商不成的，适用集体合同规定；没有集体合同或者集体合同未规定劳动报酬的，实行同工同酬；没有集体合同或者集体合同未规定劳动条件等标准的，适用国家有关规定。劳动合同期限 3 个月以上不满 1 年的，试用期不得超过 1 个月；劳动合同期限 1 年以上不满 3 年的，试用期不得超过 2 个月；3 年以上固定期限和无固定期限的劳动合同，试用期不得超过 6 个月。同一用人单位与同一劳动者只能约定 1 次试用期。以完成一定工作任务为期限的劳动合同或者劳动合同期限不满 3 个月的，不得约定试用期。试用期包含在劳动合同期限内。劳动合同仅约定试用期的，试用期不成立，该期限为劳动合同期限。劳动者在试用期的工资不得低于本单位相同岗位最低档工资或者劳动合同约定工资的 80%，并不得低于用人单位所在地的最低工资标准。在试用期中，除劳动者有《劳动合同法》第 39 条和第 40 条第 1 项、第 2 项规定的情形外，用人单位不得解除劳动合同。用人单位在试用期解除劳动合同的，应当向劳动者说明理由。

(三)劳动法中的劳动保护

(1)依法限制用人单位安排劳动者的加班　用人单位应当严格执行劳动定额标准，不得强迫或者变相强迫劳动者加班。用人单位安排加班的，应当按照国家有关规定向劳动者支付加班费。

(2)劳动者有权拒绝违章指挥、冒险作业　《劳动合同法》规定，劳动者对危害生命安全和身体健康的劳动条件，有权对用人单位提出批评、检举和控告。

劳动者拒绝用人单位管理人员违章指挥、强令冒险作业的，不视为违反劳动合同。

(3)用人单位发生变动不影响劳动合同的履行　用人单位如果变更名称、法定代表人、主要负责人或者投资人等事项，不影响劳动合同的履行。用人单位发生合并或者分立等情况，原劳动合同继续有效，劳动合同由承继其权利和义务的用人单位继续履行。

(4)用人单位不得随意解除劳动合同　为了保护一些特殊群体劳动者的权益，用人单位不得依照该法第 40 条、第 41 条的规定解除劳动合同。用人单位违反《劳动合同法》规定解除或者终止劳动合同，劳动者要求继续履行劳动合同的，用人单位应当继续履行；劳动者不要求继续履行劳动合同或者劳动合同已经不能继续履行的，用人单位应当依照《劳动合同法》第 87 条规定向劳动者支付赔偿金。赔偿金标准为经济补偿标准的 2 倍。

(5)国家对女职工和未成年工实行特殊劳动保护。

(四)用人单位与劳动者之间的权利与义务

1. 劳动者的权利

劳动者享有平等就业和选择职业的权利、取得劳动报酬的权利、休息休假的权利、获得劳动安全卫生保护的权利、接受职业技能培训的权利、享受社会保险和福利的权利、提请劳动争议处理的权利以及法律规定的其他劳动权利。

劳动者可以单方解除劳动合同的权利。《劳动合同法》第38条规定，用人单位有下列情形之一的，劳动者可以解除劳动合同：未按照劳动合同约定提供劳动保护或者劳动条件的；未及时足额支付劳动报酬的；未依法为劳动者缴纳社会保险费的；用人单位的规章制度违反法律、法规的规定，损害劳动者权益的；因《劳动合同法》第26条第1款规定的情形致使劳动合同无效的；法律、行政法规规定劳动者可以解除劳动合同的其他情形。

用人单位以暴力、威胁或者非法限制人身自由的手段强迫劳动者劳动的，或者用人单位违章指挥、强令冒险作业危及劳动者人身安全的，劳动者可以立即解除劳动合同，不需事先告知用人单位。

2. 劳动者休假权

用人单位在下列节日期间应当依法安排劳动者休假：元旦；春节；国际劳动节；国庆节；法律、法规规定的其他休假节日。目前，法律、法规规定的其他休假节日有：全体公民放假的节日是清明节、端午节和中秋节；部分公民放假的节日及纪念日是妇女节、青年节、儿童节、中国人民解放军建军纪念日。

劳动者连续工作1年以上的，享受带薪年休假。此外，劳动者按有关规定还可以享受探亲假、婚丧假、生育（产）假、节育手术假等。

用人单位由于生产经营需要，经与工会和劳动者协商可以延长工作时间，一般每日不得超过1小时；因特殊原因需要延长工作时间的，在保障劳动者身体健康的条件下延长工作时间每日不得超过3小时，但是每月不得超过36小时。在发生自然灾害、事故等需要紧急处理，或者生产设备、交通运输线路、公共设施发生故障必须及时抢修等法律、行政法规规定的特殊情况的，延长工作时间不受上述限制。用人单位应当按照下列标准支付高于劳动者正常工作时间工资的工资报酬：安排劳动者延长工作时间的，支付不低于工资的150%的工资报酬；休息日安排劳动者工作又不能安排补休的，支付不低于工资的200%的工资报酬；法定休假日安排劳动者工作的，支付不低于300%的工资报酬。

3. 依法享受社会保险待遇

劳动者在下列情形下，依法享受社会保险待遇：退休、患病、因工伤残或者患职业病、失业、生育。

劳动者死亡后，其遗属依法享受遗属津贴。劳动者享受社会保险待遇的条件和标准由法律、法规规定。劳动者享受的社会保险金必须按时足额支付。

国家建立基本养老保险、基本医疗保险、工伤保险、失业保险、生育保险等社会保险制度，保障公民在年老、疾病、工伤、失业、生育等情况下依法从国家和社会获得物质帮助的权利。

（1）基本养老保险　职工应当参加基本养老保险，由用人单位和职工共同缴纳基本养老保险费。用人单位应当按照国家规定的本单位职工工资总额的比例缴纳基本养老保险费，记入基本养老保险统筹基金。职工应当按照国家规定的本人工资的比例缴纳基本养老保险费，记入个人账户。

（2）基本医疗保险　职工应当参加职工基本医疗保险，由用人单位和职工按照国家规定共同缴纳基本医疗保险费。

(3)工伤保险　职工应当参加工伤保险，由用人单位缴纳工伤保险费，职工不缴纳工伤保险费。此外，《建筑法》还规定，“鼓励企业为从事危险作业的职工办理意外伤害保险，支付保险费。”

(4)失业保险　《社会保险法》规定，职工应当参加失业保险，由用人单位和职工按照国家规定共同缴纳失业保险费。职工跨统筹地区就业的，其失业保险关系随本人转移，缴费年限累计计算。

(5)生育保险　《社会保险法》规定，职工应当参加生育保险，由用人单位按照国家规定缴纳生育保险费，职工不缴纳生育保险费。用人单位已经缴纳生育保险费的，其职工享受生育保险待遇；职工未就业配偶按照国家规定享受生育医疗费用待遇。所需资金从生育保险基金中支付。

(6)福利　《劳动法》规定，国家发展社会福利事业，兴建公共福利设施，为劳动者休息、休养和疗养提供条件。

用人单位应当创造条件，改善集体福利，提高劳动者的福利待遇。

4. 用人单位的权利

用人单位可以单方解除劳动合同的权利。

《劳动合同法》在赋予劳动者单方解除权的同时，也赋予用人单位对劳动合同的单方解除权，以保障用人单位的用工自主权。

《劳动合同法》第39条规定，劳动者有在试用期间被证明不符合录用条件的等情况的，用人单位可以解除劳动合同。

5. 用人单位经济性裁员的权利

经济性裁员是指用人单位由于经营不善等经济原因，一次性辞退部分劳动者的情形。经济性裁员仍属用人单位单方解除劳动合同。

裁减人员时，应当优先留用下列三种人员：与本单位订立较长期限的固定期限劳动合同的；与本单位订立无固定期限劳动合同的；家庭无其他就业人员，有需要扶养的老人或者未成年人的。

用人单位在6个月内重新招用人员的，应当通知被裁减的人员，并在同等条件下优先招用被裁减人员。

6. 劳动者的义务

劳动者应当完成劳动任务，提高职业技能，执行劳动安全卫生规程，遵守劳动纪律和职业道德。

7. 用人单位的义务

《劳动合同法》规定，用工单位应当履行下列义务：执行国家劳动标准，提供相应的劳动条件和劳动保护；告知被派遣劳动者的工作要求和劳动报酬；支付加班费、绩效奖金，提供与工作岗位相关的福利待遇等。

《劳务派遣暂行规定》进一步规定，用工单位应当按照劳动合同法第62条规定，向被派遣劳动者提供与工作岗位相关的福利待遇，不得歧视被派遣劳动者。被派遣劳动者在用工单位因工作遭受事故伤害的，劳务派遣单位应当依法申请工伤认定，用工单位应当协助工伤认定的调查核实工作。

向劳动者支付劳动报酬的义务。用人单位应当按照劳动合同约定和国家规定，向劳动者及时足额支付劳动报酬。劳动报酬是指劳动者为用人单位提供劳动而获得的各种报酬。

终止劳动合同给予劳动者经济补偿的义务。

8. 法律、行政法规规定的其他情形

经济补偿的标准，按劳动者在本单位工作的年限，每满 1 年支付 1 个月工资的标准向劳动者支付。6 个月以上不满 1 年的，按 1 年计算；不满 6 个月的，向劳动者支付半个月工资的经济补偿。劳动者月工资高于用人单位所在直辖市、设区的市级人民政府公布的本地区上年度职工月平均工资 3 倍的，向其支付经济补偿的标准按职工月平均工资 3 倍的数额支付，向其支付经济补偿的年限最高不超过 12 年。月工资是指劳动者在劳动合同解除或者终止前 12 个月的平均工资。

三、建设工程中劳动法的体现

（一）倡导多元化建筑用工方式

推行实名制管理施工总承包、专业承包企业可通过自有劳务人员或劳务分包、劳务派遣等多种方式完成劳务作业。施工总承包、专业承包企业应拥有一定数量的与其建立稳定劳动关系的骨干技术工人，或拥有独资或控股的施工劳务企业，组织自有劳务人员完成劳务作业；也可以将劳务作业分包给具有施工劳务资质的企业；还可以将部分临时性、辅助性或者替代性的工作使用劳务派遣人员完成作业。

（二）落实企业责任，保障劳务人员合法权益与工程质量安全

建筑施工企业对自有劳务人员承担用工主体责任。建筑施工企业应对自有劳务人员的施工现场用工管理、持证上岗作业和工资发放承担直接责任。建筑施工企业应与自有劳务人员依法签订书面劳动合同，办理工伤、医疗或综合保险等社会保险，并按劳动合同约定及时将工资直接发放给劳务人员本人；应不断提高和改善劳务人员的工作条件和生活环境，保障其合法权益。

（三）加大监管力度，规范劳务用工管理

落实劳务人员实名制管理各项要求，积极推行信息化管理方式，将劳务人员的基本身份信息、培训和技能状况、从业经历和诚信信息等内容纳入信息化管理范畴，逐步实现不同项目、企业、地域劳务人员信息的共享和互通。有条件的地区，可探索推进劳务人员的诚信信息管理，对发生违法违规行为以及引发群体性事件的责任人，记录其不良行为并予以通报。加大企业违法违规行为的查处力度。各地住房城乡建设主管部门应加大对转包、违法分包等违法违规行为以及不执行实名制管理和持证上岗制度、拖欠劳务费或劳务人员工资、引发群体性讨要薪金等不良行为的查处力度，并将查处结果予以通报，记入企业信用档案。有条件的地区可加快施工劳务企业信用体系建设，将其不良行为统一纳入全国建筑市场监管与诚信信息发布平台，向社会公布。

（四）加强政策引导与扶持，夯实行业发展基础

加强劳务分包计价管理，各地工程造价管理机构应根据本地市场实际情况，动态发布定额人工单价调整信息，使人工费用的变化在工程造价中得到及时反映；实时跟踪劳务市场价格信息，做好建筑工种和实物工程量人工成本信息的测算发布工作，引导建筑施工企业合理确定劳务分包费用，避免因盲目低价竞争和计费方式不合理引发合同纠纷。

鼓励施工总承包企业与长期合作、市场信誉好的施工劳务企业建立稳定的合作关系，鼓励和扶持实力较强的施工劳务企业向施工总承包或专业承包企业发展；加强培训工作指导，整合培训资源，推动各类培训机构建设，引导有实力的建筑施工企业按相关规定开办技工职业学校，培养技能人才，鼓励建筑施工企业加强校企合作，对自有劳务人员开展定向教育，加大高技能人才的培养力度。

四、建设工程中的违法行为及违约责任

（一）“包工头”用工模式

我国建筑业仍属于劳动密集型行业。20 世纪 80 年代以来，随着建设规模不断扩大，建筑业的发展需要大量务工人员，而农村富余劳动力又迫切要求找到适当工作，“包工头”用工模式便应运而生了。因此，我国建筑行业一度大量出现“包工头”是有其历史原因的。可以说，“包工头”用工模式是在特殊历史条件下的特殊产物。

“包工头”作为自然人的民事主体，一方面为解决农村富余劳动力就业提供了一个渠道，另一方面也往往扮演了损害农民工利益的重要角色，在建设领域和劳动领域产生了很大的负面影响。许多“包工头”原有的身份就是农民工。他们凭借灵活的头脑和较广的人脉关系而慢慢演变成“包工头”。其所辖的“务工人员”也逐步由最初的亲戚朋友变成了老乡乃至于老乡的老乡。这种社会关系最初受亲戚朋友、乡里乡亲的约束还显得比较和谐，但用工范围变得越来越宽后，这个没有任何契约凭据而组成的“组织”很多会因为唯利是图而失去道德底线。

“包工头”非法人的用工模式，容易导致大量农民工未经安全和职业技能培训就进入建筑工地，给工程质量和安全带来隐患；非法用工现象较为严重，损害农民工合法权益事件时有发生，特别是违法合同无效的规定，极易造成清欠农民工工资债务链的法律关系“断层”，严重扰乱了建筑市场的正常秩序。

《建筑法》明确规定，禁止建筑施工企业以任何形式允许其他单位或者个人使用本企业的资质证书、营业执照，以本企业的名义承揽工程。禁止总承包单位将工程分包给不具备相应资质条件的单位。禁止分包单位将其承包的工程再分包。2005 年 8 月建设部颁发了《关于建立和完善劳务分包制度发展建筑劳务企业的意见》，要求逐步在全国建立基本规范的建筑劳务分包制度，农民工基本被劳务企业或其他“包工头”用工模式用工企业直接吸纳，“包工头”承揽分包业务基本被禁止。2014 年 7 月住房和城乡建设部又颁发了《关于进一步加强和完善建筑劳务管理工作的指导意见》。

（二）劳动合同及劳动关系中违法行为应承担的主要法律责任

1. 劳动合同订立中违法行为应承担的法律责任

《劳动合同法》规定，用人单位提供的劳动合同文本未载明本法规定的劳动合同必备条款或者用人单位未将劳动合同文本交付劳动者的，由劳动行政部门责令改正；给劳动者造成损害的，应当承担赔偿责任。用人单位自用工之日起超过 1 个月不满 1 年未与劳动者订立书面劳动合同的，应当向劳动者每月支付 2 倍的工资。用人单位自用工之日起满 1 年不与劳动者订立书面劳动合同的，视为用人单位与劳动者已订立无固定期限劳动合同。用人单位违反本法规定不与劳动者订立无固定期限劳动合同的，自应当订立无固定期限劳动合同之日起向劳动者每月支付 2 倍的工资。劳动合同依照本法第 26 条规定被确认无效，给对方造成损害的，有过错的一方应当承担赔偿责任。

2. 劳动合同履行、变更、解除和终止中违法行为应承担的法律责任

（1）用人单位应承担的法律责任　《劳动合同法》规定，用人单位有下列情形之一的，由劳动行政部门责令限期支付劳动报酬、加班费或者经济补偿；劳动报酬低于当地最低工资标准的，应当支付其差额部分；逾期不支付的，责令用人单位按应付金额 50% 以上 100% 以下的标准向劳动者加付赔偿金。

未按照劳动合同的约定或者国家规定及时足额支付劳动者劳动报酬的；低于当地最低工资标准支付劳动者工资的；安排加班不支付加班费的；解除或者终止劳动合同，未依照本法规定向劳动者支付经济补偿的。

用人单位有以暴力、威胁或者非法限制人身自由的手段强迫劳动的；违章指挥或者强令冒险作业危及劳动者人身安全的等情形的，依法给予行政处罚；构成犯罪的，依法追究刑事责任；给劳动者造成损害的，应当承担赔偿责任。

用人单位违反本法规定解除或者终止劳动合同的，应当依照本法第 47 条规定的经济补偿标准的 2 倍向劳动者支付赔偿金。

用人单位违反本法规定未向劳动者出具解除或者终止劳动合同的书面证明，由劳动行政部门责令改正；给劳动者造成损害的，应当承担赔偿责任。

（2）劳动者违法行为应承担的法律责任　《劳动合同法》规定，劳动者违反本法规定解除劳动合同，或者违反劳动合同中约定的保密义务或者竞业限制，给用人单位造成损失的，应当承担赔偿责任。

（3）劳务派遣单位违法行为应承担的法律责任　《劳动合同法》规定，用人单位招用与其他用人单位尚未解除或者终止劳动合同的劳动者，给其他用人单位造成损失的，应当承担连带赔偿责任。劳务派遣单位违反本法有关劳务派遣规定的，由劳动行政部门（和其他有关主管部门）责令限期改正；逾期不改正的，以每人 5000 元以上 1 万元以下的标准处以罚款，对劳务派遣单位，吊销其劳务派遣业务经营许可证。用工单位给被派遣劳动者造成损害的，劳务派遣单位与用工单位承担连带赔偿责任。

五、劳动保护违法行为应承担的法律责任

《劳动法》规定，用人单位违反本法规定，延长劳动者工作时间的，由劳动行政部门给予警告，责令改正，并可以处以罚款。用人单位的劳动安全设施和劳动卫生条件不符合国

家规定或者未向劳动者提供必要的劳动保护用品和劳动保护设施的，由劳动行政部门或者有关部门责令改正，可以处以罚款；情节严重的，提请县级以上人民政府决定责令停产整顿；对事故隐患不采取措施，致使发生重大事故，造成劳动者生命和财产损失的，对责任人员比照刑法第187条的规定追究刑事责任。用人单位非法招用未满16周岁的未成年人的，由劳动行政部门责令改正，处以罚款；情节严重的，由工商行政管理部门吊销营业执照。用人单位违反本法对女职工和未成年工的保护规定，侵害其合法权益的，由劳动行政部门责令改正，处以罚款；对女职工或者未成年工造成损害的，应当承担赔偿责任。用人单位无故不缴纳社会保险费的，由劳动行政部门责令其限期缴纳，逾期不缴纳的，可以加收滞纳金。

用人单位有下列行为之一，由公安机关对责任人员处以15日以下拘留、罚款或者警告；构成犯罪的，对责任人员依法追究刑事责任：①以暴力、威胁或者非法限制人身自由的手段强迫劳动的；②侮辱、体罚、殴打、非法搜查和拘禁劳动者的。

任务七　建筑业征税内容

一、建筑业征税范围

建筑业征税范围是，在中华人民共和国境内提供的建筑、修缮、安装、装饰和其他工程作业的劳务。

建筑是指新建、改建、扩建各种建筑物、构筑物的工程作业。包括与建筑物相连的各种设备或支柱、操作平台、窑炉及金属结构工程作业在内。

修缮是指对建筑物、构筑物进行修补、加固、养护、改善，使之恢复原来的使用价值或延长其使用期限的施工作业。

安装是指生产设备、动力设备，起重设备、运输设备、传动设备、医疗实验设备及其他各种设备的装配、安置工程作业，包括与设备相连的工作台、梯子、栏杆的装设工程作业和被安装设备的绝缘、防腐、保温、油漆等工程作业在内。

装饰是指对建筑物、构筑物进行装饰，使之美观或具有特定用途的工程作业。

其他工程作业是指建筑、修缮、安装、装饰以外的各种工程作业，如代办电信工程、疏浚、钻井（打井）、拆除建筑物、水利工程、道路修建、平整土地、搭脚手架、爆破等工程作业。

二、建筑业征税范围的特殊规定

（一）关于自建行为的征税问题

所谓自建行为，是指拥有施工能力的单位自行建造建筑物后使用或销售的行为。按照营业税的基本原理来看，自建行为因其未对外提供应税劳务，因而对其中间的建筑行为是不应征税的。

（二）关于疏浚工程

疏浚是以人工或机械的方法清除航道、港口、码头、水库等淤塞、挖深河槽，以通畅水流或改善通航条件等业务。

（三）安装有线电视

有线电视安装费，是指有线电视台为用户安装有线电视接收装置，一次性向用户收取的安装费，也称之为初装费。根据现行营业税税目注释的规定，这项初装费属于建筑业的征税范围。

（四）关于燃气初装费

财税〔2003〕16 号，“燃气公司和生产、销售货物或提供增值税应税劳务的单位，在销售货物或提供增值税应税劳务时，代有关部门向购买方收取的集资费[包括管道煤气集资款（初装费）]、手续费、代收款等，属于增值税价外收费，应征收增值税，不征收营业税”。

（五）关于绿化工程

绿化工程往往与建筑工程相连，或者本身就是某个建筑工程的一个组成部分。例如，绿化与平整土地就是紧密相连的，而平整土地本身就属于建筑业税目中的“其他工程作业”，因此绿化工程属于建筑业的征税范围。注意问题：承包整个绿化工程，按收取的全部价款征收建筑业营业税。不得扣除购买的绿化树苗、花等原材料。

（六）对工程承包公司承包的建筑安装工程

工程承包公司承包建筑安装工程业务，即工程承包公司与建设单位签订承包合同的建筑安装工程业务，无论其是否参与施工，均应按“建筑业”税目征收营业税. 工程承包公司不与建设单位签订承包建筑安装工程合同，只是负责工程的组织协调业务，对工程承包公司的此项业务则按“服务业”税目征收营业税。

（七）关于国防工程和军队系统的建筑工程

根据财税〔2001〕187 号的规定，单位和个人承包国防工程和军队系统的建筑安装工程取得的收入，从 2001 年 1 月 1 日起，恢复征收营业税。

（八）关于建筑物拆除、平整土地的征税问题

根据国税函〔2009〕520 号的规定，纳税人受托进行建筑物拆除、平整土地并代委托方向原土地使用权人支付拆迁补偿费的过程中，其提供建筑物拆除、平整土地劳务取得的收入应按照“建筑业”税目缴纳营业税。

三、建筑业的计税

（一）依据

建筑业的营业额为纳税人承包建筑工程，安装工程，修缮工程，装饰工程和其他工程作业所取得的营业收入额，即建筑安装企业向建筑单位收取的工程价款及价外费用。

（二）税率

（1）营业税　按照工程收入的 3% 的计算缴纳营业税。

（2）城市维护建设税　按实际缴纳的营业税税额计算缴纳。税率分别为 7%（城区)、5%(郊区)、1%(农村)。

计算公式:应纳税额=营业税税额×税率。

(3)教育费附加　按实际缴纳营业税的税额计算缴纳,附加税率为3%。

计算公式:应交教育费附加额=营业税税额×费率。

(4)印花税

1)财产租赁合同、仓储保管合同、财产保险合同,适用税率为千分之一。

2)加工承揽合同、建设工程勘察设计合同、货运运输合同、产权转移书据,税率为万分之五。

3)购销合同、建筑安装工程承包合同、技术合同,税率为万分之三。

4)借款合同,税率为万分之零点五。

5)对记录资金的账簿,按"实收资本"和"资金公积"总额的万分之五贴花。

6)营业账簿、权利、许可证照,按件定额贴花五元。

(5)个人所得税　工资、薪金不含税收入适用税率

(6)企业所得税　2008年1月1日开始执行新所得税法,所得税税率为25%。

(7)房产税　依照房产余值计算缴纳的,税率为1.2%;依照房产租金收入计算缴纳的,税率为12%。

(8)土地使用税　土地使用税每平方米年税额如下:①大城市1.5元至30元;②中等城市1.2元至24元;③小城市0.9元至18元;④县城、建制镇、工矿区0.6元至12元。

(三)应纳税额计算

应纳营业税额=建筑业计税营业额×3%

四、建筑业的纳税义务与纳税人

(一)纳税与扣税

(1)纳税义务发生时间　纳税人提供建筑业应税劳务,施工单位与发包单位签订书面合同,如合同明确规定付款(包括提供原材料,动力及其他物资,不含预收工程价款)日期的,按合同规定的付款日期为纳税义务发生时间;合同未明确规定付款日期的,其纳税义务发生时间为纳税人收讫营业收入款项或者取得索取营业收入款项凭证的当天。

纳税人提供建筑业应税劳务,施工单位与发包单位未签订书面合同的,其纳税义务发生时间为纳税人收讫营业收入款或者取得索取营业收入款项凭证的当天。

纳税人自荐建筑物,其建筑业应税劳务的纳税义务发生时间为纳税人销售自建建建筑物并收讫营业收入款项或取得索取营业收入款项凭证的当天(纳税人将自建建筑物对外赠予,其建筑业应税劳务的纳税义务发生时间为该建筑物产权转移的当天)。

(2)纳税义务发生地点　建筑业纳税人及扣缴义务人应按照下列规定确定建筑业营业税的纳税地点。

1)纳税人提供建筑业应税劳务,其营业税纳税地点为建筑业应税劳务的发生。

2)纳税人从事跨省工程的,应向其机构所在地主管地方税务机关申报纳税。

3)纳税人在本省,自治区,直辖市和计划单列市范围为内提供建筑也应税劳务的,其

营业税纳税地点需要调整的。由省,自治区,直辖市和计划单列市税务机关确定。

4)扣缴义务人代扣代缴的建筑业营业税税款的解缴地点为该工程建筑业应税劳务发生地。

5)扣缴义务人代扣代缴跨省工程的,其建筑业营业税的解缴地点为该工程建筑业应税劳务发生地。

6)纳税提供建筑业劳务,应按月就其本地和异地提供建筑业应税劳务取得的全部收入向其机构所在地主管税务机关进行纳税申报,就其本地提供建筑业应税劳务所得收入缴纳营业税:同时自应申报之月(含当月)起六个月内向机构所在地主管税务机关提供其异地建筑业应税劳务收入的完税凭证。否则,应就其一地提供建筑业应税劳务取得的收入向其机构所在地主管税务机关缴纳营业税。

7)上述本地提供的建筑业应税劳务是指独立核算纳税人在其机构所在地主管税务机关税收管辖范围内提供的建筑业应收劳务;上述异地提供的建筑业应税劳务是指独立核算纳税人在其机构所在地主管税务机关税收管辖范围以外提供的建筑业应税劳务。

(3)扣缴义务发生时间　建设方为扣缴义务人的,其扣缴义务发生时间为扣缴义务人支付工程款的当天;总承包人为扣缴义务人的,其扣缴义务发生时间为扣缴义务人代纳税人收讫营业收入款项或者取得索取营业收入款项凭证的当天。

(二)纳税人与扣税人

(1)建筑业纳税义务人为在中华人民共和国境内建筑业应税劳务的单位和个人。

特殊规定:建筑安装业务实行分包或转包的,分包或转包者为纳税人。

(2)建筑业工程实行总承包,分包方式的,以总承包人为扣缴义务人。

纳税人提供建筑业应税劳务,符合以下情况之一的,无论工程是否实行分包,税务机关可以建设单位和个人作为营业税的扣缴义务人:①纳税人从事跨地区工程提供建筑业应税劳务;②纳税人在劳务发生地没有办理税务登记或临时税务登记的。③环境保护税

(三)环境保护税的纳税人

为保证环境保护"费改税"工作平稳过渡,此次环境保护税纳税人的确定与环境保护法"排放污染物的企事业单位和其他生产经营者,应当按照国家有关规定缴纳排污费"的规定进行了有效衔接。《环境保护税法》规定:在中华人民共和国领域和中华人民共和国管辖的其他海域,直接向环境排放应税污染物的企业事业单位和其他生产经营者为环境保护税的纳税人。上述对纳税人的规定,在纳税义务上对两种情况做了排除:一是不直接向环境排放应税污染物的,不缴纳环境保护税;二是居民个人不属于纳税人,不用缴纳环境保护税。

(四)环境保护税的征管

现行排污费由环保部门征收,改征环境保护税后,将由税务机关按照《税收征收管理法》的规定征收管理,增强了执法的规范性、刚性。同时,考虑到征收环境保护税对污染物排放检测的专业技术要求较高,离不开环保部门的配合,《环境保护税法》确定了"企业申报、税务征收、环保协同、信息共享"的征管模式。即纳税人应当依法如实办理纳税申报,对申报的真实性和完整性承担责任;税务机关依法征收管理,环保部门依法加强对污

染物的检测管理；环保部门与税务部门必须建立涉税信息共享平台和工作配合机制，定期交换有关纳税信息资料。这一征管模式突出了纳税人自主如实申报纳税的义务，明确了税务机关征税的主体责任，并要求环保部门对纳税申报数据资料异常或者纳税人未按照规定期限办理纳税申报的，依法进行技术复核，配合税务机关做好征管工作。

五、违反税法应承担的法律责任

（一）违反税款缴纳规定的法律责任

1. 欠税及其处罚

《税收征管法》第65、68、69条规定，纳税人欠缴应纳税款，采取转移或者隐匿财产的手段，妨碍税务机关追缴欠缴的税款的，由税务机关追缴欠缴的税款、滞纳金，并处欠缴税款百分之五十以上五倍以下的罚款；构成犯罪的，依法追究刑事责任。

2. 未按规定不缴或少缴或扣缴税款的处罚

《税收征管法》第37、38条规定，对未按照规定办理税务登记的从事生产、经营的纳税人以及临时从事经营的纳税人，由税务机关核定其应纳税额，责令缴纳；不缴纳的，税务机关可以扣押其价值相当于应纳税款的商品、货物。扣押后仍不缴纳应纳税款的，税务机关可以依法拍卖或者变卖所扣押的商品、货物，以拍卖或者变卖所得抵缴税款。税务机关有根据认为从事生产、经营的纳税人有逃避纳税义务行为的，可以在规定的纳税期之前，责令限期缴纳应纳税款；在限期内发现纳税人有明显的转移、隐匿其应纳税的商品、货物以及其他财产或者应纳税的收入的迹象的，税务机关可以责成纳税人提供纳税担保。如果纳税人不能提供纳税担保，税务机关可以依法采取税收保全措施。

纳税人、扣缴义务人在规定期限内不缴或者少缴应纳或者应解缴的税款，经税务机关责令限期缴纳，逾期仍未缴纳的，税务机关除依法采取强制执行措施追缴其不缴或者少缴的税款外，可以处不缴或者少缴的税款百分之五十以上五倍以下的罚款。

扣缴义务人应扣未扣、应收而不收税款的，由税务机关向纳税人追缴税款，对扣缴义务人处应扣未扣、应收未收税款百分之五十以上三倍以下的罚款。

3. 偷税及其处罚

《税收征管法》第63、64条规定，纳税人伪造、变造、隐匿、擅自销毁账簿、记账凭证，或者在账簿上多列支出或者不列、少列收入，或者经税务机关通知申报而拒不申报或者进行虚假的纳税申报，不缴或者少缴应纳税款的，是偷税。对纳税人偷税的，由税务机关追缴其不缴或者少缴的税款、滞纳金，并处不缴或者少缴的税款百分之五十以上五倍以下的罚款；构成犯罪的，依法追究刑事责任。

扣缴义务人采取上述所列手段，不缴或者少缴已扣、已收税款，由税务机关追缴其不缴或者少缴的税款、滞纳金，并处不缴或者少缴的税款百分之五十以上五倍以下的罚款；构成犯罪的，依法追究刑事责任。

纳税人、扣缴义务人编造虚假计税依据的，由税务机关责令限期改正，并处五万元以下罚款。

纳税人不进行纳税申报，不缴或者少缴应纳税款的，由税务机关追缴其不缴或少缴的税款、滞纳金，并处不缴或少缴税款百分之五十以上五倍以下的罚款。

《最高人民法院关于审理偷税抗税刑事案件具体应用法律若干问题的解释》第4条规定，两年内因偷税受过二次行政处罚，又偷税且数额在一万元以上的，应当以偷税罪定罪处罚。

4.骗税及其处罚

《税收征管法》第66条规定，骗税是指企业事业单位采取对所生产或者经营的商品假报出口或者其他欺骗手段，骗取国家出口退税款的行为。骗税数额在一万元以下的，由国家税务机关追缴其骗取的出口退税款，并处以所骗税款一倍以上五倍以下的罚款。数额在一万元以上的，除由国家税务机关追缴其骗取的出口退税款外，由司法机关依法处罚。

企业事业单位以外的单位或个人利用虚开的专用发票骗取国家出口退税款的，除由税务机关追缴其骗取的退税款外，由司法机关依法处罚；数额较小，未构成犯罪的，由国家税务机关追缴其骗取的退税款，并处以骗取税款五倍以下的罚款。

对骗取国家出口退税款的，税务机关可以在规定期间内停止为其办理出口退税。

5.抗税及其处罚

《税收征管法》第67条规定，抗税是指以暴力、威胁方法拒不缴纳税款的行为。抗税情节轻微，未构成犯罪的，由国家税务机关追缴其拒缴的税款、滞纳金外，处以拒缴税款一倍以上五倍以下的罚款。构成犯罪的，除由税务机关追缴其拒缴的税款、滞纳金外，依法追究刑事责任。

以暴力方法抗税致人重伤或者死亡的，由司法机关按照伤害罪、杀人罪从重处罚，并依照有关规定处以罚金。

6.拒绝接受税务检查和执行税务决定的法律责任

《税收征管法》第70、72、73条，《税收征管法实施细则》第96条规定，纳税人、扣缴义务人逃避、拒绝或者以其他方式阻挠税务机关检查的，纳税人、扣缴义务人有下列情形之一的：①提供虚假资料，不如实反映情况，或者拒绝提供有关资料的；②拒绝或者阻止税务机关记录、录音、录像、照相和复制与案件有关的情况和资料的；③在检查期间，纳税人、扣缴义务人转移、隐匿、销毁有关资料的；④有不依法接受税务检查的其他情形的，由税务机关责令改正，可以处一万元以下的罚款；情节严重的，处一万元以上五万元以下的罚款；从事生产、经营的纳税人、扣缴义务人有《税收征管法》规定的税收违法行为，拒不接受税务机关处理的，税务机关可以收缴其发票或者停止向其发售发票。纳税人、扣缴义务人的开户银行或者其他金融机构拒绝接受税务机关依法检查纳税人、扣缴义务人存款账户，或者拒绝执行税务机关做出的冻结存款或者扣缴税款的决定，或者在接到税务机关的书面通知后帮助纳税人、扣缴义务人转移存款，造成税款流失的，由税务机关处十万元以上五十万元以下的罚款，对直接负责的主管人员和其他直接责任人员处一千元以上一万元以下的罚款。

《税收征管法实施细则》第91、95条规定，非法印制、转借、倒卖、变造或者伪造完税凭证的，由税务机关责令改正，处二千元以上一万元以下的罚款；情节严重的，处一万元以上五万元以下的罚款；构成犯罪的，依法追究刑事责任。税务机关依法到车站、码头、机场、邮政企业及其分支机构检查纳税人有关情况时，有关单位拒绝的，由税务机关责令改正,可以处一万元以下的罚款;情节严重的,处一万元以上五万元以下的罚款。

(二)违反《环境保护税法》应承担的责任

《税收征收管理法》第六十二条规定:"纳税人未按照规定的期限办理纳税申报和报送纳税资料的,或者扣缴义务人未按照规定的期限向税务机关报送代扣代缴、代收代缴税款报告表和有关资料的,由税务机关责令限期改正,可以处两千元以下的罚款;情节严重的,可以处两千元以上一万元以下的罚款。"

对纳税人偷税的,由税务机关追缴其不缴或者少缴的税款、滞纳金,并处不缴或者少缴的税款百分之五十以上五倍以下的罚款;构成犯罪的,依法追究刑事责任。

税务人员徇私舞弊或者玩忽职守,不征或者少征应征税款,致使国家税收遭受重大损失,构成犯罪的,依法追究刑事责任;尚不构成犯罪的,依法给予行政处分。税务人员滥用职权,故意刁难纳税人、扣缴义务人的,调离税收工作岗位,并依法给予行政处分。

《环境保护法》第六十八条规定,地方各级人民政府、县级以上人民政府环境保护主管部门和其他负有环境保护监督管理职责的部门有不符合行政许可条件准予行政许可等情形的,对直接负责的主管人员和其他直接责任人员给予记过、记大过或者降级处分;造成严重后果的,给予撤职或者开除处分,其主要负责人应当引咎辞职。

基础练习题

一、单选题

1. 关于工程建设强制性标准的说法,正确的是( )。
   A. 工程建设标准批准部门应当对工程项目执行强制性标准情况进行监督检查
   B. 工程建设强制性标准都是关于工程质量的强制性条文
   C. 工程建设中拟采用的新技术、新材料,可不受强制性标准的限制
   D. 工程建设中采用国际标准或者国外标准,可不受强制性标准的限制
2. 甲施工企业与乙劳务派遣公司订立劳务派遣协议,由乙向甲派遣员工丁某,下列关于该用工关系的说法,正确的是( )。
   A. 丁某工作时因工受伤,甲应当申请工伤认定
   B. 在派遣期间,甲被宣告破产,可以将丁某退回乙
   C. 乙应当对丁某进行工作岗位所必需的培训
   D. 在派遣期间,丁被退回的,乙不再向其支付劳动报酬
3. 根据建筑节能的有关规定合同约定由建设单位采购墙体材料、保温材料、门窗、采暖制冷系统和照明设备的,建设单位应当保证其符合( )要求。
   A. 企业标准　　　　B. 地方标准
   C. 施工图设计文件　　　　D. 建筑节能任意性标准
4. 劳动者的下列情形中,用人单位可以随时解除劳动合同的是( )。
   A. 在试用期后被证明不符合录用条件
   B. 严重违反用人单位的规章制度

C. 被起诉有大量欠债

D. 经常生病不能从事岗位工作

5. 关于工伤医疗停工薪期的说法,正确的是(　　)。

A. 在停工薪期内,原工资福利待遇适当减少

B. 停工薪期一般不超过 12 个月

C. 工资由所在单位在停工薪期结束后一次性支付

D. 停工薪期满后仍需治疗的,工伤职工不再享受工伤医疗待遇

6. 市政工程竣工验收前,建设单位应请(　　)对施工资料进行预验收。

A. 监理单位　　B. 工程质量监督机构

C. 设计单位　　D. 城建档案管理机构

7.《中华人民共和国消防法》的实施日期是(　　)。

A. 1998 年 4 月 29 日　　B. 1998 年 9 月 1 日

C. 1999 年 9 月 1 日　　D. 1999 年 1 月 9 日

8. 城建档案馆重点管理档案资料不包括(　　)。

A. 各类城市建设工程档案

B. 建设系统各专业管理部门形成的业务管理和业务技术档案

C. 有关城市规划、建设等方面的基础资料

D. 建设单位的停建、缓建工程档案

二、多选题

1. 下列工程建设国家标准中,属于强制性标准的有(　　)。

A. 工程建设规划、施工等通用的综合标准

B. 工程建设重要的通用的制图方法标准

C. 工程建设重要的通用的试验检验和评定方法标准

D. 工程建设重要的通用的信息管理标准

E. 工程建设通用的有关安全和环境保护的标准

2. 根据《绿色施工导则》,关于水资源利用的说法,正确的有(　　)。

A. 优先采用中水搅拌、中水养护,有条件的地区和工程应收集雨水养护

B. 施工现场分别对生活用水与工程用水确定用水金额指标,合并计量管理

C. 处于基坑降水阶段的工地,宜优先采用地下水作为混凝土搅拌用水

D. 施工现场喷洒路面、绿化浇灌优先选择使用市政自来水

E. 力争施工中非传统水源和循环水的再利用量大于 30%

3. 消防安全重点单位应履行消防安全职责包括(　　)。

A. 建立防火档案,确定消防安全重点部位,设置防火标志,实行严格管理

B. 实行每日防火巡查,并建立巡查记录

C. 对职工进行消防安全培训

D. 制定灭火和应急疏散预案,定期组织消防演练

E. 组织防火检查,及时消除火灾隐患

4. 建设单位应当履行的节能责任和义务有(　　)。

A. 组织设计方案评选时,应当将建筑节能要求作为重要内容之一

B. 不得明示或者暗示设计单位、施工单位降低建筑节能标准

C. 建立健全质量保证体系,严格执行建筑节能标准

D. 严格按照审查合格的设计文件和建筑节能标准的要求进行施工

E. 不得明示或者暗示检测机构出具虚假检测报告,不得篡改或者伪造检测报告

5. 下列关于劳动合同的说法正确的有(　　)。

A. 违反法律、行政法规的劳动合同无效

B. 无效的劳动合同,从订立的时候起,就没有法律约束力

C. 采取欺诈、威胁等手段订立的劳动合同无效

D. 确认劳动合同部分无效的,如果不影响其余部分的效力,其余部分仍然有效

E. 劳动合同的无效由劳动争议仲裁委员会或者人民法院确认

三、简答题

1. 机关、团体、企业、事业单位应当履行的消防安全职责有哪些?

2. 建筑节能工程验收应满足的条件有哪些?

四、案例分析题

某住宅小区1期工程完成设计,次年开始施工。按当地规定,所有新建、改建、扩建的住宅建设项目,必须按照《夏热冬冷地区居住建筑节能设计标准》的要求进行建筑节能设计、施工。在施工过程中,建设单位按设计图纸规定的规格、数量要求采购了墙体材料、保温材料、采暖制冷系统等,并声称是优质产品;施工单位在以上材料设备进入施工现场后,便直接用于该项目的施工并形成工程实体,导致1期工程验收不合格。经有关部门检验,建设单位购买的墙体材料、保温材料、采暖制冷系统存在严重质量问题,根本不符合该项目设计图纸规定的质量要求。

试分析:

1. 施工单位的行为是否违法?

2. 施工单位应承担哪些法律责任?

项目十四 工程建设纠纷的解决途径及处理

知识目标 1. 了解行政复议与行政诉讼法律制度。
2. 熟悉仲裁制度、民事诉讼法律制度。
3. 掌握工程建设纠纷的处理方式。

任务一 工程建设纠纷的类型及法律解决途径

一、工程建设纠纷的主要种类

工程建设项目通常具有投资大、建造周期长、技术要求高、协作关系复杂和政府监管严格等特点,因而在工程建设领域里常见的是民事纠纷和行政纠纷。

(一)工程建设民事纠纷

工程建设民事纠纷,是在工程建设活动中平等主体之间发生的以民事权利义务法律关系为内容的争议。

在工程建设领域,较为普遍和重要的民事纠纷主要是合同纠纷、侵权纠纷。

合同纠纷,是指因合同的生效、解释、履行、变更、终止等行为而引起的合同当事人之间的所有争议。合同纠纷的内容,主要表现在争议主体对于导致合同法律关系产生、变更与消灭的法律事实以及法律关系的内容有着不同的观点与看法。合同纠纷的范围涵盖了一项合同从成立到终止的整个过程。在工程建设领域,合同纠纷主要有工程总承包合同纠纷、工程勘察合同纠纷、工程设计合同纠纷、工程施工合同纠纷、工程监理合同纠纷、工程分包合同纠纷、材料设备采购合同纠纷以及劳动合同纠纷等。

侵权纠纷,是指一方当事人对另一方侵权而产生的纠纷。在工程建设领域也易发生侵权纠纷,如施工单位在施工中未采取相应防范措施造成对他方损害而产生的侵权纠纷,未经许可使用他方的专利、工法等而造成的知识产权侵权纠纷等。

发包人和承包人就有关工期、质量、造价等产生的工程建设合同争议,是工程建设领域最常见的民事纠纷。

(二)工程建设行政纠纷

工程建设行政纠纷,是在工程建设活动中行政机关之间或行政机关同公民、法人和其他组织之间由于行政行为而引起的纠纷,包括行政争议和行政案件。

行政机关的行政行为具有以下特征:①行政行为是执行法律的行为。任何行政行为均须有法律根据,具有从属法律性,没有法律的明确规定或授权,行政主体不得作出任何行政行为。②行政行为具有一定的裁量性。这是由立法技术本身的局限性和行政管理的广泛性、变动性、应变性所决定的。③行政主体在实施行政行为时具有单方意志性,不必与行政相对方协商或征得其同意,便可依法自主做出。④行政行为是以国家强制力保障实施的,带有强制性。行政相对方必须服从并配合行政行为,否则行政主体将予以制裁或强制执行。⑤行政行为以无偿为原则,以有偿为例外。只有当特定行政相对人承担了特别公共负担,或者分享了特殊公共利益时,方可为有偿的。

在工程建设领域,易引发行政纠纷的具体行政行为主要有如下几种。

(1)行政许可　即行政机关根据公民、法人或者其他组织的申请,经依法审查,准予其从事特定活动的行政管理行为,如施工许可、专业人员执业资格注册、企业资质等级核准、安全生产许可等。行政许可易引发的行政纠纷通常是行政机关的行政不作为、违反法定程序等。

(2)行政处罚　即行政机关或其他行政主体依照法定职权、程序对于违法但尚未构成犯罪的相对人给予行政制裁的具体行政行为。常见的行政处罚为警告、罚款、没收违法所得、取消投标资格、责令停止施工、责令停业整顿、降低资质等级、吊销资质证书等。行政处罚易导致的行政纠纷,通常是行政处罚超越职权、滥用职权、违反法定程序、事实认定错误、适用法律错误等。

(3)行政强制　包括行政强制措施和行政强制执行。行政强制措施是指行政机关在行政管理过程中,为制止违法行为、防止证据损毁、避免危害发生、控制危险扩大等情形,依法对公民的人身自由实施暂时性限制,或者对公民、法人或者其他组织的财务实施暂时性控制的行政行为。行政强制执行是指行政机关或者行政机关申请人民法院,对不履行行政决定的公民、法人或者其他组织,依法强制履行义务的行政行为。行政强制易导致的行政纠纷,通常是行政强制超越职权、滥用职权、违反法定程序、事实认定错误、适用法律错误等。

(4)行政裁决　即行政机关或法定授权的组织,依照法律授权,对平等主体之间发生的与行政管理活动密切相关的、特定的民事纠纷(争议)进行审查,并做出裁决的具体行政行为,如对特定的侵权纠纷、损害赔偿纠纷、权属纠纷、国有资产产权纠纷以及劳动工资、经济补偿纠纷等的裁决。行政裁决易引发的行政纠纷,通常是行政裁决违反法定程序、事实认定错误、适用法律错误等。

二、民事纠纷的法律解决途径

民事纠纷的法律解决途径主要有四种:和解、调解、仲裁、诉讼。如 1999 年 3 月颁布的《中华人民共和国合同法》(以下简称《合同法》)规定,当事人可以通过和解或者调解解决合同争议。当事人不愿和解、调解或者和解、调解不成的,可以根据仲裁协议向仲裁机构申请仲裁。当事人没有订立仲裁协议或者仲裁协议无效的,可以向人民法院起诉。当事人应当履行发生法律效力的判决、仲裁裁决、调解书;拒不履行的,对方可以请求人民法院执行。

(一)和解

和解是指工程建设纠纷合同当事人发生争议后,在没有第三方介入的情况下,在自愿互谅的基础上,就已经发生的争议进行谈判并达成协议,自行解决争议的一种方式。工程建设发生纠纷时,当事人应首先考虑通过和解解决纠纷。事实上,在工程建设过程中,绝大多数纠纷都是可以通过和解解决。通常它不仅从形式上消除当事人之间的对抗,还从心理上消除对抗。

和解的特点:通常工程建设纠纷发生后,解决纠纷的首选方式是和解。纠纷双方本着解决问题与分歧的诚意,直接进行协商,以求相互谅解,从而消除分歧与异议,解决纠纷。这种纠纷解决方式的优点在于无须第三人介入,即可以节省解决费用,及时解决问题,又可以保持友好合作关系,以利于下一步协商协议的执行。

需要注意的是,和解具有局限性。和解所达成的协议不具有强制执行力,在性质上仍属于当事人之间的约定。如果一方当事人不按照和解协议执行,另一方当事人不可以请求法院强制执行,但可要求对方就不执行该和解协议承担违约责任。

(二)调解

调解是指工程建设合同当事人对法律规定或者合同约定的权利、义务发生纠纷后,在第三方的主持下,根据事实和法律,经过第三方的说服与劝解,双方互谅互让,自愿达成协议,以求公平、合理地解决工程建设纠纷的一种方式。这里讲的调解是狭义的调解,不包括起诉和仲裁程序中在审判庭和仲裁庭主持下的调解。

在我国,调解的主要方式是人民调解、行政调解、仲裁调解、司法调解、行业调解以及专业机构调解。

(三)仲裁

仲裁是当事人根据在纠纷发生前或纠纷发生后达成的协议,自愿将纠纷提交第三方(仲裁机构)做出裁决,纠纷各方都有义务执行该裁决的一种解决纠纷的方式。仲裁机构和法院不同。法院行使国家所赋予的审判权,向法院起诉不需要双方当事人在诉讼前达成协议,只要一方当事人向有审判管辖权的法院起诉,经法院受理后,另一方必须应诉。仲裁机构通常是民间团体的性质,其受理案件的管辖权来自双方协议,没有协议就无权受理仲裁。但是,有效的仲裁协议可以排除法院的管辖权;纠纷发生后,一方当事人提起仲裁的,另一方应当通过仲裁程序解决纠纷。

根据 1994 年 8 月颁布的《中华人民共和国仲裁法》(以下简称《仲裁法》)规定,该法的调整范围仅限于民商事仲裁,即"平等主体的公民、法人和其他组织之间发生的合同纠纷和其他财产权纠纷";劳动争议仲裁等不受《仲裁法》的调整,依法应当由行政机关处理的行政争议等不能仲裁。

仲裁的基本特点如下。

(1)自愿性　当事人的自愿性是仲裁最突出的特点。仲裁以当事人的自愿为前提,即是否将纠纷提交仲裁，向哪个仲裁委员会申请仲裁，仲裁庭如何组成，仲裁员的选择，以及仲裁的审理方式、开庭形式等，都是在当事人自愿的基础上，由当事人协商确定的。

(2)专业性　民商事仲裁往往涉及不同行业的专业知识，如建设工程纠纷的处理不仅涉及与工程建设有关的法律法规，还常常需要运用大量的工程造价、工程质量方面的专业知识，以及熟悉建筑业自身特有的交易习惯和行业惯例。仲裁机构的仲裁员是来自各行业具有一定专业水平的专家，精通专业知识、熟悉行业规则，对公正高效处理纠纷，确保仲裁结果公正准确，发挥着关键作用。专家裁案，是民商事仲裁的重要特点之一。

(3)灵活性　由于仲裁充分体现当事人的意思自治，仲裁中的许多具体程序都是由当事人协商确定和选择的，与诉讼相比，仲裁程序更加灵活，更具有弹性。

(4)保密性　仲裁以不公开审理为原则。同时，当事人及其代理人、证人、翻译、仲裁员、仲裁庭咨询的专家和指定的鉴定人、仲裁委员会有关工作人员也要遵守保密义务，不得对外界透露案件实体和程序的有关情况。因此，可以有效地保护当事人的商业秘密和商业信誉。

(5)快捷性　仲裁实行一裁终局制度，仲裁裁决一经做出即发生法律效力。仲裁裁决不能上诉，这使得当事人之间的纠纷能够迅速得以解决。

(6)独立性　《仲裁法》规定，仲裁委员会独立于行政机关，与行政机关没有隶属关系。仲裁委员会之间也没有隶属关系。

在仲裁过程中，仲裁庭独立进行仲裁，不受任何行政机关、社会团体和个人的干涉，也不受其他仲裁机构的干涉，具有独立性。

(四)诉讼

诉讼是指国家司法机关在当事人和其他诉讼参与人的参加下，依据法定的程序和方式，解决争议的审判活动。诉讼参与人包括原告、被告、第三人、证人、鉴定人、勘验人等。

诉讼与调解、仲裁这些非诉讼解决纠纷的方式相比，有以下基本特征。

(1)公权性　诉讼是由人民法院代表国家意志行使司法审判权，通过司法手段解决平等民事主体之间的纠纷。

(2)程序性　诉讼是依照法定程序进行的诉讼活动，无论是法院还是当事人和其他诉讼参与人，都应严格按照法律规定的程序和方式实施诉讼行为，违反诉讼程序常常会引起一定的法律后果。

诉讼分为一审程序、二审程序和执行程序三大诉讼阶段。并非每个案件都要经过这三个阶段，有的案件一审就终结，有的经过二审终结，有的不需要启动执行程序。但如果案件要经历诉讼全过程，就要按照上述顺序依次进行。

(3)强制性　诉讼的强制性既表现在案件的受理上，又反映在裁判的执行上。调解、仲裁均建立在当事人自愿的基础上，只要有一方当事人不愿意进行调解、仲裁，则调解和仲裁将不会发生。但诉讼不同，只要原告的起诉符合法定条件，无论被告是否愿意，诉讼都会发生。此外，和解、调解协议的履行依靠当事人的自觉，不具有强制执行的效力，但法院的裁判则具有强制执行的效力，一方当事人不履行生效判决或裁定，另一方当事人可以申请法院强制执行。

除上述四种民事纠纷解决方式外，由于建设工程活动及其纠纷的专业性、复杂性，我国在建设工程法律实践中还在探索其他解决纠纷的新方式,如争议评审机制。

任务二 证据制度

证据,是指在诉讼中能够证明案件真实情况的各种资料。当事人要证明自己提出的主张,需要向法院提供相应的证据资料。

掌握证据的种类才能正确收集证据;掌握证据的保全才能不使对自己有利的证据灭失;掌握证据的应用才能真正发挥证据的作用。

一、证据的种类

根据《民事诉讼法》的规定,根据表现形式的不同,民事证据有以下八种,分别是当事人的陈述、书证、物证、视听资料、电子数据、证人证言、鉴定意见、勘验笔录。

1. 书证

书证,是指以所载文字、符号、图案等方式所表达的思想内容来证明案件事实的书面材料或者其他物品。书证一般表现为各种书面形式文件或纸面文字材料(但非纸类材料亦可成为书证载体),如合同文件、各种信函、会议纪要、电报、传真、电子邮件、图纸、图表等。

2. 物证

物证,则是指以其存在、存放的地点、外部特征及物质特征来证明案件事实真相的证据。例如,在工程实践中,在对建筑材料、设备以及工程质量进行鉴定的过程中所涉及的各种证据,往往表现为物证这种形式。

在民事诉讼和仲裁过程中,应当遵循"优先提供原件或者原物"原则。《民事诉讼法》规定,"书证应当提交原件。物证应当提交原物。提交原件或者原物确有困难的,可以提交复制品、照片、副本、节录本"。

3. 视听资料

视听资料,是指利用录音、录像等技术手段反映的声音、图像以及电子计算机储存的数据证明案件事实的证据。在实践中,常见的视听资料包括录像带、录音带、胶卷、电话录音、电脑数据等。

视听资料虽然具有易于保存、生动逼真等优点,但另一方面,视听资料也有容易通过技术手段被篡改的缺点。因此,《最高人民法院关于民事诉讼证据的若干规定》中规定,存有疑点的视听资料,不能单独作为认定案件事实的依据。

4. 证人证言

证人,是指了解案件情况并向法院、仲裁机构或当事人提供证词的人。证人就案件情况所作的陈述即为证人证言。

《民事诉讼法》规定,证人有义务出庭作证。有关单位的负责人应当支持证人作证。证人确有困难不能出庭的,经人民法院许可,可以提交书面证言。不能正确表达意志的人,不能作证。《最高人民法院关于民事诉讼证据的若干规定》还规定,与一方当事人或者其代理人有利害关系的证人出具的证言,以及无正当理由未出庭作证的证人证言,不能单独作为认定案件事实的依据。

下列几类人不能作为证人：①不能正确表达意志的人；②诉讼代理人；③审判员、陪审员、书记员；④鉴定人员；⑤参与民事诉讼的检察人员。

5. 当事人陈述

当事人陈述，是指当事人在诉讼或仲裁中，就本案的事实向法院或仲裁机构所作的说明。人民法院对当事人的陈述，应当结合本案的其他证据，审查确定能否作为认定事实的根据。当事人对自己的主张，只有本人陈述而不能提出其他相关证据的，其主张不予支持。但对方当事人认可的除外。

6. 鉴定意见

在对建设工程领域诸如工程质量、造价等方面的纠纷进行处理的过程中，针对有关的专业问题，由法院或仲裁机构委托具有相应资格的专业鉴定机构进行鉴定，并出具相应鉴定结论，是法院或仲裁机构据以查明案件事实、进行裁判的重要手段之一。因此，鉴定结论作为我国民事证据的一种，在建设工程纠纷的处理过程中，具有特殊的重要性。

当事人申请鉴定，应当注意在举证期限内提出。根据《最高人民法院关于民事诉讼证据的若干规定》，对需要鉴定的事项负有举证责任的当事人，在人民法院指定的期限内无正当理由不提出鉴定申请，应当对该事实承担举证不能的法律后果。当事人申请鉴定经人民法院同意后，由双方当事人协商确定有鉴定资格的鉴定机构、鉴定人员，协商不成的，由人民法院指定。

7. 勘验笔录

勘验笔录，是指人民法院为了查明案件的事实，指派勘验人员对与案件争议有关的现场、物品或物体进行查验、拍照、测量，并将查验的情况与结果制成的笔录。当事人或者当事人的成年家属应当到场，拒不到场的，不影响勘验的进行。勘验笔录应由勘验人、当事人和被邀参加人签名或者盖章。包括文字记录、绘图、照相、录像、模型等材料。

8. 电子数据

所谓“电子证据”，是指与案件事实有关的电子邮件等以电子形式存在的证据。它是基于电子技术生成的，以数字化形存在于磁盘等载体的内容可与载体分离，并可多次复制到其他载体的信息。电子证据的形成需要借助于电子技术或者电子设备。电子证据作为证据使用时，往往以其派生物形式存在，如经打印机输出的电子数据的计算机截屏图纸质打印件，经声像设备输出的影像、声音。

电子数据具有技术含量高、脆弱（易被伪造和篡改）、复合性、间接性等特点，常见的电子证据有电子邮件（E-mail）、电子聊天记录（E-chat）、电子数据交换（EDI）、电子资金划拨（EFT）、电子公告牌记录（BBS）和电子签章（E-signature）。此外，可电子编辑的移动通讯通话记录、短信也属于电子数据。2012 年 8 月经修改后颁布的《民事诉讼法》，在传统 7 类证据基础上将电子证据作为新增的证据种类。

二、证据的应用

1. 举证时限

举证时限是指法律规定或法院、仲裁机构指定的当事人能够有效举证的期限。《民事诉讼法》规定，当事人对自己提出的主张应当及时提供证据。当事人在该期限内提供证据有苦难的，可以向人民法院申请延长期限，人民法院根据当事人的申请适当延长。

当事人逾期提供证据的，人民法院应当责令其说明理由，必要时可以要求其提供相应的证据。当事人因故意或者重大过失逾期提供的证据，人民法院不予采纳，但该证据与案件基本事实有关的，人民法院应当采纳，并依照规定予以训诫、罚款。当事人非因故意或者重大过失逾期提供的证据，人民法院应当采纳，并对当事人予以训诫。

2. 证据交换

我国民事诉讼中的证据交换，是指在诉讼答辩期届满后开庭审理前，在法院的主持下，当事人之间相互明示其持有证据的过程。证据交换制度的设立，有利于当事人之间明确争议焦点，集中辩论；有利于法院尽快了解案件争议焦点，集中审理；有利于当事人尽快了解对方的事实依据，促进当事人进行和解和调解。

人民法院组织当事人交换证据的，交换证据之日举证期限届满，当事人申请延期举证经法院准许的，证据交换日相应顺延。证据交换应当在审判人员的主持下进行。

3. 质证

质证，是指当事人在法庭的主持下，围绕证据的真实性、合法性、关联性，针对证据证明力有无以及证明力大小，进行质疑、说明与辩驳的过程。

《最高人民法院关于民事诉讼证据的若干规定》中规定，证据应当在法庭上出示，由当事人质证。未经质证的证据，不能作为认定案件事实的依据。

三、认证

认证，是指法院对经过质证或当事人在证据交换中认可的各种证据材料做出审查判断，确认其能否作为认定案件事实的根据。认证是正确认定案件事实的前提和基础，其具体内容是对证据有无证明力和证明力大小进行审查确认。

法院及审判人员对单一证据可以从下列方面进行审核认定：证据是否为原件、原物，复印件、复制品与原件、原物是否相符；证据与本案事实是否相关；证据的形式、来源是否符合法律规定；证据的内容是否真实；证人或者提供证据的人，与当事人有无利害关系。

1. 不能作为或不能单独作为认定案件事实依据的证据

（1）在诉讼中，当事人为达成调解协议或者和解目的做出妥协所涉及的对案件事实的认可，不得在其后的诉讼中作为对其不利的证据；

（2）对以严重侵害他人合法权益、违反法律禁止性规定或者严重违背公序良俗的方法形成或者获取的证据，不得作为认定案件事实的根据；

（3）不能单独作为认定案件事实的证据：①未成年人所做的与其年龄和智力状况不相当的证言；②与一方当事人或者其代理人有利害关系的证人出具的证言；③存有疑点的视听资料；④无法与原件、原物核对的复印件、复制品；⑤无正当理由未出庭作证的证人证言。

2. 可以作为认定案件事实依据的证据

（1）一方当事人提出的下列证据，对方当事人提出异议但没有足以反驳的相反证据的，法院应当确认其证明力：①书证原件或者与书证原件核对无误的复印件、照片、副本、节录本；②物证原物或者与物证原物核对无误的复制件、照片、录像资料等；③有其他证据佐证并以合法手段取得的，无疑点的视听资料或者与视听资料核对无误的复制件；④一方当事人申请法院依照法定程序制作的对物证或者现场的勘验笔录。

(2)法院委托鉴定部门做出的鉴定结论，当事人没有足以反驳的相反证据和理由的，可以确认其证明力。

(3)一方当事人提出的证据，另一方当事人认可或者提出的相反证据不足以反驳的，法院可以确认其证明力。

(4)双方当事人对同一事实分别举出相反的证据，但都没有足够的依据否定对方证据的，人民法院应结合案件情况，判断一方提供的证据的证明力是否明显大于另一方提供证据的证明力，并对证明力较大的证据予以确认。

任务三 仲裁制度

仲裁也是解决民事纠纷的重要途径，由于仲裁本身的特点，在工程建设纠纷的解决过程中被广泛使用。我国1994年8月颁布的《中华人民共和国仲裁法》(以下简称《仲裁法》)后，2005年12月最高人民法院发布的《关于适用〈中华人民共和国仲裁法〉若干问题的解释》，是我国仲裁经济纠纷的基本法律依据。

一、仲裁的三项基本制度

1. 协议仲裁制度

仲裁协议是当事人仲裁自愿的体现，当事人申请仲裁，仲裁委员会受理仲裁、仲裁庭对仲裁案件的审理和裁决，都必须以当事人依法订立的仲裁协议为前提。《仲裁法》规定，没有仲裁协议，一方申请仲裁的，仲裁委员会不予受理。

2. 或裁或审制度

仲裁和诉讼是两种不同的争议解决方式，当事人只能选用其中的一种。《仲裁法》第5条规定，当事人达成仲裁协议，一方向人民法院起诉的，人民法院不予受理，但仲裁协议无效的除外。因此，有效的仲裁协议可以排除法院对案件的司法管辖权，只有在没有仲裁协议或者仲裁协议无效的情况下，法院才可以对当事人的纠纷予以受理。

3. 一裁终局制度

仲裁实行一裁终局的制度。裁决做出后，当事人就同一纠纷再申请仲裁或者向人民法院起诉的，仲裁委员会或者人民法院不予受理。

二、仲裁的申请与受理

1. 申请仲裁的条件

当事人申请仲裁，应当符合下列条件：①有仲裁协议；②有具体的仲裁请求和事实、理由；③属于仲裁委员会的受理范围。

2. 审查与受理

仲裁委员会收到仲裁申请书之日起5日内，认为符合受理条件的应当受理，并通知当事人;认为不符合受理条件的,应当书面通知当事人不予受理,并说明理由。

3. 财产保全和证据保全

为保证仲裁程序顺利进行、仲裁案件公正审理以及仲裁裁决有效执行,当事人有权申请财产保全和证据保全。

申请人在人民法院采取保全措施后30日内不依法申请仲裁的,人民法院应当解除保全。

三、仲裁的开庭与裁决

(一)仲裁庭的组成

仲裁庭的组成形式包括合议仲裁庭和独任仲裁庭两种,即仲裁庭可以由3名仲裁员或者1名仲裁员组成。

1. 合议仲裁庭

当事人约定由3名仲裁员组成仲裁庭的,应当各自选定或者各自委托仲裁委员会主任指定1仲裁员,第3仲裁员由当事人共同选定或者共同委托仲裁委员会主任指定。第3仲裁员是首席仲裁员。

2. 独任仲裁庭

根据仲裁规则的规定或者当事人约定1仲裁员成立仲裁庭的,应当由当事人共同选定或者共同委托仲裁委员会主任指定仲裁员。

(二)开庭和审理

仲裁应当开庭审理做出裁决,这是仲裁审理的主要方式。当事人协议不开庭的,当事人应当对自己的主张提供证据。仲裁庭认为有必要收集的证据,可以自行收集。证据应当在开庭时出示,当事人可以质证。当事人在仲裁过程中有权进行辩论。

仲裁庭可以做出缺席裁决。申请人无正当理由开庭时不到庭的,或在开庭审理时未经仲裁庭许可中途退庭的,视为撤回仲裁申请;如果被申请人提出了反请求,不影响仲裁庭就反请求进行审理,并做出裁决。被申请人无正当理由开庭时不到庭的,或在开庭审理时未经仲裁庭许可中途退庭的,仲裁庭可以进行缺席审理,并做出裁决;如果被申请人提出了反请求,视为撤回反请求。

为了保护当事人的商业秘密和商业信誉,仲裁不公开进行,当事人协议公开的,可以公开进行,但涉及国家秘密的除外。

(三)仲裁中的和解与调解

当事人申请仲裁后,可以自行和解。达成和解协议的,可以请求仲裁庭根据和解协议做出裁决书,也可以撤回仲裁申请。当事人达成和解协议,撤回仲裁申请后反悔的,仍可以根据仲裁协议申请仲裁。

仲裁庭在做出裁决前,可以先行调解。当事人自愿调解的,仲裁庭应当调解。调解不成的,应当及时做出裁决。调解达成协议的,仲裁庭应当制作调解书或者根据协议的结果制作裁决书。调解书与裁决书具有同等法律效力。调解书经双方当事人签收后,即发生法律效力。在调解书签收前当事人反悔的,仲裁庭应当及时做出裁决。

(四)仲裁裁决

仲裁裁决是由仲裁庭做出的具有强制执行效力的法律文书。裁决应当按照多数仲裁员的意见做出,少数仲裁员的不同意见可以记入笔录。仲裁庭无法形成多数意见时,按照首席仲裁员的意见做出。裁决书自做出之日起发生法律效力。

裁决书的效力:①裁决书一裁终局,当事人不得就已经裁决的事项再申请仲裁,也不得就此提起诉讼;②仲裁裁决具有强制执行力,一方当事人不履行的,对方当事人可以到法院申请强制执行;③仲裁裁决在所有《承认和执行外国仲裁裁决公约》缔约国(或地区)可以得到承认和执行。

(五)申请撤销裁决

当事人提出证据证明裁决有上述情形之一的,可以向仲裁委员会所在地的中级人民法院申请撤销裁决:①没有仲裁协议的;②裁决的事项不属于仲裁机构的范围或者仲裁委员会无权仲裁的;③仲裁庭的组成或者仲裁的程序违反法定程序的;④裁决所依据的证据是伪造的;⑤对方当事人隐瞒了足以影响公正裁决的证据的;⑥仲裁员在仲裁时有索贿受贿、徇私舞弊、枉法裁决行为的。

当事人申请撤销裁决的,应当在收到裁决书之日起6个月内提出。根据《仲裁法》的规定,当事人就该纠纷可以根据双方重新达成的仲裁协议申请仲裁,也可以向人民法院起诉。

任务四 诉讼制度

一、诉讼管辖

民事诉讼中的管辖,是指各级法院之间和同级法院之间受理第一审民事案件的分工和权限。是在法院内部具体确定特定的民事案件由哪个法院行使民事审批权的一项制度。

管辖可以按照不同标准做多种分类,其中最重要、最常用的是级别管辖和地域管辖。

(一)级别管辖

级别管辖是按照一定标准,划分上下级法院之间受理第一审民事案件的分工和权限。

我国有基层人民法院、中级人民法院、高级人民法院和最高人民法院四级法院,都可以受理第一审民事案件,根据案件的性质、复杂程度和案件影响来确定级别管辖。

(1)基层人民法院管辖第一审民事案件,法律另有规定的除外。

(2)中级人民法院管辖下列第一审民事案件:重大涉外案件;在本辖区有重大影响的案件;最高人民法院确定由人民法院管辖的案件。

(3)高级人民法院管辖在本辖区有重大影响的第一审民事案件。

(4)最高人民法院管辖下列第一审民事案件:在全国有重大影响的案件;认为应当由本院审理的案件。

(二)地域管辖

地域管辖是指按照各法院的辖区和民事案件的隶属关系,划分同级法院受理第一审民事案件的分工和权限。地域管辖实际上是以法院与当事人、诉讼标的以及法律事实之间的隶属关系和关联关系来确定的,主要包括如下几种情况。

1. 一般地域管辖

一般地域管辖,是以当事人与法院的隶属关系来确定诉讼管辖,通常实行“原告就被告”原则,即以被告住所地作为确定管辖的标准。根据《民事诉讼法》规定:

(1)对公民提起的民事诉讼,由被告住所地人民法院管辖;被告住所地与经常居住地不一致的,由经常居住地人民法院管辖。其中,公民的住所地是指该公民的户籍所在地。经常居住地是指公民离开住所至起诉时已连续居住满1年的地方,但公民住院就医的地方除外。

(2)对法人或者其他组织提起的民事诉讼,由被告住所地人民法院管辖。被告住所地是指法人或者其他组织的主要办事机构所在地或注册所在地。

2. 特殊地域管辖

特殊地域管辖,是指民事案件以作为诉讼的特定法律关系或者标的物所在地为标准确定的管辖。我国《民事诉讼法》规定了九种特殊地域管辖的诉讼,其中与工程建设领域关系最为密切的是因合同纠纷提起的诉讼。

《民事诉讼法》第二十四条规定,因合同纠纷提起的诉讼,由被告住所地或者合同履行地人民法院管辖。《民事诉讼法》第二十五条规定,合同的当事人可以在书面合同中协议选择被告住所地、合同履行地、合同签订地、原告住所地、标的物所在地人民法院管辖,但不得违反本法对级别管辖和专属管辖的规定。

3. 专属管辖

专属管辖,是指法律规定某些特殊类型的案件专门由特定的人民法院管辖。专属管辖是排他性管辖,排除了诉讼当事人协议选择管辖法院的权利。专属管辖与一般地域管辖和特殊地域的关系是:凡法律规定为专属管辖的诉讼,均适用专属管辖。

《民事诉讼法》中规定了三种适用专属管辖的案件,其中因不动产纠纷提起的诉讼,由不动产所在地人民法院管辖,如房屋买卖纠纷、土地使用权转让纠纷等。《民事诉讼法解释》规定,建设工程施工合同纠纷按照不动产纠纷确定管辖。不动产已登记的,以不动产登记簿记载的所在地为不动产所在地;不动产登记地,以不动产实际所在地为不动产所在地。

二、民事诉讼参与人

1. 当事人

民事诉讼中的当事人,是指因民事权利和义务发生争议,以自己的名义进行诉讼,请求人民法院进行裁判的公民、法人或其他组织。狭义的民事诉讼当事人包括原告和被告。

2. 诉讼代理人

诉讼代理人,是指根据法律规定或当事人的委托,代理当事人进行民事诉讼活动的人。与代理分为法定代理、委托代理和指定代理相一致,诉讼代理人通常也可分为法定诉讼代理人、委托诉讼代理人和指定诉讼代理人。在建设工程领域，最常见的是委托诉讼代理人。

《民事诉讼法》规定，当事人、法定代理人可以委托一至二人作为诉讼代理人。下列人员可以被委托为诉讼代理人：①律师、基层法律服务工作者；②当事人的近亲属或者工作人员；③当事人所在社区、单位以及有关社会团体推荐的公民。

委托他人代为诉讼的，须向人民法院提交由委托人签名或盖章的授权委托书，授权委托书必须记明委托事项和权限。《民事诉讼法》第59条规定，“诉讼代理人代为承认、放弃、变更诉讼请求，进行和解、提起反诉或者上诉，必须有委托人的特别授权”。针对实践中经常出现的授权委托书仅写“全权代理”而无具体授权的情形，最高人民法院还特别规定，在这种情况下不能认定为诉讼代理人已获得特别授权，即诉讼代理人无权代为承认、放弃、变更诉讼请求，进行和解、提起反诉或者上诉。

三、审判程序

我国法院实行两审终审制。审判程序是人民法院审理案件适用的程序，可以分为一审程序、二审程序和审判监督程序。

(一)第一审程序

第一审程序包括普通程序和简易程序。普通程序是《民事诉讼法》规定的民事诉讼当事人进行第一审民事诉讼和人民法院审理第一审民事案件所通常适用的诉讼程序。简易程序是基层人民法院和它的派出法庭审理事实清楚、权利义务关系明确、争议不大的简单民事案件适用的程序。

普通程序是一审程序中最基本的程序，具有独立性和广泛性，是整个民事审判程序的基础。

1. 起诉

起诉必须符合下列条件：①原告是与本案有直接利害关系的公民、法人和其他组织；②有明确的被告；③有具体的诉讼请求、事实和理由；④属于人民法院受理民事诉讼的范围和受诉人民法院管辖。

《民事诉讼法》规定，起诉应当向人民法院提交起诉状，并按照被告人数提出副本。起诉方式，应当以书面起诉为原则，口头起诉为例外。在工程实践中，基本都是采用书面起诉方式。

起诉状应当记明下列事项：①原告的姓名、性别、年龄、民族、职业、工作单位和住所，法人或者其他组织的名称、住所和法定代表人或者主要负责人的姓名、职务；②被告的姓名、性别、工作单位和住所等信息；③诉讼请求和所根据的事实和理由；④证据和证据来源，证人姓名和住所。

起诉状中最好写明案由，民事案件案由是民事诉讼案件的名称，反映案件所涉及的民事法律关系的性质，是法院将诉讼争议所包含的法律关系进行的概括。根据最高人民法院2011年2月经修改后发布的《民事案件案由规定》，工程实践中常用的有两类：一类是购买建筑材料可能遇到的买卖合同纠纷，包括分期付款买卖合同纠纷、凭样品买卖合同纠纷、试用买卖合同纠纷、互易纠纷、国际货物买卖合同纠纷等；另一类是工程中可能遇到的各种合同纠纷,包括建设工程勘察合同纠纷、建设工程设计合同纠纷、建设工程施工合同纠纷、建设工程分包合同纠纷、建设工程监理合同纠纷、装饰装修合同纠纷。

2. 受理

人民法院应当保障当事人依照法律规定享有的起诉权利。符合起诉条件的,应当在7日内立案,并通知当事人;不符合起诉条件的,应当在7日内做出裁定书,不予受理;原告对裁定不服的,可以提出上诉。

审理前的主要准备工作如下。

(1)送达起诉状副本和提出答辩状。《民事诉讼法》规定,人民法院应当在立案之日起5日内将起诉状副本发送被告,被告应当在收到之日起15日内提出答辩状。被告提出答辩的,人民法院应当在收到答辩状之日起5日内将答辩状副本发送原告。送达诉讼文书必须有送达回证。被告不提出答辩的,不影响人民法院审理。

(2)开庭审理。人民法院审理民事案件,除涉及国家机密、个人隐私或者法律另有规定的以为,应当公开进行。公开审理是人民法院审理案件的一项基本原则。

1)准备开庭。开庭审理前,书记员应当查明当事人和其他诉讼参与人是否到庭,宣布法庭纪律,由审判长核对当事人,宣布开庭并公布法庭组成人员。

2)法庭调查。法庭调查按照下列程序进行:①当事人陈述;②告知证人的权利义务,证人作证,宣读未到庭的证人证言;③出示书证、物证和视听资料;④宣读鉴定结论;⑤宣读勘验笔录。

3)法庭辩论。法庭辩论按照下列顺序进行:原告及其诉讼代理人发言;被告及其诉讼代理人答辩;第三人及其诉讼代理人发言或者答辩;互相辩论。

法庭辩论的目的,是通过当事人及其诉讼代理人的辩论,对有争议的问题逐一进行审查和核实,借此查明案件的真实情况和正确适用法律。

(3)法庭笔录。书记员应当将法庭审理的全部活动记入笔录,由审判人员和书记员签名。

(4)宣判。法庭辩论终结,应当依法做出判决。根据《民事诉讼法》的规定,判决前能够调解的,还可以进行调解。调解书经双方当事人签收后,即具有法律效力。调解不成的,法院应当及时判决。

法院一律公开宣告判决,同时必须告知当事人上诉权利、上诉期限和上诉的法院。

(二)第二审程序

第二审程序(又称上诉程序或终审程序),是指由于民事诉讼当事人不服地方各级人民法院尚未生效的第一审判决或裁定,在法定上诉期间内,向上一级人民法院提起上诉而引起的诉讼程序。由于我国实行两审终审制,上诉案件经二审法院审理后做出的判决、裁定为终审的判决、裁定,诉讼程序即告终结。

1. 上诉的时间

当事人不服地方人民法院第一审判决的,有权在判决书送达之日起15日内向上一级人民法院提起上诉;不服地方人民法院第一审裁定的,有权在裁定书送达之日起10日内向上一级人民法院提起上诉。

2. 上诉状

当事人提起上诉，应当递交上诉状。上诉状应当通过原审法院提出，并按照对方当事人的人数提出副本。当事人直接向第二审人民法院上诉的，第二审人民法院应当在5日内将上诉状移交原审法院。

3. 二审法院对上诉案件的处理

《民事诉讼法》规定，第二审人民法院应当对上诉请求的有关事实和适用法律进行审查。第二审人民法院对上诉案件，应当组成合议庭，开通审理。经过阅卷、调查和询问当事人，对没有提出新的事实、证据或者理由，合议庭认为不需要开庭审理的，可以不开庭审理。

第二审人民法院对上诉案件，经过审理，按照下列情形，分别处理：①原判决、裁定认定事实清楚，适用法律正确的，判决驳回上诉，维持原判决、裁定；②原判决、裁定认定事实错误或者适用法律错误的，依法改判、撤销或者变更；③原判决认定基本事实不清的，裁定撤销原判决，发回原审人民法院重审，或者查清事实后改判；④原判决遗漏当事人或者违法缺席判决等严重违反法定程序的，裁定撤销原判决，发回原审人民法院重审。

第二审法院做出的具有给付内容的判决，具有强制执行力。如果有履行义务的当事人拒不履行，对方当事人有权向法院申请强制执行。

对于发回原审法院重审的案件，原审法院仍将按照一审程序进行审理。因此，当事人对重审案件的判决、裁定，仍然可以上诉。

（三）审判监督程序

1. 审判监督程序的概念

审判监督程序即再审程序，是指由有审判监督权的法定机关和人员提起，或由当事人申请，由人民法院对发生法律效力的判决、裁定、调解书再次审理的程序。

人民法院按照审判监督程序再审的案件，发生法律效力的判决、裁定是由第一审法院做出的，按照第一审程序审理，对所作的判决、裁定，当事人可以上诉；发生法律效力的判决、裁定是由第二审法院做出的，按照第二审程序审理，所作的判决、裁定是发生法律效力的判决、裁定；上级人民法院按照审判监督程序提审的，按照第二审程序审理，所作的判决、裁定是发生法律效力的判决、裁定。

2. 当事人申请再审的程序

当事人申请不一定引起审判监督程序，只有在同时符合下列条件的前提下，由人民法院依法决定，才可以启动再审程序。

（1）当事人申请再审的条件　当事人对已经发生法律效力的判决、裁定，认为有错误的，可以向上一级人民法院申请再审，但不停止判决、裁定的执行。当事人的申请符合下列情形之一的，人民法院应当再审：①有新的证据，足以推翻原判决、裁定的；②原判决、裁定认定的基本事实缺乏证据证明的；③原判决、裁定认定事实的主要证据是伪造的；④原判决、裁定认定事实的主要证据未经质证的；⑤对审理案件需要的主要证据，当事人因客观原因不能自行收集，书面申请人民法院调查收集，人民法院未调查收集的；⑥原判决、裁定适用法律确有错误的；⑦审判组织的组成不合法或者依法应当回避的审判人员没有回避的；⑧无诉讼行为能力人未经法定代理人代为诉讼或者应当参加诉讼的当事人，因不能归责于本人或者其诉讼代理人的事由，未参加诉讼的；⑨违反法律规定，剥夺当事人辩论权利的；⑩未经传票传唤，缺席判决的；⑪原判决、裁定遗漏或者超出诉讼请求的；⑫据以做出原判决、裁定的法律文书被撤销或者变更的；⑬审判人员审理该案件时有贪污受贿，徇私舞弊，枉法裁判行为的。

违反法定程序可能影响案件正确判决、裁定的情形，或者审判人员在审理该案件时有贪污受贿，徇私舞弊，枉法裁判行为的，人民法院应当再审。

(2)当事人可以申请再审的时间　当事人申请再审，应当在判决、裁定发生法律效力后6个月提出；6个月后发现新证据的，据以做出原判决、裁定的主要证据是伪造的，据以做出原判决、裁定的法律文书被撤销或者变更，以及发现审判人员在审理该案件时有贪污受贿，徇私舞弊，枉法裁判行为的，自知道或者应当知道之日起6个月内提出。

3.人民检察院的抗诉

抗诉是指人民检察院对人民法院发生法律效力的判决、裁定，发现有提起抗诉的法定情形，提请人民法院对案件重新审理。

最高人民检察院对各级人民法院已经发生法律效力的判决、裁定，上级人民检察院对下级人民法院已经发生法律效力的判决、裁定，发现有符合当事人可以申请再审情形之一的，或者发现调解书损害国家利益、社会公共利益的，应当按照审判监督程序提起抗诉。地方各级人民检察院对同级人民法院已经发生法律效力的判决、裁定，发现有符合当事人可以申请再审情形之一的，或者发现调解书损害国家利益、社会公共利益的，可以向同级人民法院提出检察建议，并报上级人民检察院备案；也可以提请上级人民检察院向同级人民法院提出抗诉。

发生下列情形之一的，应按照审判监督程序提起抗诉：①原判决、裁定认定事实的重要证据不足的；②原判决、裁定适用法律确有错误的；③人民法院违反法定程序，可能影响案件正确判决、裁定的；④审判人员在审理该案时有贪污受贿、徇私舞弊、枉法裁判行为的。

四、执行程序

审判程序与执行程序是并列的独立程序。审判程序是产生判决书的过程，执行程序是实行判决书内容的过程。执行程序，是指人民法院的执行机构依照法定的程序，对发生法律效力并具有给付内容的法律文书，以国家强制力为后盾，依法采取强制措施，迫使具有给付义务的当事人履行其给付义务的行为。

(一)执行依据

执行依据是当事人申请执行，人民法院移交执行以及人民法院采取强制措施的依据。执行依据主要有以下几种：①人民法院制作的发生法律效力的民事判决书、裁定书以及生效的调解书等；②人民法院做出的具有财产给付内容的发生法律效力的刑事判决书、裁定书；③仲裁机构制作的依法由人民法院执行的生效仲裁裁决书、仲裁调解书；④公证机关依法做出的赋予强制执行效力的公证债权文书；⑤人民法院做出的先予执行的裁定、执行回转的裁定以及承认并协助执行外国判决、裁定或裁决的裁定；⑥我国行政机关做出的法律明确规定由人民法院执行的行政决定；⑦人民法院以督促程序发布的支付令等。

(二)执行程序

1. 当事人申请执行

人民法院做出的判决、裁定等法律文书，当事人必须履行。如果无故不履行，另一方当事人可向有管辖权的人民法院申请强制执行。申请强制执行应提交申请强制执行书，并附作为执行根据的法律文书。申请强制执行，还须遵守申请执行期限。申请执行的期间为两年。申请执行时效的中止、中断，适用法律有关诉讼时效中止、中断的规定。这里的期间，从法律文书规定履行期间的最后 1 日起计算；法律文书规定分期履行的，从规定的每次履行期间的最后 1 日起计算；法律文书未规定履行期间的，从法律文书生效之日起计算。

人民法院自收到申请执行书之日起超过 6 个月未执行的，申请执行人可以向上一级人民政府申请执行。上一级人民法院经审查，可以责令原人民法院在一定期限内执行，也可以决定由本院执行或者指令其他人民法院执行。

《民事诉讼执行程序解释》中规定，有下列情形之一的，上一级人民政府可以根据申请执行人的申请，责令执行法院限期执行或者变更执行法院：①债权人申请执行时被执行人有可供执行的财产，执行法院自收到申请执行书之日起超过 6 个月的对该财产未执行完结的；②执行过程中发现被执行人可供提供执行的财产，执行法院自发现财产之日起超过 6 个对该财产未执行完结的；③对法律文书确定的行为义务的执行，执行法院自收到申请执行书之日起超过 6 个月未依法采取相应执行措施的；④其他有条件执行超过 6 个月未执行的。

2. 执行和解

在执行中，双方当事人自行和解达成协议的，执行员应当将协议内容记人笔录，由双方当事人签名或者盖章。一方当事人不履行和解协议的，人民法院可以根据对方当事人的申请，恢复对原生效法律文书的执行。

3. 执行措施

执行措施是指人民法院依照法定程序强制执行生效法律文书的方法和手段。在执行中，执行措施和执行程序是合为一体的。执行员接到申请执行书或者移交执行书，应当向被执行人发出执行通知，责令其在指定的期间履行，逾期不履行的，强制执行。被执行人不履行法律文书确定的义务，并有可能隐匿、转移财产的，执行员可以立即采取强制执行措施。

执行措施主要有：①查封、冻结、划拨被执行人的存款；②扣留、提取被执行人的收入；③查封、扣押、拍卖、变卖被执行人的财产；④对被执行人及其住所或财产隐匿地进行搜查；⑤强制被执行人和有关单位、公民交付法律文书指定的财物或票证；⑥强制被执行人迁出房屋或退出土地；⑦强制被执行人履行法律文书指定的行为；⑧办理财产权证照转移手续；⑨强制被执行人支付迟延履行期间的加倍债务利息或迟延履行金；⑩依申请执行人申请，通知对被执行人负有到期债务的第三人向申请执行人履行债务。

4. 执行中止

执行中止是指在执行过程中，因发生特殊情况，需要暂时停止执行程序。有下列情况之一的，人民法院应裁定中止执行：①申请人表示可以延期执行的；②案外人对执行标的提出确有理由异议的；③作为一方当事人的公民死亡，需要等待继承人继承权利或承担义务的；④作为一方当事人的法人或其他组织终止，尚未确定权利义务承受人的；④人民法院认为应当中止执行的其他情形，如被执行人确无财产可供执行等。中止的情形消失后，恢复执行。

5. 执行终结

在执行过程中，由于出现某些特殊情况，执行工作无法继续进行或没有必要继续进行的，结束执行程序。有下列情况之一的，人民法院应当裁定终结执行：①申请人撤销申请的；②据以执行的法律文书被撤销的；③作为被执行人的公民死亡，无遗产可供执行，又无义务承担人的；④追索赡养费、扶养费、抚育费案件的权利人死亡的；⑤作为被执行人的公民因生活困难无力偿还借款，无收入来源，又丧失劳动能力的；⑥人民法院认为应当终结执行的其他情形。

五、行政复议

行政复议是指公民、法人或者其他组织不服行政主体做出的具体行政行为，认为行政主体的具体行政行为侵犯了其合法权益，依法向法定行政复议机关提出复议申请，行政复议机关依法对该具体行政行为进行合法性、适当性审查，并做出行政复决定的行政行为，是公民、法人或其他组织通过行政救济途径解决行政争议的一种方法。

(一)行政复议范围

行政复议的目的，是为了防止和纠正违法的或者不当的具体行政行为，保护公民、法人和其他组织的合法权益，保障和监督行政机关依法行使职权。因此，只要是公民、法人或者其他组织、认为行政机关的具体行政行为侵犯其合法权益，就有权向行政机关提出行政复议申请。

根据2009年8月经修改后颁布的《行政复议法》规定，有11项可申请行政复议的具体行政行为，结合建设工程实践，其中七种尤为重要。

(1)对行政机关做出的警告、罚款、没收违法所得、没收非法财物、责令停产停业、暂扣或者吊销许可证、暂扣或者吊销执照、行政拘留等行政处罚决定不服的。

(2)对行政机关做出的限制人身自由或者查封、扣押、冻结财产等行政强制措施决定不服的。

(3)对行政机关做出的有关许可证、执照、资质证、资格证等证书变更、中止、撤销的决定不服的。

(4)认为行政机关侵犯合法的经营自主权的。

(5)认为行政机关违法集资、征收财物、摊派费用或者违法要求履行其他义务的。

(6)认为符合法定条件，申请行政机关颁发许可证、执照、资质证、资格证等证书，或者申请行政机关审批、登记有关事项，行政机关没有依法办理的。

(7)认为行政机关的其他具体行政行为侵犯其合法权益的。

此外，公民、法人或者其他组织认为行政机关的具体行政行为所依据的下列规定不合法，在对具体行政行为申请行政复议时，可以一并向行政复议机关提出对该规定的审查申请：①国务院部门的规定；②县级以上地方各级人民政府及其工作部门的规定；③乡、镇人民政府的规定。但以上规定不含国务院部、委员会规章和地方人民政府规章。规章的审查依照法律、行政法规办理。

下列事项应按规定的纠纷处理方式解决,不能提起行政复议:①不服行政机关做出的行政处分或者其他人事处理决定的,应当依照有关法律、行政法规的规定提起申诉;②不服行政机关对民事纠纷做出的调解或者其他处理,应当依法申请仲裁或者向法院提起诉讼。

(二)行政复议申请

公民、法人或者其他组织认为具体行政行为侵犯其合法权益的,可以自知道该具体行政行为之日起60日内提出行政复议申请;但法律规定的申请期限超过60日的除外。

申请人申请行政复议,可以书面申请,也可以口头申请。

申请行政复议,凡行政复议机关已经依法受理的,或者法律、法规规定应当先向行政复议机关申请行政复议、对行政复议决定不服再向人民法院提起行政诉讼的,在法定行政复议期限内不得向人民法院提起行政诉讼。公民、法人或者其他组织向人民法院提起行政诉讼,人民法院已经依法受理的,不得申请行政复议。

(三)行政复议受理

行政复议机关收到行政复议申请后,应当在5日内进行审查,依法决定是否受理,并书面告知申请人;对符合行政复议申请条件,但不属于本机关受理范围的,应当告知申请人向有关行政复议机关提出。

在行政复议期间,行政机关不停止执行该具体行政行为,但有下列情形之一的,可以停止执行:被申请人认为需要停止执行的;行政复议机关认为需要停止执行的;申请人申请停止执行,行政复议机关认为其要求合理,决定停止执行的;法律规定停止执行的。

(四)行政复议决定

行政复议决定做出前,申请人要求撤回行政复议申请的,经说明理由,可以撤回;撤回行政复议申请的,行政复议终止。

行政复议机关应当在受理行政复议申请之日起60日内作出行政复议决定,其主要类型如下:

(1)对于具体行政行为认定事实清楚,证据确凿,适用依据正确,程序合法,内容适当的,决定维持。

(2)对于被申请人不履行法定职责的,决定其在一定期限内履行。

(3)对于具体行政行为有下列情形之一的,决定撤销、变更或者确认该具体行政行为违法:①主要事实不清、证据不足的;②适用依据错误的;③违反法定程序的;④超越或者滥用职权的;⑤具体行政行为明显不当的。对于决定撤销或者确认该具体行政行为违法的,可以责令被申请人在一定期限内重新做出具体行政行为。

申请人在申请行政复议时可以一并提出行政赔偿请求,行政复议机关对符合国家赔偿法有关规定应当给予赔偿的,在决定撤销、变更具体行政行为或者确认具体行政行为违法时,应同时决定被申请人依法给予赔偿。

六、行政诉讼

(一)起诉

行政争议未经行政复议,由当事人直接向法院提起行政诉讼的,除法律另有规定的外,应当在知道做出具体行政行为之日起3个月内起诉。经过行政复议但对行政复议决定不服而依法提起行政诉讼的,应当在收到行政复议决定书之日起15日内起诉;若行政复议机关逾期不作复议决定的,除法律另有规定的外,应当在行政复议期满日起15日内起诉。

(二)受理

人民法院接到起诉状,经审查,应当在7日内立案或者做出裁定不予受理。原告对裁定不服的,可以提起上诉。

对当场不能判定是否符合本法规定的起诉条件的,应当接收起诉状,出具注明收到日期的书面凭证,并在7日内决定是否立案。不符合起诉条件的,做出不予立案的裁定。裁定书应当载明不予立案的理由。

对于不接收起诉状、接收起诉状后不出具书面凭证,以及不一次性告知当事人需要补正的起诉状内容的,当事人可以向上级人民法院投诉,上级人民法院应当责令改正,并对直接负责的主管人员和其他直接责任人员依法给予处分。人民法院既不立案,又不做出不予立案裁定的,当事人可以向上一级人民法院起诉。上一级人民法院认为符合起诉条件的,应当立案、审理,也可以指定其他下级人民法院立案、审理。

1. 审理

行政诉讼期间,除该法规定的情形外,不停止行政行为的执行。

人民法院公开审理行政案件,但涉及国家秘密、个人隐私和法律另有规定的除外。涉及商业秘密的案件,当事人申请不公开审理的,可以不公开审理。

人民法院审理行政案件,以法律和行政法规、地方性法规为依据。地方性法规适用于本行政区域内发生的行政案件。

经人民法院传票传唤,原告无正当理由拒不到庭的,或者未经法庭许可中途退庭的,可以按照撤诉处理;被告无正当理由拒不到庭的,或者未经法庭许可中途退庭的,可以缺席判决。

人民法院审理行政案件,不适用调解。但是,行政赔偿、补偿以及行政机关行使法律、法规规定的自由裁量权的案件可以调解。

2. 判决

法院对行政诉讼的一审判决有如下几种。

(1)具体行政行为证据确凿,适用法律、法规正确,符合法定程序的,人民法院判决驳回原告的诉讼请求。

(2)行政行为有下列情形的,人民法院判决撤销或者部分撤销:①主要证据不足的;②适用法律、法规错误的;③违反法定程序的;④超越职权的;⑤滥用职权的;⑥明显不当的。

(3)查明被告不履行或拖延履行法定职责,判决其在一定限期内履行。

(4)查明被告依法负有给付义务的,判决被告在一定期限内履行。

(5)行政行为有下列情形之一的,人民法院判决确认违法,但不撤销行政行为:①行政行为依法应当撤销,但撤销会给国家利益、社会公共利益造成重大损害的;②行政行为轻微违法,但对原告权利不产生实际影响的。行政行为有下列情形之一,不需要撤销或者判决履行的,人民法院判决确认违法:①行政行为违法,但不具有可撤销内容的;②被告改变违法行政行为,原告仍要求确认原行政行为违法的;③被告不履行或者拖延履行法定职责,判决履行没有意义的。

(6)行政行为有实施主体不具有行政主体资格或者没有依据等重大且明显违法情形,原告申请确认行政行为无效的,人民法院判决确认无效的。

(7)人民法院判决确认违法或者无效的,可以同时判决责令被告采取补救措施;给原告造成损失的,依法判决被告承担赔偿责任。

(8)行政处罚明显不当,或者其他行政行为涉及对数额的确定、认定确有错误的,人民法院可以判决变更。

当事人不服人民法院第一审判决的,有权在判决书送达之日起15日内向上一级人民法院提起上诉;不服人民法院第一审裁定的,有权在裁定书送达之日起10日内向上一级人民法院提起上诉。逾期不提起上诉的,人民法院的第一审判决或者裁定发生法律效力。

当事人对已经发生法律效力的判决、裁定,认为确有错误的,可以向原审人民法院或者上一级人民法院提出申诉,但判决、裁定不停止执行。

3. 执行

当事人必须履行人民法院发生法律效力的判决、裁定。公民、法人或者其他组织拒绝履行判决、裁定的,行政机关可以向第一审人民法院申请强制执行,或者依法强制执行。

行政机关拒绝履行判决、裁定的,第一审人民法院可以采取以下措施:①对应当归还的罚款或者应当给付的赔偿金,通知银行从该行政机关的账户内划拨;②在规定期限内不执行的,从期满之日起,对该行政机关按日处50元至100元的罚款;③将行政机关拒绝履行的情况予以公告;④向该行政机关的上一级行政机关或者监察、人事机关提出司法建议。接受司法建议的机关,根据有关规定进行处理,并将处理情况告知人民法院;⑤拒不执行判决、裁定、调解书,社会影响恶劣的,可以对该行政机关直接负责的主管人员和直接责任人员予以拘留任;情节严重,构成犯罪的,依法追究刑事责任。

公民、法人或者其他组织对具体行政行为在法定期间不提起诉讼又不履行的,行政机关可以申请人民法院强制执行,或者依法强制执行。

基础练习题

一、单选题

1. 建设工程纠纷,是指建设工程当事人对建设过程中的(　　)产生了不同的理解。

A. 工程进度　　　　B. 权利和义务

C. 款项支付　　　　D. 工程质量

2. 和解与调解相比较,其主要区别为(　　)。

A. 是否能够经济、及时地解决纠纷
B. 纠纷的解决有无第三方介入
C. 是否利于维护双方的合作关系
D. 达成的协议是否具有强制执行的效力

3. 下列关于合同争议解决方式之一的仲裁的说法不正确的是(　　)。
A. 这种争议解决方式必须是自愿的,因此必须有仲裁协议
B. 仲裁实行一裁终局原则
C. 仲裁机构是独立的组织,相互之间无隶属关系
D. 仲裁员必须由仲裁委员会指定

4. 合同一方当事人不履行仲裁裁决的,仲裁委员会(　　)。
A. 可以委托工商行政管理部门执行
B. 不可以强制执行
C. 由人民法院强制执行
D. 移交检察机关强制执行

5. 下列各项中,不属于专属管辖的内容的是(　　)。
A. 因不动产纠纷提起的诉讼,由不动产所在地人民法院管辖
B. 因港口作业中发生纠纷提起的诉讼,由港口所在地人民法院管辖
C. 因特殊的诉讼标的或诉讼标的物发生纠纷提起的诉讼,由诉讼标的或诉讼标的物所在地人民法院管辖
D. 因继承遗产纠纷提起的诉讼,由被继承人死亡时住所地或者主要遗产所在地人民法院管辖

二、多选题

1. 合同纠纷,是指因合同的(　　)等行为而引起的合同当事人之间的所有争议。
A. 生效　　B. 解释
C. 履行　　D. 变更
E. 终止

2. 民事纠纷的法律解决途径主要有(　　)。
A. 和解　　B. 调解
C. 仲裁　　D. 诉讼
E. 行政复议

3. 根据《民事诉讼法》的规定,根据表现形式的不同,民事证据分别是(　　)。
A. 当事人的陈述　　B. 书证、物证
C. 证人证言　　D. 鉴定意见
E. 勘验笔录

4. 仲裁协议包括以下(　　)内容。
A. 请求仲裁的意思表示　　B. 不向法院起诉的承诺
C. 仲裁事项　　D. 双方争议的解决方式
E. 所选定的仲裁委员会

5. 不能单独作为认定案件事实的证据有(　　)。

A. 未成年人所作的与其年龄和智力状况不相当的证言

B. 与一方当事人或者其代理人有利害关系的证人出具的证言

C. 存有疑点的视听资料

D. 无法与原件、原物核对的复印件、复制品

E. 无正当理由未出庭作证的证人证言

三、简答题

1. 可以被委托为诉讼代理人主要有哪些?

2. 简述仲裁的基本特点。

3. 简述视听资料的定义,常见的视听资料包括哪些?

4. 简述申请仲裁的条件。

5. 简述法庭调查的程序。

四、案例分析题

甲公司与乙公司因合同纠纷向某区基层法院起诉,乙应诉,经开庭审理,法院判决甲胜诉,乙对区法院的判决实体内容无异议,却以双方签订了仲裁协议为由向市中级人民法院提出上诉,要求据此撤销一审判决。

试分析:

1. 甲乙两公司合同纠纷的法律解决途径有哪些?

2. 市中级人民法院的正确处理方式是什么?

附录一 《中华人民共和国建筑法》

《全国人民代表大会常务委员会关于修改〈中华人民共和国建筑法〉的决定》已由中华人民共和国第十一届全国人民代表大会常务委员会第二十次会议于2011年4月22日通过，现予公布，自2011年7月1日起施行。

中华人民共和国主席 胡锦涛

2011年4月22日

中华人民共和国建筑法

（1997年11月1日第八届全国人民代表大会常务委员会第二十八次会议通过根据2011年4月22日第十一届全国人民代表大会常务委员会第二十次会议《关于修改〈中华人民共和国建筑法〉的决定》修正）

目 录

第八章　附则

第一章　总则

第一条　为了加强对建筑活动的监督管理，维护建筑市场秩序，保证建筑工程的质量和安全，促进建筑业健康发展，制定本法。

第二条　在中华人民共和国境内从事建筑活动，实施对建筑活动的监督管理，应当遵守本法。本法所称建筑活动，是指各类房屋建筑及其附属设施的建造和与其配套的线路、管道、设备的安装活动。

第三条　建筑活动应当确保建筑工程质量和安全，符合国家的建筑工程安全标准。

第四条　国家扶持建筑业的发展，支持建筑科学技术研究，提高房屋建筑设计水平，鼓励节约能源和保护环境，提倡采用先进技术、先进设备、先进工艺、新型建筑材料和现代管理方式。

第五条　从事建筑活动应当遵守法律、法规，不得损害社会公共利益和他人的合法权益。任何单位和个人都不得妨碍和阻挠依法进行的建筑活动。

第六条　国务院建设行政主管部门对全国的建筑活动实施统一监督管理。

第二章　建筑许可

第一节　建筑工程施工许可

第七条　建筑工程开工前，建设单位应当按照国家有关规定向工程所在地县级以上人民政府建设行政主管部门申请领取施工许可证；但是，国务院建设行政主管部门确定的限额以下的小型工程除外。按照国务院规定的权限和程序批准开工报告的建筑工程，不再领取施工许可证。

第八条　申请领取施工许可证，应当具备下列条件：

（一）已经办理该建筑工程用地批准手续；

（二）在城市规划区的建筑工程，已经取得规划许可证；

（三）需要拆迁的，其拆迁进度符合施工要求；

（四）已经确定建筑施工企业；

（五）有满足施工需要的施工图纸及技术资料；

（六）有保证工程质量和安全的具体措施；

（七）建设资金已经落实；

（八）法律、行政法规规定的其他条件。建设行政主管部门应当自收到申请之日起十五日内，对符合条件的申请颁发施工许可证。

第九条　建设单位应当自领取施工许可证之日起三个月内开工。因故不能按期开工的，应当向发证机关申请延期；延期以两次为限，每次不超过三个月。既不开工又不申请延期或者超过延期时限的，施工许可证自行废止。

第十条　在建的建筑工程因故中止施工的，建设单位应当自中止施工之日起一个月内，向发证机关报告，并按照规定做好建筑工程的维护管理工作。建筑工程恢复施工时，应当向发证机关报告;中止施工满一年的工程恢复施工前,建设单位应当报发证机关核验施工许可证。

第十一条 按照国务院有关规定批准开工报告的建筑工程,因故不能按期开工或者中止施工的,应当及时向批准机关报告情况。因故不能按期开工超过六个月的,应当重新办理开工报告的批准手续。

第二节 从业资格

第十二条 从事建筑活动的建筑施工企业、勘察单位、设计单位和工程监理单位,应当具备下列条件:

(一)有符合国家规定的注册资本;

(二)有与其从事的建筑活动相适应的具有法定执业资格的专业技术人员;

(三)有从事相关建筑活动所应有的技术装备;

(四)法律、行政法规规定的其他条件。

第十三条 从事建筑活动的建筑施工企业、勘察单位、设计单位和工程监理单位,按照其拥有的注册资本、专业技术人员、技术装备和已完成的建筑工程业绩等资质条件,划分为不同的资质等级,经资质审查合格,取得相应等级的资质证书后,方可在其资质等级许可的范围内从事建筑活动。

第十四条 从事建筑活动的专业技术人员,应当依法取得相应的执业资格证书,并在执业资格证书许可的范围内从事建筑活动。

第三章 建筑工程发包与承包

第一节 一般规定

第十五条 建筑工程的发包单位与承包单位应当依法订立书面合同,明确双方的权利和义务。发包单位和承包单位应当全面履行合同约定的义务。不按照合同约定履行义务的,依法承担违约责任。

第十六条 建筑工程发包与承包的招标投标活动,应当遵循公开、公正、平等竞争的原则,择优选择承包单位。建筑工程的招标投标,本法没有规定的,适用有关招标投标法律的规定。

第十七条 发包单位及其工作人员在建筑工程发包中不得收受贿赂、回扣或者索取其他好处。承包单位及其工作人员不得利用向发包单位及其工作人员行贿、提供回扣或者给予其他好处等不正当手段承揽工程。

第十八条 建筑工程造价应当按照国家有关规定,由发包单位与承包单位在合同中约定。公开招标发包的,其造价的约定,须遵守招标投标法律的规定。发包单位应当按照合同的约定,及时拨付工程款项。

第二节 发包

第十九条 建筑工程依法实行招标发包,对不适于招标发包的可以直接发包。

第二十条 建筑工程实行公开招标的,发包单位应当依照法定程序和方式,发布招标公告,提供载有招标工程的主要技术要求、主要的合同条款、评标的标准和方法以及开标、评标、定标的程序等内容的招标文件。开标应当在招标文件规定的时间、地点公开进行。开标后应当按照招标文件规定的评标标准和程序对标书进行评价、比较,在具备相应资质条件的投标者中,择优选定中标者。

第二十一条　建筑工程招标的开标、评标、定标由建设单位依法组织实施,并接受有关行政主管部门的监督。

第二十二条　建筑工程实行招标发包的,发包单位应当将建筑工程发包给依法中标的承包单位。建筑工程实行直接发包的,发包单位应当将建筑工程发包给具有相应资质条件的承包单位。

第二十三条　政府及其所属部门不得滥用行政权力,限定发包单位将招标发包的建筑工程发包给指定的承包单位。

第二十四条　提倡对建筑工程实行总承包,禁止将建筑工程肢解发包。建筑工程的发包单位可以将建筑工程的勘察、设计、施工、设备采购一并发包给一个工程总承包单位,也可以将建筑工程勘察、设计、施工、设备采购的一项或者多项发包给一个工程总承包单位;但是,不得将应当由一个承包单位完成的建筑工程肢解成若干部分发包给几个承包单位。

第二十五条　按照合同约定,建筑材料、建筑构配件和设备由工程承包单位采购的,发包单位不得指定承包单位购入用于工程的建筑材料、建筑构配件和设备或者指定生产厂、供应商。

第三节　承包

第二十六条　承包建筑工程的单位应当持有依法取得的资质证书,并在其资质等级许可的业务范围内承揽工程。禁止建筑施工企业超越本企业资质等级许可的业务范围或者以任何形式用其他建筑施工企业的名义承揽工程。禁止建筑施工企业以任何形式允许其他单位或者个人使用本企业的资质证书、营业执照,以本企业的名义承揽工程。

第二十七条　大型建筑工程或者结构复杂的建筑工程,可以由两个以上的承包单位联合共同承包。共同承包的各方对承包合同的履行承担连带责任。两个以上不同资质等级的单位实行联合共同承包的,应当按照资质等级低的单位的业务许可范围承揽工程。

第二十八条　禁止承包单位将其承包的全部建筑工程转包给他人,禁止承包单位将其承包的全部建筑工程肢解以后以分包的名义分别转包给他人。

第二十九条　建筑工程总承包单位可以将承包工程中的部分工程发包给具有相应资质条件的分包单位;但是,除总承包合同中约定的分包外,必须经建设单位认可。施工总承包的,建筑工程主体结构的施工必须由总承包单位自行完成。建筑工程总承包单位按照总承包合同的约定对建设单位负责;分包单位按照分包合同的约定对总承包单位负责。总承包单位和分包单位就分包工程对建设单位承担连带责任。禁止总承包单位将工程分包给不具备相应资质条件的单位。禁止分包单位将其承包的工程再分包。

第四章　建筑工程监理

第三十条　国家推行建筑工程监理制定。国务院可以规定实行强制监理的建筑工程的范围。

第三十一条 实行监理的建筑工程,由建设单位委托具有相应资质条件的工程监理单位监理。建设单位与其委托的工程监理单位应当订立书面委托监理合同。

第三十二条 建筑工程监理应当依照法律、行政法规及有关的技术标准、设计文件和建筑工程承包合同,对承包单位在施工质量、建设工期和建设资金使用等方面,代表建设单位实施监督。工程监理人员认为工程施工不符合工程设计要求、施工技术标准和合同约定的,有权要求建筑施工企业改正。工程监理人员发现工程设计不符合建筑工程质量标准或者合同约定的质量要求的,应当报告建设单位要求设计单位改正。

第三十三条 实施建筑工程监理前,建设单位应当将委托的工程监理单位、监理的内容及监理权限,书面通知被监理的建筑施工企业。

第三十四条 工程监理单位应当在其资质等级许可的监理范围内,承担工程监理业务。工程监理单位应当根据建设单位的委托,客观、公正地执行监理任务。工程监理单位与被监理工程的承包单位以及建筑材料、建筑构配件和设备供应单位不得有隶属关系或者其他利害关系。工程监理单位不得转让工程监理业务。

第三十五条 工程监理单位不按照委托监理合同的约定履行监理义务,对应当监督检查的项目不检查或者不按照规定检查,给建设单位造成损失的,应当承担相应的赔偿责任。工程监理单位与承包单位串通,为承包单位谋取非法利益,给建设单位造成损失的,应当与承包单位承担连带赔偿责任。

第五章 建筑安全生产管理

第三十六条 建筑工程安全生产管理必须坚持安全第一、预防为主的方针,建立健全安全生产的责任制度和群防群治制度。

第三十七条 建筑工程设计应当符合按照国家规定制定的建筑安全规程和技术规范,保证工程的安全性能。

第三十八条 建筑施工企业在编制施工组织设计时,应当根据建筑工程的特点制定相应的安全技术措施;对专业性较强的工程项目,应当编制专项安全施工组织设计,并采取安全技术措施。

第三十九条 建筑施工企业应当在施工现场采取维护安全、防范危险、预防火灾等措施;有条件的,应当对施工现场实行封闭管理。施工现场对毗邻的建筑物、构筑物和特殊作业环境可能造成损害的,建筑施工企业应当采取安全防护措施。

第四十条 建设单位应当向建筑施工企业提供与施工现场相关的地下管线资料,建筑施工企业应当采取措施加以保护。

第四十一条 建筑施工企业应当遵守有关环境保护和安全生产的法律、法规的规定,采取控制和处理施工现场的各种粉尘、废气、废水、固体废物以及噪声、振动对环境的污染和危害的措施。

第四十二条 有下列情形之一的,建设单位应当按照国家有关规定办理申请批准手续:

(一)需要临时占用规划批准范围以外场地的;

(二)可能损坏道路、管线、电力、邮电通讯等公共设施的;

（三）需要临时停水、停电、中断道路交通的；

（四）需要进行爆破作业的；

（五）法律、法规规定需要办理报批手续的其他情形。

第四十三条　建设行政主管部门负责建筑安全生产的管理，并依法接受劳动行政主管部门对建筑安全生产的指导和监督。

第四十四条　建筑施工企业必须依法加强对建筑安全生产的管理，执行安全生产责任制度，采取有效措施，防止伤亡和其他安全生产事故的发生。建筑施工企业的法定代表人对本企业的安全生产负责。

第四十五条　施工现场安全由建筑施工企业负责。实行施工总承包的，由总承包单位负责。分包单位向总承包单位负责，服从总承包单位对施工现场的安全生产管理。

第四十六条　建筑施工企业应当建立健全劳动安全生产教育培训制度，加强对职工安全生产的教育培训；未经安全生产教育培训的人员，不得上岗作业。

第四十七条　建筑施工企业和作业人员在施工过程中，应当遵守有关安全生产的法律、法规和建筑行业安全规章、规程，不得违章指挥或者违章作业。作业人员有权对影响人身健康的作业程序和作业条件提出改进意见，有权获得安全生产所需的防护用品。作业人员对危及生命安全和人身健康的行为有权提出批评、检举和控告。

第四十八条　建筑施工企业应当依法为职工参加工伤保险缴纳工伤保险费。鼓励企业为从事危险作业的职工办理意外伤害保险，支付保险费。

第四十九条　涉及建筑主体和承重结构变动的装修工程，建设单位应当在施工前委托原设计单位或者具有相应资质条件的设计单位提出设计方案；没有设计方案的，不得施工。

第五十条　房屋拆除应当由具备保证安全条件的建筑施工单位承担，由建筑施工单位负责人对安全负责。

第五十一条　施工中发生事故时，建筑施工企业应当采取紧急措施减少人员伤亡和事故损失，并按照国家有关规定及时向有关部门报告。

第六章　建筑工程质量管理

第五十二条　建筑工程勘察、设计、施工的质量必须符合国家有关建筑工程安全标准的要求，具体管理办法由国务院规定。有关建筑工程安全的国家标准不能适应确保建筑安全的要求时，应当及时修订。

第五十三条　国家对从事建筑活动的单位推行质量体系认证制度。从事建筑活动的单位根据自愿原则可以向国务院产品质量监督管理部门或者国务院产品质量监督管理部门授权的部门认可的认证机构申请质量体系认证。经认证合格的，由认证机构颁发质量体系认证证书。

第五十四条　建设单位不得以任何理由，要求建筑设计单位或者建筑施工企业在工程设计或者施工作业中，违反法律、行政法规和建筑工程质量、安全标准，降低工程质量。建筑设计单位和建筑施工企业对建设单位违反前款规定提出的降低工程质量的要求，应当予以拒绝。

第五十五条　建筑工程实行总承包的，工程质量由工程总承包单位负责，总承包单位将建筑工程分包给其他单位的，应当对分包工程的质量与分包单位承担连带责任。分包单位应当接受总承包单位的质量管理。

第五十六条　建筑工程的勘察、设计单位必须对其勘察、设计的质量负责。勘察、设计文件应当符合有关法律、行政法规的规定和建筑工程质量、安全标准、建筑工程勘察、设计技术规范以及合同的约定。设计文件选用的建筑材料、建筑构配件和设备，应当注明其规格、型号、性能等技术指标，其质量要求必须符合国家规定的标准。

第五十七条　建筑设计单位对设计文件选用的建筑材料、建筑构配件和设备，不得指定生产厂、供应商。

第五十八条　建筑施工企业对工程的施工质量负责。建筑施工企业必须按照工程设计图纸和施工技术标准施工，不得偷工减料。工程设计的修改由原设计单位负责，建筑施工企业不得擅自修改工程设计。

第五十九条　建筑施工企业必须按照工程设计要求、施工技术标准和合同的约定，对建筑材料、建筑构配件和设备进行检验，不合格的不得使用。

第六十条　建筑物在合理使用寿命内，必须确保地基基础工程和主体结构的质量。建筑工程竣工时，屋顶、墙面不得留有渗漏、开裂等质量缺陷；对已发现的质量缺陷，建筑施工企业应当修复。

第六十一条　交付竣工验收的建筑工程，必须符合规定的建筑工程质量标准，有完整的工程技术经济资料和经签署的工程保修书，并具备国家规定的其他竣工条件。建筑工程竣工经验收合格后，方可交付使用；未经验收或者验收不合格的，不得交付使用。

第六十二条　建筑工程实行质量保修制度。建筑工程的保修范围应当包括地基基础工程、主体结构工程、屋面防水工程和其他土建工程，以及电气管线、上下水管线的安装工程，供热、供冷系统工程等项目；保修的期限应当按照保证建筑物合理寿命年限内正常使用，维护使用者合法权益的原则确定。具体的保修范围和最低保修期限由国务院规定。

第六十三条　任何单位和个人对建筑工程的质量事故、质量缺陷都有权向建设行政主管部门或者其他有关部门进行检举、控告、投诉。

第七章　法律责任

第六十四条　违反本法规定，未取得施工许可证或者开工报告未经批准擅自施工的，责令改正，对不符合开工条件的责令停止施工，可以处以罚款。

第六十五条　发包单位将工程发包给不具有相应资质条件的承包单位的，或者违反本法规定将建筑工程肢解发包的，责令改正，处以罚款。超越本单位资质等级承揽工程的，责令停止违法行为，处以罚款，可以责令停业整顿，降低资质等级；情节严重的，吊销资质证书；有违法所得的，予以没收。未取得资质证书承揽工程的，予以取缔，并处罚款；有违法所得的，予以没收。以欺骗手段取得资质证书的，吊销资质证书，处以罚款；构成犯罪的，依法追究刑事责任。

第六十六条　建筑施工企业转让、出借资质证书或者以其他方式允许他人以本企业的名义承揽工程的，责令改正，没收违法所得，并处罚款，可以责令停业整顿，降低资质等级;情节严重的,吊销资质证书。对因该项承揽工程不符合规定的质量标准造成的损失,建筑施工企业与使用本企业名义的单位或者个人承担连带赔偿责任。

第六十七条 承包单位将承包的工程转包的,或者违反本法规定进行分包的,责令改正,没收违法所得,并处罚款,可以责令停业整顿,降低资质等级;情节严重的,吊销资质证书。承包单位有前款规定的违法行为的,对因转包工程或者违法分包的工程不符合规定的质量标准造成的损失,与接受转包或者分包的单位承担连带赔偿责任。

第六十八条 在工程发包与承包中索贿、受贿、行贿,构成犯罪的,依法追究刑事责任;不构成犯罪的,分别处以罚款,没收贿赂的财物,对直接负责的主管人员和其他直接责任人员给予处分。对在工程承包中行贿的承包单位,除依照前款规定处罚外,可以责令停业整顿,降低资质等级或者吊销资质证书。

第六十九条 工程监理单位与建设单位或者建筑施工企业串通,弄虚作假、降低工程质量的,责令改正,处以罚款,降低资质等级或者吊销资质证书;有违法所得的,予以没收;造成损失的,承担连带赔偿责任;构成犯罪的,依法追究刑事责任。工程监理单位转让监理业务的,责令改正,没收违法所得,可以责令停业整顿,降低资质等级;情节严重的,吊销资质证书。

第七十条 违反本法规定,涉及建筑主体或者承重结构变动的装修工程擅自施工的,责令改正,处以罚款;造成损失的,承担赔偿责任;构成犯罪的,依法追究刑事责任。

第七十一条 建筑施工企业违反本法规定,对建筑安全事故隐患不采取措施予以消除的,责令改正,可以处以罚款;情节严重的,责令停业整顿,降低资质等级或者吊销资质证书;构成犯罪的,依法追究刑事责任。建筑施工企业的管理人员违章指挥、强令职工冒险作业,因而发生重大伤亡事故或者造成其他严重后果的,依法追究刑事责任。

第七十二条 建设单位违反本法规定,要求建筑设计单位或者建筑施工企业违反建筑工程质量、安全标准,降低工程质量的,责令改正,可以处以罚款;构成犯罪的,依法追究刑事责任。

第七十三条 建筑设计单位不按照建筑工程质量、安全标准进行设计的,责令改正,处以罚款;造成工程质量事故的,责令停业整顿,降低资质等级或者吊销资质证书,没收违法所得,并处罚款;造成损失的,承担赔偿责任;构成犯罪的,依法追究刑事责任。

第七十四条 建筑施工企业在施工中偷工减料的,使用不合格的建筑材料、建筑构配件和设备的,或者有其他不按照工程设计图纸或者施工技术标准施工的行为的,责令改正,处以罚款;情节严重的,责令停业整顿,降低资质等级或者吊销资质证书;造成建筑工程质量不符合规定的质量标准的,负责返工、修理,并赔偿因此造成的损失;构成犯罪的,依法追究刑事责任。

第七十五条 建筑施工企业违反本法规定,不履行保修义务或者拖延履行保修义务的,责令改正,可以处以罚款,并对在保修期内因屋顶、墙面渗漏、开裂等质量缺陷造成的损失,承担赔偿责任。

第七十六条 本法规定的责令停业整顿、降低资质等级和吊销资质证书的行政处罚,由颁发资质证书的机关决定;其他行政处罚,由建设行政主管部门或者有关部门依照法律和国务院规定的职权范围决定。依照本法规定被吊销资质证书的,由工商行政管理部门吊销其营业执照。

第七十七条 违反本法规定,对不具备相应资质等级条件的单位颁发该等级资质证书的,由其上级机关责令收回所发的资质证书,对直接负责的主管人员和其他直接责任人员给予行政处分;构成犯罪的,依法追究刑事责任。

第七十八条 政府及其所属部门的工作人员违反本法规定,限定发包单位将招标发包的工程发包给指定的承包单位的,由上级机关责令改正;构成犯罪的,依法追究刑事责任。

第七十九条 负责颁发建筑工程施工许可证的部门及其工作人员对不符合施工条件的建筑工程颁发施工许可证的,负责工程质量监督检查或者竣工验收的部门及其工作人员对不合格的建筑工程出具质量合格文件或者按合格工程验收的,由上级机关责令改正,对责任人员给予行政处分;构成犯罪的,依法追究刑事责任;造成损失的,由该部门承担相应的赔偿责任。

第八十条 在建筑物的合理使用寿命内,因建筑工程质量不合格受到损害的,有权向责任者要求赔偿。

第八章 附则

第八十一条 本法关于施工许可、建筑施工企业资质审查和建筑工程发包、承包、禁止转包,以及建筑工程监理、建筑工程安全和质量管理的规定,适用于其他专业建筑工程的建筑活动,具体办法由国务院规定。

第八十二条 建设行政主管部门和其他有关部门在对建筑活动实施监督管理中,除按照国务院有关规定收取费用外,不得收取其他费用。

第八十三条 省、自治区、直辖市人民政府确定的小型房屋建筑工程的建筑活动,参照本法执行。依法核定作为文物保护的纪念建筑物和古建筑等的修缮,依照文物保护的有关法律规定执行。抢险救灾及其他临时性房屋建筑和农民自建低层住宅的建筑活动,不适用本法。

第八十四条 军用房屋建筑工程建筑活动的具体管理办法,由国务院、中央军事委员会依据本法制定。

第八十五条 本法自 1998 年 3 月 1 日起施行。

附录二 《中华人民共和国安全生产法》

《全国人民代表大会常务委员会关于修改〈中华人民共和国安全生产法〉的决定》已由中华人民共和国第十二届全国人民代表大会常务委员会第十次会议于 2014 年 8 月 31 日通过，现予公布，自 2014 年 12 月 1 日起施行。

中华人民共和国主席习近平

2014 年 8 月 31 日

目　录

第一章　总则

第一条　为了加强安全生产工作，防止和减少生产安全事故，保障人民群众生命和财产安全，促进经济社会持续健康发展，制定本法。

第二条　在中华人民共和国领域内从事生产经营活动的单位（以下统称生产经营单位）的安全生产，适用本法；有关法律、行政法规对消防安全和道路交通安全、铁路交通安全、水上交通安全、民用航空安全以及核与辐射安全、特种设备安全另有规定的，适用其规定。

第三条　安全生产工作应当以人为本，坚持安全发展，坚持安全第一、预防为主、综合治理的方针，强化和落实生产经营单位的主体责任，建立生产经营单位负责、职工参与、政府监管、行业自律和社会监督的机制。

第四条 生产经营单位必须遵守本法和其他有关安全生产的法律、法规，加强安全生产管理，建立、健全安全生产责任制和安全生产规章制度，改善安全生产条件，推进安全生产标准化建设，提高安全生产水平，确保安全生产。

第五条 生产经营单位的主要负责人对本单位的安全生产工作全面负责。

第六条 生产经营单位的从业人员有依法获得安全生产保障的权利，并应当依法履行安全生产方面的义务。

第七条 工会依法对安全生产工作进行监督。生产经营单位的工会依法组织职工参加本单位安全生产工作的民主管理和民主监督，维护职工在安全生产方面的合法权益。生产经营单位制定或者修改有关安全生产的规章制度，应当听取工会的意见。

第八条 国务院和县级以上地方各级人民政府应当根据国民经济和社会发展规划制定安全生产规划，并组织实施。安全生产规划应当与城乡规划相衔接。国务院和县级以上地方各级人民政府应当加强对安全生产工作的领导，支持、督促各有关部门依法履行安全生产监督管理职责，建立健全安全生产工作协调机制，及时协调、解决安全生产监督管理中存在的重大问题。乡、镇人民政府以及街道办事处、开发区管理机构等地方人民政府的派出机关应当按照职责，加强对本行政区域内生产经营单位安全生产状况的监督检查，协助上级人民政府有关部门依法履行安全生产监督管理职责。

第九条 国务院安全生产监督管理部门依照本法，对全国安全生产工作实施综合监督管理；县级以上地方各级人民政府安全生产监督管理部门依照本法，对本行政区域内安全生产工作实施综合监督管理。国务院有关部门依照本法和其他有关法律、行政法规的规定，在各自的职责范围内对有关行业、领域的安全生产工作实施监督管理；县级以上地方各级人民政府有关部门依照本法和其他有关法律、法规的规定，在各自的职责范围内对有关行业、领域的安全生产工作实施监督管理。安全生产监督管理部门和对有关行业、领域的安全生产工作实施监督管理的部门，统称负有安全生产监督管理职责的部门。

第十条 国务院有关部门应当按照保障安全生产的要求，依法及时制定有关的国家标准或者行业标准，并根据科技进步和经济发展适时修订。生产经营单位必须执行依法制定的保障安全生产的国家标准或者行业标准。

第十一条 各级人民政府及其有关部门应当采取多种形式，加强对有关安全生产的法律、法规和安全生产知识的宣传，增强全社会的安全生产意识。

第十二条 有关协会组织依照法律、行政法规和章程，为生产经营单位提供安全生产方面的信息、培训等服务，发挥自律作用，促进生产经营单位加强安全生产管理。

第十三条 依法设立的为安全生产提供技术、管理服务的机构，依照法律、行政法规和执业准则，接受生产经营单位的委托为其安全生产工作提供技术、管理服务。生产经营单位委托前款规定的机构提供安全生产技术、管理服务的，保证安全生产的责任仍由本单位负责。

第十四条 国家实行生产安全事故责任追究制度，依照本法和有关法律、法规的规定，追究生产安全事故责任人员的法律责任。

第十五条 国家鼓励和支持安全生产科学技术研究和安全生产先进技术的推广应用，提高安全生产水平。

第十六条 国家对在改善安全生产条件、防止生产安全事故、参加抢险救护等方面取得显著成绩的单位和个人，给予奖励。

第二章 生产经营单位的安全生产保障

第十七条 生产经营单位应当具备本法和有关法律、行政法规和国家标准或者行业标准规定的安全生产条件；不具备安全生产条件的，不得从事生产经营活动。

第十八条 生产经营单位的主要负责人对本单位安全生产工作负有下列职责：

（一）建立、健全本单位安全生产责任制；

（二）组织制定本单位安全生产规章制度和操作规程；

（三）组织制定并实施本单位安全生产教育和培训计划；

（四）保证本单位安全生产投入的有效实施；

（五）督促、检查本单位的安全生产工作，及时消除生产安全事故隐患；

（六）组织制定并实施本单位的生产安全事故应急救援预案；

（七）及时、如实报告生产安全事故。

第十九条 生产经营单位的安全生产责任制应当明确各岗位的责任人员、责任范围和考核标准等内容。生产经营单位应当建立相应的机制，加强对安全生产责任制落实情况的监督考核，保证安全生产责任制的落实。

第二十条 生产经营单位应当具备的安全生产条件所必需的资金投入，由生产经营单位的决策机构、主要负责人或者个人经营的投资人予以保证，并对由于安全生产所必需的资金投入不足导致的后果承担责任。有关生产经营单位应当按照规定提取和使用安全生产费用，专门用于改善安全生产条件。安全生产费用在成本中据实列支。安全生产费用提取、使用和监督管理的具体办法由国务院财政部门会同国务院安全生产监督管理部门征求国务院有关部门意见后制定。

第二十一条 矿山、金属冶炼、建筑施工、道路运输单位和危险物品的生产、经营、储存单位，应当设置安全生产管理机构或者配备专职安全生产管理人员。前款规定以外的其他生产经营单位，从业人员超过一百人的，应当设置安全生产管理机构或者配备专职安全生产管理人员；从业人员在一百人以下的，应当配备专职或者兼职的安全生产管理人员。

第二十二条 生产经营单位的安全生产管理机构以及安全生产管理人员履行下列职责：

（一）组织或者参与拟订本单位安全生产规章制度、操作规程和生产安全事故应急救援预案；

（二）组织或者参与本单位安全生产教育和培训，如实记录安全生产教育和培训情况；

（三）督促落实本单位重大危险源的安全管理措施；

（四）组织或者参与本单位应急救援演练；

（五）检查本单位的安全生产状况，及时排查生产安全事故隐患，提出改进安全生产管理的建议；

（六）制止和纠正违章指挥、强令冒险作业、违反操作规程的行为；

（七）督促落实本单位安全生产整改措施。

第二十三条 生产经营单位的安全生产管理机构以及安全生产管理人员应当恪尽职守，依法履行职责。生产经营单位做出涉及安全生产的经营决策，应当听取安全生产管理机构以及安全生产管理人员的意见。生产经营单位不得因安全生产管理人员依法履行职责而降低其工资、福利等待遇或者解除与其订立的劳动合同。危险物品的生产、储存单位以及矿山、金属冶炼单位的安全生产管理人员的任免，应当告知主管的负有安全生产监督管理职责的部门。

第二十四条 生产经营单位的主要负责人和安全生产管理人员必须具备与本单位所从事的生产经营活动相应的安全生产知识和管理能力。危险物品的生产、经营、储存单位以及矿山、金属冶炼、建筑施工、道路运输单位的主要负责人和安全生产管理人员，应当由主管的负有安全生产监督管理职责的部门对其安全生产知识和管理能力考核合格。考核不得收费。危险物品的生产、储存单位以及矿山、金属冶炼单位应当有注册安全工程师从事安全生产管理工作。鼓励其他生产经营单位聘用注册安全工程师从事安全生产管理工作。注册安全工程师按专业分类管理，具体办法由国务院人力资源和社会保障部门、国务院安全生产监督管理部门会同国务院有关部门制定。

第二十五条 生产经营单位应当对从业人员进行安全生产教育和培训，保证从业人员具备必要的安全生产知识，熟悉有关的安全生产规章制度和安全操作规程，掌握本岗位的安全操作技能，了解事故应急处理措施，知悉自身在安全生产方面的权利和义务。未经安全生产教育和培训合格的从业人员，不得上岗作业。生产经营单位使用被派遣劳动者的，应当将被派遣劳动者纳入本单位从业人员统一管理，对被派遣劳动者进行岗位安全操作规程和安全操作技能的教育和培训。劳务派遣单位应当对被派遣劳动者进行必要的安全生产教育和培训。生产经营单位接收中等职业学校、高等学校学生实习的，应当对实习学生进行相应的安全生产教育和培训，提供必要的劳动防护用品。学校应当协助生产经营单位对实习学生进行安全生产教育和培训。生产经营单位应当建立安全生产教育和培训档案，如实记录安全生产教育和培训的时间、内容、参加人员以及考核结果等情况。

第二十六条 生产经营单位采用新工艺、新技术、新材料或者使用新设备，必须了解、掌握其安全技术特性，采取有效的安全防护措施，并对从业人员进行专门的安全生产教育和培训。

第二十七条 生产经营单位的特种作业人员必须按照国家有关规定经专门的安全作业培训，取得相应资格，方可上岗作业。特种作业人员的范围由国务院安全生产监督管理部门会同国务院有关部门确定。

第二十八条 生产经营单位新建、改建、扩建工程项目（以下统称建设项目）的安全设施，必须与主体工程同时设计、同时施工、同时投入生产和使用。安全设施投资应当纳入建设项目概算。

第二十九条 矿山、金属冶炼建设项目和用于生产、储存、装卸危险物品的建设项目，应当按照国家有关规定进行安全评价。

第三十条　建设项目安全设施的设计人、设计单位应当对安全设施设计负责。矿山、金属冶炼建设项目和用于生产、储存、装卸危险物品的建设项目的安全设施设计应当按照国家有关规定报经有关部门审查,审查部门及其负责审查的人员对审查结果负责。

第三十一条　矿山、金属冶炼建设项目和用于生产、储存、装卸危险物品的建设项目的施工单位必须按照批准的安全设施设计施工,并对安全设施的工程质量负责。矿山、金属冶炼建设项目和用于生产、储存危险物品的建设项目竣工投入生产或者使用前,应当由建设单位负责组织对安全设施进行验收;验收合格后,方可投入生产和使用。安全生产监督管理部门应当加强对建设单位验收活动和验收结果的监督核查。

第三十二条　生产经营单位应当在有较大危险因素的生产经营场所和有关设施、设备上,设置明显的安全警示标志。

第三十三条　安全设备的设计、制造、安装、使用、检测、维修、改造和报废,应当符合国家标准或者行业标准。生产经营单位必须对安全设备进行经常性维护、保养,并定期检测,保证正常运转。维护、保养、检测应当做好记录,并由有关人员签字。

第三十四条　生产经营单位使用的危险物品的容器、运输工具,以及涉及人身安全、危险性较大的海洋石油开采特种设备和矿山井下特种设备,必须按照国家有关规定,由专业生产单位生产,并经具有专业资质的检测、检验机构检测、检验合格,取得安全使用证或者安全标志,方可投入使用。检测、检验机构对检测、检验结果负责。

第三十五条　国家对严重危及生产安全的工艺、设备实行淘汰制度,具体目录由国务院安全生产监督管理部门会同国务院有关部门制定并公布。法律、行政法规对目录的制定另有规定的,适用其规定。省、自治区、直辖市人民政府可以根据本地区实际情况制定并公布具体目录,对前款规定以外的危及生产安全的工艺、设备予以淘汰。生产经营单位不得使用应当淘汰的危及生产安全的工艺、设备。

第三十六条　生产、经营、运输、储存、使用危险物品或者处置废弃危险物品的,由有关主管部门依照有关法律、法规的规定和国家标准或者行业标准审批并实施监督管理。生产经营单位生产、经营、运输、储存、使用危险物品或者处置废弃危险物品,必须执行有关法律、法规和国家标准或者行业标准,建立专门的安全管理制度,采取可靠的安全措施,接受有关主管部门依法实施的监督管理。

第三十七条　生产经营单位对重大危险源应当登记建档,进行定期检测、评估、监控,并制定应急预案,告知从业人员和相关人员在紧急情况下应当采取的应急措施。生产经营单位应当按照国家有关规定将本单位重大危险源及有关安全措施、应急措施报有关地方人民政府安全生产监督管理部门和有关部门备案。

第三十八条　生产经营单位应当建立健全生产安全事故隐患排查治理制度,采取技术、管理措施,及时发现并消除事故隐患。事故隐患排查治理情况应当如实记录,并向从业人员通报。县级以上地方各级人民政府负有安全生产监督管理职责的部门应当建立健全重大事故隐患治理督办制度,督促生产经营单位消除重大事故隐患。

第三十九条　生产、经营、储存、使用危险物品的车间、商店、仓库不得与员工宿舍在同一座建筑物内,并应当与员工宿舍保持安全距离。生产经营场所和员工宿舍应当设有符合紧急疏散要求、标志明显、保持畅通的出口。禁止锁闭、封堵生产经营场所或者员工宿舍的出口。

第四十条　生产经营单位进行爆破、吊装以及国务院安全生产监督管理部门会同国务院有关部门规定的其他危险作业，应当安排专门人员进行现场安全管理，确保操作规程的遵守和安全措施的落实。

第四十一条　生产经营单位应当教育和督促从业人员严格执行本单位的安全生产规章制度和安全操作规程；并向从业人员如实告知作业场所和工作岗位存在的危险因素、防范措施以及事故应急措施。

第四十二条　生产经营单位必须为从业人员提供符合国家标准或者行业标准的劳动防护用品，并监督、教育从业人员按照使用规则佩戴、使用。

第四十三条　生产经营单位的安全生产管理人员应当根据本单位的生产经营特点，对安全生产状况进行经常性检查；对检查中发现的安全问题，应当立即处理；不能处理的，应当及时报告本单位有关负责人，有关负责人应当及时处理。检查及处理情况应当如实记录在案。生产经营单位的安全生产管理人员在检查中发现重大事故隐患，依照前款规定向本单位有关负责人报告，有关负责人不及时处理的，安全生产管理人员可以向主管的负有安全生产监督管理职责的部门报告，接到报告的部门应当依法及时处理。

第四十四条　生产经营单位应当安排用于配备劳动防护用品、进行安全生产培训的经费。

第四十五条　两个以上生产经营单位在同一作业区域内进行生产经营活动，可能危及对方生产安全的，应当签订安全生产管理协议，明确各自的安全生产管理职责和应当采取的安全措施，并指定专职安全生产管理人员进行安全检查与协调。

第四十六条　生产经营单位不得将生产经营项目、场所、设备发包或者出租给不具备安全生产条件或者相应资质的单位或者个人。生产经营项目、场所发包或者出租给其他单位的，生产经营单位应当与承包单位、承租单位签订专门的安全生产管理协议，或者在承包合同、租赁合同中约定各自的安全生产管理职责；生产经营单位对承包单位、承租单位的安全生产工作统一协调、管理，定期进行安全检查，发现安全问题的，应当及时督促整改。

第四十七条　生产经营单位发生生产安全事故时，单位的主要负责人应当立即组织抢救，并不得在事故调查处理期间擅离职守。

第四十八条　生产经营单位必须依法参加工伤保险，为从业人员缴纳保险费。国家鼓励生产经营单位投保安全生产责任保险。

第三章　从业人员的安全生产权利义务

第四十九条　生产经营单位与从业人员订立的劳动合同，应当载明有关保障从业人员劳动安全、防止职业危害的事项，以及依法为从业人员办理工伤保险的事项。生产经营单位不得以任何形式与从业人员订立协议，免除或者减轻其对从业人员因生产安全事故伤亡依法应承担的责任。

第五十条　生产经营单位的从业人员有权了解其作业场所和工作岗位存在的危险因

素、防范措施及事故应急措施，有权对本单位的安全生产工作提出建议。

第五十一条　从业人员有权对本单位安全生产工作中存在的问题提出批评、检举、控告；有权拒绝违章指挥和强令冒险作业。生产经营单位不得因从业人员对本单位安全生产工作提出批评、检举、控告或者拒绝违章指挥、强令冒险作业而降低其工资、福利等待遇或者解除与其订立的劳动合同。

第五十二条　从业人员发现直接危及人身安全的紧急情况时，有权停止作业或者在采取可能的应急措施后撤离作业场所。生产经营单位不得因从业人员在前款紧急情况下停止作业或者采取紧急撤离措施而降低其工资、福利等待遇或者解除与其订立的劳动合同。

第五十三条　因生产安全事故受到损害的从业人员，除依法享有工伤保险外，依照有关民事法律尚有获得赔偿的权利的，有权向本单位提出赔偿要求。

第五十四条　从业人员在作业过程中，应当严格遵守本单位的安全生产规章制度和操作规程，服从管理，正确佩戴和使用劳动防护用品。

第五十五条　从业人员应当接受安全生产教育和培训，掌握本职工作所需的安全生产知识，提高安全生产技能，增强事故预防和应急处理能力。

第五十六条　从业人员发现事故隐患或者其他不安全因素，应当立即向现场安全生产管理人员或者本单位负责人报告；接到报告的人员应当及时予以处理。

第五十七条　工会有权对建设项目的安全设施与主体工程同时设计、同时施工、同时投入生产和使用进行监督，提出意见。工会对生产经营单位违反安全生产法律、法规，侵犯从业人员合法权益的行为，有权要求纠正；发现生产经营单位违章指挥、强令冒险作业或者发现事故隐患时，有权提出解决的建议，生产经营单位应当及时研究答复；发现危及从业人员生命安全的情况时，有权向生产经营单位建议组织从业人员撤离危险场所，生产经营单位必须立即做出处理。工会有权依法参加事故调查，向有关部门提出处理意见，并要求追究有关人员的责任。

第五十八条　生产经营单位使用被派遣劳动者的，被派遣劳动者享有本法规定的从业人员的权利，并应当履行本法规定的从业人员的义务。

第四章　安全生产的监督管理

第五十九条　县级以上地方各级人民政府应当根据本行政区域内的安全生产状况，组织有关部门按照职责分工，对本行政区域内容易发生重大生产安全事故的生产经营单位进行严格检查。安全生产监督管理部门应当按照分类分级监督管理的要求，制定安全生产年度监督检查计划，并按照年度监督检查计划进行监督检查，发现事故隐患，应当及时处理。

第六十条　负有安全生产监督管理职责的部门依照有关法律、法规的规定，对涉及安全生产的事项需要审查批准（包括批准、核准、许可、注册、认证、颁发证照等，下同）或者验收的，必须严格依照有关法律、法规和国家标准或者行业标准规定的安全生产条件和程序进行审查；不符合有关法律、法规和国家标准或者行业标准规定的安全生产条件的，不得批准或者验收通过。对未依法取得批准或者验收合格的单位擅自从事有关活动的，负责行政审批的部门发现或者接到举报后应当立即予以取缔,并依法予以处理。对已经依法取得批准的单位,负责行政审批的部门发现其不再具备安全生产条件的,应当撤销原批准。

第六十一条 负有安全生产监督管理职责的部门对涉及安全生产的事项进行审查、验收,不得收取费用;不得要求接受审查、验收的单位购买其指定品牌或者指定生产、销售单位的安全设备、器材或者其他产品。

第六十二条 安全生产监督管理部门和其他负有安全生产监督管理职责的部门依法开展安全生产行政执法工作,对生产经营单位执行有关安全生产的法律、法规和国家标准或者行业标准的情况进行监督检查,行使以下职权:

(一)进入生产经营单位进行检查,调阅有关资料,向有关单位和人员了解情况;

(二)对检查中发现的安全生产违法行为,当场予以纠正或者要求限期改正;对依法应当给予行政处罚的行为,依照本法和其他有关法律、行政法规的规定作出行政处罚决定;

(三)对检查中发现的事故隐患,应当责令立即排除;重大事故隐患排除前或者排除过程中无法保证安全的,应当责令从危险区域内撤出作业人员,责令暂时停产停业或者停止使用相关设施、设备;重大事故隐患排除后,经审查同意,方可恢复生产经营和使用;

(四)对有根据认为不符合保障安全生产的国家标准或者行业标准的设施、设备、器材以及违法生产、储存、使用、经营、运输的危险物品予以查封或者扣押,对违法生产、储存、使用、经营危险物品的作业场所予以查封,并依法做出处理决定。监督检查不得影响被检查单位的正常生产经营活动。

第六十三条 生产经营单位对负有安全生产监督管理职责的部门的监督检查人员(以下统称安全生产监督检查人员)依法履行监督检查职责,应当予以配合,不得拒绝、阻挠。

第六十四条 安全生产监督检查人员应当忠于职守,坚持原则,秉公执法。安全生产监督检查人员执行监督检查任务时,必须出示有效的监督执法证件;对涉及被检查单位的技术秘密和业务秘密,应当为其保密。

第六十五条 安全生产监督检查人员应当将检查的时间、地点、内容、发现的问题及其处理情况,做出书面记录,并由检查人员和被检查单位的负责人签字;被检查单位的负责人拒绝签字的,检查人员应当将情况记录在案,并向负有安全生产监督管理职责的部门报告。

第六十六条 负有安全生产监督管理职责的部门在监督检查中,应当互相配合,实行联合检查;确需分别进行检查的,应当互通情况,发现存在的安全问题应当由其他有关部门进行处理的,应当及时移送其他有关部门并形成记录备查,接受移送的部门应当及时进行处理。

第六十七条 负有安全生产监督管理职责的部门依法对存在重大事故隐患的生产经营单位做出停产停业、停止施工、停止使用相关设施或者设备的决定,生产经营单位应当依法执行,及时消除事故隐患。生产经营单位拒不执行,有发生生产安全事故的现实危险的,在保证安全的前提下,经本部门主要负责人批准,负有安全生产监督管理职责的部门可以采取通知有关单位停止供电、停止供应民用爆炸物品等措施,强制生产经营单位履行决定。通知应当采用书面形式,有关单位应当予以配合。负有安全生产监督管理职责的部门依照前款规定采取停止供电措施,除有危及生产安全的紧急情形外,应当提前二十四小时通知生产经营单位。生产经营单位依法履行行政决定、采取相应措施消除事故隐患的,负有安全生产监督管理职责的部门应当及时解除前款规定的措施。

第六十八条　监察机关依照行政监察法的规定,对负有安全生产监督管理职责的部门及其工作人员履行安全生产监督管理职责实施监察。

第六十九条　承担安全评价、认证、检测、检验的机构应当具备国家规定的资质条件,并对其做出的安全评价、认证、检测、检验的结果负责。

第七十条　负有安全生产监督管理职责的部门应当建立举报制度,公开举报电话、信箱或者电子邮件地址,受理有关安全生产的举报;受理的举报事项经调查核实后,应当形成书面材料;需要落实整改措施的,报经有关负责人签字并督促落实。

第七十一条　任何单位或者个人对事故隐患或者安全生产违法行为,均有权向负有安全生产监督管理职责的部门报告或者举报。

第七十二条　居民委员会、村民委员会发现其所在区域内的生产经营单位存在事故隐患或者安全生产违法行为时,应当向当地人民政府或者有关部门报告。

第七十三条　县级以上各级人民政府及其有关部门对报告重大事故隐患或者举报安全生产违法行为的有功人员,给予奖励。具体奖励办法由国务院安全生产监督管理部门会同国务院财政部门制定。

第七十四条　新闻、出版、广播、电影、电视等单位有进行安全生产公益宣传教育的义务,有对违反安全生产法律、法规的行为进行舆论监督的权利。

第七十五条　负有安全生产监督管理职责的部门应当建立安全生产违法行为信息库,如实记录生产经营单位的安全生产违法行为信息;对违法行为情节严重的生产经营单位,应当向社会公告,并通报行业主管部门、投资主管部门、国土资源主管部门、证券监督管理机构以及有关金融机构。

第五章　生产安全事故的应急救援与调查处理

第七十六条　国家加强生产安全事故应急能力建设,在重点行业、领域建立应急救援基地和应急救援队伍,鼓励生产经营单位和其他社会力量建立应急救援队伍,配备相应的应急救援装备和物资,提高应急救援的专业化水平。国务院安全生产监督管理部门建立全国统一的生产安全事故应急救援信息系统,国务院有关部门建立健全相关行业、领域的生产安全事故应急救援信息系统。

第七十七条　县级以上地方各级人民政府应当组织有关部门制定本行政区域内生产安全事故应急救援预案,建立应急救援体系。

第七十八条　生产经营单位应当制定本单位生产安全事故应急救援预案,与所在地县级以上地方人民政府组织制定的生产安全事故应急救援预案相衔接,并定期组织演练。

第七十九条　危险物品的生产、经营、储存单位以及矿山、金属冶炼、城市轨道交通运营、建筑施工单位应当建立应急救援组织;生产经营规模较小的,可以不建立应急救援组织，但应当指定兼职的应急救援人员。危险物品的生产、经营、储存、运输单位以及矿山、金属冶炼、城市轨道交通运营、建筑施工单位应当配备必要的应急救援器材、设备和物资，并进行经常性维护、保养，保证正常运转。

第八十条　生产经营单位发生生产安全事故后，事故现场有关人员应当立即报告本单位负责人。单位负责人接到事故报告后，应当迅速采取有效措施，组织抢救，防止事故扩大，减少人员伤亡和财产损失，并按照国家有关规定立即如实报告当地负有安全生产监督管理职责的部门，不得隐瞒不报、谎报或者迟报，不得故意破坏事故现场、毁灭有关证据。

第八十一条　负有安全生产监督管理职责的部门接到事故报告后，应当立即按照国家有关规定上报事故情况。负有安全生产监督管理职责的部门和有关地方人民政府对事故情况不得隐瞒不报、谎报或者迟报。

第八十二条　有关地方人民政府和负有安全生产监督管理职责的部门的负责人接到生产安全事故报告后，应当按照生产安全事故应急救援预案的要求立即赶到事故现场，组织事故抢救。参与事故抢救的部门和单位应当服从统一指挥，加强协同联动，采取有效的应急救援措施，并根据事故救援的需要采取警戒、疏散等措施，防止事故扩大和次生灾害的发生，减少人员伤亡和财产损失。

事故抢救过程中应当采取必要措施，避免或者减少对环境造成的危害。

任何单位和个人都应当支持、配合事故抢救，并提供一切便利条件。

第八十三条　事故调查处理应当按照科学严谨、依法依规、实事求是、注重实效的原则，及时、准确地查清事故原因，查明事故性质和责任，总结事故教训，提出整改措施，并对事故责任者提出处理意见。事故调查报告应当依法及时向社会公布。事故调查和处理的具体办法由国务院制定。事故发生单位应当及时全面落实整改措施，负有安全生产监督管理职责的部门应当加强监督检查。

第八十四条　生产经营单位发生生产安全事故，经调查确定为责任事故的，除了应当查明事故单位的责任并依法予以追究外，还应当查明对安全生产的有关事项负有审查批准和监督职责的行政部门的责任，对有失职、渎职行为的，依照本法第八十七条的规定追究法律责任。

第八十五条　任何单位和个人不得阻挠和干涉对事故的依法调查处理。

第八十六条　县级以上地方各级人民政府安全生产监督管理部门应当定期统计分析本行政区域内发生生产安全事故的情况，并定期向社会公布。

第六章　法律责任

第八十七条　负有安全生产监督管理职责的部门的工作人员，有下列行为之一的，给予降级或者撤职的处分；构成犯罪的，依照刑法有关规定追究刑事责任：

（一）对不符合法定安全生产条件的涉及安全生产的事项予以批准或者验收通过的；

（二）发现未依法取得批准、验收的单位擅自从事有关活动或者接到举报后不予取缔或者不依法予以处理的；

（三）对已经依法取得批准的单位不履行监督管理职责，发现其不再具备安全生产条件而不撤销原批准或者发现安全生产违法行为不予查处的；

（四）在监督检查中发现重大事故隐患，不依法及时处理的。负有安全生产监督管理职责的部门的工作人员有前款规定以外的滥用职权、玩忽职守、徇私舞弊行为的，依法给予处分；构成犯罪的，依照刑法有关规定追究刑事责任。

第八十八条　负有安全生产监督管理职责的部门，要求被审查、验收的单位购买其指定的安全设备、器材或者其他产品的，在对安全生产事项的审查、验收中收取费用的，由其上级机关或者监察机关责令改正，责令退还收取的费用；情节严重的，对直接负责的主管人员和其他直接责任人员依法给予处分。

第八十九条　承担安全评价、认证、检测、检验工作的机构，出具虚假证明的，没收违法所得；违法所得在十万元以上的，并处违法所得二倍以上五倍以下的罚款；没有违法所得或者违法所得不足十万元的，单处或者并处十万元以上二十万元以下的罚款；对其直接负责的主管人员和其他直接责任人员处二万元以上五万元以下的罚款；给他人造成损害的，与生产经营单位承担连带赔偿责任；构成犯罪的，依照刑法有关规定追究刑事责任。对有前款违法行为的机构，吊销其相应资质。

第九十条　生产经营单位的决策机构、主要负责人或者个人经营的投资人不依照本法规定保证安全生产所必需的资金投入，致使生产经营单位不具备安全生产条件的，责令限期改正，提供必需的资金；逾期未改正的，责令生产经营单位停产停业整顿。有前款违法行为，导致发生生产安全事故的，对生产经营单位的主要负责人给予撤职处分，对个人经营的投资人处二万元以上二十万元以下的罚款；构成犯罪的，依照刑法有关规定追究刑事责任。

第九十一条　生产经营单位的主要负责人未履行本法规定的安全生产管理职责的，责令限期改正；逾期未改正的，处二万元以上五万元以下的罚款，责令生产经营单位停产停业整顿。生产经营单位的主要负责人有前款违法行为，导致发生生产安全事故的，给予撤职处分；构成犯罪的，依照刑法有关规定追究刑事责任。生产经营单位的主要负责人依照前款规定受刑事处罚或者撤职处分的，自刑罚执行完毕或者受处分之日起，五年内不得担任任何生产经营单位的主要负责人；对重大、特别重大生产安全事故负有责任的，终身不得担任本行业生产经营单位的主要负责人。

第九十二条　生产经营单位的主要负责人未履行本法规定的安全生产管理职责，导致发生生产安全事故的，由安全生产监督管理部门依照下列规定处以罚款：

（一）发生一般事故的，处上一年年收入百分之三十的罚款；

（二）发生较大事故的，处上一年年收入百分之四十的罚款；

（三）发生重大事故的，处上一年年收入百分之六十的罚款；

（四）发生特别重大事故的，处上一年年收入百分之八十的罚款。

第九十三条　生产经营单位的安全生产管理人员未履行本法规定的安全生产管理职责的，责令限期改正；导致发生生产安全事故的，暂停或者撤销其与安全生产有关的资格；构成犯罪的，依照刑法有关规定追究刑事责任。

第九十四条　生产经营单位有下列行为之一的，责令限期改正，可以处五万元以下的罚款；逾期未改正的，责令停产停业整顿，并处五万元以上十万元以下的罚款，对其直接负责的主管人员和其他直接责任人员处一万元以上二万元以下的罚款：

（一）未按照规定设置安全生产管理机构或者配备安全生产管理人员的；

（二）危险物品的生产、经营、储存单位以及矿山、金属冶炼、建筑施工、道路运输单位的主要负责人和安全生产管理人员未按照规定经考核合格的；

（三）未按照规定对从业人员、被派遣劳动者、实习学生进行安全生产教育和培训，或者未按照规定如实告知有关的安全生产事项的；

（四）未如实记录安全生产教育和培训情况的；

（五）未将事故隐患排查治理情况如实记录或者未向从业人员通报的；

（六）未按照规定制定生产安全事故应急救援预案或者未定期组织演练的；

（七）特种作业人员未按照规定经专门的安全作业培训并取得相应资格，上岗作业的。

第九十五条　生产经营单位有下列行为之一的，责令停止建设或者停产停业整顿，限期改正；逾期未改正的，处五十万元以上一百万元以下的罚款，对其直接负责的主管人员和其他直接责任人员处二万元以上五万元以下的罚款；构成犯罪的，依照刑法有关规定追究刑事责任：

（一）未按照规定对矿山、金属冶炼建设项目或者用于生产、储存、装卸危险物品的建设项目进行安全评价的；

（二）矿山、金属冶炼建设项目或者用于生产、储存、装卸危险物品的建设项目没有安全设施设计或者安全设施设计未按照规定报经有关部门审查同意的；

（三）矿山、金属冶炼建设项目或者用于生产、储存、装卸危险物品的建设项目的施工单位未按照批准的安全设施设计施工的；

（四）矿山、金属冶炼建设项目或者用于生产、储存危险物品的建设项目竣工投入生产或者使用前，安全设施未经验收合格的。

第九十六条　生产经营单位有下列行为之一的，责令限期改正，可以处五万元以下的罚款；逾期未改正的，处五万元以上二十万元以下的罚款，其直接负责的主管人员和其他直接责任人员处一万元以上二万元以下的罚款；情节严重的，责令停产停业整顿；构成犯罪的，依照刑法有关规定追究刑事责任：

（一）未在有较大危险因素的生产经营场所和有关设施、设备上设置明显的安全警示标志的；

（二）安全设备的安装、使用、检测、改造和报废不符合国家标准或者行业标准的；

（三）未对安全设备进行经常性维护、保养和定期检测的；

（四）未为从业人员提供符合国家标准或者行业标准的劳动防护用品的；

（五）危险物品的容器、运输工具，以及涉及人身安全、危险性较大的海洋石油开采特种设备和矿山井下特种设备未经具有专业资质的机构检测、检验合格，取得安全使用证或者安全标志，投入使用的；

（六）使用应当淘汰的危及生产安全的工艺、设备的。

第九十七条　未经依法批准，擅自生产、经营、运输、储存、使用危险物品或者处置废弃危险物品的，依照有关危险物品安全管理的法律、行政法规的规定予以处罚；构成犯罪的,依照刑法有关规定追究刑事责任。

第九十八条　生产经营单位有下列行为之一的,责令限期改正,可以处十万元以下的罚款;逾期未改正的,责令停产停业整顿,并处十万元以上二十万元以下的罚款,对其直接负责的主管人员和其他直接责任人员处二万元以上五万元以下的罚款;构成犯罪的,依照刑法有关规定追究刑事责任:

(一)生产、经营、运输、储存、使用危险物品或者处置废弃危险物品,未建立专门安全管理制度、未采取可靠的安全措施的;

(二)对重大危险源未登记建档,或者未进行评估、监控,或者未制定应急预案的;

(三)进行爆破、吊装以及国务院安全生产监督管理部门会同国务院有关部门规定的其他危险作业,未安排专门人员进行现场安全管理的;

(四)未建立事故隐患排查治理制度的。

第九十九条　生产经营单位未采取措施消除事故隐患的,责令立即消除或者限期消除;生产经营单位拒不执行的,责令停产停业整顿,并处十万元以上五十万元以下的罚款,对其直接负责的主管人员和其他直接责任人员处二万元以上五万元以下的罚款。

第一百条　生产经营单位将生产经营项目、场所、设备发包或者出租给不具备安全生产条件或者相应资质的单位或者个人的,责令限期改正,没收违法所得;违法所得十万元以上的,并处违法所得二倍以上五倍以下的罚款;没有违法所得或者违法所得不足十万元的,单处或者并处十万元以上二十万元以下的罚款;对其直接负责的主管人员和其他直接责任人员处一万元以上二万元以下的罚款;导致发生生产安全事故给他人造成损害的,与承包方、承租方承担连带赔偿责任。生产经营单位未与承包单位、承租单位签订专门的安全生产管理协议或者未在承包合同、租赁合同中明确各自的安全生产管理职责,或者未对承包单位、承租单位的安全生产统一协调、管理的,责令限期改正,可以处五万元以下的罚款,对其直接负责的主管人员和其他直接责任人员可以处一万元以下的罚款;逾期未改正的,责令停产停业整顿。

第一百〇一条　两个以上生产经营单位在同一作业区域内进行可能危及对方安全生产的生产经营活动,未签订安全生产管理协议或者未指定专职安全生产管理人员进行安全检查与协调的,责令限期改正,可以处五万元以下的罚款,对其直接负责的主管人员和其他直接责任人员可以处一万元以下的罚款;逾期未改正的,责令停产停业。

第一百〇二条　生产经营单位有下列行为之一的,责令限期改正,可以处五万元以下的罚款,对其直接负责的主管人员和其他直接责任人员可以处一万元以下的罚款;逾期未改正的,责令停产停业整顿;构成犯罪的,依照刑法有关规定追究刑事责任:

(一)生产、经营、储存、使用危险物品的车间、商店、仓库与员工宿舍在同一座建筑内,或者与员工宿舍的距离不符合安全要求的;

(二)生产经营场所和员工宿舍未设有符合紧急疏散需要、标志明显、保持畅通的出口,或者锁闭、封堵生产经营场所或者员工宿舍出口的。

第一百〇三条　生产经营单位与从业人员订立协议,免除或者减轻其对从业人员因生产安全事故伤亡依法应承担的责任的,该协议无效;对生产经营单位的主要负责人、个人经营的投资人处二万元以上十万元以下的罚款。

第一百〇四条 生产经营单位的从业人员不服从管理,违反安全生产规章制度或者操作规程的,由生产经营单位给予批评教育,依照有关规章制度给予处分;构成犯罪的,依照刑法有关规定追究刑事责任。

第一百〇五条 违反本法规定,生产经营单位拒绝、阻碍负有安全生产监督管理职责的部门依法实施监督检查的,责令改正;拒不改正的,处二万元以上二十万元以下的罚款;对其直接负责的主管人员其他直接责任人员处一万元以上二万元以下的罚款;构成犯罪的,依照刑法有关规定追究刑事责任。

第一百〇六条 生产经营单位的主要负责人在本单位发生生产安全事故时,不立即组织抢救或者在事故调查处理期间擅离职守或者逃匿的,给予降级、撤职的处分,并由安全生产监督管理部门处上一年年收入百分之六十至百分之一百的罚款;对逃匿的处十五日以下拘留;构成犯罪的,依照刑法有关规定追究刑事责任。生产经营单位的主要负责人对生产安全事故隐瞒不报、谎报或者迟报的,依照前款规定处罚。

第一百〇七条 有关地方人民政府、负有安全生产监督管理职责的部门,对生产安全事故隐瞒不报、谎报或者迟报的,对直接负责的主管人员和其他直接责任人员依法给予处分;构成犯罪的,依照刑法有关规定追究刑事责任。

第一百〇八条 生产经营单位不具备本法和其他有关法律、行政法规和国家标准或者行业标准规定的安全生产条件,经停产停业整顿仍不具备安全生产条件的,予以关闭;有关部门应当依法吊销其有关证照。

第一百〇九条 发生生产安全事故,对负有责任的生产经营单位除要求其依法承担相应的赔偿等责任外,由安全生产监督管理部门依照下列规定处以罚款:

(一)发生一般事故的,处二十万元以上五十万元以下的罚款;

(二)发生较大事故的,处五十万元以上一百万元以下的罚款;

(三)发生重大事故的,处一百万元以上五百万元以下的罚款;

(四)发生特别重大事故的,处五百万元以上一千万元以下的罚款;情节特别严重的,处一千万元以上二千万元以下的罚款。

第一百一十条 本法规定的行政处罚,由安全生产监督管理部门和其他负有安全生产监督管理职责的部门按照职责分工决定。予以关闭的行政处罚由负有安全生产监督管理职责的部门报请县级以上人民政府按照国务院规定的权限决定;给予拘留的行政处罚由公安机关依照治安管理处罚法的规定决定。

第一百一十一条 生产经营单位发生生产安全事故造成人员伤亡、他人财产损失的,应当依法承担赔偿责任;拒不承担或者其负责人逃匿的,由人民法院依法强制执行。生产安全事故的责任人未依法承担赔偿责任,经人民法院依法采取执行措施后,仍不能对受害人给予足额赔偿的,应当继续履行赔偿义务;受害人发现责任人有其他财产的,可以随时请求人民法院执行。

第七章 附则

第一百一十二条 本法下列用语的含义:危险物品,是指易燃易爆物品、危险化学品、放射性物品等能够危及人身安全和财产安全的物品。重大危险源,是指长期地或者临时地生产、搬运、使用或者储存危险物品，且危险物品的数量等于或者超过临界量的单元（包括场所和设施）。

第一百一十三条　本法规定的生产安全一般事故、较大事故、重大事故、特别重大事故的划分标准由国务院规定。国务院安全生产监督管理部门和其他负有安全生产监督管理职责的部门应当根据各自的职责分工，制定相关行业、领域重大事故隐患的判定标准。

第一百一十四条　本法自 2014 年 12 月 1 日起施行。

附录三 《中华人民共和国城乡规划法》

（2007 年 10 月 28 日第十届全国人民代表大会常务委员会第三十次会议通过）

中华人民共和国主席令　第七十四号

《中华人民共和国城乡规划法》已由中华人民共和国第十届全国人民代表大会常务委员会第三十次会议于 2007 年 10 月 28 日通过，现予公布，自 2008 年 1 月 1 日起施行。

中华人民共和国主席　胡锦涛
2007 年 10 月 28 日

目　录

第一章　总则

第一条　为了加强城乡规划管理，协调城乡空间布局，改善人居环境，促进城乡经济社会全面协调可持续发展，制定本法。

第二条　制定和实施城乡规划，在规划区内进行建设活动，必须遵守本法。本法所称城乡规划，包括城镇体系规划、城市规划、镇规划、乡规划和村庄规划。城市规划、镇规划分为总体规划和详细规划。详细规划分为控制性详细规划和修建性详细规划。本法所称规划区,是指城市、镇和村庄的建成区以及因城乡建设和发展需要,必须实行规划控制的区域。规划区的具体范围由有关人民政府在组织编制的城市总体规划、镇总体规划、乡规划和村庄规划中,根据城乡经济社会发展水平和统筹城乡发展的需要划定。

第三条 城市和镇应当依照本法制定城市规划和镇规划。城市、镇规划区内的建设活动应当符合规划要求。县级以上地方人民政府根据本地农村经济社会发展水平,按照因地制宜、切实可行的原则,确定应当制定乡规划、村庄规划的区域。在确定区域内的乡、村庄,应当依照本法制定规划,规划区内的乡、村庄建设应当符合规划要求。县级以上地方人民政府鼓励、指导前款规定以外的区域的乡、村庄制定和实施乡规划、村庄规划。

第四条 制定和实施城乡规划,应当遵循城乡统筹、合理布局、节约土地、集约发展和先规划后建设的原则,改善生态环境,促进资源、能源节约和综合利用,保护耕地等自然资源和历史文化遗产,保持地方特色、民族特色和传统风貌,防止污染和其他公害,并符合区域人口发展、国防建设、防灾减灾和公共卫生、公共安全的需要。在规划区内进行建设活动,应当遵守土地管理、自然资源和环境保护等法律、法规的规定。县级以上地方人民政府应当根据当地经济社会发展的实际,在城市总体规划、镇总体规划中合理确定城市、镇的发展规模、步骤和建设标准。

第五条 城市总体规划、镇总体规划以及乡规划和村庄规划的编制,应当依据国民经济和社会发展规划,并与土地利用总体规划相衔接。

第六条 各级人民政府应当将城乡规划的编制和管理经费纳入本级财政预算。

第七条 经依法批准的城乡规划,是城乡建设和规划管理的依据,未经法定程序不得修改。

第八条 城乡规划组织编制机关应当及时公布经依法批准的城乡规划。但是,法律、行政法规规定不得公开的内容除外。

第九条 任何单位和个人都应当遵守经依法批准并公布的城乡规划,服从规划管理,并有权就涉及其利害关系的建设活动是否符合规划的要求向城乡规划主管部门查询。任何单位和个人都有权向城乡规划主管部门或者其他有关部门举报或者控告违反城乡规划的行为。城乡规划主管部门或者其他有关部门对举报或者控告,应当及时受理并组织核查、处理。

第十条 国家鼓励采用先进的科学技术,增强城乡规划的科学性,提高城乡规划实施及监督管理的效能。

第十一条 国务院城乡规划主管部门负责全国的城乡规划管理工作。县级以上地方人民政府城乡规划主管部门负责本行政区域内的城乡规划管理工作。

第二章 城乡规划的制定

第十二条 国务院城乡规划主管部门会同国务院有关部门组织编制全国城镇体系规划,用于指导省域城镇体系规划、城市总体规划的编制。全国城镇体系规划由国务院城乡规划主管部门报国务院审批。

第十三条 省、自治区人民政府组织编制省域城镇体系规划,报国务院审批。省域城镇体系规划的内容应当包括:城镇空间布局和规模控制,重大基础设施的布局,为保护生态环境、资源等需要严格控制的区域。

第十四条 城市人民政府组织编制城市总体规划。直辖市的城市总体规划由直辖市人民政府报国务院审批。省、自治区人民政府所在地的城市以及国务院确定的城市的总体规划，由省、自治区人民政府审查同意后，报国务院审批。其他城市的总体规划，由城市人民政府报省、自治区人民政府审批。

第十五条 县人民政府组织编制县人民政府所在地镇的总体规划，报上一级人民政府审批。其他镇的总体规划由镇人民政府组织编制，报上一级人民政府审批。

第十六条 省、自治区人民政府组织编制的省域城镇体系规划，城市、县人民政府组织编制的总体规划，在报上一级人民政府审批前，应当先经本级人民代表大会常务委员会审议，常务委员会组成人员的审议意见交由本级人民政府研究处理。镇人民政府组织编制的镇总体规划，在报上一级人民政府审批前，应当先经镇人民代表大会审议，代表的审议意见交由本级人民政府研究处理。规划的组织编制机关报送审批省域城镇体系规划、城市总体规划或者镇总体规划，应当将本级人民代表大会常务委员会组成人员或者镇人民代表大会代表的审议意见和根据审议意见修改规划的情况一并报送。

第十七条 城市总体规划、镇总体规划的内容应当包括：城市、镇的发展布局，功能分区，用地布局，综合交通体系，禁止、限制和适宜建设的地域范围，各类专项规划等。规划区范围、规划区内建设用地规模、基础设施和公共服务设施用地、水源地和水系、基本农田和绿化用地、环境保护、自然与历史文化遗产保护以及防灾减灾等内容，应当作为城市总体规划、镇总体规划的强制性内容。城市总体规划、镇总体规划的规划期限一般为二十年。城市总体规划还应当对城市更长远的发展做出预测性安排。

第十八条 乡规划、村庄规划应当从农村实际出发，尊重村民意愿，体现地方和农村特色。乡规划、村庄规划的内容应当包括：规划区范围，住宅、道路、供水、排水、供电、垃圾收集、畜禽养殖场所等农村生产、生活服务设施、公益事业等各项建设的用地布局、建设要求，以及对耕地等自然资源和历史文化遗产保护、防灾减灾等的具体安排。乡规划还应当包括本行政区域内的村庄发展布局。

第十九条 城市人民政府城乡规划主管部门根据城市总体规划的要求，组织编制城市的控制性详细规划，经本级人民政府批准后，报本级人民代表大会常务委员会和上一级人民政府备案。

第二十条 镇人民政府根据镇总体规划的要求，组织编制镇的控制性详细规划，报上一级人民政府审批。县人民政府所在地镇的控制性详细规划，由县人民政府城乡规划主管部门根据镇总体规划的要求组织编制，经县人民政府批准后，报本级人民代表大会常务委员会和上一级人民政府备案。

第二十一条 城市、县人民政府城乡规划主管部门和镇人民政府可以组织编制重要地块的修建性详细规划。修建性详细规划应当符合控制性详细规划。

第二十二条 乡、镇人民政府组织编制乡规划、村庄规划，报上一级人民政府审批。村庄规划在报送审批前，应当经村民会议或者村民代表会议讨论同意。

第二十三条 首都的总体规划、详细规划应当统筹考虑中央国家机关用地布局和空间安排的需要。

第二十四条　城乡规划组织编制机关应当委托具有相应资质等级的单位承担城乡规划的具体编制工作。从事城乡规划编制工作应当具备下列条件，并经国务院城乡规划主管部门或者省、自治区、直辖市人民政府城乡规划主管部门依法审查合格，取得相应等级的资质证书后，方可在资质等级许可的范围内从事城乡规划编制工作：

（一）有法人资格；

（二）有规定数量的经国务院城乡规划主管部门注册的规划师；

（三）有规定数量的相关专业技术人员；

（四）有相应的技术装备；

（五）有健全的技术、质量、财务管理制度。规划师执业资格管理办法，由国务院城乡规划主管部门会同国务院人事行政部门制定。编制城乡规划必须遵守国家有关标准。

第二十五条　编制城乡规划，应当具备国家规定的勘察、测绘、气象、地震、水文、环境等基础资料。县级以上地方人民政府有关主管部门应当根据编制城乡规划的需要，及时提供有关基础资料。

第二十六条　城乡规划报送审批前，组织编制机关应当依法将城乡规划草案予以公告，并采取论证会、听证会或者其他方式征求专家和公众的意见。公告的时间不得少于三日。组织编制机关应当充分考虑专家和公众的意见，并在报送审批的材料中附具意见采纳情况及理由。

第二十七条　省域城镇体系规划、城市总体规划、镇总体规划批准前，审批机关应当组织专家和有关部门进行审查。

第三章　城乡规划的实施

第二十八条　地方各级人民政府应当根据当地经济社会发展水平，量力而行，尊重群众意愿，有计划、分步骤地组织实施城乡规划。

第二十九条　城市的建设和发展，应当优先安排基础设施以及公共服务设施的建设，妥善处理新区开发与旧区改建的关系，统筹兼顾进城务工人员生活和周边农村经济社会发展、村民生产与生活的需要。镇的建设和发展，应当结合农村经济社会发展和产业结构调整，优先安排供水、排水、供电、供气、道路、通信、广播电视等基础设施和学校、卫生院、文化站、幼儿园、福利院等公共服务设施的建设，为周边农村提供服务。乡、村庄的建设和发展，应当因地制宜、节约用地，发挥村民自治组织的作用，引导村民合理进行建设，改善农村生产、生活条件。

第三十条　城市新区的开发和建设，应当合理确定建设规模和时序，充分利用现有市政基础设施和公共服务设施，严格保护自然资源和生态环境，体现地方特色。在城市总体规划、镇总体规划确定的建设用地范围以外，不得设立各类开发区和城市新区。

第三十一条　旧城区的改建，应当保护历史文化遗产和传统风貌，合理确定拆迁和建设规模，有计划地对危房集中、基础设施落后等地段进行改建。历史文化名城、名镇、名村的保护以及受保护建筑物的维护和使用，应当遵守有关法律、行政法规和国务院的规定。

第三十二条　城乡建设和发展，应当依法保护和合理利用风景名胜资源，统筹安排风景名胜区及周边乡、镇、村庄的建设。风景名胜区的规划、建设和管理，应当遵守有关法律、行政法规和国务院的规定。

第三十三条 城市地下空间的开发和利用，应当与经济和技术发展水平相适应，遵循统筹安排、综合开发、合理利用的原则，充分考虑防灾减灾、人民防空和通信等需要，并符合城市规划，履行规划审批手续。

第三十四条 城市、县、镇人民政府应当根据城市总体规划、镇总体规划、土地利用总体规划和年度计划以及国民经济和社会发展规划，制定近期建设规划，报总体规划审批机关备案。近期建设规划应当以重要基础设施、公共服务设施和中低收入居民住房建设以及生态环境保护为重点内容，明确近期建设的时序、发展方向和空间布局。近期建设规划的规划期限为五年。

第三十五条 城乡规划确定的铁路、公路、港口、机场、道路、绿地、输配电设施及输电线路走廊、通信设施、广播电视设施、管道设施、河道、水库、水源地、自然保护区、防汛通道、消防通道、核电站、垃圾填埋场及焚烧厂、污水处理厂和公共服务设施的用地以及其他需要依法保护的用地，禁止擅自改变用途。

第三十六条 按照国家规定需要有关部门批准或者核准的建设项目，以划拨方式提供国有土地使用权的，建设单位在报送有关部门批准或者核准前，应当向城乡规划主管部门申请核发选址意见书。前款规定以外的建设项目不需要申请选址意见书。

第三十七条 在城市、镇规划区内以划拨方式提供国有土地使用权的建设项目，经有关部门批准、核准、备案后，建设单位应当向城市、县人民政府城乡规划主管部门提出建设用地规划许可申请，由城市、县人民政府城乡规划主管部门依据控制性详细规划核定建设用地的位置、面积、允许建设的范围，核发建设用地规划许可证。建设单位在取得建设用地规划许可证后，方可向县级以上地方人民政府土地主管部门申请用地，经县级以上人民政府审批后，由土地主管部门划拨土地。

第三十八条 在城市、镇规划区内以出让方式提供国有土地使用权的，在国有土地使用权出让前，城市、县人民政府城乡规划主管部门应当依据控制性详细规划，提出出让地块的位置、使用性质、开发强度等规划条件，作为国有土地使用权出让合同的组成部分。未确定规划条件的地块，不得出让国有土地使用权。以出让方式取得国有土地使用权的建设项目，在签订国有土地使用权出让合同后，建设单位应当持建设项目的批准、核准、备案文件和国有土地使用权出让合同，向城市、县人民政府城乡规划主管部门领取建设用地规划许可证。城市、县人民政府城乡规划主管部门不得在建设用地规划许可证中，擅自改变作为国有土地使用权出让合同组成部分的规划条件。

第三十九条 规划条件未纳入国有土地使用权出让合同的，该国有土地使用权出让合同无效；对未取得建设用地规划许可证的建设单位批准用地的，由县级以上人民政府撤销有关批准文件；占用土地的，应当及时退回；给当事人造成损失的，应当依法给予赔偿。

第四十条 在城市、镇规划区内进行建筑物、构筑物、道路、管线和其他工程建设的，建设单位或者个人应当向城市、县人民政府城乡规划主管部门或者省、自治区、直辖市人民政府确定的镇人民政府申请办理建设工程规划许可证。申请办理建设工程规划许可证，应当提交使用土地的有关证明文件、建设工程设计方案等材料。需要建设单位编制修建性详细规划的建设项目，还应当提交修建性详细规划。对符合控制性详细规划和规划条件的，由城市、县人民政府城乡规划主管部门或者省、自治区、直辖市人民政府确定的镇人民政府核发建设工程规划许可证。城市、县人民政府城乡规划主管部门或者省、自治区、直辖市人民政府确定的镇人民政府应当依法将经审定的修建性详细规划、建设工程设计方案的总平面图予以公布。

第四十一条　在乡、村庄规划区内进行乡镇企业、乡村公共设施和公益事业建设的，建设单位或者个人应当向乡、镇人民政府提出申请，由乡、镇人民政府报城市、县人民政府城乡规划主管部门核发乡村建设规划许可证。在乡、村庄规划区内使用原有宅基地进行农村村民住宅建设的规划管理办法，由省、自治区、直辖市制定。在乡、村庄规划区内进行乡镇企业、乡村公共设施和公益事业建设以及农村村民住宅建设，不得占用农用地；确需占用农用地的，应当依照《中华人民共和国土地管理法》有关规定办理农用地转用审批手续后，由城市、县人民政府城乡规划主管部门核发乡村建设规划许可证。建设单位或者个人在取得乡村建设规划许可证后，方可办理用地审批手续。

第四十二条　城乡规划主管部门不得在城乡规划确定的建设用地范围以外作出规划许可。

第四十三条　建设单位应当按照规划条件进行建设；确需变更的，必须向城市、县人民政府城乡规划主管部门提出申请。变更内容不符合控制性详细规划的，城乡规划主管部门不得批准。城市、县人民政府城乡规划主管部门应当及时将依法变更后的规划条件通报同级土地主管部门并公示。建设单位应当及时将依法变更后的规划条件报有关人民政府土地主管部门备案。

第四十四条　在城市、镇规划区内进行临时建设的，应当经城市、县人民政府城乡规划主管部门批准。临时建设影响近期建设规划或者控制性详细规划的实施以及交通、市容、安全等的，不得批准。临时建设应当在批准的使用期限内自行拆除。临时建设和临时用地规划管理的具体办法，由省、自治区、直辖市人民政府制定。

第四十五条　县级以上地方人民政府城乡规划主管部门按照国务院规定对建设工程是否符合规划条件予以核实。未经核实或者经核实不符合规划条件的，建设单位不得组织竣工验收。建设单位应当在竣工验收后六个月内向城乡规划主管部门报送有关竣工验收资料。

第四章　城乡规划的修改

第四十六条　省域城镇体系规划、城市总体规划、镇总体规划的组织编制机关，应当组织有关部门和专家定期对规划实施情况进行评估，并采取论证会、听证会或者其他方式征求公众意见。组织编制机关应当向本级人民代表大会常务委员会、镇人民代表大会和原审批机关提出评估报告并附具征求意见的情况。

第四十七条　有下列情形之一的，组织编制机关方可按照规定的权限和程序修改省域城镇体系规划、城市总体规划、镇总体规划：

（一）上级人民政府制定的城乡规划发生变更，提出修改规划要求的；

（二）行政区划调整确需修改规划的；

（三）因国务院批准重大建设工程确需修改规划的；

（四）经评估确需修改规划的；

（五）城乡规划的审批机关认为应当修改规划的其他情形。修改省域城镇体系规划、城市总体规划、镇总体规划前，组织编制机关应当对原规划的实施情况进行总结，并向原审批机关报告；修改涉及城市总体规划、镇总体规划强制性内容的，应当先向原审批机关提出专题报告，经同意后，方可编制修改方案。修改后的省域城镇体系规划、城市总体规划、镇总体规划，应当依照本法第十三条、第十四条、第十五条和第十六条规定的审批程序报批。

第四十八条　修改控制性详细规划的，组织编制机关应当对修改的必要性进行论证，征求规划地段内利害关系人的意见，并向原审批机关提出专题报告，经原审批机关同意后，方可编制修改方案。修改后的控制性详细规划，应当依照本法第十九条、第二十条规定的审批程序报批。控制性详细规划修改涉及城市总体规划、镇总体规划的强制性内容的，应当先修改总体规划。修改乡规划、村庄规划的，应当依照本法第二十二条规定的审批程序报批。

第四十九条　城市、县、镇人民政府修改近期建设规划的，应当将修改后的近期建设规划报总体规划审批机关备案。

第五十条　在选址意见书、建设用地规划许可证、建设工程规划许可证或者乡村建设规划许可证发放后，因依法修改城乡规划给被许可人合法权益造成损失的，应当依法给予补偿。经依法审定的修建性详细规划、建设工程设计方案的总平面图不得随意修改；确需修改的，城乡规划主管部门应当采取听证会等形式，听取利害关系人的意见；因修改给利害关系人合法权益造成损失的，应当依法给予补偿。

第五章　监督检查

第五十一条　县级以上人民政府及其城乡规划主管部门应当加强对城乡规划编制、审批、实施、修改的监督检查。

第五十二条　地方各级人民政府应当向本级人民代表大会常务委员会或者乡、镇人民代表大会报告城乡规划的实施情况，并接受监督。

第五十三条　县级以上人民政府城乡规划主管部门对城乡规划的实施情况进行监督检查，有权采取以下措施：

（一）要求有关单位和人员提供与监督事项有关的文件、资料，并进行复制；

（二）要求有关单位和人员就监督事项涉及的问题做出解释和说明，并根据需要进入现场进行勘测；

（三）责令有关单位和人员停止违反有关城乡规划的法律、法规的行为。城乡规划主管部门的工作人员履行前款规定的监督检查职责，应当出示执法证件。被监督检查的单位和人员应当予以配合，不得妨碍和阻挠依法进行的监督检查活动。

第五十四条　监督检查情况和处理结果应当依法公开，供公众查阅和监督。

第五十五条　城乡规划主管部门在查处违反本法规定的行为时，发现国家机关工作人员依法应当给予行政处分的，应当向其任免机关或者监察机关提出处分建议。

第五十六条　依照本法规定应当给予行政处罚，而有关城乡规划主管部门不给予行政处罚的，上级人民政府城乡规划主管部门有权责令其作出行政处罚决定或者建议有关人民政府责令其给予行政处罚。

第五十七条　城乡规划主管部门违反本法规定作出行政许可的，上级人民政府城乡规划主管部门有权责令其撤销或者直接撤销该行政许可。因撤销行政许可给当事人合法权益造成损失的，应当依法给予赔偿。

第六章　法律责任

第五十八条　对依法应当编制城乡规划而未组织编制，或者未按法定程序编制、审批、修改城乡规划的，由上级人民政府责令改正，通报批评；对有关人民政府负责人和其他直接责任人员依法给予处分。

第五十九条　城乡规划组织编制机关委托不具有相应资质等级的单位编制城乡规划的，由上级人民政府责令改正，通报批评；对有关人民政府负责人和其他直接责任人员依法给予处分。

第六十条　镇人民政府或者县级以上人民政府城乡规划主管部门有下列行为之一的，由本级人民政府、上级人民政府城乡规划主管部门或者监察机关依据职权责令改正，通报批评；对直接负责的主管人员和其他直接责任人员依法给予处分：

（一）未依法组织编制城市的控制性详细规划、县人民政府所在地镇的控制性详细规划的；

（二）超越职权或者对不符合法定条件的申请人核发选址意见书、建设用地规划许可证、建设工程规划许可证、乡村建设规划许可证的；

（三）对符合法定条件的申请人未在法定期限内核发选址意见书、建设用地规划许可证、建设工程规划许可证、乡村建设规划许可证的；

（四）未依法对经审定的修建性详细规划、建设工程设计方案的总平面图予以公布的；

（五）同意修改修建性详细规划、建设工程设计方案的总平面图前未采取听证会等形式听取利害关系人的意见的；

（六）发现未依法取得规划许可或者违反规划许可的规定在规划区内进行建设的行为，而不予查处或者接到举报后不依法处理的。

第六十一条　县级以上人民政府有关部门有下列行为之一的，由本级人民政府或者上级人民政府有关部门责令改正，通报批评；对直接负责的主管人员和其他直接责任人员依法给予处分：

（一）对未依法取得选址意见书的建设项目核发建设项目批准文件的；

（二）未依法在国有土地使用权出让合同中确定规划条件或者改变国有土地使用权出让合同中依法确定的规划条件的；

（三）对未依法取得建设用地规划许可证的建设单位划拨国有土地使用权的。

第六十二条　城乡规划编制单位有下列行为之一的，由所在地城市、县人民政府城乡规划主管部门责令限期改正，处合同约定的规划编制费一倍以上二倍以下的罚款；情节严重的，责令停业整顿，由原发证机关降低资质等级或者吊销资质证书；造成损失的，依法承担赔偿责任：

（一）超越资质等级许可的范围承揽城乡规划编制工作的；

（二）违反国家有关标准编制城乡规划的。未依法取得资质证书承揽城乡规划编制工作的，由县级以上地方人民政府城乡规划主管部门责令停止违法行为，依照前款规定处以罚款；造成损失的，依法承担赔偿责任。以欺骗手段取得资质证书承揽城乡规划编制工作的，由原发证机关吊销资质证书，依照本条第一款规定处以罚款；造成损失的，依法承担赔偿责任。

第六十三条　城乡规划编制单位取得资质证书后，不再符合相应的资质条件的，由原发证机关责令限期改正；逾期不改正的，降低资质等级或者吊销资质证书。

第六十四条　未取得建设工程规划许可证或者未按照建设工程规划许可证的规定进行建设的，由县级以上地方人民政府城乡规划主管部门责令停止建设；尚可采取改正措施消除对规划实施的影响的，限期改正，处建设工程造价百分之五以上百分之十以下的罚款；无法采取改正措施消除影响的，限期拆除，不能拆除的，没收实物或者违法收入，可以并处建设工程造价百分之十以下的罚款。

第六十五条　在乡、村庄规划区内未依法取得乡村建设规划许可证或者未按照乡村建设规划许可证的规定进行建设的，由乡、镇人民政府责令停止建设、限期改正；逾期不改正的，可以拆除。

第六十六条　建设单位或者个人有下列行为之一的，由所在地城市、县人民政府城乡规划主管部门责令限期拆除，可以并处临时建设工程造价一倍以下的罚款：

（一）未经批准进行临时建设的；

（二）未按照批准内容进行临时建设的；

（三）临时建筑物、构筑物超过批准期限不拆除的。

第六十七条　建设单位未在建设工程竣工验收后六个月内向城乡规划主管部门报送有关竣工验收资料的，由所在地城市、县人民政府城乡规划主管部门责令限期补报；逾期不补报的，处一万元以上五万元以下的罚款。

第六十八条　城乡规划主管部门做出责令停止建设或者限期拆除的决定后，当事人不停止建设或者逾期不拆除的，建设工程所在地县级以上地方人民政府可以责成有关部门采取查封施工现场、强制拆除等措施。

第六十九条　违反本法规定，构成犯罪的，依法追究刑事责任。

第七章　附则

第七十条　本法自 2008 年 1 月 1 日起施行。《中华人民共和国城市规划法》同时废止。

参考文献

[1]全国一级建造师执业资格考试用书编写委员会.建设工程法规及相关知识[M].北京:中国建筑工业出版社,2010.
[2]全国二级建造师执业资格考试用书编写委员会.建设工程法规及相关知识[M].北京:中国建筑工业出版社,2010.
[3]中国建设工程造价协会.建设工程造价管理理论与实务[M].北京:中国计划出版社,2010.
[4]中国建设监理协会.建设工程监理相关法规文件汇编[G].北京:知识产权出版社,2010.
[5]秦承敏,高珂强.房地产法规[M].北京:北京大学出版社,2009.
[6]黄河.房地产法规[M].北京:中国政法大学出版社,2008.
[7]苑敏.合同法原理与实务[M].青岛:中国海洋大学出版社,2007.
[8]何佰洲.工程合同法律制度[M].北京:中国建筑工业出版社,2005.
[9]张爱云,陈明军.建设法规[M].2版.郑州:黄河水利出版社,2017.
[10]生青杰.工程建设法规[M].北京:科学出版社,2004.
[11]王小莉.土地法[M].北京:法律出版社,2003.